国家自然科学基金（71340024，71473213）
江苏省高校哲学社会科学基金（2014ZDIXM019）
项目资助

U0890484

物流系统规划与设计

WULIU XITONG GUIHUA YU SHEJI

主　编　姚冠新
副主编　徐　静

江苏大学出版社
JIANGSU UNIVERSITY PRESS
镇　江

内容提要

本书结合前人及编者多年从事物流教学与科研工作所获得的成果，以物流系统为研究对象，全面系统地介绍了物流系统规划与设计的相关概念、具体内容、基本原理与实施过程。内容安排遵循先抽象理论后具体方法的认知规律，由浅入深、由点及面；章节前后衔接紧密，逻辑性强，结构清晰；文字叙述力求准确、精炼；全书科学性、专业性、规范性强，通俗、易懂，便于教学与指导实际操作。

图书在版编目(CIP)数据

物流系统规划与设计 / 姚冠新主编. —镇江 ：江苏大学出版社，2016.7(2019.8 重印)
ISBN 978-7-5684-0211-8

Ⅰ.①物… Ⅱ.①姚… Ⅲ.①物流—系统工程—高等学校—教材 Ⅳ.①F252

中国版本图书馆 CIP 数据核字(2016)第 169775 号

物流系统规划与设计

主　　编/姚冠新
责任编辑/杨海濒
出版发行/江苏大学出版社
地　　址/江苏省镇江市梦溪园巷 30 号(邮编：212003)
电　　话/0511-84446464(传真)
网　　址/http://press.ujs.edu.cn
印　　刷/江苏凤凰数码印务有限公司
开　　本/787 mm×1 092 mm　1/16
印　　张/18.25
字　　数/446 千字
版　　次/2016 年 7 月第 1 版　2019 年 8 月第 3 次印刷
书　　号/ISBN 978-7-5684-0211-8
定　　价/48.00 元

如有印装质量问题请与本社营销部联系(电话：0511-84440882)

前　言

物流与我们的生产生活息息相关，它是企业的第三利润源，也是地区经济发展的“加速器”。研究和学习现代物流系统规划与设计的相关理论知识，并应用于实践，对进一步推动我国物流发展走向专业化、组织化和信息化，具有重大的战略意义。

《物流系统规划与设计》一书结合前人及编者自身多年来从事物流相关教学与科研工作的成果，以物流系统为研究对象，全面系统地介绍了物流系统规划与设计的相关概念、具体内容、基本原理与实施过程。其中，前两章主要介绍了概念与基本理论；第三章、第四章和第七章分别从区域、行业和企业 3 个层面对不同边界范围的物流系统规划与设计展开具体阐述；而五、六、八、九 4 章则是对关键环节——物流系统的设施选址、配送中心的规划与设计、仓储规划与设计、物流信息系统的规划与设计等进行重点介绍。整体的内容安排遵循先抽象理论后具体方法的认知规律，由浅入深、由点及面，章节前后衔接紧密、逻辑性强、结构清晰；文字叙述力求准确、精练；全书科学性、专业性、规范性强。

本书涉及管理学、交通运输学、系统科学等多门学科，知识体系完善，深度适中，注重理论联系实际，在每个章节最后附有新颖的实际案例，以加深读者对章节内容的理解。适用于高校物流管理、工商管理、管理科学与工程、物流工程等专业本科与研究生课程的教学，也可作为物流领域专业从业人员的参考用书。

本书由扬州大学教授姚冠新任主编，徐静任副主编。其中，第一、二、五、七、八、九章由姚冠新、戴盼倩、王琳芝、温伟峰、何杰、钱以临编写；第三、四、六章由徐静、浦凌波、顾晴编写。全书由姚冠新策划并统筹安排，姚冠新、徐静负责全书的统稿和校订工作。另外，何勇、边晓雨、张冬梅、赵子琪也参加了本书编写的有关工作，江苏大学出版社编辑杨海溯为本书的出版付出了辛勤的劳动，在此表示感谢！

限于研究水平和条件，本书如有不足之处，敬请广大读者批评指正。

编　者

2016 年 5 月于扬州大学荷花池校区

目　录

第一章　物流系统概述

1.1　系统

1.1.1　系统的定义

英文中系统(system)一词来源于古代希腊文(system),意为部分组成的整体。系统的定义应该包含一切系统所共有的特性。一般系统论创始人贝塔朗菲定义:“系统是相互联系相互作用的诸元素的综合体”。这个定义强调元素间的相互作用以及系统对元素的整合作用,说明了一般系统的基本特征,将系统与非系统区别开来,但它对于定义复杂系统有一定的局限性。另外,严格意义上的现实世界的“非系统”是不存在的,构成整体而没有联系性的多元集也是不存在的。

本书在一般系统论的基础上扩展了系统的定义:系统是由相互联系、相互作用的若干要素结合而成的具有特定功能的有机整体,系统不断地同外界进行物质和能量的交换,而维持一种稳定的状态。

这个定义指出了系统的 3 个特性(见图 1-1):① 多元性,系统是多样性和差异性的统一;② 相关性,系统不存在孤立元素组分,所有元素或组分相互依存、相互作用、相互制约;③ 整体性,系统是所有元素构成的复合统一整体[1]。

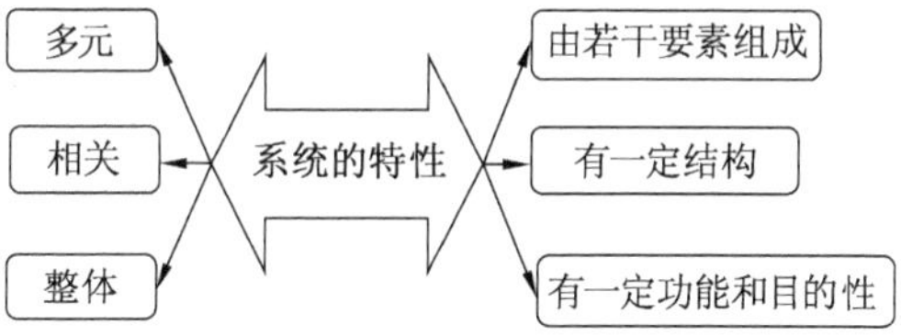

图 1-1　系统的特性

具体表现为[2]:

1. 系统是由若干要素(部分)组成的

这些要素可能是一些个体、元件、零件,也可能其本身就是一个系统(或称之为子系统)。如运算器、控制器、存储器、输入/输出设备组成了计算机的硬件系统,而硬件系统又是计算机系统的一个子系统。

2. 系统有一定的结构

一个系统是其构成要素的集合,这些要素相互联系、相互制约。系统内部各要素之间相对稳定的联系方式、组织秩序及失控关系的内在表现形式,就是系统的结构。例如,钟表是由齿轮、发条、指针等零部件按一定的方式装配而成的,但一堆齿轮、发条、指针随意放在一起却不能构成钟表;人体由各个器官组成,单个器官简单拼凑在一起也不能成为一个有生命力的人。

3. 系统有一定的功能,或者说系统要有一定的目的性

系统的功能是指系统在与外部环境相互联系和相互作用中表现出来的性质、能力和功能。例如,信息系统的功能是进行信息的收集、传递、储存、加工、维护和使用,辅助决策者进行决策,帮助企业实现目标。

1.1.2 系统的特征

如图 1-2 所示,系统的特征有整体性、相关性、复杂性、适应性和目的性。

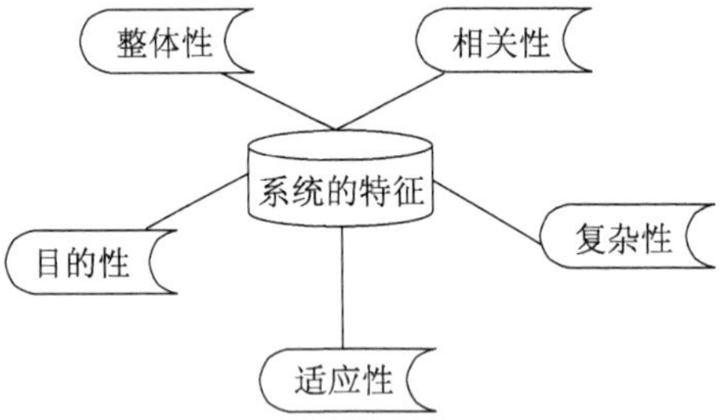

图 1-2 系统的特征

1. 整体性

系统的每个构成要素都应有助于系统整体目标的实现,而一个系统的整体功能应比所有子系统的功能总和强大。

2. 相关性

由系统的定义可知,系统的若干要素之间是相互联系、相互作用的。这种联系涵盖了结构联系、功能联系、因果联系等,这些联系决定了整个系统的运行机制,厘清这些联系是构筑系统的基础。

3. 复杂性

系统中一个变量的变化将影响许多其他的变量,而且,这种影响很少呈线性形式,一般来讲,一个系统的数学模型是很复杂的。

4. 适应性

适应性是相对系统所在的环境来讲的,系统在环境中运转,而环境本身是一种更高层次的系统,系统的运转本质是系统与环境之间物质、能量和信息的交换,它们之间相互依存、相互影响,系统必须适应环境的变化。

5. 目的性

系统集合各要素所预期的目标通常表现为系统所要实现的各项功能,系统的目的和功能决定了系统各要素的组成和结构。

1.1.3 系统的运行模式

外部环境向系统"输入"劳力、资源、能量、信息等系统运行所需的元素,系统利用自身所具有的功能,对输入的所有元素进行处理转化,形成系统的"输出"供外部环境使用。如图 1-3 所示,输入、处理和输出是系统运行的关键三要素,另外,由于环境对系统的影响作用,系统的输出可能偏离预期目标,故还需要添加"反馈"环节,以控制系统运行结果。

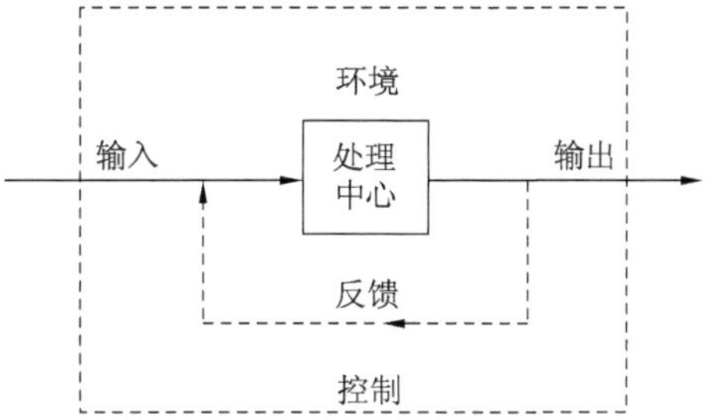

图 1-3　系统的运行模式

1.2　物流系统

1.2.1　物流系统的概念

物流系统是指在一定的时间和空间里,由所需输送的物料和有关设备、输送工具、仓储设备、人员及通信联系等若干相互制约的动态要素构成的,以完成物流服务为目的的有机集合体[3]。

物流系统作为系统的一种,同样具有输入、处理、输出、控制和反馈 5 大功能。作为物流系统的"输入",就是采购、运输、储存、流通加工、装卸、搬运、包装、销售、物流信息处理等环节的劳务、设备、材料、资源等,由外部环境向系统提供的过程。物流系统通过输入和输出使系统和社会环境进行交换,处理则是系统的功能。另外,物流系统具备的反馈功能,能通过相关调控机构对系统运行进行控制,以获得预期目标。物流系统的运行模式如图 1-4 所示。

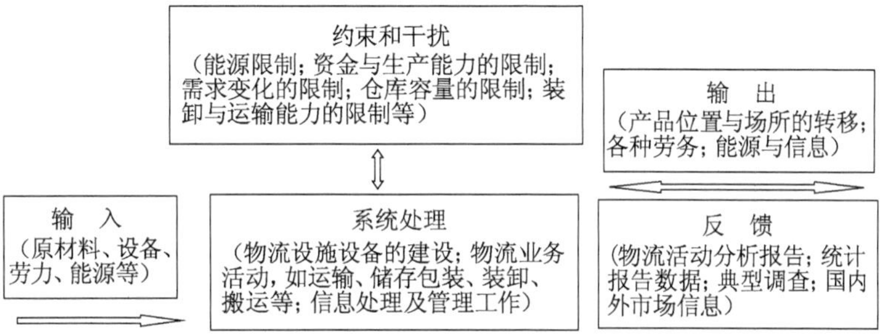

图 1-4　物流系统运行模式

1.2.2　物流系统的特点

如图 1-5 所示,物流系统区别于其他系统的特点是:物流系统是大跨度系统、动态系统、可分系统、多目标函数系统。

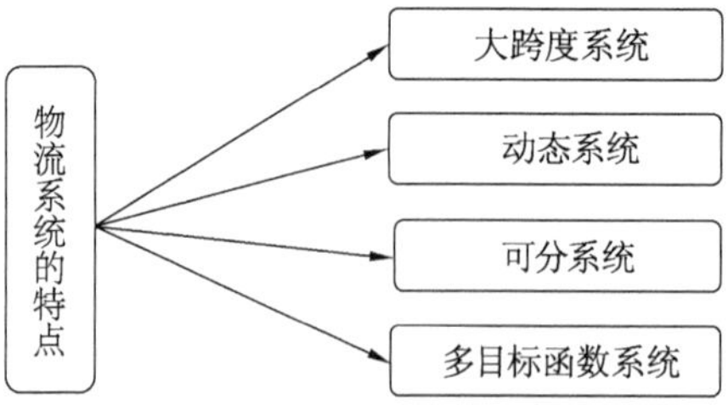

图 1-5　物流系统的特点

1. 物流系统是一个大跨度系统

这反映在两个方面:一是地域跨度大,二是时间跨度大。

2. 物流系统是一个动态系统

物流系统连接着消费者和生产者,因而系统内各要素及整个系统的运行会随着市场需求、供应渠道和价格变化而发生变化。物流系统是一个具有满足社会需要、适应环境能力的动态系统,经常变化的社会环境使得我们必须对物流系统的各组成部分进行修改和完善。

3. 物流系统是一个可分系统

物流系统属于中间层次系统范围,本身具有可分性,可以分解成若干个子系统。系统与子系统之间、子系统与子系统之间存在着时间及空间上的相互联系。

4. 物流系统是一个多目标函数系统

物流系统的复杂性使系统结构要素间有非常强的“背反”现象,常称之为“交替损益”或“效益背反”(trade off)现象,处理时稍有不慎就会出现系统总体恶化的结果。

1.2.3　物流系统的构成要素

物流系统的构成要素可以用图 1-6 表示。

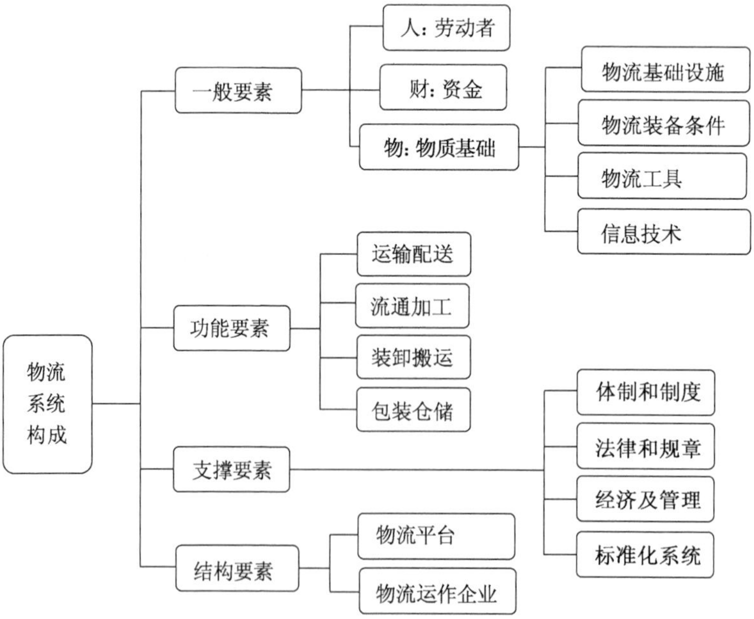

图 1-6　物流系统的构成要素

1. 一般要素

① 劳动者要素。这是所有系统的核心要素、第一要素。提高劳动者的素质，是建立一个合理化的物流系统并使之有效运转的根本。

② 资金要素。交换是以货币为媒介的，实现交换的物流过程，实际上也是资金运动过程。同时物流服务本身也需要以货币为媒介，物流系统建设是资本投入的一大领域，如果离开资金这一要素，物流就不可能实现。

③ 物质基础要素。物流系统的建立和运行，需要大量技术装备手段，这些装备手段就是物流系统的物质基础要素。物流系统的物质基础要素决定了物流系统的水平，其结构和配置决定着物流合理化及物流效率。物流基础要素主要有以下几类：

a. 物流基础设施。包括货站、货场、仓库、公路、铁路、港口等。

b. 物流装备条件。包括仓库货架、进出库设备、加工设备、运输设备、装卸机械等。

c. 物流工具。包括包装工具、维护保养工具、办公设备等。

d. 信息技术。包括通信设备及路线、传真设备、计算机及网络设备等。

2. 功能要素

物流系统的功能要素（见图1-7）是物流系统所具有的基本能力，如运输、储存、包装、装卸、搬运、流通加工、配送、信息处理等。对这些基本能力进行有效的组合，使之联结在一起，便成了物流的总功能，便能合理、有效地实现物流系统的总目的。

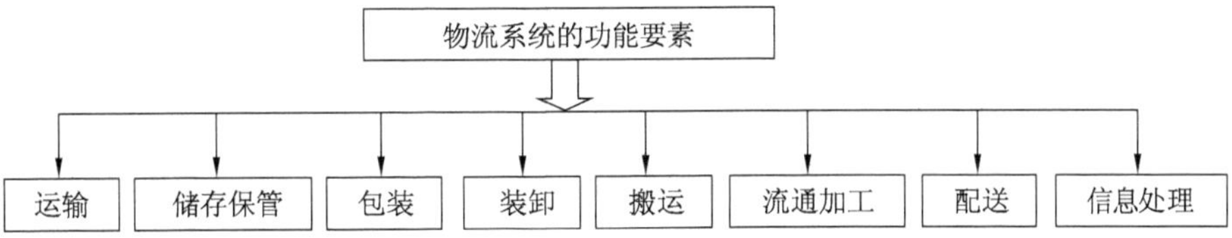

图1-7　物流系统的功能要素

物流系统的功能要素具体如下：

① 包装。包括产品的出厂包装，生产过程中的在制品、半成品的包装及在物流过程中的换装、分装、再包装等活动，对包装活动的管理，根据物流方式和销售要求来确定。

② 装卸搬运。包括对输送、保管、包装、加工等物流活动进行的衔接活动，以及在保管等活动中为检验、维护、保养所进行的装卸活动。伴随装卸活动的小搬运，一般也包括在这一活动中。

③ 运输。包括供应及销售物流中车、船、飞机等方式的运输，生产物流中的管道、传送带等方式的运输。对运输活动的管理，一般要求选择技术经济效果最好的运输联运方式，合理确定运输路线，以达到安全、迅速、准时、价廉的要求。

④ 储存保管。包括堆存、保管、保养、维护等活动。正确确定库存数量，明确仓库以流通为主还是以储备为主，合理制订制度和流程，提高效率，降低损耗，加速周转。

⑤ 流通加工。这是在物流过程中为满足客户需求而进行的辅助加工活动。

⑥ 配送。配送集经营、服务、社会集中库存、分拣、装卸搬运于一体，是物流系统重要的功能要素。

⑦ 物流信息。进行与上述物流活动有关的计划、预测、动态（运量、收发、存数）的信

息,要求正确选择信息,做好信息的收集、汇总、统计、使用,并保证信息的可靠性和及时性。

3. 支撑要素

物流系统的建立需要有许多支撑手段,以确定物流系统的地位,协调与其他系统之间的关系。物流系统的支撑要素(见图1-8)主要包括:

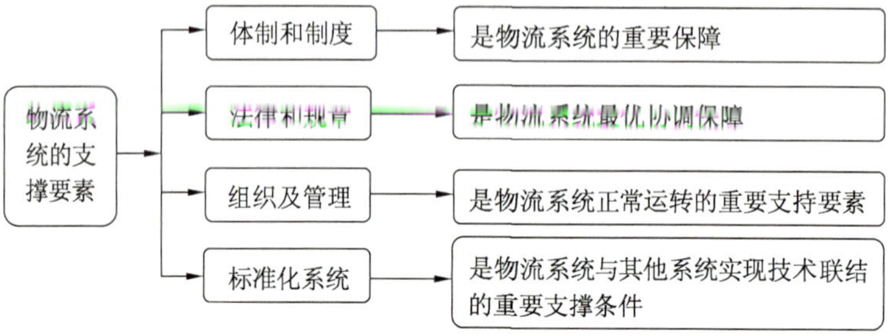

图1-8 物流系统的支撑要素

① 体制和制度。物流系统的体制、制度决定物流系统的结构、组织、管理方式,是物流系统的重要保障。

② 法律和规章。物流系统的运行,都不可避免地涉及限制和规范物流系统活动的法律、规章,确定责任也得靠法律和规章。

③ 组织及管理。起着联结调运、协调、指挥各要素的作用,以保障物流系统目的的实现。

④ 标准化系统。是保证物流环节协调运行,保证物流系统与其他系统在技术上实现联结的重要支撑条件。

4. 结构要素

① 物流平台。物流系统的实施需要在一定的平台上进行,物流平台主要由4个部分组成:物流设施平台、物流装备平台、物流信息平台及物流政策平台。这些物流平台是支撑物流系统结构的重要要素。物流平台的实体又可以分为节点、线路2个部分。

② 物流运作企业。在支撑平台上运作的,是各种类型的物流企业。可以说,企业是使整个物流系统运动起来的主导力量,各类物流运作企业的良好运行是物流系统正常运转的基本保障。

1.3 物流系统分析

1.3.1 系统分析与物流系统分析

1. 系统分析

所谓系统分析,就是对一个系统内的基本问题,用逻辑推理、科学分析的方法,在确定条件与不确定条件下找出各种可行的方案。或者说,系统分析就是在选定系统目标和准则的基础上,分析构成系统的各级子系统的功能和相互关系以及系统与环境的相互影响,运用科学的分析工具和方法,对系统的目的、功能、环境、费用和效益进行充分的调研、比较、分析和研究，并建立若干替代方案和必要的模型，进行系统试验，把试验、分析、计算的各种结果同先前制订的计划进行比较和评价，寻求使系统整体效益和有限资源配备最佳的方案，为决策提供科学依据和信息[4]。

2. 物流系统分析

物流系统分析（Logistic System Analysis，LSA）是指在一定的时空范围内，把物流活动和过程当作一个整体来处理，按物流目标要求，以系统的观点、系统工程的理论和方法对构成系统的各级子系统进行分析和研究，搞清楚其功能及相互间关系，以实现空间和时间的经济效益。这也是针对各种物流系统网络的规划和设计而进行的不可或缺的调查、分析、研究过程，是物流系统规划和设计的重要组成部分，任何物流系统规划设计方案的最终选择都依赖于物流系统分析这一过程的可靠和准确[5]。

物流系统分析作为一种决策工具，其主要目的就是在特定的时空范围内，对其所从事的物流服务及其过程作为一个整体来处理，以系统的观点、系统工程的理论和方法进行分析研究，以实现其空间和时间的经济效应。整个分析过程是以系统的整体最优化为工作目标，并力求建立数量化的目标函数。物流系统分析特别强调科学的推理过程，旨在使所研究的物流系统中各种问题的分析均能符合逻辑原则和事物发展规律，而不是凭主观臆断和单纯经验来判断。在分析过程中，主要应用数学的基本知识和优化理论，从而使各种替代方案的比较，不仅有定性的描述，而且基本上都能以数字显示其差异。至于非计量的有关因素，则运用直觉、判断及经验加以考虑和衡量。因此，物流系统分析虽然对制订决策有很大的助益，但是它不能完全代替想象力、经验和判断力。

一般来说，对物流系统分析需要回答以下几个问题[6]：

① 我们为什么要进行这项工作？

② 进行该项工作能增加什么价值？

③ 为什么要按照现有程序进行该项工作？

④ 为了提高效率，能否改变作业步骤的次序？

⑤ 为什么要由某一个小组或个人来完成这些工作？

⑥ 其他人可以完成这项工作吗？

⑦ 还有更好的系统运行方式吗？

1.3.2　物流系统分析的原则

一个物流系统是由运输、仓储、搬运、包装、流通、加工等各个功能环节构成的，由于环节多、流程长、范围广且错综复杂，因此，物流系统分析要依据图 1-9 列举的原则进行。

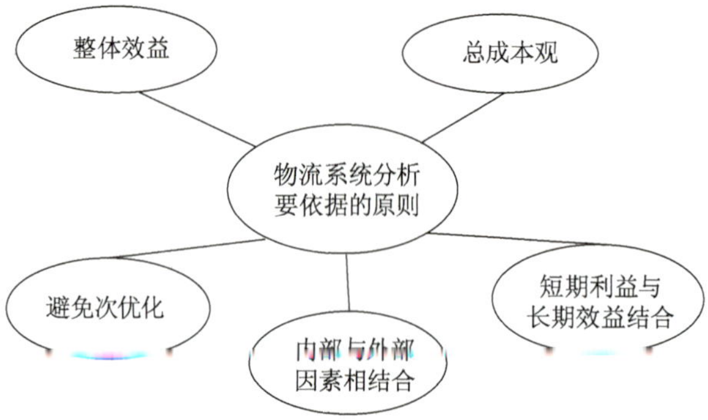

图 1-9　物流系统分析应遵循的原则

1. 整体效益原则

在物流系统中，整体效益和其中子系统各环节的效益有时并不一致，但局部效益要服从整体效益。

2. 总成本观原则

物流总成本观是指在保持一定服务水平的条件下，应同时考虑所有有关成本项目。对各备选方案进行评价时，不同方案的有些成本项目会上升，有些会下降，有些可能保持不变，目标是选择总成本最小的那个方案。因此，在分析评价时，必须考虑物流服务和物流成本之间的制约关系，构成物流服务各子系统之间的约束关系，构成物流成本的各个环节费用之间的关系，以及各子系统的功能和费用的关系。

3. 避免次优化原则

当各项物流业务按它们各自所完成的一定管理目标来评价，而这些管理目标又相互矛盾时，就会发生次优化。例如，运输部门片面追求运费的降低，选择运价较低的运输方式，但需要额外包装，反而会增加成本，致使企业整体效益降低。

另外，企业各个部门各行其是，也会发生次优化。例如，生产部门为了降低产品单位成本，通过加大产品生产批量，减少更换工艺装备的次数，以节省总工装调整费用，结果产品单位生产成本降低了，但库存大幅增加，使保管费用大大增加。

4. 短期利益与长期效益结合原则

对一个物流系统方案进行优选时，要注意兼顾当前利益与长远利益。物流系统的建设涉及很多硬件节点的投入，如交通基础节点、仓储节点等都属于投资回报期长的项目。如果只顾当前利益而忽视长远利益，就容易发生物流系统短期之内达到饱和，发展后劲不足；反之，不顾当前利益，只考虑长远利益，就有可能造成投资周期过长，给当前的经济发展带来沉重的负担，不利于物流系统的运行和利用。

5. 内部与外部因素相结合原则

任何一个物流系统总是被包含在更大的物流系统中，分析一个物流系统时一定要将其置于一个社会的大系统中进行分析，不能只局限于系统内部的分析。如一个制造业物流系统分析，需要考虑生产规模、职工技术水平的高低、设备状况、管理机制、组织机构等，同时，还必须要与社会经济发展动向、产品的市场状况等各种大环境因素相结合，这样才能顺应时代和社会的发展，取得成功。

1.3.3　物流系统分析的常用方法

长期以来，物流系统分析已形成一些固定的分析方法（见图1-10），如数学分析方法和系统仿真方法，前者又分为运筹学法、统筹法、系统优化法，下面将详细介绍这几种方法[6]。

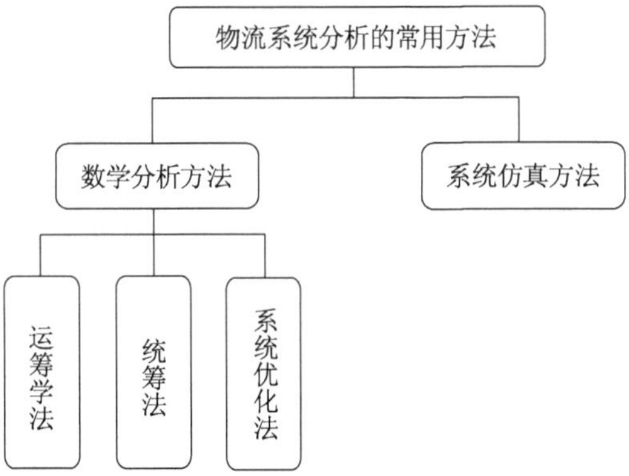

图1-10　物流系统分析的常用方法

1. 数学分析方法

(1) 运筹学法

它是一种对系统进行统筹规划、寻求最优方案的数学方法。其具体理论与方法包括线性规划、动态规划、排队论和库存论等。

(2) 统筹法（网络分析法）

运用网络来统筹安排，合理规划系统的各个环节。它用网络图来描述活动流程的线路，把事件作为节点，在保证关键线路的前提下，安排其他活动，调整相互关系，以保证按期完成整个计划。

(3) 系统优化法

在一定约束条件下，求出使目标函数最优的解。物流系统包括许多参数，这些参数相互制约，互为条件，同时受外界环境的影响。系统优化研究，在不可控参数变化时，根据系统的目标来确定可控参数的值，使系统达到最优状态。

2. 系统仿真方法

系统仿真是在全部时间内，通过对系统的动态模型性能的观测来求解问题的技术，也可以说是利用模型对实际系统进行实验研究的过程。随着计算机技术的发展，仿真技术日益受到人们的重视，其应用领域也越来越广泛，开始成为分析、设计和研究各种系统的重要手段和辅助决策工具。系统仿真是一项应用技术，根据物流系统的基本概念和求解问题的出发点和思路，在实施物流系统仿真时一般按以下步骤实施[7]。

(1) 问题描述

成功的仿真是基于彻底了解系统的每个组成部分及其与系统中其他组成部分的相互作用，不掌握系统运行过程和系统特性的详细知识是很难对系统进行仿真的。由于系统仿真是面向问题的而不是面向整个实际系统的，因此，首先要在分析调查的基础上，明确要解决的问题和要实现的目标，确定描述这些目标的主要参数和评价准则。根据以上目标,要清晰地定义系统边界,辨识主要状态变量和主要影响因素,定义环境及控制变量(决策变量);同时,给定仿真的初始条件,并充分估计初始条件对系统主要参数的影响。

(2) 构造仿真模型与数据采集

模型是关于实际系统某一方面本质属性的抽象描述和表达,建立仿真模型具有所仿真的系统对象的特点。在离散系统仿真建模中,主要应根据随机发生的离散事件、系统中的实体流及实际推进机制,按系统的运行进程来建立模型;而在连续系统仿真建模中,则主要根据内部各个环节之间的因果关系、系统运行的流程,按一定方式建立相应的状态方程或微分方程来实现仿真建模。

(3) 模型确认

在仿真建模中,所建立的仿真模型能否代表真实系统,这是决定仿真成败的关键。制订并按照统一的标准对仿真模型的代表性进行衡量。

(4) 仿真程序编制和实验

在建立仿真模型后,就需要按照所选用的仿真语言编制相应的仿真程序,以便在计算机上做仿真运行实验。为了使仿真运行能够反映仿真模型的运行特征,必须使仿真程序与仿真模型在内部逻辑关系和数学关系方面具有高度的一致性,使仿真程序的运行结果能精确地代表仿真模型应当具有的性能。

(5) 试运行

经过确认和模型实验,就可以在实验框架的指导下在计算机上进行计算。在运行过程中,可以了解模型的各种不同输入及各种不同仿真方案的输出等情况。通过获得的实验结果和数据,掌握系统的变化规律。

(6) 模型确认

根据仿真模型试运行的结果对仿真模型的好坏进行确认,考察仿真模型是否满足物流系统的实际需要。

(7) 仿真实验设计

因为仿真一般包括随机事件、概率分布等,一系列仿真运行实质上是统计实验,因此,在进行正式仿真运行之前,一般均应进行仿真实验框架设计,也就是确定仿真实验的方案。这个实验框架与多种因素有关,如建模仿真目的、计算机性能以及结果处理和需求等。通常仿真实验设计包括仿真时间区间、精度要求、输入输出方式、控制参数的方案及变化范围等。

(8) 正式仿真运行

根据仿真实验设计的要求,采用现实中真实的数据资料,正式运行仿真模型。对仿真模型进行多次独立重复运行可以得到一系列的输出响应和系统性能参数的均值、标准偏差、最大和最小数值及其他分布参数等,但是这些参数仅是对研究系统做仿真实验的一个样本,要估计系统的总体分布参数及其特征,还需要在仿真输出样本的基础上,进行必要的统计推断。

(9) 仿真输出数据与统计分析

系统仿真最重要的一步是对仿真数据进行必要的统计分析和判断。通常对仿真输出进行统计推断的方法有对均值和方差的点估计、满足一定置信水平的置信区间估计、仿真输出的相关分析、仿真精度与重复仿真运行次数的关系,以及仿真输出相应的方差衰减技术等。

(10) 形成文件并提供决策

根据对仿真结果数据的分析判断,采用通俗易懂的方式将分析结果和判断形成具有一定格式,或者按照要求形成的分析报告或建议方案等提交给有关决策部门或人员,帮助他们做出科学合理的决策。

1.3.4 物流系统分析的内容

根据系统分析、物流系统分析的概念,物流系统分析的内容主要有确定系统目标与系统结构、分析系统形成背景与应用环境、构建系统模型进而计算费用和效益、制定系统的评价基准及开展评价、制订替代方案、系统优化等。而一般来说,物流系统分析分为对现有系统的分析和对新开发系统的分析。两者在分析内容上稍有不同。

对现有系统做进一步的分析认识,可以使其尽可能实现最优运转,更好地适应发展需要。对现有系统分析,既要注意对系统外部进行分析,又要注意对系统内部进行分析。对系统外部的分析,主要根据国内外经济科技形势,研究本物流系统在环境中的地位、当前国家对本物流系统的政策及本物流系统经营活动有关的各方面的状况,如生产力与资源分布、物流市场和货源、制造业的生产与技术水平等;对系统内部的分析主要是计划安排、生产组织、设备利用、原材料供应、物流需求、劳动力状况、成本核算及财务收支等[5]。

而对新系统分析的内容可以是新系统的投资方向、工程规模,物流供应链上各环节的布局、节点选择,物流系统的功能、设施设备的配置,物流系统的管理模式等。具体分析内容有:物资需求变化的特点、需求量、需求对象、需求构成及所设计的需求联系方法;物流系统各作业部门有关物流活动的数据,如市场分布状况、供货渠道、销售状况等。构成物流生产的新技术、新设备、新要求、新项目等;库存物资的数量、品种、分布情况、季节性变化、质量状况等;运输能力的变化、运输方式的选择、运输条件和要求等;各种物流费用的占用、支出、社会经济效益等。

对一家具体的企业而言,对其物流系统进行分析,首先是明确该系统分析的目标,即明确所要分析问题的目的和系统当前的状态,分析问题的构成与范围;其次是进行系统环境分析,分析科学技术、政治经济、文化、教育、人口、生态等外部环境的构成要素对系统的影响与约束。在这两者的基础上,对系统问题进行抽象描述,建立能反应系统实际特征的模型,利用模型预测计算每一系统方案的费用与效益。最后利用运筹学方法等选出最优方案,提供给决策者决策。这其中,离不开数据收集与数据分析。数据收集包括确定数据需求、数据来源,分析可得数据的充分性和准确性、数据聚类、建立收集辅助数据的方法,对得不到的数据进行估计等。数据分析的目标就是开发替代方案或选择符合期望标准的最优设计或替代方案。分析的种类从基本的电子数据表格计算到复杂的最优化模型。分析工具也从简单的电子数据表格到复杂的运筹学的方法,有些分析可使用现成的软件包或一些需开发新模型、新算法的软件。

例如京东商城的物流系统分析[8]。"京东商城"(JD. com)是国内一家专业的综合网上购物商城,销售数万品牌、4 020 万种商品,囊括家电、手机、电脑、母婴、服装等 13 大品类。它也是中国最大的自营式电商企业,2015 年第一季度在中国自营式 B2C 电商市场的占有率为 56.3%。其物流模式是自营物流,进行物流系统分析的目标是希望通过对现行物流系统的分析,建立更先进的物流系统,增强竞争力。背景是:电子商务环境下,要求物流系统的运作方式向信息化、网络化发展;要求提高物流系统的运作水平,向标准化、信息化发展;要求提高物流系统的快速反应能力,向高速度、系统化发展;要求提高物流系统动态调配能力,向个性化、柔性化发展;要求改变物流系统的经营形态,向社会化、全球化发展。此外,京东的销售额巨大,物流需求逐年增长,同时,京东拥有丰富的车辆资源、客户资源,以及强大的运营网络资源,物流管理系统起到举足轻重的作用。现行的京东物流系统存在部分问题:生产物流计划制订缺乏基础数据和预测信息,计划的执行率偏低;库存管理方面,库存较高,周转缓慢;在调度方面,调度机构设置比较臃肿,调度手段较为落后,信息反馈不实时等;信息系统建设方面,整体上比较滞后,信息孤岛现象比较严重。新物流系统将利用 RFID 技术增加供应链的可视性,提高供应链的适应性能力;降低库存水平,提高库存管理能力;建立功能强大的跟踪服务平台;订单管理、货运业务管理、仓库台账管理、人车分配、车辆技术管理、财务管理、查询等完全信息化;实现对物流车辆的实时监控、跟踪。

1.4 物流系统化

物流系统化就是要把物流的储存、运输、配送、包装、装卸搬运、流通加工、信息处理等功能要素作为一个系统来构造、组织和管理,以使物流过程最优化,物流系统总成本最低来实现物流服务。物流系统的作用归纳起来有:将商品在适当的交货期内准确地向顾客配送;适当地配置仓库,维持商品适当的库存量;对顾客的订货要尽量满足,不能使商品脱销;使运输、装卸、保管等作业自动化;维持适当的物流费用;使从订货到发货的信息流畅通无阻;把销售信息迅速反馈给采购部门、营业部门[9]。物流系统化的研究包括 3 个方面:企业物流系统化、行业物流系统化、区域物流系统化。

1.4.1 企业物流系统化

企业物流系统化分为企业内部的物流系统化和供应链企业间的物流系统化,如图 1-12 所示。

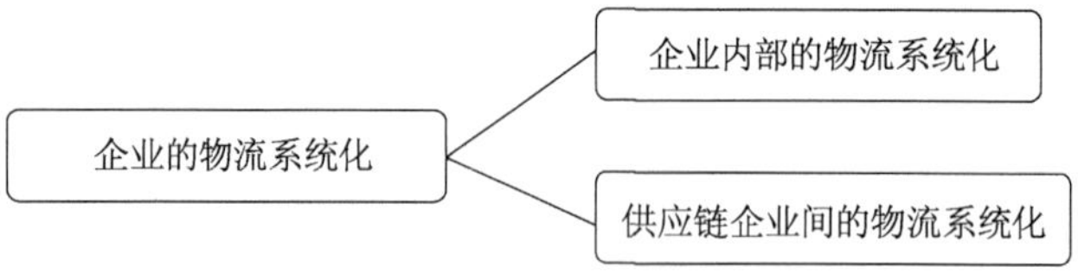

图 1-12 企业物流系统化

1. 企业内部的物流系统化

按照企业运作方式理顺物流,建立合理的物流系统,尽量减少搬运、停滞等造成的时间延迟。随着流通活动的展开,物料从卸货区通过进货子系统进入企业园区系统(用类似 JIT 方式,根据对卸货区的计算,进货的暂存减少到最低,实行标准化操作),物料的移动伴随着各种交换活动,贯穿整个流通过程的始终,直到商品送到客户手中。合理的企业内物流包含以下几个方面:

① 根据客户订单所定的供货能力计划,遵循摆放规范化、标准化、整齐化、简便化的原则,对暂存区、加工区、准备区、总装区、包装区、成品区、出货区(装运区)进行重新规划。各区的分布、面积、每日进出货种类、基本分配状况、每日物流量、单元化容器、容器数量尺寸、叠放层次、容器内所装物料的数量、所经过的运输通道、所属的管理部门或责任人,准备线上的基本流程,各类物料与区域对号,实行定置管理。细化各项物料的流转,使之连续、有节奏、按比例、全量化运转;在精确的运作下,库存量也就相应地降低了,由此产生的物流成本大为降低。

② 根据计算结果,可以确定运输设备(露天龙门吊车、叉车、铲车、室内桥式起重机等)所需的最大提升(运输)重量、速度、空间尺寸、最小转弯半径等参数,根据运输的直接化、就近化、省力化、单向化的原则,从而确定型号、位置、数量和通行路径,消除各区之间、各楼之间、区线之间准点配送的瓶颈。

③ 在仓库和仓库之间、仓库内部搬运工艺设计中,尽量做到装卸搬运集装化,单元化容器标准化、通用化,以减少物料搬运次数,提高物料搬运灵活性指数,提倡储运包一体化、集装单元化,实行配送一体化管理。不同车间的物流设备配套,厂内运输与厂外运输做到柔性化、协调化,力求直达化,做到门对门运输。

④ 物料搬运路线简捷化、直线化。在物流过程中,前后仓库之间设立位置固定的清晰的流程图,为收发、运送、搬运的有关人员指明商品流向,起到现场调度的作用。在主要收发运送流程环节尽量做到目视化,采用类似生产操作中的看板运输管理,保证物流活动准时化。物流管理引入计算机信息管理系统,以保证信息的准确性和及时性。

2. 供应链企业间的物流系统化

(1) 供应商管理

一般来说,供应商是企业物流的源头。本着建立供应商的新型的伙伴关系的目标,分档建立供应商的考核与档案管理资料,以规范供应商管理,促使企业资源社会化的逐步实现,还可对企业内部的情况和动态了如指掌。

(2) 客户关系管理

销售物流是企业物流与外部连接的最终归宿,物流质量的好坏,都将在对客户的物流服务水平上反映出来;而在销售物流中,根据客户订单可以确定集装出货所需的包装、搬运、装卸和运输工具一体化管理思路,有利于客户资源化的逐步实现。

(3) 订货单据的处理

从订货到发货有一定的周期,应用高效、准确的电脑化处理代替低效、易错的人工处理,建立企业局域网,加强计划变更的应变能力和订单处理的适时性、有效性,引入定单处理系统(EOS),提升交货的准确率[10]。

1.4.2 行业物流的系统化

在一个行业内部发生的物流活动被称为行业物流。一般情况下,行业物流是在同一行业中常常互相协作所发生的物流活动。同一行业的各个企业往往在经营上是竞争对手,但为了共同的利益,在物流领域中却又常常互相协作,共同促进物流系统的合理化。行业物流合理化、系统化的结果使参与的各个企业都得到相应的利益。同行业内物流在配送、运输、储存等方面有着很多共同点,发展行业物流系统化对于提高行业竞争力、增强行业优势有重大意义。不同于企业物流系统化的管理，行业物流系统化更多的是依托联盟等团体形式来实现的，在行业内部规范物流，实行统一的物流标准，减少地域和经济等因素对物流效果的影响，在整个行业内实现物流的系统化，从而便于统一管理和规划。

按照行业分类不同，可以分为军事物流、农业物流、医药物流、食品物流、汽车物流、石化物流、烟草物流、建材物流等。在国内外有许多行业均有自己的行业协会或学会，并对本行业的行业物流进行研究。在行业的物流活动中，有共同的运输系统和零部件仓库以实行统一的集体配送；有共同的新旧设备及零部件的流通中心；有共同的技术服务中心对本行业的维护人员进行培训；有统一的设备机械规格、商品规格、法规政策和报表等。

例如，日本的建设建筑行业提出行业物流系统化的具体内容为：各种运输手段的有效利用；建设共同的零部件仓库，实行共同集中配送；建立新旧设备及零部件的共同流通中心；建立技术中心，共同培训操作人员和维修人员；统一机械的规格等。又如，在大量消费品方面采用统一发票、统一商品规格、统一法规政策、统一托盘规格、陈列柜和包装模数化等[11]。

1.4.3 区域物流系统化

区域物流系统化是在一定地域范围促进社会物流趋近合理的过程。为了高效率、高质量、低成本地实现社会物流的系统化、合理化，构筑和完善物流系统必须要注意物流系统化的组织设计。区域物流系统化涉及面很广，仅大的方面就涉及区域社会经济发展规划、工农业布局、城镇建设规划、道路网建设规划、运输基础设施建设规划等。区域物流系统化是物流系统化较高的层次，其方法主要是规划、建立和完善区域物流网络体系。构筑区域物流系统的主要内容包括：区域间通道、城市干线道路、区域物流设施、城市的集配中心、企业的仓库等联合组成的物流网络体系。

省、市或区域物流系统化应从区域经济发展的角度出发，研究区域物流系统对区域经济的促进和带动作用，着重于地区级物流节点及综合物流园区的规模和布局的规划。在系统化过程中，首先要解决与中枢网络的衔接，然后解决如何利用中枢网络发展各自区域的物流系统，发挥物流节点的集散功能，提高物流效率。在区域物流平台上，将有大量的企业与经济事业单位进行物流运作，要使这些运作做到合理化和协调发展，需要有规划的指导。

本章参考文献

[1] 魏宏森：《系统论》，世界图书出版公司，2009 年。

[2] 袁劼：《基础评价理论的公理化分析与构建研究》（学位论文），上海交通大学，2009 年。

[3] 张海峰：《基于 Petri 网的 FMS 物流系统建模及仿真》（学位论文），西安理工大学，2007 年。

[4] 王志刚，马雪鹏：《物流系统分析及技术发展综述》，《邮电设计技术》，2003 年第 7期。

[5] 丁立言，张铎：《物流系统工程》，清华大学出版社，2000 年。

[6] 张可明,宋伯慧:《物流系统分析》,清华大学出版社·北京交通大学出版社,2004 年。

[7] 吴重光:《仿真技术》,化学工业出版社,2000 年。

[8] 程永生:《物流系统分析》,中国物资出版社,2010 年。

[9] 兰洪杰,须彦靖:《流通企业物流系统化研究》,《佳木斯大学学报(自然科学版)》,2004 年第 1 期。

[10]黄晓洁:《电子商务环境下现代物流的理论研究》(学位论文),广东工业大学,2002 年。

第二章　物流系统规划与设计

2.1　物流系统规划

2.1.1　物流系统规划的定义

物流系统规划是对物流系统的发展进行规划和设计，是为确定物流系统发展目标和设计达到目标的策略与行动的过程，是对未来整体性、长期性、基本性问题的思考、考量和设计未来整套行动方案。

物流系统是一个涉及交通运输、货运代理、仓储管理、流通加工、配送、信息服务等众多领域的综合系统，物流系统规划因此主要解决6个方面的问题：服务目标战略、选址战略、库存决策战略、增值战略、运输战略、绿色物流战略，如图2-1所示。其中服务目标决定着其他方面的战略设计。物流系统规划是物流决策的关键因素。

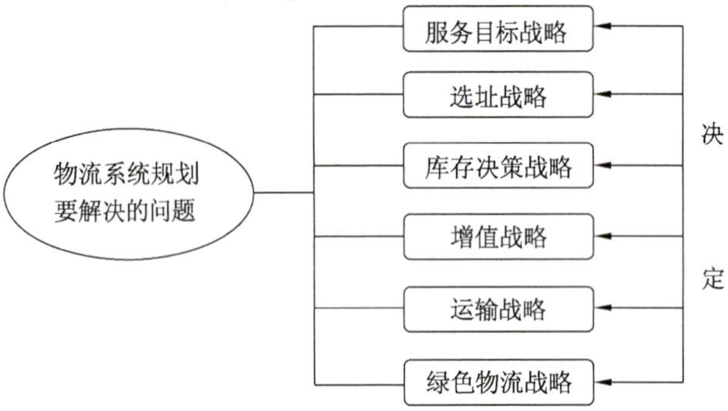

图2-1　物流系统规划要解决的问题

2.1.2　物流系统规划的分类

宏观层面的物流系统规划包括区域物流系统规划和行业物流系统规划2类（见图2-2）。

1. 宏观层面的物流系统规划

（1）区域物流系统规划

20世纪80年代以后政府对企业的控制逐步放松，促使真正意义上的物流竞争广泛开展。同时信息技术的发展也促进了部门、企业间的结合或一体化。在经济全球化的大环境下，经济结构的改变要求物流必须具备以最低成本提供较高服务水平的能力，能在不同环境国家之间发挥业务优势的能力，以便创造良好的投资环境。同时，传统的运输需求逐步转变成为新的物流服务需求。生产厂商都力求降低库存、同时又能够对市场做出及时的反应;商业企业都希望通过改进组织方式,以最大限度地降低物流费用;城市居民则需要与大型仓储式超市、电子商务等配合的新型物流服务。

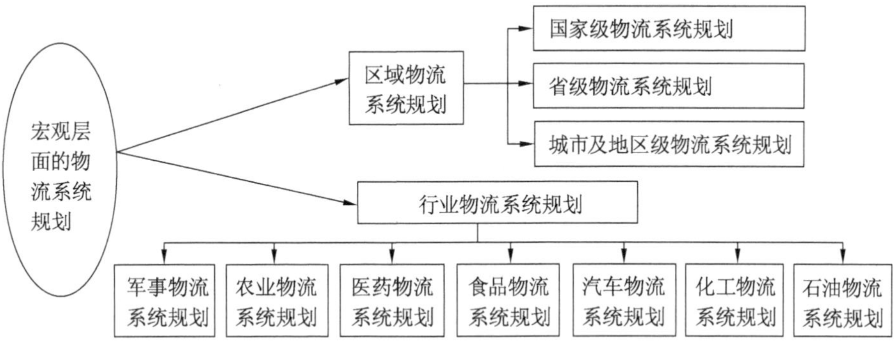

图 2-2 宏观层面的物流系统规划

区域物流系统规划的出发点在于国际经济一体化的过程中,将物流作为提高投资环境竞争能力的一个基本要素加以考虑,形成明确的行业发展目标和发展战略,达到合理配置资源的目的。而设计良好的区域物流系统规划可以加强与政府管理程序及相关规划之间的衔接,同时指导企业参与市场竞争,规范市场环境。

不同于普通物流,区域物流系统规划的主体一般由交通部门承担,规划内容大致包括:需求分析(需求量、需求类型)、系统概念方案、物流基础设施规划、物流信息系统规划、产业总体发展战略与政策规划等。

(2)行业物流系统规划

物流业是融合运输业、仓储业、货代业、信息业等的复合型服务产业,是国民经济的重要组成部分,涉及领域广,吸纳就业人数多,促进生产、拉动消费作用大,在促进产业结构调整、转变经济发展方式和增强国民经济竞争力等方面发挥着重要作用。随着参与物流产业的企业增多,各行业都渐渐形成有自身特色的行业物流系统规划,特别是在物流发展较为成熟的钢铁行业、煤炭行业,物流系统规划的重要性日益凸显。在新兴能源行业,物流系统规划也受到很多学者专家的关注。

2. 微观层面的物流系统规划

微观层面的物流系统规划包括企业物流系统规划、物流园区规划和物流配送中心规划 3 类(见图 2-3)。

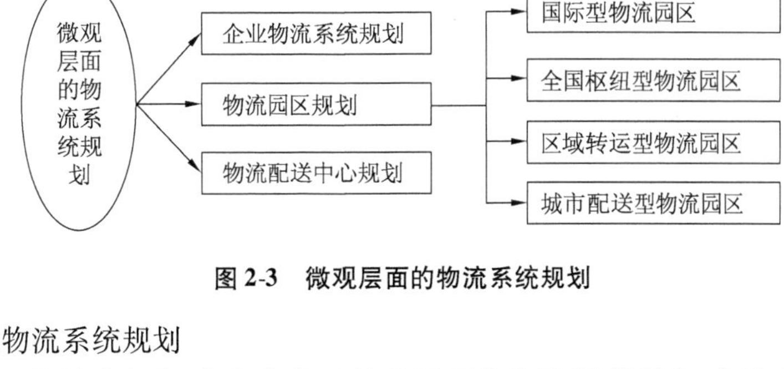

图 2-3 微观层面的物流系统规划

(1)企业物流系统规划

近年来,一些制造企业、商贸企业开始采用现代物流管理理念、方法和技术,实施流程再造和服务外包。传统运输、仓储、货代企业实行功能整合和服务延伸,加快向现代物流企业转型,一批新型的物流企业迅速成长,形成了多种所有制、多种服务模式、多层次的物流企业群体。企业物流系统规划涉及战略、职能和作业这 3 个层面,各层面之间在计划的时间跨度上有明显区别。物流系统规划是长期的、指导性的,时间跨度通常超过 1 年,物流职能规划从属于战略规划,物流作业计划是短期决策,是每天都要频繁进行的具体物流作业,决策的重点在于如何利用战略性规划的物流渠道快速、有效地进行物流作业[1]。

企业物流系统规划与设计的内容主要包括企业物流布局规划、物流节点设施的内部布局规划、物流设备选型和平面布局设计等。企业物流系统规划与设计的流程如图 2-4 所示。

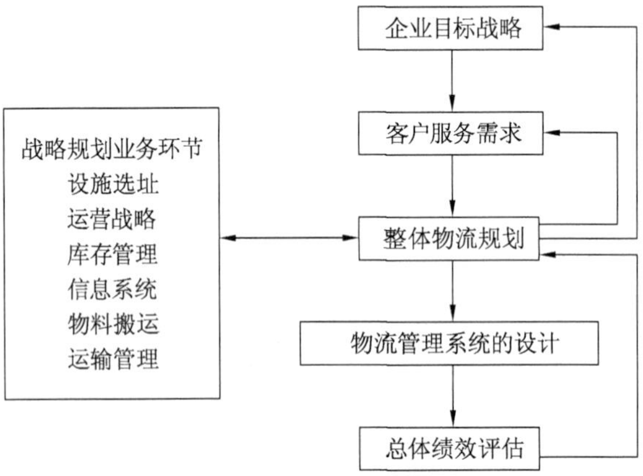

图 2-4　企业物流系统规划与设计流程

(2) 物流园区规划

物流园区规划,指的是对物流园区进行比较全面的长远的发展进行规划,是对未来整体性、长期性、基本性问题的思考,对未来整套行动方案的考量和设计。物流园区规划有别于国家与区域物流发展规划,又不同于工业与房地产业园区的规划。物流园区规划更偏重于在较大规模的地域范围内土地布局与功能布局结合的科学性,更偏重于园区建设发展的基础条件规划,更突出物流产业的特点及相关产业发展的协调等要素规划[2]。

物流园区规划应综合考虑宏观布局设计、基本战略定位、组织网络架构和营运策略设计等几个不同的方面[3]。除物流中心平面分区及功能规划外,还应从以下几个层次进行设计[4]:

作业层次:如储运作业的整合与标准化(托盘、储运箱与容器共同化)、配送运输作业整合(车辆共同化)、作业信息输入整合(条码化)、采购作业与订单信息传递(EDI、EOS)等。

作业管理层次:如库存管理、存货管理(MPR、ABC 分级)、营销信息反馈(POS)与分析、出货订单排程、拣货工作指派等作业的规划管理。

决策支援层次:如配派车系统、配送区域规划、物流成本分析与计费定价策略等。

经营管理层次:策略联盟、联合采购、共同配送等业者间的资源整合。可从产业垂直整合、水平整合,或不同行业间的整合方向进行。

(3) 物流配送中心规划

广义的物流配送中心包括港口、机场、铁路货运站、运输仓库、流通商品集散中心及生产者自身拥有的物流设施等。狭义的物流配送中心专指流通商品集散中心与生产者自身拥有的物流设施等[5]。物流配送中心是综合性、地域性、大批量的物资位移集中地，它集商流、物流、信息流和资金流为一体，成为产销企业间的中介。配送中心的规划与设计应先对建设项目进行可行性研究，并做多个方案的技术、经济比较，力求以最少的投资取得最大的企业效益和社会效益。同时，对基本运行资料及未来规划资料进行收集和定量分析，结合规划目标的定性分析，设计配送中心的各项目。

2.1.3 物流系统规划设计的原则

物流系统规划设计必须以物流系统整体的目标作为中心。物流系统整体的目标是使人力、物力、财力和人流、物流、信息流得到最合理、最经济、最有效的配置和安排，即要确保物流系统的各方面参与主体功能，并以最小的投入获取最大的效益。物流系统规划设计的原则如图 2-5 所示[6]。

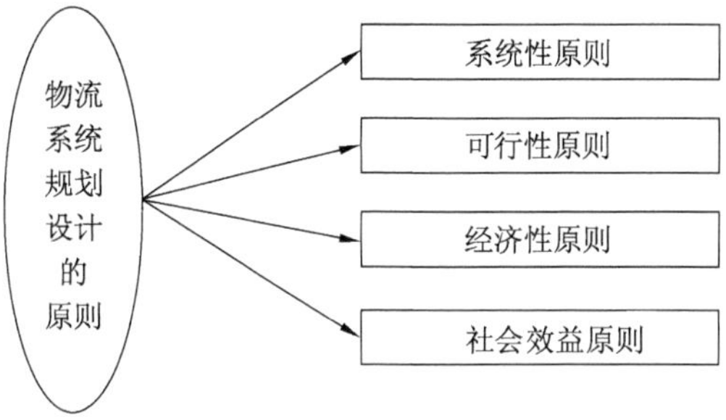

图 2-5 物流系统规划设计的原则

1. 系统性原则

系统性是指在物流系统规划设计时，必须综合考虑、系统分析所有对规划有影响的因素，以获得优化方案。首先，从宏观上来看，物流系统在整个社会经济系统中不是独立存在的，它是社会经济系统的一个子系统。物流系统与其他社会经济子系统不但存在相互融合、相互促进的关系，而且它们之间也存在相互制约、相互矛盾的关系。因此，在对物流系统进行规划设计时，必须把各种影响因素考虑进来，达成整个社会经济系统的整体最优。其次，物流系统本身又由若干的子系统（如运输系统、存储系统、信息系统等）构成。这些物流子系统之间既相互促进，也相互制约，即存在着大量的“背反”现象，这要求在进行物流系统规划设计时对物流系统内部也要系统考虑。因此，在进行物流系统规划设计时，必须坚持发挥优势、整合资源、全盘考虑、系统最优的系统性原则。

2. 可行性原则

可行性原则指的是在物流系统规划设计过程中必须使各规划要素满足既定的资源约束条件。也就是说，物流系统规划设计必须要考虑现有的可支配资源情况，必须符合自身的实际情况，无论从技术上还是从经济上都可以实现。为了保证可行性原则，在进行物流系统规划设计时，要与总体的物流发展水平、社会经济的总体水平及经济规模相适应，既要体现前瞻性和发展性，又不能超越企业本身的整体承受能力，以保证物流系统规划设计的实现。

3. 经济性原则

经济性原则是指在物流系统的功能和服务水平一定的前提下,追求成本最低,并以此实现系统自身利益的最大化。显然,经济性也是物流系统规划追求的一个重要目标。经济性原则具体体现在以下几个方面:

(1) 连续性

良好的系统规划设计和节点布局应该能保证各物流要素在整个物流系统运作过程中流动的顺畅性,消除无谓的停滞,以此来保证整个过程的连续性,避免无谓的浪费。

(2) 柔性化

在进行系统规划设计时,要充分考虑各种因素的变化给系统带来的影响,便于以后的扩充和调整。

(3) 协同性

在进行物流系统规划设计时,要考虑物流系统的兼容性问题,或者说是该物流系统对不同物流要素的适应性。当各种不同的物流要素都能够在一个物流系统中运行时,该物流系统的协同性好,能够发挥协同效应,降低整体物流成本。

(4) 资源的高利用率

物流系统的主体投资在于基础节点与设备,属于固定资产范畴,也就是说,不管资源的利用率如何,固定成本是不变的。因此提高资源的利用率就可以降低物流成本。

4. 社会效益原则

社会效益原则是指物流系统规划设计应该考虑环境污染、可持续发展、社会资源节约等因素。一个好的物流系统不仅在经济上是优秀的,在社会效益方面也应该是杰出的。物流的社会效益原则也越来越受到政府和企业的重视,中国目前正倡导循环经济,绿色物流是其中的重要组成部分。另外,政府在法律、法规上将对物流系统的社会效益问题做出引导和规定。例如,要求生产某些电子产品的厂家回收废旧产品,这是一个逆向物流的问题。

2.1.4 影响物流系统规划设计的因素

影响物流系统规划设计的因素见图2-6。

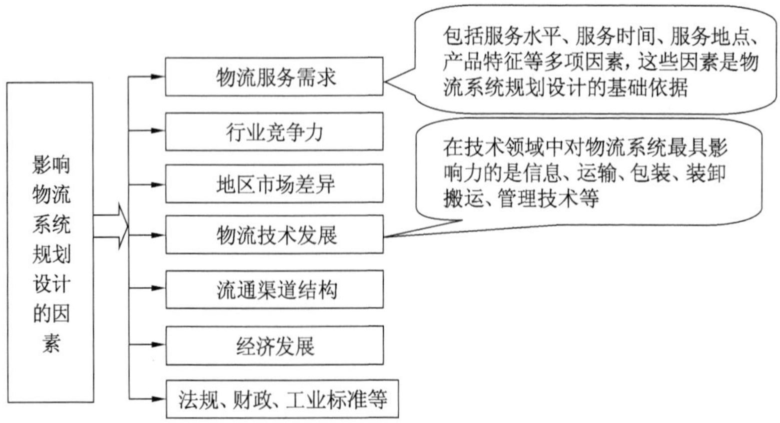

图2-6 影响物流系统规划设计的因素

1. 物流服务需求

物流服务需求包括服务水平、服务地点、服务时间、产品特征等多项因素，这些因素是物流系统规划设计的基础。由于物流市场和竞争对手都在不断地发生变化，为了适应变化的环境，必须改进物流服务条件，以寻求最有利的物流系统支持市场发展前景良好的物流服务项目。

2. 行业竞争力

为了成为有效市场参与者，应对竞争对手的物流竞争力做详细分析，掌握行业基本服务水平，寻求自己物流市场定位，从而发展自身核心竞争力，构筑合理物流系统。

3. 地区市场差异

物流系统中物流节点结构直接同客户的特征有关，如地区人口密度、交通状况、经济发展水平等都影响着物流节点规划设计的决策。

4. 物流技术发展

信息和网络技术等对物流发展具有革命性的影响，及时、快速、准确的信息交换可以随时掌握物流动态，不但改进了物流系统的实时管理控制及决策，而且为实现物流作业一体化、提高物流效率奠定了基础。

5. 流通渠道结构

流通渠道结构是由买卖产品的关系组成的。一个企业必须在渠道结构中建立企业间的商务关系，而物流活动是伴随着一定的商务关系而产生的。因此，为了更好地支持商务活动，物流系统的构筑应考虑流通渠道的结构。

6. 经济发展

经济发展水平、居民消费水平、产业结构直接影响着物流服务需求的内容、数量、质量。集货、运输、配载、配送、中转、保管、倒装、装卸、包装、流通加工和信息服务等构成现代物流活动的主要内容。为此，物流系统应该适应物流服务需求的变化，不断拓展其功能，以满足经济发展的需要。

7. 法规、财政、工业标准等

运输法规、税收政策、行业标准等都将影响物流系统的规划设计。

2.2　物流系统规划与设计的基本原理

物流系统规划与设计应遵循的基本原理见图 2-7。

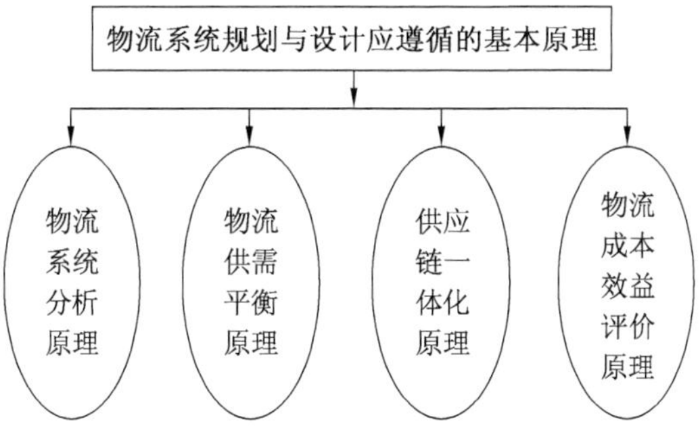

图 2-7　物流规划与设计的基本原理

2.2.1 物流系统分析原理

应用系统分析方法对物流系统进行研究是系统规划的核心思想方法，物流系统分析可以了解物流系统各部分的内在联系，把握物流系统行为的内在规律性。所以说，不论从系统的内部或外部，设计新系统或是改造现有系统，系统分析都是非常重要的。本书在第一章第三节已介绍了物流系统分析的概念、原则、常用方法与内容。

2.2.2 物流供需平衡原理

物流规划的主要目的是解决物流供需平衡问题。物流的供应与需求的平衡是一个基本指导思想，应用供需平衡原理[7]规划设计物流系统，能保证以尽可能少的投入最大限度地满足物流发展的要求。

1. 物流供应

物流供应是城市商流的后勤或支援，物流供应包括交通运输等路径的供应和物流园区等节点的供应。

2. 物流需求

物流需求是社会经济活动特别是制造与经营活动所派生的一种次生需求。物流需求包括物的位移及其相关服务（含信息）方面的需要。

3. 物流系统供需平衡分析

（1）物流系统的内部分析

物流系统是由运输、储存、包装、装卸、搬运、配送、通信加工、信息处理等各环节组成的。它们也称为物流的子系统。作为系统的输入是在输送、储存、搬运、装卸、包装、物流情报、流通加工等环节所消耗的劳务、设备、材料等资源，经过处理转化，变成整个系统的输出，即物流服务。

物流系统的机能可以划分为作业子系统的机能和信息子系统的机能，前者包括输送、装卸、保管、流通加工、包装等机能，以力求省力化和效率化；后者包括订货、发货、在库、出货管制等机能，力求完成商品流通全过程的信息活动[8]。

（2）物流系统和外部系统模型[9]

L 表示物流系统（Logistics System），它是由运输、仓储、装卸、搬运、流通加工、信息处理等子系统构成，具有一定服务能力和水平的系统；

A 表示社会经济活动系统（Activity System），是由反映社会经济环境特征的自然环境、人文环境、技术环境和经济环境等构成的综合大系统；

F 表示物流的模式（Flow），包括物流流量的大小、方向、时间分布、空间分布规律等。

$F=f(A,L)$ 是物流系统与活动系统的关系，取决于物流系统与活动系统的共同作用。

（3）物流系统供需平衡

物流需求量 V 可以用该活动系统 A 和提供的物流服务特性 S 的函数 D（需求函数）来表达。

$$V=D(A,S) \tag{2-1}$$

物流服务的特性 S，不仅依赖于物流系统 L，而且也随物流需求量 V 的变化而变化。物流服务特性 S 可用函数 J（服务函数）来表示。

$$S = J(L,V) \tag{2-2}$$

在所给定的社会经济活动系统 A 和物流系统 L 的基础上，根据物流服务的需求与供应的相互作用，可实现物流供需的平衡模式 F。

$$F = F(A,L) = [V,S] \tag{2-3}$$

平衡点表示为 $S_0 = J(L,V_0)$，$V_0 = D(A,S_0)$ 物流平衡如图 2-8 所示。

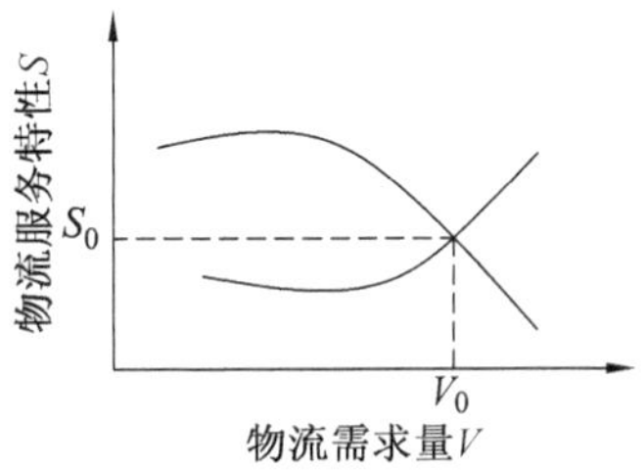

图 2-8　物流平衡模式图

2.2.3　供应链一体化原理

在现代物流规划中，如何提供与现代制造模式和市场模式相协调的物流保障体系以满足来自制造、消费领域中的物流需求，是一个十分关键的问题。供应链一体化原则既是现代企业制造模式的新发展，也是现代物流系统服务模式（包含供应模式与经营模式）的新思想[10]。

1. 供应链的类型

从供应链的结构模型看，供应链是一个网链结构，一般由围绕核心企业的供应商、供应商的供应商和用户、用户的用户组成。一个企业是一个节点，节点企业和节点企业之间是一种需求与供应关系。根据不同的划分标准，供应链可分为以下几种类型[11]：

（1）稳定的供应链和动态的供应链

根据供应链存在的稳定性划分，可以将其分为稳定的供应链和动态的供应链。基于相对稳定、单一的市场需求而组成的供应链稳定性较强，而基于相对频繁变化、复杂的市场需求而组成的供应链动态性较高。在实际管理运作中，需要根据不断变化的需求，相应地改变供应链的组成。

（2）平衡的供应链和倾斜的供应链

根据供应链容量与用户需求的关系划分，可以将供应链分为平衡的供应链和倾斜的供应链。一个供应链具有一定的、相对稳定的设备容量和生产能力（所有节点企业能力的综合，包括供应商、制造商、运输商、分销商、零售商等），但用户需求却处于不断变化的过程中，当供应链的容量能满足用户需求时，供应链处于平衡状态，而当市场变化加剧，造成供应链成本增加、库存增加、浪费增加等现象，企业不是在最优状态下运作，供应链则处于倾斜状态。平衡的供应链可以实现各主要职能（采购/低采购成本、生产/规模效益、分销/低运输成本、市场/产品多样化和财务/资金运转快）之间的均衡。

（3）有效性供应链和反应性供应链

根据供应链的功能模式（物理功能和市场中介功能）的划分，可以把供应链划分为有效性供应链（Efficient Supply Chain）和反应性供应链（Responsive Supply Chain）。有效性供应链主要体现供应链的物理功能，即以最低的成本将原材料转化为零部件、半成品、产品，以及在供应链中的运输等；反应性供应链主要体现供应链的市场中介功能，即把产品分配到满足用户需求的市场，对未预知的需求做出快速反应等。两种类型的供应链的比较见表 2-1。

表 2-1　反应性供应链与有效性供应链的比较

	反应性供应链	有效性供应链
基本目标	尽可能快地对不可预测的需求做出反应，使缺货、降价、库存最小化	以最低的成本供应可预测的需求
制造的核心	配置多余的缓冲库存	保持高的平均利用率
库存策略	部署好零部件和成品的缓冲库存	产生高收入而使整个链的库存最小化
提前期	大量投资以缩短提前期	尽可能短的提前期（在不增加成本的前提下）
供应商的标准	以速度、柔性、质量为核心	以成本和质量为核心
产品设计策略	用模块化设计以尽可能延迟产品差别	绩效最大化而成本最小化

2. 供应链一体化的要素及原则

（1）供应链一体化要素

在供应链一体化的构成要素中，核心企业、供应商伙伴关系、顾客关系是核心三要素，供应链结构、产品设计与制造、物流管理、营销渠道、信息技术和决策支持系统则是围绕核心三要素展开的供应链运行的必要条件。其中，核心企业是供应链的信息集散中心和资源整合中心，是供应链运行的调节器，是供应链的核心动力；顾客是供应链的终端和目标，顾客关系是实现供应链价值的关键。供应链伙伴关系包括核心企业与供应商的伙伴关系，与制造商的伙伴关系，与销售商、零售商的伙伴关系，是供应链运行的基础；核心企业或者企业核心竞争力是供应链设计及构建供应链结构的核心和方向；产品设计与制造是供应链运行的实体，是供应链中伙伴关系进行资源交换的主体，现代工业设计已成为企业核心竞争力的焦点之一；物流管理方面，敏捷物流是供应链一体化的保障，它的价值在于通过供应链网络，实现将合适的产品或服务以合适的质量、合适的数量、合适的价格在合适的时间送达合适的地点，及时满足合适顾客的需求，使顾客价值最大化；渠道是实现企业市场目标的资源，是供应链一体化的毛细管和神经末梢，是企业实现物流配送和服务顾客的通道，是顾客得到产品和服务的途径；信息技术是供应链一体化得以有效运行的纽带，同时又是企业决策的支持系统，供应链管理的基本问题不在于获得了多少数据，而在于数据能够在供应链中高效流动，实现共享，形成共同决策的一致性，能够产生效益。

（2）供应链一体化的原则

设计和实施有效的销售渠道和网络：供应链公司必须积极地寻找降低分销产品和服务成本的方法，通过设计有效的销售渠道和物流网络可以更好地实现降低成本的目标。

① 合作进行计划和预测。必须同外部，例如零售商和批发商组织合作才能得到关键顾客的水平数据，内部部门之间的合作和国内与国外的合作使预测更加准确。策划和预测顾客需求的供应链合伙者的合作、进行跨功能预测是管理全球化库存水平和供需状况的根本方法，对于库存水平而言，跨功能的方法使得库存集中在地区的基础上，提高了库

存平衡供需的能力。

② 利用第三方管理非核心活动和供应链成本。在全球化的市场上，企业进出市场时，供应链的归属权成为一个大问题，因为每一个国家都需要按照它的监管、基础设施和物流市场的发展程度独立地进行评估。

3. 供应链一体化与物流系统运作模式

当今世界，各种技术和管理问题日益复杂化和多维化，这种变化促使人们认识问题和解决问题的思维方法也发生了变化，逐渐从点和线性空间的思考向面和多维空间的思考转化。现代企业的业务越来越趋向于国际化，优秀的企业都把主要精力放在企业的关键业务上，并与世界上优秀的企业建立战略合作关系，将非关键业务转由这些企业完成。现在行业的领头企业越来越清楚地认识到保持长远领先地位的优势和重要性，同时，也意识到竞争优势的关键在于战略伙伴关系的建立。供应链一体化管理思想正是注重了与其他企业的联系，注重了供应链的外部环境，更加注重围绕核心企业的网链的关系，如核心企业与供应商、供应商的供应商乃至与一切前向的关系，与用户、用户的用户及一切后向的关系[11]。

供应链一体化思想强调快速反应市场需求、战略管理、高柔性、低风险、成本—效益目标等优势，将供应链上下游企业连成一个资源共享的整体，使供应链上的企业分担的采购、生产、分销和销售的职能能够协调配合。

在供应链一体化思想影响下，物流的运作模式必定发生深刻变化，体现在图 2-9 中。

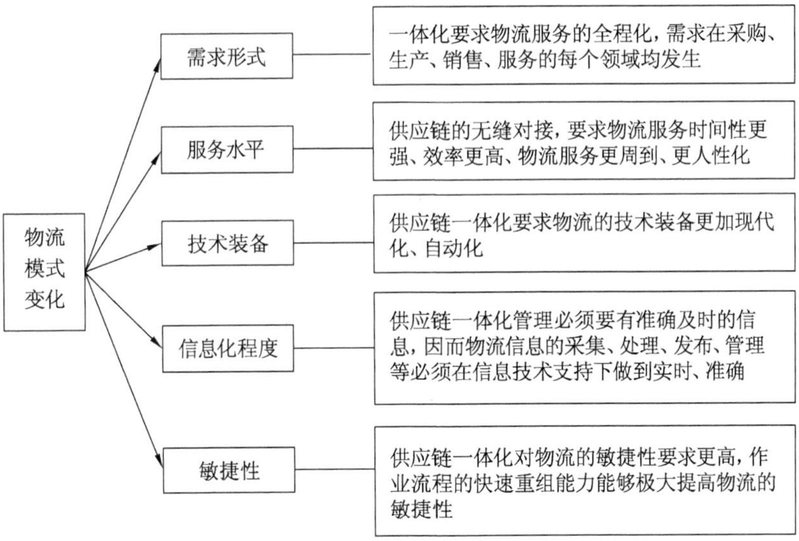

图 2-9　物流模式在供应链一体化下的变化

4. 现代供应链管理的思想

供应链管理是一种集成的管理思想和方法，它执行供应链中从供应商到最终用户的物流计划和控制等职能。例如，伊文斯（Evens）认为："供应链管理是通过前馈的信息流和反馈的物料流及信息流，将供应商、制造商、分销商、零售商，直到最终用户连成一个整体的管理模式。"菲利普（Phillip）则认为供应链管理不是供应链管理的别称，而是一种新的策略，它把不同企业集成起来以增加整个供应链的效率，注重企业之间的合作。最早人们把供应链管理的重点放在管理库存上,作为平衡有限的生产能力和适应用户需求变化的缓冲手段,它通过各种协调手段,寻求把产品迅速、可靠地送到用户手中所需要的费用与生产、库存管理费用之间的平衡点,从而确定最佳的库存投资额。因此,其主要的工作任务是管理库存和运输。供应链管理则把供应链上的各个企业作为一个不可分割的整体,使供应链上各企业分担的采购、生产、分销和销售的职能协调配合。

2.2.4 物流成本效益评价原理

如何判断在规划中投入多少供应才能很好地满足需求,这必须对物流的成本和效益进行分析。在资源(如物资、资金、人力、环境)十分有限的情况下,规划必须找到投入产出效益(社会效益与经济效益)最佳的方案。物流成本效益评价原理就是运用经济学及技术经济学的原理与方法来研究物流的成本、物流的效益。

1. 物流成本分析

(1) 物流成本及其管理[10,11]

物流成本及管理见图 2-10。

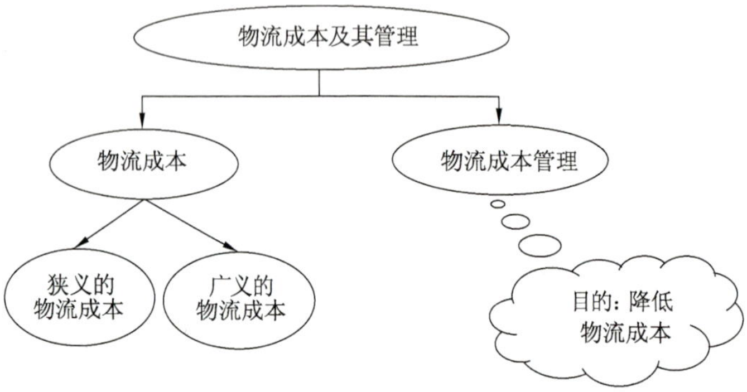

图 2-10 物流成本及其管理

物流成本按其范围来分,有广义和狭义之别。狭义的物流成本是指由于物品实体的位移而发生的有关运输、包装、装卸等成本。广义的物流成本是指包括生产、流通消费全过程的物品实体与价值变换而发生的全部成本,具体包括从生产企业内部原材料的采购、供应开始,经过生产制造过程中的半成品存放、搬运、装卸、成品包装及运送到流通领域,进入仓库验收分类、储存、保管、配送、运输,最后到消费者手中的全过程发生的所有成本。

然而,物流成本的计算是难以辨认的。由于物流成本没有被列入企业的财务会计制度,制造企业习惯将物流费用计入产品成本,不仅难以按照物流成本的内涵完整地计算出物流成本,而且,连已经被生产领域或流通领域分割开来的物流成本,也不能单独正式地计算并反映出来。

物流长期以来被认为是经济领域的“黑暗大陆”,同时又被认为是企业第三利润来源,而物流成本管理则由于人们对费用了解和认识很少,具有很大的不确定性。物流成本之间存在权衡规律。在物流功能之间,一种功能的削减会使另一种功能成本增多。因为各种费用相互关联,必须考虑整体的最佳成本。物流成本管理就是对所有这些成本进行计划、分析、核算、控制与优化,以达到降低物流成本的目的。物流成本管理的目的是要将混入其他费用科目的物流成本全部抽取出来,使人们能够清晰地看到潜藏的物流成本,以便降低它。

物流作为生产在流通领域的继续,是创造价值的,这主要是通过节约成本费用和提供方便、快捷的服务而创造的。但这并不是说物流成本越高,物流所创造的价值就越高。因为物流并不能创造新的使用价值,物流成本只是社会财富的一种扣除,再加上长期以来人们对物流活动普遍重视不够,大部分物流成本得不到揭示,使得物流方面的浪费现象严重,直接影响了经济效益。因此,加强物流成本管理,特别是把现代成本管理模式融入物流成本管理中,进而形成新的物流成本管理模式,不断降低物流成本,提高经济效益。

(2) 影响物流成本的因素

影响物流成本的因素有很多,这里介绍物流合理化、物流质量、物流效率和物流人才对物流成本的影响[12,13],见图 2-11。

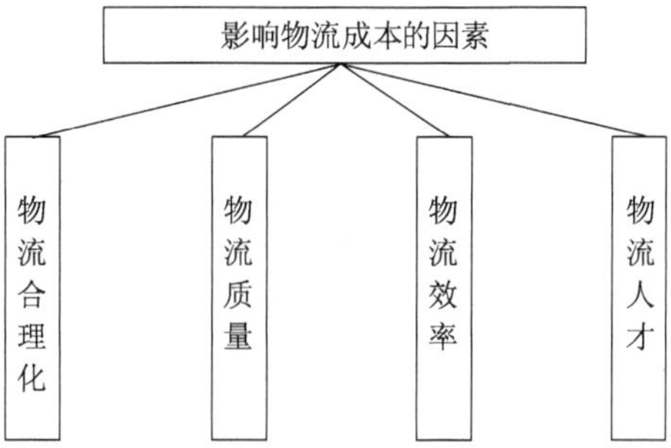

图 2-11 影响物流成本的因素

第一,物流合理化就是使物流设备配置和一切物流活动趋于合理,具体表现为以尽可能低的物流成本获得尽可能高的服务水平。物流合理化是影响物流成本的关键因素,直接关系到企业的效益,它是物流管理追求的总目标之一。物流合理化包含的内容很多,不是简单地局限于运输、保管、装卸、搬运、包装、流通加工和信息处理等物流要素的合理化上,应把物流设备和物流活动看作是一个系统,各物流要素同处于该系统之中,发挥着各自的功能和作用。由此可见,物流的合理化要根据实际物流流程来设计、规划,不能单纯地强调某环节的合理、有效、节省成本,就把某个环节物流合理化当作使整个物流系统的优化。如何设计物流服务方案,将是实现物流合理化的关键,也是降低物流成本、获取更大的"第三利润"的有效途径。设计合理的物流服务方案,需要广博的知识及广泛的调查,包括运输方式、运输路线的选择和仓库的选择、货物的堆码技术、信息技术、保险、单证等。

第二,加强物流质量管理,是降低物流成本的有效途径,只有不断提高物流质量,才能不断减少和消除各种差错事故,降低各种不必要的费用支出,才能降低物流过程的消耗,增加物流企业的盈利,才能保持良好的信誉,吸引更多的客户,形成规模化的集约经营,提高物流效率,从根本上降低物流成本。在物流质量管理的过程中,物流服务质量更是物流企业所追求的目标,物流服务是物流成本的一项内涵。物流服务质量的好坏,直接影响着物流企业在市场的竞争。一般情况下,提高服务质量,物流成本就会增加,降低物流服务质量,物流成本也相应会降低。由此可见,在降低物流成本与提高物流服务质量之间存在一种矛盾对立关系。所以，在确定物流服务质量时，要以用户满意为前提，同时兼顾物流成本的合理，使两者的利益达到协调统一。

第三，提高物流效率，可以减少资金占用，缩短物流周期，降低储存费用，从而节省物流成本。物流企业应注重对现有的资源和流程不断进行改造，提高作业效率，同时配置一些基础性的设施，如计算机、软件、系统联网等。电子商务已在各行各业中兴起，应成为物流业努力的方向。将电子商务应用于物流业可以节约大量的人力、时间，从而可以提高整个物流效率，使得物流成本降到最低。

第四，使物流合理化、提高物流服务质量及物流效率，都需要专业的人员去做。他们工作的方法、态度，将间接影响企业物流成本的大小。重视物流人才，可以节省许多机会成本。他们的一个好建议或者合理优化的方案，都会给企业带来巨大的效益，所以，物流人才是物流企业的宝贵资源，是一种潜在效益。好的物流企业，都由一批精明能干的物流人才支撑。要想发展物流，实现现代化物流，就必须重视物流人才的培养与培训，同时，给他们创造一个良好的工作环境，制定“培养人才、留住人才、使用人才”的管理方法。通过优秀物流人才的努力工作，去降低物流的成本，创造企业的效益，实现物流的现代化。

（3）物流成本计算方法

常见的物流成本计算方法有以下 2 种[13]：

一是标准成本法。标准成本法以两部分来记录成本，即用预期成本加上实际发生的与该标准偏差的那部分成本。该方法广泛应用于制造成本的控制上，但很少有公司应用到物流配送活动中。如果决定采用标准成本，就要对物流营运情况作系统回顾，从而制定出达到预期产出的最有效方法，即确定标准。会计、物流和工程人员必须协同工作，为不同物流中心的不同作业水平提出一系列弹性预算，可以为存货拣选、装卸、收货、补充库存、堆垛和包装商品之类的仓储作业设定标准。另外，标准成本还成功应用到订货、运输甚至事务功能中。

二是完全成本法和变动成本法。完全成本法，也称分摊成本法、吸收成本法，是一种产品成本计算法。它首先应将生产某种产品所发生的各种消耗（包括直接材料、直接人工和制造费用）全部计入产品成本，不管它们是变动的还是固定的，当产品出售时，再转入销售成本，然后得出企业的收益。所以说，完全成本法计算的产品成本包括变动成本和固定成本。

（4）总成本分析

一般来说，物流总成本（Total Logistics Cost，TLC）包括运输成本（Transportation Cost，TC）、存货成本（Inventory Cost，IC）、仓储成本（Storage Cost，SC）、订单处理和信息成本（Order and Information Cost，OIC）、批量成本（Batch Cost，BC），即 $TLC = TC + IC + SC + OIC + BC$。

显然，上述物流成本存在相互作用、相互制约的关系。物流供应链成本管理不是降低某一环节的局部成本费用，而是应当在满足一定顾客服务水平的基础上追求物流总成本最低，实现利润最大化。这就需要用系统整合的观点分析和控制物流成本，因此，我们引入总成本分析法。盈亏平衡分析和根据资金成本所做的分析（货币时间价值技术）是物流中经常用到的决策工具。

盈亏平衡点是销售额恰好弥补变动成本和固定成本之和的点。当各种不确定性因素(如投资、成本、销售量、产品价格、项目建设期等)发生变化时,可能会影响管理部门决策的经济效果。如管理部门决定是否应将客户服务水平从90%提高至95%之前,需要了解要增加多少销售额才能达到盈亏平衡。如果无法实现足够的销售额增长,那么就不应提高服务水平。

所谓资金成本,是企业取得和使用资金而支付的各种费用,包括资金占用费和资金筹集费用,它是投资决策的有效工具。一般而言,一个项目的投资回报高于资金成本,就值得进一步考虑该项投资。资金成本的概念在不断地演化发展,本书介绍3种简单的资金成本计算方法。

① 简单资金成本

最简单的计算方法是考虑企业从单一渠道筹资,即银行贷款,计算公式如下:

资金成本 = 利息率(1 - 所得税率)/(1 - 筹资费率)

② 加权平均资金成本

加权平均资金成本也称综合资金成本,是公司各种来源资金成本与该来源资金占全部资金比重的乘积之和。

③ 机会资金成本

机会成本是把资金投入其他项目,而非投入目前考虑的项目时可能产生的报酬率。对于大多数决策而言,机会资金成本对既定决策的重要性要远远大于已经发生的实际资金成本的重要性。

如果公司资本有限,利率下限就是由机会成本所产生的边际投资回报率。投资回报根据内部报酬率(IRR)来计算决定。IRR是指项目投资实际可望达到的收益率。

一些公司可能会根据风险高低对项目进行划分,或者根据所能获知的反映风险水平的回报率来区分项目。可以把各项目分为高风险、中等风险和低风险3类。高风险性项目包括:新产品投资,因为市场对新产品的接受情况难以预测;工厂新设备投资,因为如果技术进步很快,设备就会在短时期内过时作废。预期高风险项目的回报率税后大约是25%,中等风险项目的税后回报率要达到18%,而低风险项目包括仓库投资、自有车队投资和存货投资,其税后回报率预计要达到10%。如果公司不愿冒风险,就要把因存货减少而节约的资金用于另一项低风险投资上。

(5) 降低物流成本的主要途径

由于实际物流情况的复杂性和多变性,降低物流成本的方法也是多种多样、变化不定的,常用的降低物流成本的主要途径[14]见图2-12。

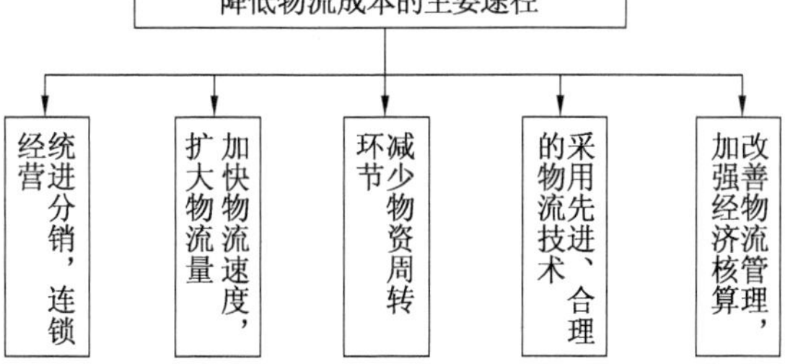

图2-12　降低物流成本的主要途径

途径一:统进分销,连锁经营。采用统进分销、连锁经营模式实现集约经营,是现代物流企业的理性选择。具体包括统一进货、统一资金、统一库存、强化销售。统一进货即全部物资统一由总公司资源部负责采购,以大批量进货来获取较多的进价折扣,并节约采购费用,延长付款时限,降低经营成本;统一资金是统一进货得以实现的前提条件。这样,既可使资金在整个公司内部合理使用达到最佳使用效果,也可避免由于资金分散支配造成的财务风险。公司可根据具体情况制定多个销售价格;统一定价避免公司内部的价格竞争,保证公司市场竞争战略的实现,有利于实现公司内部分配的公平性;统一库存是由总公司统一设立库存点和配送中心,变分散库存为集中库存,并按照统一营销策略和各分公司对物资品种、规格、数量、包装的要求,实行内部配送。这样有利于优化库存结构,减少库存物资总量,节约资金占用,降低仓储费用;强化销售是实行统一进货以后,各分公司在总公司经营方针的指导下,集中精力做好销售工作,包括开拓市场、上门推销、咨询服务及向公司反馈需求信息等,不断提高整个公司市场占有率,增加销售收入和利润总额。

途径二:加快物流速度,扩大物流量。全部物流成本也可以大体划分为可变成本和固定成本两部分。前者如运输费、包装费、保管费等,它们随着物流量的变化而变化,即物流量增加时,物流成本的绝对值也随之增加,反之则减少,但其物流成本水平(即占物流成本数量的百分比)相对比较固定;后者如工资、固定资产折旧费、管理费等,它们在物流量变动时,其绝对值通常保持不变或变化较小,即相对比较固定,但其费用水平随物流量的变化呈现反比例关系,即物流量增加时,费用水平下降。

根据这两种成本的特点,我们可以采取加快物流速度、扩大物流量的方法,降低物流成本。当物流速度加快时,虽然可变成本也增加,但其幅度小于物流量增加幅度,而固定成本部分则与物流量成反比,即物流速度越快,物流量越大,单位物流量的固定成本越小。从物流速度与流动资金需要量的关系来看,在其他条件不变的情况下,物流速度越快,则所需要的流动资金越少,从而减少资金占用,减少利息支出,使物流成本得到降低。

途径三:减少物资周转环节。物资在从生产领域进入消费领域、到达消费者手中之前,需要经过许多相互区别而又相互衔接的中间环节。这些环节越多,物资的流通时间也就越长,物流成本就必然相应增加。因此,尽可能地减少流通环节和物流时间,尽可能地直达供货,尽可能地减少物资的集中和分散,就会使物流速度加快,从而减少物流成本。

途径四:采用先进、合理的物流技术。采用先进、合理的物流技术是减少物流成本的根本性措施。它不仅可以不断提高物流速度、增加物流量,而且可以大大减少物流损失。例如,先进、合理的装卸、运输机械,集装箱、托盘技术的推广(硬技术),科学、合理的运输路线、库存量(软技术)等都对减少物流成本具有十分重要的影响。

途径五:改善物流管理,加强经济核算。物流管理水平的高低是影响物流成本的最直接因素。虽然管理本身不直接产生效益,但它却能通过其他具体的物流执行部门对物流成本产生影响。因此,加强物流管理,实现物流管理的现代化,是降低物流成本的最直接有效的方法。在具体实施过程中,采用岗位责任制方法,加强经济核算,对原材料消耗、资金、人员、物流各个环节的支出等层层分解,实行目标管理,是有效降低物流成本的好办法。

2. 物流绩效分析[10]

(1) 绩效评价

绩效评价是对业绩和效率的一种事后的评估与度量及事前的控制与指导,从而判断是否完成了预定的任务及完成的水平、取得的效益和所付出的代价。依托现代信息技术、信息传递和反馈的及时、准确，绩效评价是不断控制和修正工作的一个动态过程。绩效评价对于企业的资源、监控与分配具有重要意义，在工业生产领域首先取得了成功，其原理和方法同样适用于物流领域。

绩效评价有以下几方面作用：① 可以提出和追踪任务目标完成的程度，并对其做出不同层次的量度，从而能够事先对活动进行控制；② 根据绩效评价，判断计划和任务的可行性与准确性；③ 根据绩效评价进一步对工作进行改善从而对工作提出新的管理与控制目标；④ 根据绩效评价，决定奖励、升迁和惩罚；⑤ 根据绩效评价，判断本身的竞争能力，以确认今后的市场战略。

（2）业绩度量

一般的绩效评价，对于业绩的度量可以做以下的细分：

与产品工艺技术有关的业绩度量。例如，对工艺制造方法的度量、对工艺流程的度量、对设备和设施配置的度量。这种度量一般根据工艺的有效性、失效的情况、最优的作业时间和节奏、损毁及维修的情况、能力不足与富余的情况来判定。

与成本、收入、利润有关财务方面的业绩度量。例如，成本控制方法与控制水平、成本的变化情况、资金的运作情况、利润水平及利润趋势等。

与资源有关的业绩度量。例如，燃料、能源的利用效率，回收再生及循环利用的情况，原料、材料利用率、回收率以及供应可靠性、缺货、节约等方面情况，资源对于环境影响和环境费用支出的情况等。

（3）物流的绩效评价

在工业生产领域，绩效评价已经广泛应用并取得了成效，尤其对于工业企业的管理，绩效评价成了管理上不可缺少的一种手段。对于工业生产而言，有时候绩效评价比较简单、有效。其主要原因是，工艺流程的恒定性使得各种绩效评价都比较容易进行数量化，甚至可以通过计算机智能系统的运用自动做出评价，这样一来，就大大支持了管理决策。同时，越是专业化、规范化的领域，这种绩效评价的作用就越为显著。

物流领域的绩效评价不如工业领域开展得广泛，主要原因是物流活动的特殊性。这个特殊性主要表现在物流活动的复杂性上。物流活动是商业活动和其他活动的派生物，又具有远程性和服务性，因此，其结构不但复杂而且不稳定，系统很难具有恒定性。在物流领域中业务比较稳定的仓库管理领域，尽管它被公认为是绩效评价比较易于贯彻的领域，但是仓库管理的对象物也经常发生变化，流量的稳定性远比工业生产差，因此，物流过程绩效评价很难像工业生产绩效评价那样能够达到事先控制的目的，这些特殊原因使物流领域不可能完全搬用工业绩效评价的方法。

而物流绩效评价的目的在于，通过物流绩效评价系统对物流作业进行监督、控制和指挥，以达到物流资源（人力、设施、装备、外包业务、资金）有效、合理的配置并且向客户提供达到或者超过协议服务水平的有效服务。物流绩效评价可以分成单项的、基础的、基本业务绩效评价和总体物流活动的绩效评价两类[15]。这两类评价方法有很大不同，前者可以通过财务数据、计算数据、测定数据取得评价结果，比较容易量化；后者比较多地采取投入产出方法、价值工程方法、方案比较方法和其他模糊分析的方法，取得比较的结果。物流绩效评价方法如图 2-13 所示。

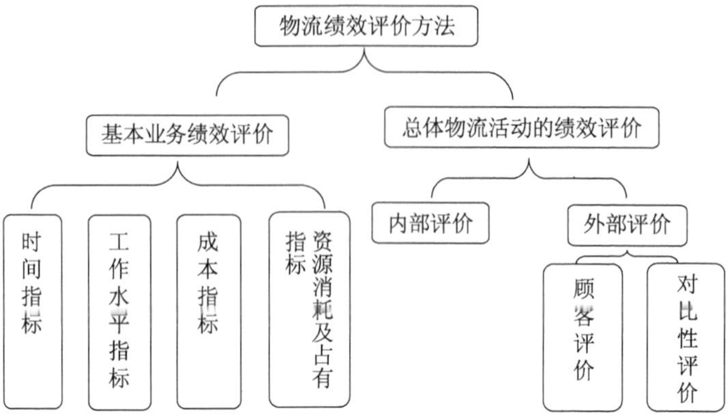

图 2-13　物流绩效评价方法

2.3　物流系统规划与设计的内容

2.3.1　物流系统布局规划

1. 物流通道规划

物流通道是用于满足货物流动的服务设施的总称。具体而言，物流通道除应具有货物运输通道、货运交通的一般功能和结构特征外，还应包括实现货物的包装、装卸、搬运、流通加工及信息处理功能的物流节点。具体来说，物流通道应该由物流线路、物流节点及设施设备共同构成。物流线路是物流通道的主体，物流节点及设施设备为物流线路服务，使其能够快速、高效、低成本实现货物的流动[16]。

对流通道进行规划布局需要事先了解通道的系统配置，即通道内路径的数目，每一条路径的类型、技术等级、可达性、通行能力，以及路径中的瓶颈路段等，从而为布局提供依据。通道上路径的功能直接决定通道系统配置方案的确定，而通道与两端物流节点的联系与匹配影响着通道的总体配置。物流通道的总体规划布置方案如图 2-14 所示[16]。

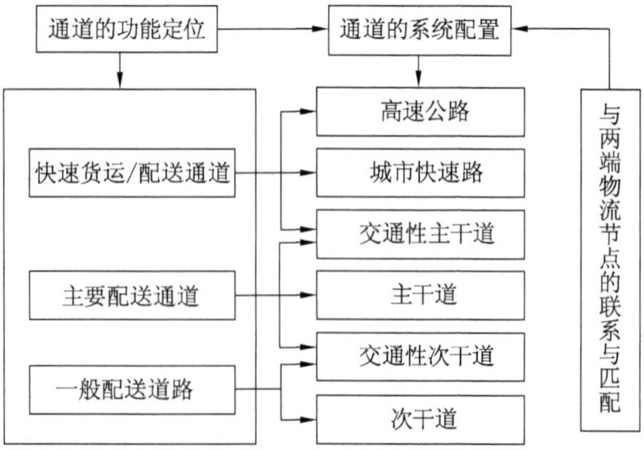

图 2-14　物流通道的总体规划布置

物流通道需要考虑物流发生点与吸引点之间的货流、车流，以及由此引发的人流。

其主要的通道一般布置在货运通道上,并尽量减少对人流的干扰。但由于物流节点的分布形态、道路网现有条件等的制约,可能会有少量的通道布置在现有客运通道上。

物流通道的布局模式是为了物流节点之间的有效连通,实现合理布局。借鉴国内城市交通网络布局的发展模式,城市物流通道系统基本布局模式可以概括成如表 2-2 所示的几种。

表 2-2　常见的几种物流布局模式及特点

序号	类型名称	通道布局示意图	经济及交通特性	应用范围
1	树型	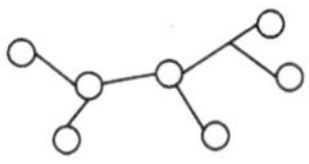	① 建设费用最省 ② 连接各节点总里程最少 ③ 系统可靠性较差	① 运输量较小,全部节点贯通一体 ② 物流量稀少及物流节点很少
2	星爪型	星型 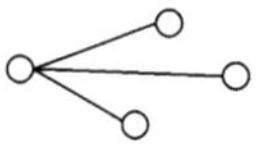 爪型 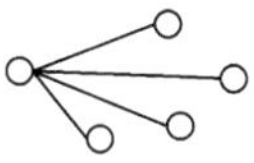	① 中心节点聚集完备的服务要素 ② 层次特性好 ③ 中心节点聚集性好	① 中心节点与辐射节点之间的物流通道系统 ② 多个节点的大规模服务要素集中到一点才能完成服务供需的地区 ③海港腹地的物流通道
3	环型	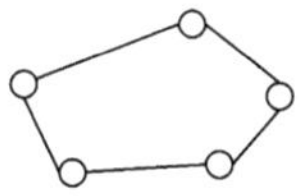	① 两相邻节点间直达性好 ② 不中断交通的可靠性好	① 境域环线(有利于提高国防所需物资的机动性) ② 沙漠、沼泽、湖泊等周围节点的物流通道
4	棘轮型	外棘轮型 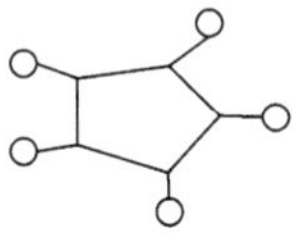 内棘轮型 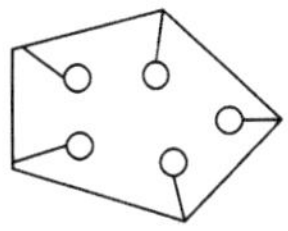	① 直达性、兼容性等可靠性好 ② 环周围有极好的泄压作用,能使聚集力匀化	① 湖泊、海湾周围物流节点的物流通道系统 ② 沙漠深处绿洲
5	日目型	日型 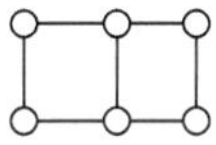 目型 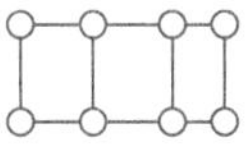	① 建设费用和运输费用介于完全图型和环型图之间 ② 直达性和可靠性介于完全图型和树型图之间	① 岛屿物流通道系统 ② 沙漠物流通道系统 ③ 多湖区物流通道系统
6	完全图型	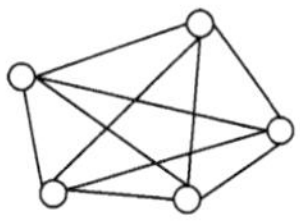	① 运输费用最省 ② 不中断运输的可靠性最好 ③ 各节点的运距最短	① 各节点间物流量极大的物流通道系统 ② 大规模物流节点间的物流通道系统 ③ 物流需求密度大、大区间的物流通道系统

对于"树型结构"城市物流通道系统布局模式,适用于物流需求量较少和物流节点密度较小的城市,一般是由于地理等客观条件所限,难以向物流通道两边扩展,因而只能保持带状发展,旨在沟通物流聚集点的联系。在该种模式下,每两个物流节点之间的道路是唯一的。此种连通模式下基础设施投入较少、承担物流量较小、道路运输的安全性差,

常见于水文、地理、地形条件较为恶劣，经济基础较差、物流需求较弱的地区。

若在人口稀少，存在具有一定规模的商品生产基地、大型物流节点和储藏丰富资源的地区，在保证合理开采、有效运输的情况下，可采用“星爪型”的布局模式。其特点是核心节点的聚集性好，常见于核心物流节点与其他次要节点之间、供应链上的主导企业与上下游合作企业之间、城市物流中心与相配套的物流站点之间的连接。

在城市化比较发达，物流节点与物流集散点等密度较大的区域，若地势平坦，人口分布比较均匀，可以采用“环型结构”布局模式，以沟通物流节点之间的联系，增加相邻节点的连通性，虽然绕行距离较长，但不中断交通的可靠性较好。

在“环型结构”布局模式的基础上，各节点附近还有不能用环串起来的其他节点时采用“棘轮型”布局模式，在一定程度上，“环”是对“棘”连接的节点物流运输需求的集中，“棘”是对“环”上物流运输的有效疏散，从而构建以“环型结构”布局为骨架，而“棘轮型”布局作为支线集散物流运输辅助网络，相互协调、配合，发挥城市物流通道系统的整体功能。

在特大城市与大城市，应在保证尽可能多的连通所有主要物流集散点的前提下，根据地理地貌等客观条件的特点，采用“完全图型”结构的布局模式，或非完全连通所有节点的“半完全图型”结构模式，最大限度地提高物流运输的便捷程度，用最少最短的路径将城市内各个物流节点联系起来。在该种模式下，每两个重要物流节点之间都有物流通道连通，连通性最好，物流运输成本最低。该种连通模式需要较大的基础设施投入，较有利的地形、地貌条件，地区的经济条件良好，物流需求旺盛。地势平坦、交通区位优势突出地区常见该模式。

总之，无论采用哪种物流通道系统布局模式，都是在结合具体的实际、保证物流运输便捷、实现物流节点的有效连通、实现合理开发的基础上进行的城市物流通道系统布局优化。布局模式的采用也可能是几种模式的组合或综合，应视地域特点而灵活采用。

2．物流节点布局规划

（1）物流节点布局规划的内容

物流节点的类型如图 2-15 所示。物流节点布局规划主要包括节点选址和节点布局。前者考虑的是根据费用或其他选择标准建立节点的最

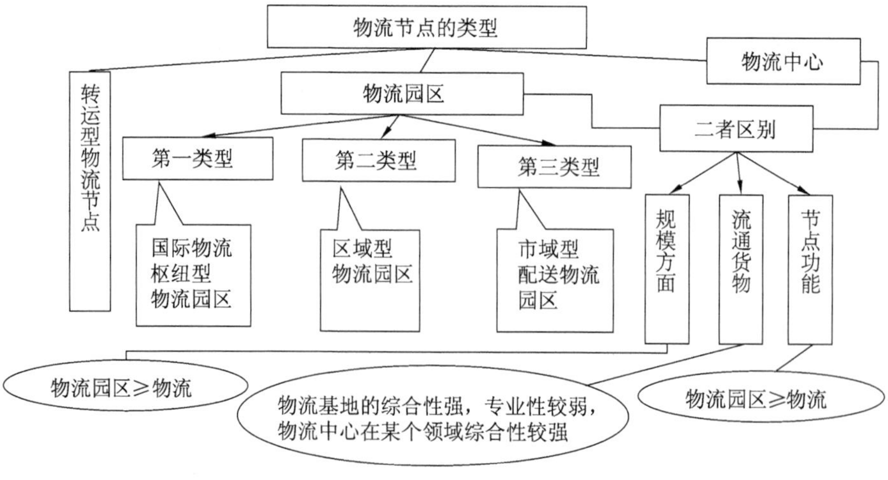

图 2-15　物流节点的类型

佳地址,节点选址对土地使用和建筑费用、地方税收和保险、劳动力成本及可得性或到其他节点的运输费用都有很大影响,尤其后者对物流费用的影响较大。节点布局的主要目标是使总费用最小,同时还应考虑其他因素,如特定节点间能否相互连接和禁止建立节点的特定区域。

物流系统节点布局规划设计是指在一定层次和地区范围内,确定物流系统节点合理的空间布局方案。物流系统布局设计的目的是要构筑公共物流网络。物流系统布局设计根据不同的规划区域范围可以划分出全国、区域、城市等多个不同的层次。范围越大,层次越高,对物流系统设计的要求侧重点也就有所差异。大范围、高层次的物流网络的设计将更加关注干线通道和以主要物流枢纽城市、港口、机场、物流园区、物流中心等物流节点的相互配合。

除了在物流系统节点布局设计中要考虑节点的空间布局(包括物流节点的选址、数量、种类、规模的配置),还要设计物流系统节点的内部布局。这种物流节点内部布局的设计主要是根据物流节点的功能、作业流程和服务质量要求,确定物流节点内部各种节点的平面布局方案,如物流中心的仓储区、分拣区、加工区、内部通道等的布局。根据物流系统的作业要求、作业特点,选择先进适用的物流设备和器具,以提高物流作业效率。设计包括以下内容:仓库货架系统的选型和平面布局设计,装卸搬运设备的选型和布局设计,包装与流通加工装备以及器具的选型和布局设计,运输工具的选型设计,分拣设备的选型和布局设计等。

(2) 物流节点布局规划的原则

如图 2-16 所示,主要有科学选址原则、统一规划原则、市场化运作原则、高起点现代化原则、柔性化原则、人才优先原则[17]。

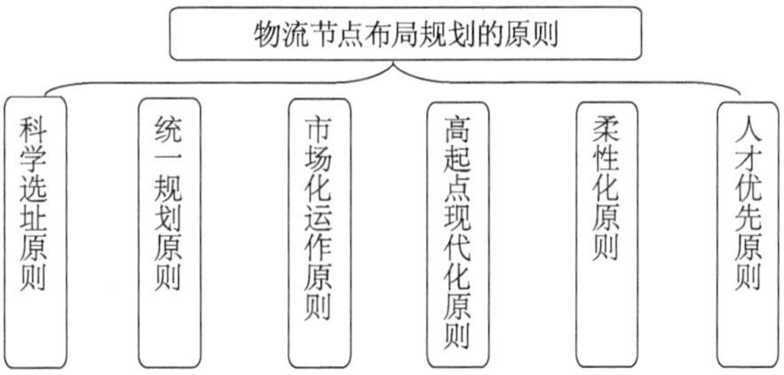

图 2-16 物流节点布局规划的原则

一是科学选址原则。根据物流系统节点在城市物流产业发展及物流体系中的地位和作用,可将其分为综合物流系统节点和专业物流系统节点。前者以现代化、多功能、社会化、大规模为主要特征,后者则以专业化、现代化为主要特征,如港口集装箱、保税、空港、钢铁基地、汽车生产基地等专业物流系统节点。专业物流系统节点选址只要符合它自身的专业要求即可。综合物流系统节点的选址主要按照以下原则来确定:位于城市中心区的边缘地区,一般在城市道路网的外环线附近;位于交通枢纽中心地带,至少有两种以上运输方式连接,特别是铁路和公路;位于土地开发资源较好的地区,用地充足,成本较低;位于城市物流的节点附近,现有物流资源基础较好,一般有较大物流量产生,如工业中心、大型卖场等,可利用和整合现有的物流资源;有利于整个地区物流网络的优化和信息资源利用。

二是统一规划原则。物流系统节点功能的发挥,需要很多政策、社会等宏观因素和条件的指导和支持,这些都必须由政府出面积极推动甚至实施。政府在物流系统节点的规划建设中应当扮演好基础条件的创造者和运作秩序的维护者的角色,根据长远和近期的货物流通量,确定物流系统节点长远和近期的建设规模。在充分掌握第一手材料的基础上,搞好物流系统节点的规划。这要求政府具体问题具体分析,按照区域经济的功能、布局和发展趋势,依据物流需求量和不同特点进行统一规划,尤其要打破地区、行业的界限,按照科学布局、资源整合、优势互补、良性循环的思路进行规划,防止各自为政、盲目布点、恶性竞争、贪大求洋,避免走弯路、误时间、费钱财。

三是市场化运作原则。规划建设物流系统节点,既要由政府牵头统一规划和指导协调,又要坚持市场化运作的原则。物流系统节点的运作以市场为导向,以企业为主体,在物流系统节点的功能开发建设、企业的进驻和资源整合等方面,都要有优良的基础节点、先进的物流功能和周到有效的服务来吸引物流企业和投资者共同参与,真正使物流系统节点成为物流企业公平、公开和公正竞争的舞台。

四是高起点现代化原则。现代物流系统节点是一个具有关联性、整合性、集聚性和规模性的总体,其规划应该是一个高起点的中长期规划,并具有先进性和综合性。在设计物流系统节点时,应该考虑以下因素:城市与区域主要物流方向;各种运输方式、运输节点的分布;产业布局及物流市场、资源的布局;物流用地的区位优势;对现有物流节点的充分利用;有利于整个物流网络的优化;有利于各类节点的合理分工、协调配合。

五是柔性化原则。由于现代物流系统节点的建设投资大、周期长、见效慢、建设风险大,因此,现代物流系统节点的规划应采取柔性规划,建立科学的投资决策机制和项目风险评估机制,确定规划中持续改进的机制,确立规划的阶段性目标,建立规划实施过程中的阶段性评估检查制度,以保证规划的最终实现。

六是人才优先原则。物流系统节点的建设规划是非常复杂、非常庞大的工程,涉及的专业领域也很广泛,必须有各种类型的专家型人才参与才能妥善地完成。所谓专家型人才,是指在某个领域积聚了多年经验,在理论上有一定技术专长的人员。他们各有专长,但都不是万能的。例如,按专业划分,有土建专家、机械专家、计算机专家等。在项目进行的不同阶段,应该让不同类型的专家发挥作用。

(3) 物流节点布局规划的步骤

物流节点布局规划的步骤可用图 2-17 表示[18]。

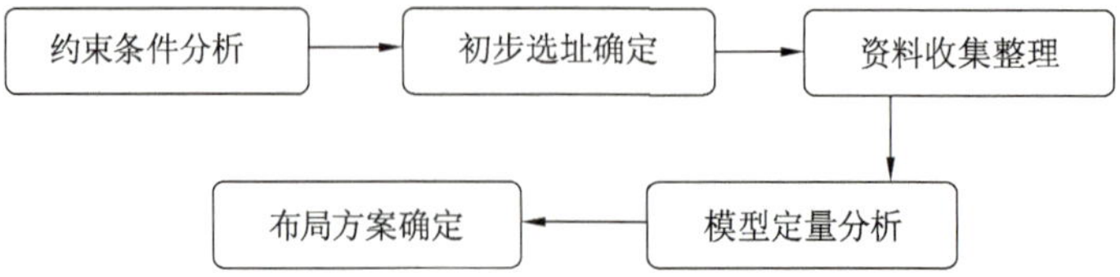

图 2-17　物流节点布局规划的步骤

约束条件分析:物流节点布局规划的目的就是使系统总成本达到最小,但是在规划设计时又面临着不同的约束条件,主要包括:资金约束,因为不同的区位价格差异较大;交通运输条件,由于只能选择能够到达客户的运输方式,如对大多数客户来说,公路运输是唯一可选择的模式，在选址时就应侧重于公路交通枢纽附近或交通干线附近；能源条件，供热、供电等能源系统是物流节点赖以生存的基础；周边软环境约束，税收、关税等与物流节点布局决策直接相关。此外，一些特殊的商品的物流节点还受到温度、湿度、雨量等自然因素的约束。

初步选址确定：在明确上述约束条件后，就可以聘请专家和高层管理人员初步确定选址范围，即确定初始选址地点。

资料收集整理：确定物流节点布局方案需要对相关因素进行定量和定性分析，这就需要收集整理大量的数据资料，以作为依据。收集整理的资料包括：客户分布；客户生产经营状况；产业特征；物流量；交通状况；运输批量、频率；物流节点建设成本；客户对时效性的要求；其他。

模型定量分析：随着数学和计算机的普及，数学方法广泛应用于解决节点选址问题。在对具体的物流节点拟定布局方案时，需要根据对现有已知条件的掌握、选址要求等，针对不同情况选用一个或多个具体模型进行定量分析。结合市场适应性、土地条件、服务质量等，对计算结果进行评价，看其是否具有现实意义及可行性。

布局方案确定：以定量分析结果为基础，通过专家判断法、模拟法等定性分析来求解，但是所得解不一定为最优解，可能只是符合条件的解。最终确定布局方案。

2.3.2　物流节点设施布置

1. 设施布置概述

设施布置是指根据企业的经营目标和生产纲领，在已确定的空间场所内，按照从原材料的接收、零件和产品的制造，到产成品包装、发运的全过程，将人员、设备、物料所需要的空间做最适当的分配和最有效的组合，达到系统内部布置最优化，以获得最大的经济效益。

以工厂布置为例，系统设施布置的好坏直接影响整个系统的物流、信息流、生产能力、生产效率、生产成本及生产安全，不同的布置方案，在施工费用上可能相差无几，但对生产运营的影响会有很大不同。优良的设施布置可以节省物料搬运费用，缩短生产周期，加快流动资金周转。因此，好的设施布置是提高生产系统效益的重要源泉和手段，是改善系统整体功能、实现现代化管理的前提和基础[19,20]。

2. 设施布置设计问题分类[21]

设施布置设计问题分类情况见图 2-18。

(1) 根据布置系统类型不同，可以分为 3 类。

① 制造系统布置设计：该类布置设计主要考虑技术检查、物料搬运成本最低、为职工提供安全的工作场所及便于人员管理的监管制度等。系统总平面布置主要是对企业的生产车间、仓储库、管理部门、生产服务部门等建筑物、场地和道路等按照相互关系的密切程度做出合理的安排。单位布置也就是车间布置，即考虑工艺过程、物流量等因素对机器设备、运输通道做出合理布局。

② 服务系统布置设计：该类布置设计借鉴制造系统布置设计的经验，主要考虑客户满意和审美方面的内容。由于服务系统中顾客参与服务过程，所以其布置设计应尽力营造一个愉快、舒适的环境，主要是针对医院、学校、餐厅等系统。

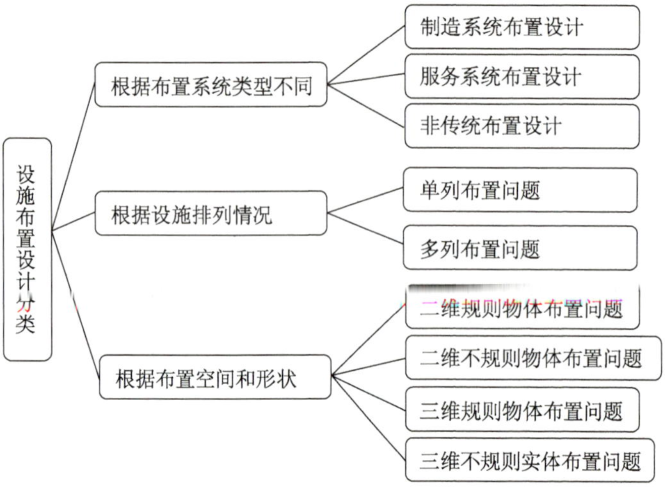

图 2-18 设施布置设计问题分类

③ 非传统布置设计:该类布置设计涉及的情况比较多,如计算机主板上元件布置、汽车仪表盘布置、机场登机门布置、航天器舰艇舱室布置等,这类系统相对较小,但精度要求更高、更具复杂性。

(2) 根据设施排列情况,可以分为两类:

① 单列布置问题:又称一维空间分配问题(ODSAP),即设施排于一条直线上。

② 多列布置问题:又称二维空间分配问题(TDSAP),即设施以直线排列成两列或多列。多列布置并不要求设施排列成为理想化的列。

(3) 根据布置空间和待布置物体的形状,可以分为 4 类:

① 二维规则物体布置问题:待布物体和空间都是矩形或圆形,如装盘问题、玻璃下料一刀切问题等。

② 二维不规则物体布置问题:待布物体和空间中至少有一个是二维不规则图形,如服装裁剪中的划印布置问题、造船业板材切割中的部件拼装问题和机械行业冲压落料问题等。

③ 三维规则物体布置问题:包括长方体、圆柱体及球体布置问题,常见的是待布物体和空间都是长方体,如集装箱布局、仓库布置。

④ 三维不规则实体布置问题:待布物体和空间是三维不规则实体,如汽车仪表盘布置设计、坦克舱布置设计、火箭仪器舱内仪器布局问题等。

3. 物流节点设施布置

物流节点设施是指以物流中心、配送中心、公路中转站、货柜场等物流节点为依托,完成物流服务功能所需的各要素总和。本书所指的物流节点设施布置是以狭义的设施概念,即指实体建筑物为布置对象,完成节点内设施的合理布局。

物流业在国内发展时间并不太长,但在国外物流学及物流技术发展迅速,为设施规划和设计,尤其是布置设计提供了分析研究问题的基础理论与手段。物流节点作为新兴的系统,与传统的制造系统和服务系统,有着较大的区别,同时又兼具制造业设施追求高作业效率和服务业设施讲求顾客满意度的特征,因而物流节点的布置设计需充分结合物流节点自身特点。

2.4　物流系统规划与设计的步骤与优化

2.4.1　物流系统规划与设计的步骤

满足一定服务目标的物流系统由若干子系统组成,物流系统设计包含了众多可能的选择,从物流网络构筑到仓库内部布局等,需要对每一个子系统或环节进行规划与设计。每一个子系统的设计需要与其他子系统和整个物流系统相互协调、相互平衡。因此,首先需要形成一个总框架,在总框架的基础上采用系统分析的方法,对整个系统的各个部分进行统筹规划与设计。

物流系统规划与设计的过程大致可分为5个阶段,如图2-19所示。

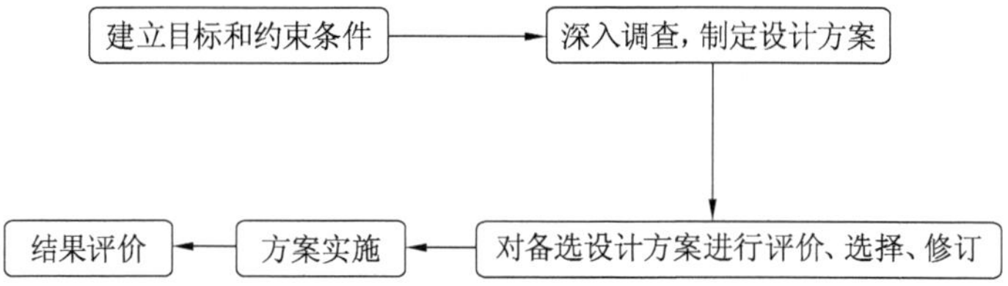

图2-19　物流系统规划与设计的过程

1. 建立目标和约束条件

在整个物流系统设计的过程中,最重要的是确定物流系统设计的目的和目标。目标定位直接决定着物流系统的组成部分。例如,对企业物流系统设计来说,解决系统内部目标不一致问题的依据需要考虑以下几个因素:资源可得性、物流系统规模、物流系统各组成部分的相对重要性、系统费用、系统整合程度。最好的方法当然是考虑整个系统,然而在某些条件下,系统输入条件的改变和系统的每个部分联系不大、时间有限及物流系统太大等都不能作为整个系统来解决,那么,一个比较实际的方法是分步考虑问题,设计独立部分,最后再将其结合起来。

另外,由于物流系统庞大而繁杂,各子系统之间相互影响和相互制约也十分明显,且系统受外部条件的限制也很多。因此,在物流系统设计时就需要判明各种问题和约束,特别是那些暂时无法改变的系统制约因素。

2. 深入调查,制定设计方案

设计方案的步骤如图2-20所示。

在物流系统规划和设计中,最基础的工作就是进行大量的相关基础数据的调查和收集,作为系统设计的参考依据。一个物流系统设计方案的有效性依赖于调查而获得的基础数据的准确程度和全面程度。基础数据的调查方法主要有企业访谈调查、问卷调查、查找相关统计资料、现场调查、计算机检索等。调查的内容主要根据设计目标、调查对象来确定。一般物流系统设计需要调查的基础数据包括以下几个方面。

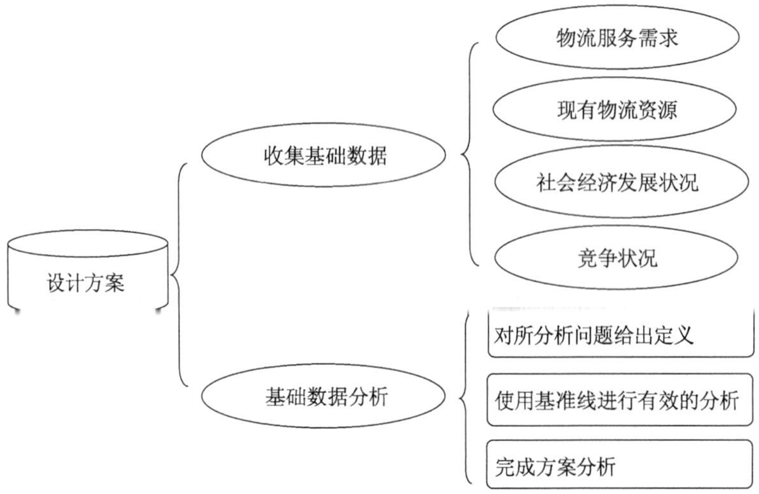

图 2-20　设计方案的步骤

(1) 物流服务需求。物流服务需求既是物流系统产生的动因,又是构建物流系统的基础依据,有什么样的物流服务需求,就需要有相应的物流系统与之相对应。物流服务需求具体包括以下几项:

① 服务水平,如缺货率、送货时间、服务费用等。

② 客户分布,如现有的和潜在的顾客分布等。

③ 产品特征,如产品尺寸、重量和特殊的搬运需求。

④ 需求特征,如顾客的订单特征、顾客订货的季节性变化、顾客服务的重要程度等。

⑤ 需求规模,如 OD 流量等。

⑥ 需求服务内容,如需要提供的各项服务。

⑦ 其他。

(2) 现有物流资源。每个物流系统都是独一无二的,物流系统设计前必须对现有物流资源进行全面的调查分析。需要调查的项目包括下列几项:

① 现有物流设施设备状况,如物流节点分布、规模及功能、交通网络、运输设备、仓储设备、信息系统等。

② 现有物流系统的基本运营状况,如组织管理体系、服务模式、营业状况、服务种类、作业方式、单据流程、作业流程等。

③ 制约因素,如现有设施中暂时不可更改的部分。

(3) 社会经济发展状况。主要调查物流服务的产业特征、产业模式、经济规模等。

(4) 竞争状况。调查竞争者的服务水平、物流资源配置和网络布局、服务方式、营业状况等。

在完成数据收集之后,提出异常数据,确定数据样本容量,对数据进行分类归并,再计算整理分析。分析使用过去活动中得来的技术和数据用以评估物流战略和战术方案的可行性。

(1) 对所分析的问题给出定义。对所分析的问题给出定义的首要任务是确定方案和可接受的不确定性的范围。问题是,怎样利用确定的方案和参数建立研究的目标与约束的条件。例如,对一个分销中心地点的问题分析必须确认所评估的是特定的位置。

(2) 使用基准线进行有效的分析。利用合适的方法或工具对现今物流环境进行基准线分析,将结果和过去收集的有效数据进行比较,以决定历史和分析结果的适合程度。这种比较应当集中于确认重要的差别和确定可能错误的原因方面。潜在的错误可能是由于不正确或不精确的数据输入、不合适或不准确的分析程序或无效的数据等造成的。当碰到差异时,必须识别错误,并及时予以改正。

(3) 完成方案分析。一旦方法有效,下一步是完成系统方案的评价。分析必须采用手工或电子的手段确定每个方案的相关绩效特征。选择应当充分考虑到管理政策及实施概况,包括诸如分销中心数目、库存目标水平或者运量大小等因素可能发生的变化。

上述分析完成后,最佳的绩效方案被定为进一步做敏感度评估的目标。其中无法控制的因素,如需求、因素成本或竞争行为等在评价不同运作条件下,方案的潜在选择能力是变动的。

3. 对备选设计方案进行评价、选择、修订

对物流系统进行方案评估的目的就是针对备选方案的经济、技术、操作等层面的可行性做出比较与评价,以帮助决策者选择最优或最满意的方案。主要的评估方法有程序评估法、因素评估法和目标设计法。评估的内容主要包括成本与收益的评估、物流系统方案风险评估。

在进行评估后便要确定备选方案,并对备选方案进行修订和进一步完善。

4. 方案实施

物流系统方案的实施过程是一个相当复杂的过程,方案设计的实际可操作性在这里将得到验证。这就要求实施者根据决策者选出的最优设计方案,严格按照方案设计的要求逐步实施。在此过程中,可能会遇到各种实际问题,有些是设计者未能事先预料到的。因此,在方案的实施过程中,实施者首先要充分领会设计者的整体思路和设计理念,在遇到问题时应尽可能最大限度地满足设计要求,如果确有无法满足的部分需要对设计方案做必要调整时,也要保证不影响物流系统整体目标的实现。

此过程的主要任务是确定实施计划及进度、确定验收标准及对计划的具体实施。

5. 结果评价

如果说方案评估是一个在没有实施方案的前提下,仅凭借专家、实践者的经验预先检验模拟效果,并加以评价的话,那么这最后阶段的实效评价就是对实际的方案实施结果的评价。评价的方法和方案、评估方法基本上是一致的,最常用的方法是因素评估法和目标评价法。其中,不同点在于对评估过程中的指标打分不再是凭借专家经验的主观判断,而是实际结果的客观评判。实效评价的目的是通过实际检验方案的优劣,以此作为今后物流系统设计的参考和借鉴。

2.4.2　物流系统的优化

物流系统优化是指确定物流系统发展目标并设计达到该目标的策略及行动的过程,是依据一定的方法、程序和原则,对与物流系统相关的因素进行优化组合,从而更好地实现物流系统发展的目标。

1. 物流系统建模方法

通常情况下,物流系统设计模型的目标函数是使仓库和供货商及工厂的固定设施费用、工厂和仓库的运营费用、运输费用、地方配送费用、库存费用及在途存货费用等之和达到最小。目标函数由下列5类约束进行优化:第一个约束集是和工厂、仓库运输承运人的能力相关的;第二个约束集是和模型内部结构一致性相关的,例如,一个仓库只有修建完成后才能服务于顾客;第三个约束集是根据仓库和顾客间的最大距离、顾客需求和最小库存水平或安全库存而表示的顾客服务需求,也包括零部件和原材料方面工厂的需求;第四个约束集保证物流系统各组成部分之间的流量守恒;最后一个是决策变量非负或整数约束集。另外,所有模型的输入应基于同一时间段[22]。

物流系统模型大致有两种:一种是可灵活使用的通用的模型和软件;另一种是针对具体系统设计开发具有专门算法的模型。在第二种方法中,对一给定应用模型应该是具体的、特定的。因此,它对设计物流问题更为准确,但同时还要有有效的算法在合理的时间限制内来解决大规模物流系统设计问题。这些都需要大量的时间和人力资源来建模和设计求解算法。然而,一般通用模型易理解,也易运用到某一特定情况。但它可能不能完整、准确地代表实际问题,同时计算时间和内存可能不足以解决某些物流设计问题。

当然,一个理想的方法是建一个通用的、综合的物流系统设计模型,并能足以代表整个物流系统,但同时还要在合理的时间内有特定的解法来解决这种大规模的系统设计问题。物流系统设计模型必须考虑原材料及零部件从产地直接到工厂或经仓库到工厂的移动、保管过程,考虑产成品或零部件从工厂直接到客户或通过配送中心到顾客手中的移动、保管过程。一般可以用点和弧线代表网络模型中的各种物流活动,点代表设施地点,如工厂、供货商、仓库等;弧线代表设施间原材料、产品或零部件的流量,这种流量包括不同运输特征和不同运输费用的运输方式。比较理想的情况应该是模型可以处理多设施(供货商、仓库、工厂)、多种产品(原材料、产成品)、多时间段的问题,此外,还要考虑库存和运输成本之间,顾客服务和运输或库存成本之间的效益背反等问题。

(1) 模型概述

综合的物流系统设计模型一般由以下几个部分组成。

$\min Z$ = 供货商检理费用 + 工厂固定费用 + 原材料或零部件购买费用 + 生产费用 + 工厂库存费用 + 仓库存储费 + 在途存货费用 + 运输费用 + 货物聚集或配送费用 + 仓库搬运费用

主要约束1:供货商对所有工厂的供应≤供货商能力;工厂对所有仓库的供应≤工厂能力;仓库对顾客的供应≤仓库能力;各点间的运输量≤承运人的能力(重量、体积);以上约束只有在供货商、工厂或仓库正常运营时才能满足。

主要约束2:从供货商处得到的产品总量≥工厂需求;从工厂或供货商处收到的产品总量≥仓库需求;从仓库工厂或供货商处得到的产品总量≥顾客需求;

订单处理和运输时间≤可接受的交货周期;超过库存的需求≤可接受的脱销水平;任何点的流量均守恒,即进入此点的产品量 = 流出此点的产品量 + 此点正在使用的产品量。

非负及整数约束。

（2）一般算法步骤

在大多数情况下，模型的具体形式决定了采用什么样的算法步骤。算法的类型由可求解的系统模型的大小、计算机存储要求、求解时间、获得最优解的能力决定。一般而言，上述模型是大规模的非线性混合整数规划模型，求解这类模型比求解相当规模的线性或网络流规划模型要困难得多。采用合适的预处理方法可以减少多余约束和变量，因此可以用预处理的方法对某些变量进行合并。在有些情况下，模型可以按工厂、顾客、供货商、仓库等分解来得到若干子问题和一个总问题。对于大的物流系统规划设计模型（大多数实际问题规模较大），如果用精确的数值优化方法可能永远找不到最优解，而启发式算法作为最后的手段有时却是很有效的。启发式方法计算速度快，占用计算机内存少，但有些启发式算法所求的解和最优解的接近程度难以衡量。

（3）物流系统设计模型的一般准则

用数学方法建模的同时用求解算法来开发综合物流系统规划不一定能完全成功，在实际设计中通常还需要考虑 3 个基本准则。

在进行方案分析前保证模型有效。一种方法是根据历史数据和资料使方案结果有效；另一种方法是通过直觉和简单的常识使结果合法。对输入数据进行改变的灵敏度分析对检测模型的有效性非常必要，同时，任何主要结论和决策必须在模型合法后才能给出。

必须注意物流系统模型得出的解不是最后的答案。必须用专门的知识判断，用常识来修改最后结果。其原因是所选模型的最优解并不一定完全符合现实，加上整个系统很复杂且可能用的是启发式算法，容易导致次优解。通常用现有模型的软件包是比较省时和省力的，且节省的时间和费用足以弥补其不准确性。

建立物流系统设计模型可能并不是解决系统设计问题的最好方法。在有些情况下，建模所需费用可能超过相关利润。还有一些情况下，通过简单的经验方法就可以解决仓库选址、规模确定及分配等问题。这主要是因为候选地址的数量有限或根据合同或其他合法原因得出的系统约束限制了运输的可得性及保管方式，也就限制了解的范围，因此，也可能不必建模就可以得到答案。

（4）物流系统设计模型的数据处理

物流系统设计需要来自各方面的大量数据作为决策基础，这些数据通常包括：线上的所有产品清单；顾客、存货点、原材料供应源的地理分布；每一区域的顾客对每种产品的需求量；运输成本和费率；运输时间、订货周期、订单满足等；仓储成本和费率；采购、制造成本；产品的运输批量；网络中各节点的存货水平及控制方法；订单的频率、批量、季节波动；订单处理成本与发生这些成本的物流环节；顾客服务目标；在服务能力限制范围内设备和设施的可用性；产品配送模式等。

数据仅仅是对现实的一种客观描述，必须对收集的数据进行组织、概括、分类等处理，才能使之成为辅助决策的有用信息。针对物流系统模型所需的数据还有以下一些特别因素要加以考虑。

运输费率估算。物流系统规划中，运输费率是一个极为重要的问题。由于物流成本是网络规划的主要决策依据，因此，必须对各种方式的运输费率做出准确估算，如表 2-3 所示。

表 2-3 运输费率估算 元

数据类型	实际值	周费用
每周总行驶里程	2 700 km	
每周实际工作时间	66 h	
每周发车次数	3 次	
驾驶员的工资	12 元/小时	792.00
额外奖金	工资的 18.75%	148.50
油耗/(10 km/L)	3 元/L	810.00
卡车折旧	316.50 元/周	316.50
维护费	45 元/周	45.00
保险费	51 元/周	51.00
路桥通行费、餐饮费、装卸费	97.50 元/次	292.50
紧急故障处理费	30 元/次	90.00
总成本	2 545.50	

企业自备运输费率估算常常需要掌握较为详细的运作成本数据及运输工具的具体行驶路线。从企业资源优化配置的目标出发,企业通常会将一部分产品运输工作交给企业外部运输力量来完成。租用外部运输力量的运输费率由承运企业提供。

顾客聚集处理。企业的顾客通常散布在各地,但又相对地集中在中心市镇。在物流系统设计中,没有必要对每个顾客进行单独分析,成千上万的顾客产生的购买需求量可以用地理分布上一定数量的聚集点来表示。将整个市场销售用这些聚集点来代表而进行系统规划分析,在运输成本估算的准确性上不会有大的偏差。以美国为例,根据人口分布的密度将美国本土划分为 200 个左右的聚集点,其运输成本估算偏差小于 1%。

设施成本。与仓库设施相联系的成本可分为固定成本、存储成本和操作成本 3 大类。固定成本包括租金、管理费用、资金折旧等项目。这类成本不随仓库存储量的变动而变动。物流管理人员需将这些成本细分为上述 3 大类,以便进行物流系统设计分析。当企业租用公共仓库时,只需考虑可变的存储成本与操作成本,相关的费率很容易得到。

设施能力限制。厂房、仓库、销售点等设施都有一定的运行能力限制,这是物流系统设计中的一个重要内容。当然,设施的运行能力限制并非是十分刚性的,可以通过多种方法在短期内得到一定程度的扩张,以满足紧急情况的需要。

库存量——周转量的关系。由于物流系统设计中涉及仓库的数量、选址和容量决策,因而有必要弄清楚仓库的库存量与周转量之间的关系,以便估算物流系统中仓库的库存水平。一个简单的方法是根据企业的库存政策来确定。例如,企业的仓库周转率目标是每年周转 8 次,表示该仓库平均库存量是其所服务的市场年销售量的 1/8。虽然这种描述对管理层来说容易理解,但并不是十分准确。更加准确的描述可以通过对仓库库存控制数据进行分析后得到。将每一仓库的平均水平与总周转量作为一组坐标,得到散点图。将这些点拟合起来,即可得到一条库存量—周转量关系曲线。根据这条曲线,一旦为某仓库确定了年服务量,就可以估算出相应的仓库库存水平。

需求预测。完全基于于历史数据和当前数据进行物流系统设计是毫无意义的,因为物流系统设计是为企业未来的物流运作而设计的,因此,在分析中有必要采用一些中长期预测方法。在实践中,大多数企业采用了5年预测数据进行系统设计。

其他因素与限制。在收集了基本的经济数据之后,仍需掌握一些重要的限制条件,包括5个方面:财务限制,如对新设施的最大投资额的限制;法规和政治限制,如在评估设施选址方案时必须排除某些特殊区域;人力资源限制,要充分考虑是否有足够数量和质量的人力来支持新的战略;时间限制;合同限制,包括现有的及未来可能发生的合同。这些限制性的条件对系统设计有十分重要的影响。

2. 线性规划(运输问题)

线性规划方法是用线性函数表示目标函数和约束函数,主要解决生产成本最小化问题、资源利用最大化问题等,在物流系统中的运用主要就是解决运输系统优化问题、销售系统优化问题等。其中,运输问题最具代表性,是线性规划在物流系统优化中最常见的问题,主要研究将物品由 m 个起运站运到 n 个目的地。已知由 i 站运到 j 站的单位运费是 c_{ij},并假定运费与两地间的运量成正比。设 a_i 表示 i 站的供应量,b_j 表示 j 地的需求量。如果用 x_{ij} 表示从 i 站到 j 地的运量,则运输问题可表述为

$$z = \min \sum_{i=1}^{m} \sum_{j=1}^{n} c_{ij} x_{ij}$$

$$\begin{aligned} \text{s. t.} \ & \sum_{j=1}^{n} x_{ij} = a_i, \ i = 1, 2, \cdots, m \\ & \sum_{i=1}^{m} x_{ij} = b_j, \ j = 1, 2, \cdots, n \\ & x_{ij} \geqslant 0, i = 1, 2, \cdots, m; j = 1, 2, \cdots, n \end{aligned}$$

如果 $\sum_{i=1}^{m} a_{ij} = \sum_{j=1}^{n} b_{ij}$,即总供应量等于总需求量,则称为平衡运输问题,否则即为不平衡运输问题。对于不平衡运输问题,可通过一定处理后,使之变为平衡运输问题。

如果 $\sum_{i=1}^{m} a_{ij} > \sum_{j=1}^{n} b_{ij}$,即总供应量大于总需求量,则可另外增加一个"虚构目的地",令其需求量 $b_{n+1} = \sum_{i=1}^{m} a_{ij} - \sum_{j=1}^{n} b_{ij}$,并令各起运站到虚构目的地的运费为零。当求出解后,再在最优解中,将各站的供应量减去运往虚构目的地的数值。

如果 $\sum_{i=1}^{m} a_{ij} < \sum_{j=1}^{n} b_{ij}$,即总供应量小于总需求量,则可另外增加一个"虚构起运站",令其供应量 $a_{m+1} = \sum_{j=1}^{n} b_{ij} - \sum_{i=1}^{m} a_{ij}$,并令各起运站至各目的地的运费为零。当求出解后,再在最优解中,将目的地的数值减去虚构起运站的运量。

3. 整数规划(指派问题)

整数规划是线性规划的特殊问题,对于某些实际问题,要求部分变量必须取整数,在物流系统优化中,涉及的整数规划问题主要有选址问题、装货问题、指派问题等。整数规划可以应用分支定界法,多次应用线性规划求解。这里主要介绍指派问题。在物流系统

运行中,介绍如何将有限的资源(人力、物力、财力等)指派给多项任务或工作,以达到降低成本或提高效益的目的。指派问题是运输问题的特例,其条件是运出的地点数和运量等于运入的地点数和运量,而且一个运出点的物料只允许运到一个运入点。

例如,m 条航线指派给 n 艘船去航行,可表述为

$$\max z = \sum_{i=1}^{m} \sum_{j=1}^{n} c_{ij} x_{ij}$$

$$\text{s. t.} \sum_{j=1}^{n} x_{ij} = 1,\ i = 1,2,\cdots,m$$

$$\sum_{i=1}^{m} x_{ij} = 1,\ j = 1,2,\cdots,n$$

$$x_{ij} = 1 \text{ 或 } 0$$

这里 c_{ij}表示工作成本或工作时间等价值系数。x_{ij}的含义则为:当 $x_{ij}=1$ 时,表示第 i 艘船被指派完成第 j 条航线任务;当 $x_{ij}=0$ 时,表示第 i 艘船不被指派完成第 j 条航线任务。

4. 动态规划(最短路径问题)

动态规划是解决多阶段性过程最优化问题的一种方法。多阶段决策过程是这样的一类决策过程,由于其特殊性,可以把时间分为若干阶段,而在每个阶段都需要做出决策,以便使得整个过程取得最佳的经济效益。动态规划把困难的多阶段决策问题变换为一系列较容易的单阶段问题。用动态规划可以解决物流系统中的最短路径问题、装载问题、库存问题、资源分配问题等。

本章参考文献

[1] 魏际刚,王胜旗:《企业物流管理》,上海交通大学出版社,2004 年。

[2] 孙俐伟:《潍坊北海物流园区规划研究》(学位论文),江苏大学, 2012 年。

[3] 陈国庆:《基于供应链管理的集装箱枢纽港规划方法研究》(学位论文),上海交通大学, 2008 年。

[4] 李修移:《Trident 公司物流网络规划与设计》(学位论文),华南理工大学, 2005 年。

[5] 李研研:《大型连锁零售企业物流配送中心绩效评价研究》(学位论文),上海大学, 2008 年。

[6] 贺东风:《物流系统规划与设计》,中国物资出版社. 2006 年。

[7] 方志俊:《敏捷供应链物流供需平衡策略研究》(学位论文),中南大学,2009 年。

[8] 鲍尔索克斯:《供应链物流管理》,机械工业出版社,2010 年。

[9] 毛良伟:《物流系统的规划与方法》,机械工业出版社, 2006 年。

[10] 齐小宁:《天津港散粮增容规划分析与设计》(学位论文),天津大学, 2008 年。

[11] 张锦:《L - OD 预测理论与现代物流规划方法研究》(学位论文),西南交通大学, 2004 年。

[12] 李敬泉,梁劲:《钢铁物流行业的绩效管理》,《物流工程与管理》, 2011 年第 5 期。

[13] 邵瑞庆:《关于物流企业物流成本核算方法的探讨》,《交通财会》,2006 年第 6 期。

[14] 黄蕾:《浅析降低物流成本的有效途径》,《中州审计》, 2002 年第 5 期。

[15] 曾剑:《现代物流学基础》,电子工业出版社,2006 年。

[16] 陈菊:《城市物流通道系统布局优化理论与方法研究》(学位论文),西南交通大学,2007 年。

[17] 哈娜:《建园热的冷思考——浅析我国物流园区建设与发展》(学位论文),中央民族大学, 2006 年。

[18] 刘洁,刘凯:《基于内蒙古物流发展规划中的物流网络节点布局层次化研究》,《物流技术》, 2009 年第 4 期。

[19] 谷雪峰:《F 集团 A 生产车间设施布局改善研究及应用》(学位论文),重庆大学, 2009 年。

[20] 王家善,等:《设施规划与设计》,机械工业出版社,1995 年。

[21] 唐小明:《物流节点设施布置设计方法研究》(学位论文),长安大学, 2006 年。

[22] 彭杨,吴成健:《物流系统建模与仿真》,浙江大学出版社,2009 年。

第三章　区域物流系统规划与设计

在对相关内容进行介绍之前，首先要对此处的区域物流进行界定，通常所说的区域物流既包括经济区物流又包括行政区物流。伴随着区域经济一体化的发展，经济区物流慢慢成为研究的重点，本章中所介绍的区域物流主要是指经济区物流。

3.1　区域经济

3.1.1　区域

区域指地理上某一范围的地区。“区域”一词，在政治上多指行政区，在自然上多指自然区，在经济上主要指经济区。区域划分主要以地理和经济特征为基础。关于中国自然和经济地理特征的分析有大量论著。例如，北京大学胡兆量教授在《中国区域发展导论》中就有比较系统的分析[1]。区域经济学中研究的区域，既不是以自然特征为标准划分的“自然区域”，也不是以纯粹的社会文化为特征的“社会文化区域”，一般也不是单纯的“行政区域”，而是以经济活动为标准的、具有一定的经济发展任务及特征的“经济地理区域”。

3.1.2　经济区

经济区又叫综合经济区，是在劳动地域分工基础上形成的不同层次和各具特色的地域经济单元，是以中心城市为核心，以农业为基础，以工业为主导，以交通运输和商品流通为脉络，具有发达的内部经济联系，并在全国经济联系中担负某种专门化职能的地域生产综合体[2]。同时经济区域是拥有某些生产要素，分布着农业、工业等产业，拥有城镇、道路等客体的整体化（连成一片的）空间。经济区的形成和发展决定于生产力发展水平、劳动地域分工的特点和规模，专门化与综合发展结合的程度，并且是由低级向高级循序渐进的过程。

1. 特点

概括起来，经济区具有以下特点：

① 客观性：经济区是客观存在的，不以人的意志为转移。

② 区域性：经济区占据一定空间，有相对合理的地域组成范围，可描述。

③ 多元性：按照经济区内支撑产业及发展水平的不同，经济区也有不同的种类和形式。

④ 层次性：按照经济区生产力发展水平及专业化分工的特点，可分为不同的级别。

⑤ 开放性：当今世界是一个开放的世界，经济全球化决定了经济区不可能是封闭的、自给自足的，它时刻与外界进行着物流、商流、信息流及资金流的交换。

发展变化性与相对稳定性：物理学认为运动是绝对的，静止是相对的，随着生产力的发展和社会分工的演变，经济区也在经历着量的积累，进而带来质的飞跃，量变产生质变，这也决定了经济区的相对稳定性与发展变化性。

2. 经济区划分

(1) 三级经济区划分

国外腹地理论始于20世纪30年代，20世纪中期以后，增长中心理论，核心—边缘理论、都市腹地理论、世界城市理论及信息腹地理论进一步丰富了腹地理论[3]。关于三级经济区的划分，不同学者给出了不同的意见，如蒋海兵等人在全国地级以上中心城市腹地划分中同时考虑中心城市综合规模与交通条件，将全国划分为3个一级经济区，9个二级经济区，33个三级经济区[3]。潘竟虎等人通过计算中国283个地级及以上城市的规模值，在GIS软件支持下利用场强模型，对2004年283个地级及以上城市的腹地进行的划分结果表明：中国地级及以上城市规模值差异较大，场强值分布呈现明显的东、中、西递减的分异特征，与经济发展的梯度差异一致，并最终将全国划分为3个一级经济区，11个二级经济区，38个三级经济区[4]。

由于城市腹地的划分较为复杂，目前仍处于探索阶段，但三级经济区的划分形式已初步确定(见图3-1)，日后仍需进一步完善。

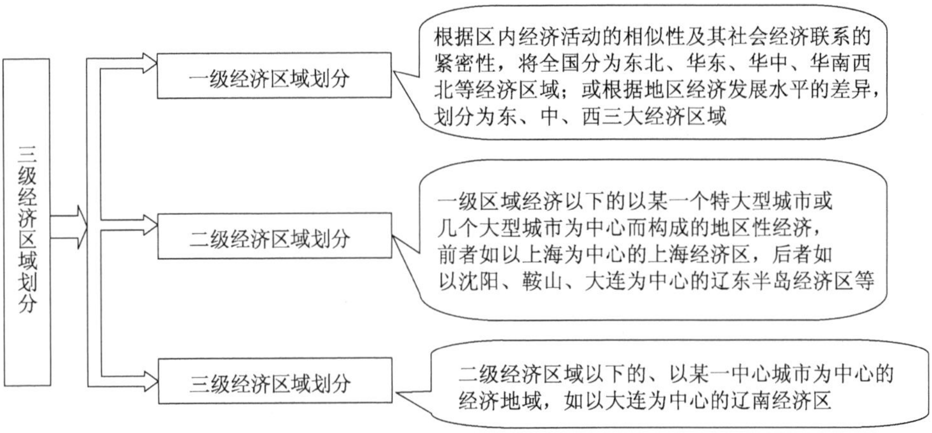

图3-1　我国三级经济区域划分

(2) 八大综合经济区划分

我国发展研究中心报告提出在“十一五”期间将内地划分为东、中、西、东北四大板块，并可将四个板块划分为八大综合经济区的具体构想。张宗益、邹畅等人在此构想的基础上收集整理了中国31个省、自治区、直辖市1978—2003年的相关省际数据，将内地划分为八大综合经济区，并运用理论模型计算和分解了地区差距，明确了现阶段我国地区差距的主要来源与构成，为该领域的进一步研究奠定了基础[5]。该八大经济区是：

① 东北综合经济区——辽宁、吉林、黑龙江：重型装备和设备制造业基地、全国性的专业化农产品生产基地。

② 北部沿海综合经济区——北京、天津、河北、山东：最有实力的高新技术研发和制造中心之一。

③ 东部沿海综合经济区——上海、江苏、浙江：最具影响力的多功能的制造业中心；

最具竞争力的经济区之一。

④ 南部沿海经济区——福建、广东、海南：最重要的外向型经济发展的基地；消化国外先进技术的基地；高档耐用消费品和非耐用消费品生产基地；高新技术产品制造中心。

⑤ 黄河中游综合经济区——陕西、山西、河南、内蒙古：最大的煤炭开采和煤炭深加工基地、天然气和水能开发基地、钢铁工业基地、有色金属工业基地、奶业基地。

⑥ 长江中游综合经济区——湖北、湖南、江西、安徽：以水稻和棉花为主的农业地区专业化生产基地及相关深加工工业；以钢铁和有色冶金为主的原材料基地；武汉"光谷"和汽车生产基地。

⑦ 大西南综合经济区——云南、贵州、四川、重庆、广西：以重庆为中心的重化工业和以成都为中心的轻纺工业两大组团；以旅游开发为龙头的"旅游业—服务业—旅游用品生产"基地。

⑧ 大西北综合经济区——甘肃、青海、宁夏、西藏、新疆：重要的能源战略接替基地；最大的综合性优质棉、果、粮、畜产品深加工基地；向西开放的前沿阵地和中亚地区经济基地和特色旅游基地[6]。

（3）三大经济圈

经济圈又称大城市群、城市群集合、大经济区、大都会区或都会区集合，属于 20 世纪 90 年代开始逐渐出现的中文地域经济用语。指一定区域范围内的经济组织实体，是生产布局的一种地域组合形式。经济圈是主要从地域的自然资源、经济技术条件和政府的宏观管理出发，组成某种具有内在联系的地域产业配置圈。经济圈通常指疆域极广的国家内部某一特定区域，常为城市群体的集合或在国家经济总量（GDP）中占有很大比重，并对全球经济产生影响。它是围绕都市带形成的经济文化场所。"都市带"最初是由法国地理学家戈特曼提出的，称为 Megalopolis，它是都市效应扩散和影响的延续。

目前世界上发育比较完善和最为典型的都市圈是美国的波士顿—华盛顿都市圈和巴黎—埃松—塞纳—伊夫林都市圈。根据国际对都市圈的划分，目前我国形成的都市圈主要包括长三角、珠三角及环渤海地区（见图 3-2）。

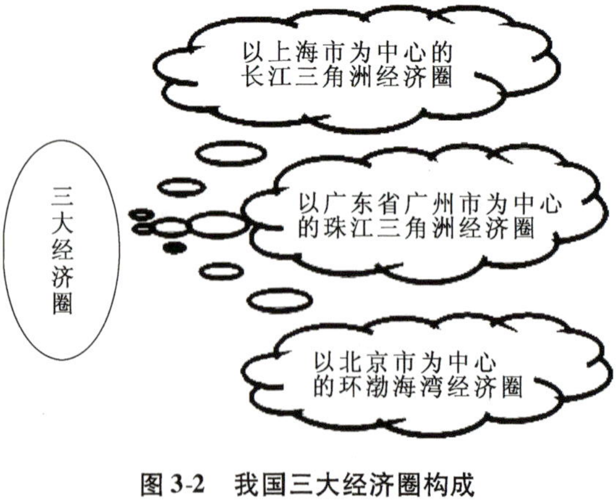

图 3-2　我国三大经济圈构成

① 京津唐都市经济圈：聚集竞争力最高

环渤海湾经济圈在许多场合下又被称为"大北京地区都市圈""首都圈""京津塘经济圈"。该经济圈环渤海而建，以北京、天津为"双核"，以唐山、保定为"双翼"，包括石家庄、秦皇岛、廊坊、沧州、承德、张家口等10座城市。京津唐大都市经济圈的形成与发展，则得益于现有体制下全国资源向都城的集中，中关村、奥运村的出现均以首都特有的政治文化为背景。因圈内有2个直辖市，且北京是我国的政治、文化中心，因此，该都市圈在发展上具有其他都市圈所不具备的政治资源优势。这一地区传统的重化矿冶工业与水资源短缺和环境保护的矛盾日渐突出。即使南水北调工程完成后，原有的传统工业项目也应向京津线的南北两翼扩散，同时应大力发展高速公路和轻轨铁路，将郊区和卫星城与京津唐保（保定）连成现代交通网络。

吴良镛教授等对京津唐大都市经济圈未来战略地位的重新认识，主要强调京津唐大都市经济圈的开放性，其在参与世界政治经济、文化生活、国际交往等活动中的组织管理协调功能将更加突出。按照这一思路，北京将成为洲际的政治、文化及国际交往中心。

② 长三角都市经济圈：区位竞争力最高

长三角已被列为世界第六大都市圈，是我国最大的经济核心区，也是世界各大河三角洲人口数量最多、密度最高和城镇化数量最多的地区。它地处我国的沿海中部，扼长江入海口，集"黄金海岸"与"黄金水道"于一身，其最初以上海市为中心，包括江苏的南京、苏州、无锡、常州、扬州、镇江、南通、泰州8个地级市，浙江省的杭州、宁波、湖州、嘉兴、绍兴、舟山、台州7个地级市。现今，长江三角洲地区已经先后接纳了徐州、温州、金华、马鞍山、芜湖等地级市。

长江三角洲都市经济圈已处在向工业化中后期发展的阶段，根据经济发展的规律，今后5年，城市化进程将明显加快。未来10年内，长江三角洲将有可能成为我国区域经济发展的重要增长极和亚太地区经济发达地区之一，成为具有较强国际竞争能力的外向型经济示范区。通过高新技术对传统支柱产业的改造，一个世界性的新型制造业基地有望在此崛起。

长江三角洲都市经济圈内存在的最大问题是各自为政，市场分割和地方保护阻碍了经济资源的自由流动和跨地区的经济合作。长江三角洲分属三省一市，行政隶属关系非常复杂，地区之间的协调难度很大，由国家有关部门牵头成立的长三角经济区和上海经济区也先后无果而终。条块分割，恶性竞争，甚至以邻为壑的不良风气导致一些区域性交通基础设施和环境治理工程，因各地政府之间缺乏协调而进展缓慢。更为严重的是，还干扰和制约了区内企业之间的市场运作，形成了所谓条条经济和块块经济。由于该地区内部自然禀赋比较相似，因而本区的产业结构趋同问题亦比较严重。南京地区方圆30公里范围内有4家石化企业，仅扬子和金陵在重复建设方面就花费了上百亿元，已建成的项目大都开工不足。另外，原先过于分散的乡村工业和小城镇使工业污水和生活污水的排放量有所增加，水乡出现"水质性缺水"的现象必须引起关注。

③ 珠三角都市经济圈：制度竞争力最高

珠江三角洲经济圈，即广东珠三角，包括香港、澳门在内的广州、深圳、珠海、佛山、惠州、肇庆、江门、中山、东莞等地市。深圳、广州、珠海等市作为我国较早开放、开放度较大的地区已形成了相对完善的市场经济发展制度[7]。

珠江三角洲地区城市化的发展，首先得益于接近香港。香港是其主要的投资来源，约占75%。十一届三中全会后，广东步入改革开放之"先河"，设特区市，撤县设市，均走在全国前列，一批新城市随之拔地而起。东莞就是典型例子。1997年香港回归，"一国两制”的制度投入，从深层次上推进了珠三角的城市化进程。伴随着世界经济结构大调整和产业的大转移，新世纪初，珠江三角洲成为世界IT产业的生产基地。

今后，“大广州”将继续向番禺、黄埔方向伸展。深圳与香港之间，应当积极考虑“放开一线（同香港接壤的一边，主要管人），管好二线（同内陆接壤的一边，主要管物）”，港深经济一体化，成立中国与东盟之间的“港深自由贸易区”。珠三角都市经济圈的可持续发展也存在一系列问题。由于受到南岭阻隔，经济腹地狭小，对周边区域辐射带动能力还不够强；加入世贸后，随着内地尤其长三角的市场化进程加快，市场因素将代替地缘和血缘因素，一些小商甚至会异地搬迁；珠三角20世纪80年代后的大发展，很大程度上是靠了国家的优惠政策，珠三角的人才储备仍是弱项。

（4）经济带

经济带是带状经济区的简称。经济带类似于城市带。经济带是在劳动地域分工基础上形成的不同层次和各具特色的带状地域经济单元。经济带是依托一定的交通运输干线、地理位置、自然环境等并以其为发展轴，以轴上经济发达的一个和几个大城市作为核心，发挥经济集聚和辐射功能，联结带动周围不同等级规模城市的经济发展，由此形成点状密集、面状辐射、线状延伸的生产、流通一体化的带状经济区域或经济走廊。

目前出现的经济带主要有以下几个：长江经济带、川江经济带、皖江经济带、西江经济带、辽宁沿海经济带、鲁南经济带、汕头东部城市经济带，这里重点介绍长江经济带（如图3-3所示）。

图3-3　长江经济带

① 长江经济带范围及战略定位

长江经济带覆盖上海、江苏、浙江、安徽、江西、湖北、湖南、重庆、四川、云南、贵州11个省市，面积约205万平方公里，人口和生产总值均超过全国的40%；近年来，长江经济带首尾两大战略金融核心区：江北嘴、陆家嘴已逐步发展成为中国最具影响力并和国际经济关联密切的金融中心。依托黄金水道推动长江经济带发展，打造中国经济新支撑带，是党中央、国务院审时度势，谋划中国经济新棋局做出的既利当前又惠长远的重大战略决策。主要任务是提升长江黄金水道功能，建设综合立体交通走廊，创新驱动促进产业转型升级，全面推进新型城镇化，培育全方位对外开放新优势，建设绿色生态廊道，创新区域协调发展体制机制。长江经济带是中国新一轮改革开放转型中实施新区域开放开发战略的地区。

长江经济带的战略定位:第一,具有全球影响力的内河经济带;第二,东中西互动合作的协调发展带;第三,沿海沿江沿边全面推进的对内对外开放带;第四,生态文明建设的先行示范带。

② 延伸:丝绸之路经济带

近年来中国政府提出丝绸之路经济带,是中国与西亚各国之间将形成一个经济合作区域,大致在古丝绸之路范围内。包括西北陕西、甘肃、青海、宁夏、新疆5省区,西南重庆、四川、云南、广西四省市区。2013年由中国国家主席习近平在哈萨克斯坦纳扎尔巴耶夫大学演讲时提出。这一地区资源丰富,建设丝绸之路经济带,将对世界经济产生重要影响。新丝绸之路经济带,东边牵着亚太经济圈,西边系着发达的欧洲经济圈,被认为是"世界上最长、最具有发展潜力的经济大走廊"。

丝绸之路经济带地域辽阔,有丰富的自然资源、矿产资源、能源资源、土地资源和宝贵的旅游资源,被称为21世纪的战略能源和资源基地,但该区域交通不够便利,自然环境较差,经济发展水平与两端的经济圈存在巨大落差,整个区域存在"两边高,中间低"的现象。

3.1.3　区域经济及其理论基础

区域经济通常是指某一特定经济区域内部的社会经济关系或联系的综合,即在生产要素、商品和劳务不能完全流动,经济活动不能完全可分,创新能力具有部分排他性和竞争性的前提下,特定区域的经济活动和经济关系的总和。对区域经济的研究最早始于1826年德国经济学家杜能提出的农业区位论。到20世纪60年代,随着区位研究由微观向宏观的不断扩展、各国政府对经济活动的不断干预、大规模经济规划工作的展开,区域经济理论得到了迅速的发展。其理论基础主要包括以下6个部分(见图3-4)。

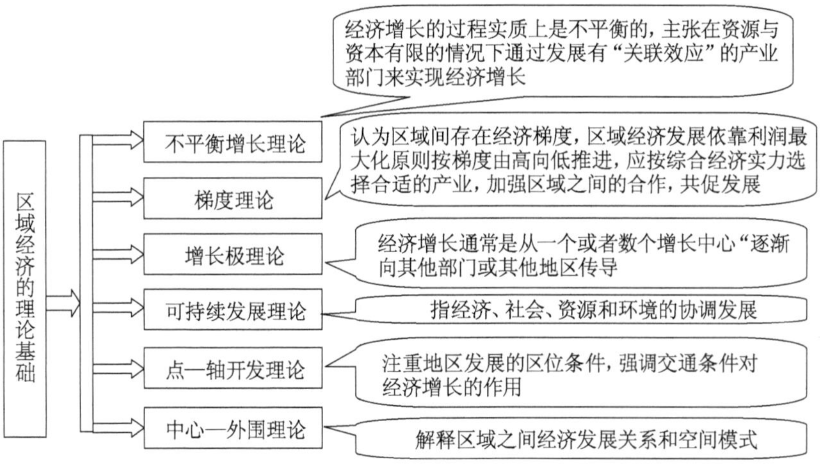

图3-4　区域经济的理论基础

1. 不平衡增长理论

区域经济发展不平衡问题一直是区域经济研究中的核心问题之一,其存在具有一定的客观必然性和社会历史性,是世界各国发展过程中的一个较为普遍性的问题。

不平衡增长理论由著名经济学家阿尔伯特·赫希曼(Albert Otto Hirschman)最先提出。赫希曼认为,发展道路是一条“不均衡的链条”,从主导部门通向其他部门。因此,首先选择具有战略意义的产业部门投资,可以带动整个经济发展。对于社会基础设施或直接生产部门的投资,具有不同的作用。前者为后者创造了外部经济。在决策时,社会成本低、外部经济好的投资项目,应该优先选择。一般地说,政府应主动担负投资额大、建设周期长、对私人资本缺乏吸引力的社会基础设施的投资。不平衡增长论主张,集中有限的资金,扶持具有较强产业关联度的产业部门。例如,钢铁工业就是一个具有较大综合关联效应的应重点发展的产业,通过加快钢铁工业的发展,不仅可以带动与之前向关联的机械、电子产业,而且可以推动与之后向关联的矿山、交通、能源等产业的发展。

不平衡增长理论认为:从发展中国家现有资源的稀缺和企业家的缺乏等方面来看,平衡增长理论是不可行的,发展中国家不能将有限的资源同时投放到所有经济部门和所有地区,而应当集中有限的资本和资源首先发展联系效应大的产业,以此为动力逐步扩大对其他产业的投资,带动其他产业的发展;同时,地区发展也必须有一定的次序,不同的地区按不同的速度不平衡增长,某些主导部门和有创新能力的行业集中于一些地区和大城市,并以较快的速度优先得到发展,以形成一种资本与技术高度集中、具有规模经济效益、自身增长迅速并能对其他地区产生强大辐射作用的“发展极”。发展极地区的优先发展,最终将通过技术的创新与扩散、资本的集中与输出等方式带动其他部门和地区的发展。

但这只是问题的一个方面,不平衡增长模式在实践中表现为:

在经济发展初期,某些部门和某些地区会得到优先发展,而这种优先发展在产生扩散效应的同时,又会产生回波效应,即当劳动力、资金、技术、资源等要素由于收益差异吸引而发生由落后地区向发达地区流动时,落后地区与发达地区的经济发展差距将不断扩大,从而两类地区的收入差距也将不断扩大。与新古典经济学关于劳动力流动的分析不同,发达地区对其他地区劳动力的吸引是有选择性的,发达地区经济发展快,技术先进,需要向其他地区引进的往往是受过教育的、熟练的、质量较高的劳动力。而这样的劳动力移动,一方面使发达地区的劳动生产率进一步提高,经济进一步快速增长,并刺激了资本等其他生产要素的增长,这反过来又刺激了该地区对劳动力的需求,导致劳动力需求曲线向外移动,其结果是该地区工资水平的再次提高,落后地区劳动力将继续流入;另一方面,落后地区的情况正好相反,高素质劳动力的外流,使该地区的劳动生产率进一步降低,经济发展速度减缓,从而对劳动力和资本的需求不断降低,工资水平即使由于刚性的作用不再下降,上涨也会很缓慢,并大大低于发达地区的水平和增长速度,这样,落后地区的劳动力又会继续外流。累积性因果循环的结果,使得发达地区和落后地区间的工资差别、人均收入差别和经济发展水平差距越来越趋于扩大。

2. *梯度理论*(Gradient theory)

梯度开发理论最早起源于哈佛大学教授弗农等人提出的“工业生产生命周期阶段论”。后由经济学家胡佛等结合社会实践总结发展为区域经济开发理论,其理念包括在区域经济发展次序上应优先支持和促进高梯度地区经济的发展,从而取得较高的经济效益,带动和促进低梯度地区经济的发展。

梯度开发理论的要点是:

(1) 区域经济的盛衰主要取决于产业结构的优劣,而产业结构优劣又取决于地区经济部门，特别是主导产业专业化部门所处的阶段。如果区域主导专业部门是由处在创新阶段的兴盛部门所组成，则列入高梯度区；反之，由处在成熟阶段后期或衰老阶段的衰退部门所组成，则属于低梯度区。

（2）新产业部门、新产品、新技术、新的生产管理与组织方法等大多发源于高梯度地区，按顺序逐步由高梯度区向低梯度区转移。

（3）梯度转移主要是通过城镇体系逐步拓展实现的。

我国沿海地带为第一梯度区，中西部分别为第二梯度区和第三梯度区。随着产业技术的梯度转移，东中西部的经济差距将缩小。

梯度理论是关于新技术、新生产力的梯度转移理论在区域开发中的运用研究，它与工业的生命周期理论相联系。但该理论忽视了一点，即在低梯度的落后地区，存在着某些经济技术基础良好的点，可以通过率先引进代表产业发展方向的行业，来实现该地区产业结构的高级化，进而推动区域经济的良性发展。

3. 增长极（Growth Pole）理论

增长极概念最初是由法国经济学家弗郎索瓦·佩鲁（Francois Perroux）提出来的，他认为，如果把发生支配效应的经济空间看作力场，那么位于这个力场中的推进性单元就可以描述为增长极。增长极是围绕推进性的主导工业部门而组织的有活力的高度联合的一组产业，它不仅能迅速增长，而且能通过乘数效应推动其他部门的增长。因此，增长并非出现在所有地方，而是以不同强度首先出现在一些增长点或增长极上，这些增长点或增长极通过不同的渠道向外扩散，对整个经济产生不同的最终影响。法国的另一位经济学家布代维尔认为，经济空间是经济变量在地理空间之中或之上的运用，增长极在拥有推进型产业的复合体城镇中出现。因此，他定义：增长极是指在城市配置不断扩大的工业综合体，并在影响范围内引导经济活动的进一步发展。布代维尔主张，通过“最有效地规划配置增长极并通过其推进工业的机制”，来促进区域经济的发展。美国经济学家盖尔在研究了各种增长极观点后，指出影响发展的空间再组织过程是扩散—回流过程，如果扩散—回流过程导致的空间影响为绝对发展水平的正增长，即是扩散效应，否则是回流效应。

增长极理论从物理学的“磁极”概念引申而来，认为受力场的经济空间中存在着若干个中心或极，产生类似“磁极”作用的各种离心力和向心力，每一个中心的吸引力和排斥力都产生相互交汇的一定范围的“场”。这个增长极可以是部门的，也可以是区域的。该理论的主要观点是，区域经济的发展主要依靠条件较好的少数地区和少数产业带动，应把少数区位条件好的地区和少数条件好的产业培育成经济增长极。增长极理论的基本点包括：

第一，其地理空间表现为一定规模的城市；

第二，必须存在推进性的主导工业部门和不断扩大的工业综合体；

第三，具有扩散和回流效应。

4. 可持续发展理论（Sustainable Development Theory）

可持续发展理论的形成经历了相当长的历史过程。20 世纪 50 到 60 年代，人们在经济增长、城市化、人口、资源等所形成的环境压力下，对“增长＝发展”的模式产生怀疑并展开讲座。可持续发展思潮的兴起源于一个美国女海洋生物学家莱切尔·卡逊（Rachel

Carson)对鸟类的关注,1962 年她发表环境科普著作《寂静的春天》,在世界范围内引发了人类关于发展观念上的争论。1987 年,世界环境与发展委员会在题为《我们共同的未来》的报告中,第一次阐述了“可持续发展”的概念。

可持续发展的思想是人类社会发展的产物。它体现着对人类自身进步与自然环境关系的反思。这种反思反映了人类对自身以前走过的发展道路的怀疑和抛弃,也反映了人类对今后选择的发展道路和发展目标的憧憬和向往。人们逐步认识到过去的发展道路是不可持续的,或至少是持续不够的,因而是不可取的,唯一可供选择的道路是走可持续发展之路。

在区域经济领域中,可持续发展的核心是经济发展。在《经济、自然资源、不足和发展》一书中,作者 Edward B. Barbier 把可持续发展定义为“在保持自然资源的质量和其所提供服务的前提下,使经济发展的净利益增加到最大限度”。还有的学者提出,可持续发展是“今天的资源使用不应减少未来的实际收入”。当然,定义中的经济发展已不是传统的以牺牲资源和环境为代价的经济发展,而是“不降低环境质量和不破坏世界自然资源基础的经济发展”。可持续发展的物质基础是资源的持续培育与利用。因此,可持续发展的关键就是合理开发和利用自然资源,在满足当代人生存发展的基础上又不损害子孙后代的利益,最终实现经济、社会、资源和环境的协调发展。

5.“点—轴”开发理论

点轴开发理论最早由波兰经济学家萨伦巴和马利士提出。点轴开发理论是增长极理论的延伸,从区域经济发展的过程看,经济中心总是首先集中在少数条件较好的区位,成斑点状分布。这种经济中心既可称为区域增长极,也是点轴开发模式的点。随着经济的发展,经济中心逐渐增加,点与点之间,由于生产要素交换需要交通线路及动力供应线、水源供应线等,相互连接起来这就是轴线。这种轴线首先是为区域增长极服务的,但轴线一经形成,对人口、产业也具有吸引力,吸引人口、产业向轴线两侧集聚,并产生新的增长点。点轴贯通,就形成点轴系统。因此,点轴开发可以理解为从发达区域大大小小的经济中心(点)沿交通线路向不发达区域纵深地发展推移。

点轴模式是从增长极模式发展起来的一种区域开发模式,是增长极模式的扩展。由于增长极数量的增多,增长极之间也出现了相互联结的交通线,这样,两个增长极及其中间的交通线就具有了高于增长极的功能,理论上称为发展轴。发展轴应当具有增长极的所有特点,而且比增长极的作用范围更大。点轴开发理论是在经济发展过程中采取空间线性推进方式,它是增长极理论聚点突破与梯度转移理论线性推进的完美结合。

点轴开发理论的实践意义,在于首先揭示了区域经济发展的不均衡性,即可能通过点与点之间跳跃式配置资源要素,进而通过轴带的功能,对整个区域经济发挥牵动作用。因此,必须确定中心城市的等级体系,确定中心城市和生长轴的发展时序,逐步使开发重点转移扩散。

6. 中心—外围理论

中心外围理论又被称为核心边缘理论,也是一种关于城市空间相互作用和扩散的理论,1966 年由弗里德曼(J. R. Fridemna)在他的学术著作《区域发展政策》(*Regional Development Policy*)一书中正式提出。1969 年他在《极化发展理论》中,又进一步将“核心—边缘”这个具有鲜明特色的空间极化发展思想归纳为一种普遍适用的主要用于解释区际或城乡之间非均衡发展过程的理论模式。弗里德曼认为，任何空间经济系统均可分解为不同属性的核心区和外围区。核心区位于空间系统的任一网络结构上，空间系统可以有全球级、洲级、国家级、大区级和省级水平，一个支配外围地区重大决策的核心的存在具有决定性意义，因为它决定了该地区空间系统的存在。任何特定的空间系统都可能不仅仅只有一个核心区，特定核心区的地域范围将随相关空间系统的自然规模或范围的变化而变化。

7．核心边缘理论

该理论试图解释一个区域如何由互不关联、孤立发展，变成彼此联系、发展不平衡，又由极不平衡发展变为相互关联的平衡发展的区域系统。在考虑区际不平衡较长期的演变趋势基础上，将经济系统空间结构划分为中心和外围两部分，二者共同构成一个完整的二元空间结构。中心区发展条件较优越，经济效益较高，处于支配地位，而外围区发展条件较差，经济效益较低，处于被支配地位。因此，经济发展必然伴随着各生产要素从外围区向中心区的净转移。在经济发展初始阶段，二元结构十分明显，最初表现为一种单核结构，随着经济进入起飞阶段，单核结构逐渐为多核结构替代，当经济进入持续增长阶段，随着政府政策的干预，中心和外围界限会逐渐消失，经济在全国范围内实现一体化，各区域优势充分发挥，经济获得全面发展。该理论对制定区域发展政策具有指导意义，但其关于二元区域结构随经济进入持续增长阶段而消失的观点是值得商榷的。

3.2　区域物流

3.2.1　区域物流的定义

1．一般定义

1994 年美国《物流手册》将区域物流定义为“区域范围内的一切物流活动，包括运输、保管、包装、装卸、流通加工和信息传递等功能实体的流动以及物流过程中各环节的物品流动”，这是关于区域物流最早的定义。2004 年，埃及成立了区域物流委员会，从事孟非斯地区经济发展和区域物资持续流动的研究。

概括说来，区域物流是以经济学中的区域概念为基础，研究在该区域内物流活动的规律。区域物流的一般含义是在一定的区域地理环境中，以大中型城市为中心，以区域经济规模和范围为基础，结合物流辐射的有效范围[8]，将区域内外的各类物品从供应地向接受地进行有效的实体流动，并将多种运输方式和物流基本活动进行有机集成，以服务于本区域的经济发展，是运输、储存、装卸、包装、流通加工、配送、信息处理等几个基本功能的有机结合。

2．组成要素

① 区域地理位置——区域物流以区域地理位置为前提，即地理位置的差异性和客观性是形成区域物流的条件。

② 物流中心——以大中型城市为中心，强调了区域物流的组成体系中，物流中心是必不可少的。

③ 区域经济规模和范围——以区域经济规模和范围为基础，强调的是区域物流的规模和范围及主要服务的对象和区域领域，但又不仅限于这些，因为不同的物流中心所处

的地理位置的不同，就可能决定了其不同的属性，如港口城市上海、广州等，既是区域经济的中心又是国际性的港口城市。根据区域物流基础设施条件，将多种运输方式（如公路、铁路、航空、水运及管道输送等）与物流结点（如港口、货运站、仓库、物流园区、物流中心、配送中心）有机结合，使物流的各项活动有机集成，才能有效地提高区域物流的综合经济实力。

从宏观层面来看，现代区域物流是按国际分工协作的原则，依照国际惯例，利用现代的物流网络、物流设施和物流技术，实现货物在区域间的流动与交换，优化配置资源，促进区域经济的繁荣和发展的过程。从微观层面来看，现代区域物流是选择最佳的方式与路径，以最低的费用和最小的风险，保质、保量、适时地使货物从区域内的供方运送到需方的活动[9]。

3.2.2 区域物流的分类

按照区域大小、所辐射的主要区域范围的不同，可将区域物流划分为区域内物流，区域间物流及国际物流三大类（我国也有学者将区域物流分为国内物流和国际物流两大类），具体见图 3-5。

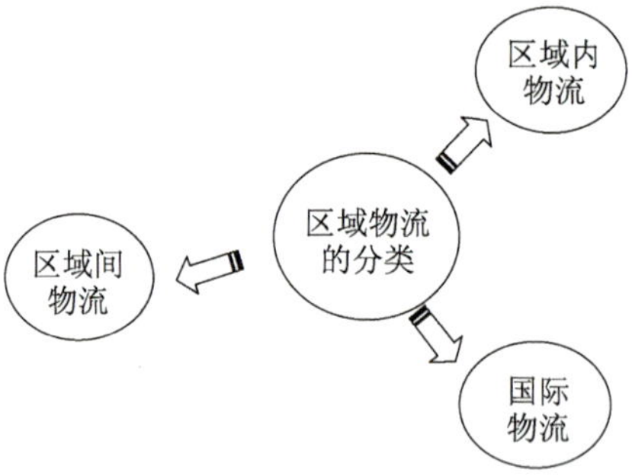

图 3-5 区域物流的分类

1. 区域内物流

区域内物流，即在一个经济区域内部产生的物流活动或行为。区域内物流与企业的供应物流、销售物流密切相关，是区域物流系统的端点。主要内容是将企业物流合理化、规范化推进到区域物流合理化。区域内物流的合理布局可大大削减企业库存量、提高企业库存周转率，从而降低物流成本，提高企业的经济效益。

2. 区域间物流

不同经济区域之间进行的物流活动构成了区域间物流。区域间物流是区域物流系统的重要组成部分。区域间物流的改善主要通过以下形式实现：平衡生产场地、物流中心及市场，平衡输送商品量与产品销售量，最终实现设施的标准化、集约化，以及物流活动的效率化、信息化和规模化。前面介绍过我国（内地）八大经济区，以东北综合经济区为例，在该区域内部的物流产业及物流活动就属于区域内物流，而物流产业及物流活动主要覆盖八大经济区至少两个经济区的就属于区域间物流。

3. 国际物流

国际物流是指物流产业及物流活动主要覆盖跨国经济区域，如欧盟（European

Union, EU), 北美自由贸易区(North American Free Trade Area, NAFTA)[10]、东盟等。国际物流包括:国家间商贸、海洋运输、航空运输、联合运输、加工和通关等流程。

3.2.3　区域物流的组成

区域物流系统,根据实际情况来说,一般都由3个层次的物流节点即物流园区(物流基地)、物流中心和配送中心组成,如图3-6所示。中国物流学会副会长鞠颂东将物流节点定义为:在物品流通过程中主要承担仓储、配送、装卸、搬运、流通加工、信息处理等物流作业的场所,可以分为专业设施和功能设施两类。其中,专业设施包括物流园区、物流中心、配送中心和公共物流信息平台;功能设施包括货运场站、各类仓库、港口码头等[11]。

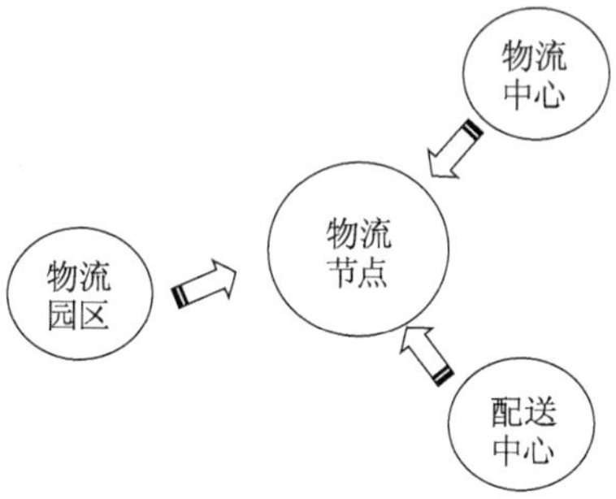

图3-6　物流节点的构成

1. 物流园区

通常物流园区是由多家专业从事物流服务、拥有多种物流设施的不同类型物流企业在空间上相对集中分布而形成的场所,服务领域宽,辐射范围广(涵盖城市范围、区域范围、国际范围),是连接区域间物流活动,提供规模化、集约化的大型物流服务和综合服务功能的物流节点和具有两种或两种以上交通运输方式(公路、铁路、水路、航空)相交会的区域[12]。

2. 物流中心

物流中心与物流园区类似,只是在规模上小于物流园区,且更加专业化。《物流术语》将物流中心定义为:从事物流活动,且具有完善信息网络的物流场所或组织。物流中心的主要特点是面向社会提供公共物流服务、功能健全、辐射范围广及吞吐能力强。

3. 配送中心

配送中心定义为从事配送业务且具有完善信息网络的场所或组织[13]。配送中心主要以多品种、小批量、短周期、多批次、辐射范围小为主要特点。

近20年来,我国社会、经济的高速发展,已经形成了以大都市经济圈为依托的特大型经济体,物流服务需求规模巨大。根据国外发达国家的物流发展经验,作为第三利润源泉的物流服务水平是突破经济发展瓶颈、改善投资环境、提高区域综合竞争力的关键手段。各大经济中心都有自己的物流发展规划和若干物流基地及物流中心。以长三角地区为例:

上海——建设大规模物流园区和物流基地。上海是长三角地区的中心城市,物流业的发展相当迅速,建设了多个大型的物流园区和大型专业物流基地。

江苏——建设众多数量的物流中心。江苏按照《江苏省现代物流业发展规划》,建成包括宁镇扬、苏锡常在内的多个专业物流中心及综合性的物流园区。

浙江——建设面向港口的物流园区。浙江物流业借助其天然的地理优势，覆盖整个华东地区及经济发达的长江流域，是中国沿海向美洲、大洋洲和南美洲等港口远洋运输辐射的理想集散地[14]。

3.3 区域经济与区域物流的关系

区域经济与区域物流是整体与局部的关系，区域物流是区域经济的子系统，区域经济是区域物流发展的基础，区域物流是区域经济发展的支撑，二者相互依存、相互促进（见图3-7）。区域物流业作为区域经济的支撑产业，其发展状况在依赖于区域经济发展水平的同时，也对区域产业结构优化升级和经济的内涵式发展产生重要作用，并受区域经济发展水平、物流政策、物流基础设施、物流投资水平、物流信息化等因素影响。

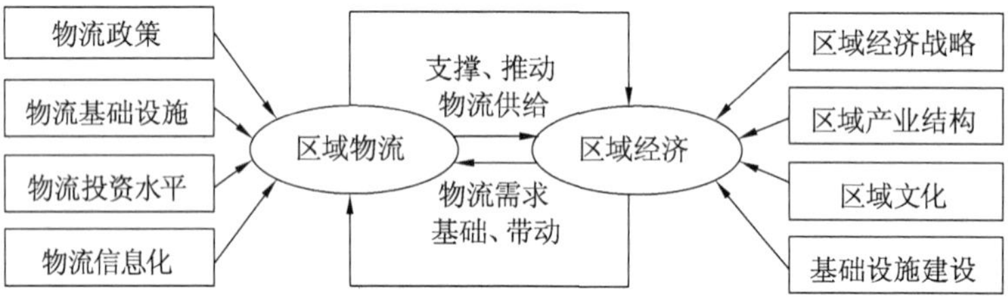

图 3-7 区域经济与区域物流的互动关系

3.3.1 区域物流发展对区域经济的影响

1. 区域物流发展对区域经济的支撑、引导作用

经济全球化、区域经济一体化、区域中企业对利润和核心竞争力的追求对物流有较大的需求和依赖，区域经济越发达，对区域内及区域间物流的依存度越大，区域物流系统就越显得重要。

支撑作用主要表现为由多环节、多功能构成的物流系统必须为区域经济发展服务。区域物流的发达程度决定了区域经济的组织优化和空间分布的信息化和网络化水平，即区域物流的发展在很大程度上影响到区域基础设施建设的水平。引导功能是指物流对区域产业结构、规模和空间布局的引导和反馈作用，实质上也是将区域物流系统优势转化为生产优势和经济优势的过程。物流系统对区域经济的引导功能主要是通过市场竞争机制和产业关联协同机制来实现的。前者是在物流条件改善的前提下，导致市场竞争条件的变化，使不同产业在竞争中调节自身的生产方式、方向和规模，并控制着合理的产销市场和分工合作关系；后者是通过刺激地区生产专业化的发展，引导不同地区相互关联产业之间彼此协调，促进区域范围内劳动地域分工的发展[15]。

2. 区域物流对区域经济发展的促进、推动作用

区域经济是聚集人流、物流、信息流、商流和资金流等生产要素进行规模化生产的聚集经济。而区域物流作为一种支撑性服务产业，其发展保障了生产要素的集中及商品的分散，是商品流通、市场经济运转的纽带和桥梁。

此外，区域物流的发展同时可以推动区域相关产业的发展，如与物流产业前向关联

的物流装备制造业、物流系统业、物流新工艺和新技术产业等；与物流产业后向关联的物流基础设施建设及钢铁、煤炭产业等；与物流产业旁侧关联的商业、外贸及所有行业供销中的物流活动等。以中国电子商务最为发达的省份浙江省为例，2008 年浙江区域物流能力每增加 1%，区域经济增加 0.61%。

3. 区域物流对区域经济发展的“极化”和“扩散”效应

伴随着经济与社会的不断发展，一些具有引领和推动作用的产业或者创新行业常常会聚集于某些特定的位置，就像城市、村落的形成一样，由此形成区域经济的增长极。很多学者认为，增长极通过支配效应、乘数效应、极化和扩散效应对区域活动产生组织作用。区域物流的发展极大程度上影响着区域经济的发展水平和总体竞争力，同时随着物流业不断吸引更多的生产要素，如资金、人才、技术、信息等，向城市集中，进一步增强了这种极化作用。与此同时，区域物流对区域经济还有辐射和扩散功能。

根据增长极理论，区域经济的发展主要是依靠条件较好的地区或少数产业来带动，将这些地区和产业培育成增长极，通过它们的计划和扩散效应带动影响周边地域经济发展。这两种增长系统都必须以优越的内外物流联系为条件。物流中心或物流园区，既是自身增长极的形成过程，又是逐步开始发挥增长极作用的过程，其扩散作用可促成区域物流体系的建立[16]。

物流中心的增长极作用主要体现在：

（1）区域经济增长的带动效应

区域经济增长的带动效应包括后向效应和前向效应。后向效应是指物流产业所提供的服务对其他产业的生产过程发挥作用而形成的关联效应。如物流产业对所在地区的商业、物资、供销、粮食、外贸等行业及地区经济的所有行业的供应、生产和销售中的物流活动的影响；前向效应是指物流产业在提供服务的过程中需投入其他产业提供的产品和技术而形成的关联效应。如物流产业对物流新工艺、新技术、新原料、新能源、新装备出现的诱导作用。

（2）强化辐射效应与削弱吸收效应

瑞典经济学家缪尔达尔将扩散效应表述为所有导致发展刺激向空间扩散的机制，及其对相邻区域形成的积极推动作用；相反，吸收效应是指发展刺激本身对它周边施加了消极影响。一直以来，运输费用的分析在区域经济理论中占有重要位置，它直接同距离问题相联系并且与采购供应和产品销售问题密切相关，而这些因素又可以通过物流发展加以改善。区域物流在某种程度上弥补了区域要素禀赋的不足，为抑制极化效应创造了条件。现代物流业的发展可在很大程度上降低运费，使得企业的选址不一定集中在中心城市。这就无异于扩大了企业区位选择的空间。而且随着物资、信息、资金和人员的集散，又会直接推动餐饮、娱乐、金融、信息通信等相关产业的发展。现代物流业的发展最终也会对房地产开发形成新的需求，以商业房地产开发带动住宅房地产建设。如地区经济有特长，发展物流就能为特色产业增长极进一步发展创造条件，降低增长极产业的成本，提高其竞争力。

区域经济的发展不可能无限制地累积，任何事物都有其极限或者边界，当超过这一边界时，进一步的累积只会带来外部不经济，由此推动商品、信息、技术流向其他地区，从而优化区域产业结构的配置，促进整个区域经济的发展繁荣。

3.3.2 区域经济发展对区域物流发展的作用

1. 区域经济发展是区域物流发展的基础

区域经济的发展集多种生产要素于一体,同时,区域人口密集、经济高度发展的特点创造了相应的物流需求,这为区域物流的运作与发展提供了最基本的条件。

区域经济的发展水平决定着区域物流的发展规模。物流业在行业属性上是服务业,有着与其他服务业共同的特点,即它需要依附于生产制造业与商贸流通业而存在,其价值在后者的产品上体现。物流业是通过生产制造业与商贸流通业降低物流成本,提高服务品质来实现价值的,也就是说,物流业的价值体现是通过生产制造业和商贸流通业所生产和经营的产品完成的,其目标是让商品更好地实现价值。因此,如果本地制造业和商贸流通业不发达或在整体市场竞争中不具有竞争力,物流业也就很难发展起来。如果产品本身的价值有限,物流业也不可能让其有较大的利润增长,自身也无法获得利润。比如,对于具有较高附加值的产品来讲,物流就有利可图;而对于低附加值的产品来讲,其可让渡的利润空间很有限,物流就很难发展。所以,物流总是伴随着商流而生,区域经济越发达,制造业、商贸业越活跃,作为服务行业的物流业也就有越良好的市场基础和客户群,就有大规模发展的可能。通过对我国大陆不同城市物流发展水平的调查显示,经济发展水平相对较高的北京、上海、江浙沪及广州等地,物流需求水平更高,专业性的物流公司也更多。因此,区域经济越发达,区域的制造业、商贸业等越活跃,对物流的需求就越高,物流的发展基础和空间也就越好。徐茜对区域经济与区域物流互动关系的研究表明:区域经济每增长1%,物流业可以获得约1.32%的增长[17]。这也进一步证实了区域经济发展是区域物流发展的基础。

2. 区域经济的区间组织决定区域物流的空间特征

产业集群理论认为,为了实现规模经济和范围经济效益及提升企业的核心竞争力,大量产业联系紧密的企业和相关机构在地理空间上积聚,由此形成了产业集群。在产业集群内,企业相似性高,大多数企业的物流需求相近或者相同。在这种情况下,为了实现物流的时效性、便捷性以及降低物流成本,物流企业通常会在产业集群周边聚集,从而产生了物流中心和物流园区等物流节点。与此同时,伴随着区域经济的发展,专业化分工的加深,产业结构的空间布局也发生变化,从而促成了物流空间组织特征及城市物流网络的形成。具体表现为:物流园区、物流中心由于规模较大,多在郊区布局;而配送中心相对小一些,则主要在城市边缘区布局;而配送网点多在城市中心布局。

3. 区域产业结构决定了区域物流发展的方式和重点

根据区域经济和产业结构协调理论[15]:一个区域只要具备某种有利于经济发展的有利条件,这个区域与其他区域的差异就会形成一种优势,产生一种引力,有可能把相关企业和生产要素吸纳过来,在利益原则的驱动下形成产业布局上的相对集中和聚集,并在此基础上形成由第一产业占优势比重逐级向第二、第三产业占优势比重演进,由劳动密集型产业占优势比重逐级向资本密集型、知识密集型产业占优势比重演进,由制造初级产品的产业占优势比重逐级向制造中间产品、最终产品的产业占优势比重演进的优化的产业结构,从而促进本地区经济的发展。

区域经济结构决定着区域物流结构。区域产业结构及产业结构的变动趋势,对物流基础设施、区域物流结构以及服务水平等有着重要影响。中国疆域辽阔,国土资源分布不均,各地区经济发展水平有差异,因此,对区域物流的发展重点不能搞一刀切。比如,自然资源分布较多的东北、西北、西南以及北方地区,历史上就以原材料采掘、粗加工和农业为其产业结构的主体,区域物流的主要活动是以铁路、水运为运输方式的大宗货物运输,其可挖掘的利润空间相对较小。而在东部和沿海地区,高新技术产业以及制造业是其产业结构主体,由于交通条件较好,其原材料供应和产成品销售就可通过多种方式运输,同时对时间的要求也相应较高,由此便决定了东部沿海地区的物流发展结构体现出集约化、规模化的特征,这与其他地区是明显不同的[16]。

而以第三产业为主的国际化大都市(如上海、纽约、伦敦等)必然更加注重国际物流基础设施的设计和国际物流的发展。以第二产业(如采矿业、制造业)为主的区域(如东北老工业基地),水运和铁路运输则是其物流业发展的重点,而多产业混合的区域物流发展则是水运、公路、铁路、航运联合的方式。以第一产业为主的区域,其区域物流建设的重点则主要是完善路网、构建快速物流通道等。此外,从外贸型和内销型经济来看,由于与国际经济联系密切,外贸型经济区域以国际物流为主;而内销型经济则主要以短距离物流为主,相对简单。另外,区域经济的分工越细致,企业越专注于自己的核心专门业务,相应的第三方物流的兴起就成为必然趋势。因此,区域产业结构决定了区域物流的发展方式与重点。

3.4 区域物流系统规划

3.4.1 区域物流系统规划的定义

区域物流系统规划就是在正确认识区域物流规模、结构与特点的基础上,根据区域经济与社会发展目标,对一定时期内(一般为中长期)区域物流发展的目标、区域物流资源的建设、区域物流发展战略与对策等进行的系统设计。

区域物流系统规划是对拟建的区域物流系统做出长远的、总体的发展计划,突出战略性,并强调区域性,也是区域物流发展的行动指南与理论构想。区域物流系统规划不仅可以有效避免区域物流发展的盲目性,还可以大大提高相关资源的使用效率,降低成本,大大提高社会经济效益。伴随着国家经济一体化的进程,区域物流系统规划也越来越受到国家、政府的重视。

3.4.2 区域物流系统规划的原则

1. 系统性原则

要制定科学合理的区域物流发展规划,首先要对区域物流系统规划中的各种要素进行系统性的思考,根据物流现状拟定一个发展大纲。对区域物流的发展目标进行清晰的定位,并根据现实情况进行适当及时的调整,以满足现代物流不断发展变化的要求。由于区域物流与区域经济的发展是密切相关的,区域物流是区域经济的子系统,各个子系统之间也相互影响、相互制约,因此在制定区域物流发展规划时,还必须考虑整个区域经济的发展目标,并进行系统设计。此外,区域物流系统本身又包含若干个子系统(如运输系统、仓储系统、信息系统等),这些子系统之间也存在着“背反”现象。因此,在进行区域物流系统规划与设计时,既要考虑外部因素又要考虑内部因素,最终才能规划出系统的区域物流网络。

2. 科学性原则

科学性原则指的是在区域物流系统规划与设计过程中必须使各规划要素满足既定的资源约束条件。为了满足科学性原则,在进行区域物流系统规划与设计时,既要与现有的物流发展水平及经济规模相适应,又要满足社会及企业的实际承载能力,即区域物流系统规划要素的定位、目标与措施,必须考虑区域内一些弱势地区或部门的跟随能力。总之,在区域物流系统规划与设计的过程中必须充分考虑规划的发展性,同时还要兼顾区域内各部门之间的协调,从而保证规划的实现。

3. 前瞻性原则

区域物流系统规划主要以构思和安排未来的物流活动为核心,在满足现有的物流需求的基础上,区域物流系统规划还要有一定的预见性。由于规划者所使用的前景分析方法的差异,且未来的需求同样可能受到不可预测的因素的影响,因此,在进行区域物流系统规划时,系统还应该具有一定的可扩充性和多态性,保持适当的先进性。

4. 社会效益原则

区域物流的发展与区域发展是紧密相连的。经济发展不能损害社会利益,在制定区域物流系统规划时同样还要考虑对环境的保护,避免以牺牲环境为代价换取经济的暂时增长。在物流规划方面,就是要提高物流设施的利用效率,实现社会资源的节约与可持续发展。如将物流中心选址郊区可减少车辆进入城区频次,减轻上下班高峰时刻的交通拥挤。物流环保特性也越来越受到政府的关注,中国目前正倡导循环经济,绿色物流、回收物流便是其中重要部分。

区域物流系统规划的原则可以概括如图3-8所示。

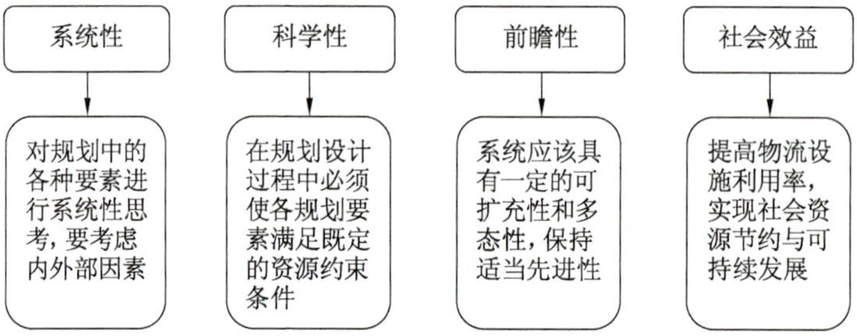

图3-8 区域物流系统规划的原则

3.4.3 区域物流系统规划的内容

1. 根据层次性

按照区域物流系统规划的层次性,区域物流系统规划一般包括区域物流总体规划、重点城市物流规划和重点物流园区规划等3个层次。其中区域物流总体规划是指对一个行政区或若干个行政区联合体的物流发展进行总体规划。区域物流总体规划是该区域最基本、最高层次的物流规划。城市物流规划是指在区域物流总体规划的基础上,对一个城市的物流发展进行规划,是从属于区域物流总体规划的、第二层次的物流规划。物流园区规划是指在区域物流总体规划、城市物流规划的基础上,对某个物流园区的发展所进行的规划[18]。

2. 根据战略指导性

根据区域物流系统规划的战略指导性差别，可将规划分为宏观和微观两个层面，宏观上的物流系统规划是通过大量调查和分析论证，确定物流设施宏观总体布局。微观的区域物流系统规划是确定某一物流设施在选址城市的空间相对位置，确定地点和规模，以及配置相应的软硬件设施。

3. 根据地域范围

根据区域物流系统规划中涉及地域范围不同，可将区域物流系统规划分为经济区物流系统规划和行政区物流系统规划两大类。在我国，行政区最高级别是省级行政区，即23个省、5个自治区、4个直辖市和2个特别行政区。在区域经济一体化的背景下，区域物流成为现代物流发展一个重要领域，受到全世界广泛关注，区域物流系统规划内容也不仅局限于按地理特征划分的行政区，更多是按照经济发展水平划分的经济区，接下来讨论的区域物流系统规划步骤也主要是建立在经济区物流系统规划基础之上的。

3.4.4 经济区物流规划与设计

当区域经济发展到一定阶段时，现有的物流运作模式可能无法再满足经济区发展的需要，那么就必须变更原有的物流运作体系，即进行经济区物流系统规划与设计，具体步骤见图3-9。

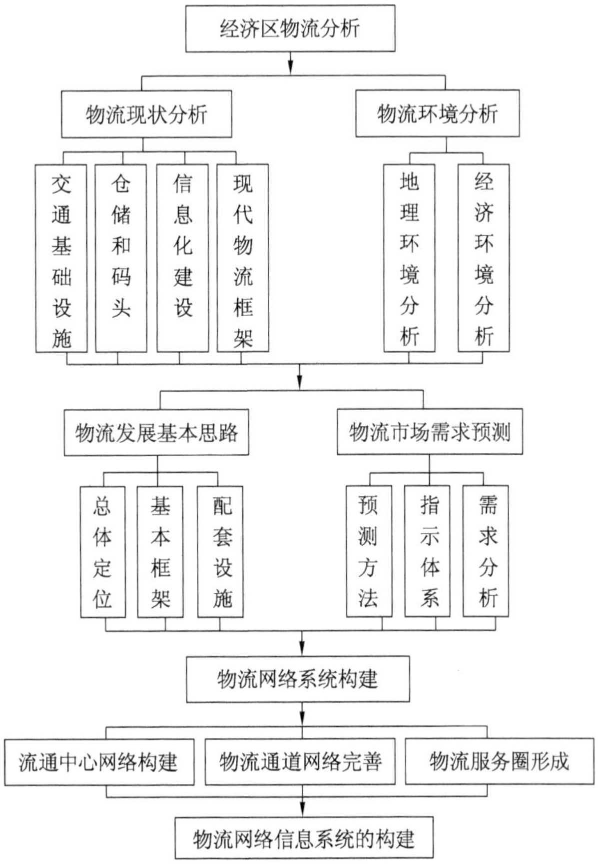

图3-9　经济区物流系统分析与设计

1. 经济区物流分析

经济区物流分析是区域物流系统规划的前提。经济区物流分析包括物流环境分析和物流现状分析两方面内容。

(1) 物流现状分析

通过对交通基础设施、仓储和码头以及物流信息化建设等方面的统计,结合现代物流发展框架,草绘出未来物流设计的蓝图。物流现状分析是制定区域物流发展规划的基础。

① 交通基础设施。物流是一个复杂系统,物流基础设施是衡量区域物流系统的一项重要指标。在物流系统中,物流基础设施包括运输基础设施、通信基础设施和商业基础设施3个方面。运输基础设施包括道路、铁路、水路、航空和管道等。通过分析所要规划经济区内现有的交通基础设施状况及货运能力,按照各种物流运输方式的特点协调其主要服务类型,合理规划和布局各种物流运输方式,以达到各种物流运输体系的协调发展和资源的有效利用,共同构筑起适应新经济要求的高效率的经济区物流运输体系。表3-1为我国2005—2009年交通基础设施建设情况。

表3-1 2005—2009年我国各运输线路长度、货运量及货物周转量统计

指标		2005	2006	2007	2008	2009
运输线路长度(万公里)	铁路营运里程	7.54	7.71	7.80	7.97	8.55
	公路里程	334.52	345.70	358.37	373.02	386.08
	高速公路	4.10	4.53	5.39	6.03	6.51
	内河航道里程	12.33	12.34	12.35	12.28	12.37
	民航航线里程	199.85	211.35	234.30	246.18	234.51
	管道输油(气)里程	4.40	4.81	5.45	5.83	6.91
货运量(万吨)	铁路	269 296	288 224	314 237	330 354	333 348
	公路	1 341 778	1 466 347	1 639 432	1 916 759	2 127 834
	水运	219 648	248 703	281 199	294 510	318 996
	民航	306.7	349.4	401.8	407.6	445.5
	管道	31 037	33 436	40 552	43 906	44 598
	总计	1 862 066	2 037 060	2 275 822	2 585 937	2 825 222
货物周转量(亿吨公里)	铁路	20 726	21 954	23797	25106	25 239
	公路	8 693	9 754	11 355	32 868	37 189
	水运	49 672	55 486	64 285	50 263	57 557
	民航	78.9	94.3	116.4	119.6	126.2
	管道	1 088	1 551	1 866	1 944	2 022
	总计	80 258	88 840	101 419	110 300	122 133

② 仓储和港站。除了交通基础设施外,还要大致掌握的其他基本设施包括物流中心、配送中心、仓储、港站和码头等。仓储是集中反映工厂物资活动状况的综合场所,是连接生产、供应、销售的中转站,是物流、信息流、单证流的合一,对促进生产提高效率起着重要的辅助作用。港站包括各种港口和站场,表3-2所示为我国沿海规模以上港口货物吞吐量情况。

表 3-2 1985—2009 年我国沿海规模以上港口货物吞吐量 万吨

港口	1985	1990	1995	2000	2005	2006	2007	2008	2009
总计	31 154	48 321	80 166	125 603	292 777	342 191	388 200	429 599	475 481
大连	4 381	4 952	6 417	9 084	17 085	20 046	22 286	24 588	27 203
营口	98	237	1 156	2 268	7 537	9 477	12 207	15 085	17 603
秦皇岛	4 419	6 945	8 382	9 743	16 900	20 489	24 893	25 231	24 942
天津	1 856	2 063	5 787	9 566	24 069	25 760	30 946	35 593	38 111
烟台	689	668	1 361	1 774	4 506	6 076	10 129	11 189	12 351
青岛	2 611	3 034	5 103	8 636	18 678	22 415	26 502	30 029	31 546
日照	–	925	1 452	2 674	8 421	11 007	13 063	15 102	18 131
上海	11 291	13 959	16 567	20 440	44 317	47 040	49 227	50 808	49 467
连云港	929	1 137	1 716	2 708	6 016	7 232	8 507	10 060	10 843
舟山	1 040	2 554	6 853	11 547	26 881	42 387	47 336	52 048	57 684
汕头	201	279	716	1 284	1 736	2 015	2 301	2 806	3 102
广州	1 772	4 163	7 299	11 128	25 036	30 282	34 325	34 700	36 395
湛江	1 231	1 557	1 885	2 038	4 647	5 664	6 075	6 682	11 838
海口	170	288	468	808	2 118	2 127	2 373	2 614	4 855
八所	388	431	275	378	486	479	546	554	652

注:① 从 2006 年起,宁波—舟山港包括原宁波港和舟山港,以往年度数据为原宁波港数据。

② 从 2007 年起,烟台港包括原烟台港和龙口港,以往年度数据为原烟台港数据。

③ 数据来源:2009 年统计年鉴。

③ 信息化建设。物流信息化建设包括信息平台建设和信息标准化建设两个方面。按照国内学者的分类,基本可以把现代公共物流信息平台分为企业物流公共物流信息平台、口岸物流公共信息平台、城市物流公共信息平台及区域物流公共信息平台这几类。李敏、姚大红、曹彬(2007)在《构建现代物流信息标准化体系研究》中重点研究了现代物流信息标准化体系的 3 个标准,即基础标准、业务标准和相关标准。同时,也有其他学者对标准的构建进行了研究,如刘桂云、包雄关等(2008)在《物流信息化标准体系构建》一文中提出了物流信息化标准体系的框架和构建方法,在此不再详细介绍。

近年来,我国物流业发展迅速,物流业的快速发展离不开物流信息化,实现物流信息化可以进一步提高物流效率,降低物流成本。区域物流信息化建设主要是指区域物流信息化平台的建设。通过分析信息化水平现状,结合区域物流的发展目标决定是否需要重新构建信息化平台,或者在原有平台的基础上进一步完善,以达到资源的最大利用。目前,我国物流信息平台的发展正处于初级阶段。国内物流信息平台的主要形态有两种:一是公共物流信息门户,二是封闭式平台系统。对其信息化现状的分析是进行进一步研究必不可少的一步。

④ 现代物流发展框架。物流发展框架是在进行过详细地分析与调查之后,得出的一个关于物流业目前发展水平和今后发展方向的大体的架构,同时符合国家产业政策,具有较高的技术水平、经济效益和社会效益的现代物流业发展体系框架。如成都市建设物流业现代发展框架体系是“一网二平台,三园区四中心,若干个物流服务站”;青岛市现代物流业体系框架是坚持落实科学发展观,按照“环湾保护,拥湾发展”和建设蓝色经济区战略要求,以港口物流、空港物流、陆路物流三大系统建设为发展核心,以物流发展政策、

物流设施、物流服务运行系统和物流信息化为支撑，以物流园区（中心）、第三方物流、企业物流、政府管理体制、信息化与标准化、物流人才等为发展内容，构建青岛市现代物流业发展框架。

（2）物流环境分析

物流环境分析是对经济区所处的经济地理环境和法律政策环境进行系统、详细的了解，结合经济区所处地域的经济、社会及生产力发展状况，拟定合理的发展计划。经济环境是划分经济区域的基本条件，而地理环境则决定了区域物流辐射的范围，二者共同决定了规划所要达到的目标。法律政策环境是发展区域物流的基础，我国先后颁布了多项促进现代物流发展的措施，为现代物流的发展创造了良好的环境条件。

2．*发展区域物流的基本思路*

在进行过详细的经济区物流现状分析之后，接下来就要根据已经掌握的区域物流现状，结合所要达到的物流系统的功能，形成科学合理的经济区物流发展思路，包括经济区物流规划的总体定位、基本框架及配套设施等。

（1）总体定位

总体定位是关于发展现代物流的一个总体指导方针，即要达到的目标。

（2）基本框架

基本框架是在总体定位上的进一步细化，即各个区域之间各个物流平台、网络系统、物流中心或者网点，以及企业、政府等机构之间的连接方式和架构。流通中心构成区域物流系统规划的基本框架。现代物流是以大型区域流通中心为神经中枢，城市流通中心为末端神经节点，区域流通中心与城市流通中心有机结合构成多层次的区域物流网络体系。

（3）配套设施

配套设施包括政府组织协调，企业积极推动，行业协会参与以及物流人才培养等几个方面。配套设施是为了辅助物流基本框架而发展形成的支撑体系，对区域物流系统的建设具有重要的影响。

3．*经济区物流市场需求预测*

形成了基本的发展思路之后，接下来就是根据经济区物流市场现状，采用适当的预测方法，确立指标体系，并进行需求分析。

（1）预测方法

物流市场预测的方法主要包括定性预测和定量预测两个方面。

定性预测法（Qualitative Method）是那些利用判断、直觉、调查或比较分析对未来做出定性估计的方法，主要有以下几种：模糊评价法、德尔菲法、历史类比法、管理人员预测法和主观概率法等。定量预测法（Quantitative Method）主要有时间序列预测法，因果关系分析预测法和灰色预测法等。

① 时间序列预测法——一种动态数据处理的统计方法，根据系统观测得到的时间序列数据，通过曲线拟合和参数估计来建立数学模型的理论和方法。它一般采用曲线拟合和参数估计方法（如非线性最小二乘法）进行。

时间序列建模基本步骤是：a. 用观测、调查、统计、抽样等方法取得被观测系统时间序列动态数据。b. 根据动态数据作相关图，进行相关分析，求自相关函数。c. 用通用随机模型去拟合时间序列的观测数据。概括说来，主要包括简单一次移动平均预测法、加权一次移动平均预测法和指数平滑预测法。

简单一次移动平均预测法：

$$\hat{y}_{t+1} = M_t^1 = \frac{y_t + y_{t-1} + \cdots + y_{t-n+1}}{n} = \sum_{j=1}^{n} y_{t-j+1}$$

式中：y_t——时间序列$\{y_t\}$中第t期实际值；

$M_t^{(1)}$——第t期一次移动平均数；

$\hat{y}_{t+1}$——第$t+1$期预测值$(t \geqslant n)$；其预测标准误差为

$$s = \sqrt{\frac{\sum (y_{t+1} - \hat{y}_{t+1})^2}{N-n}}$$

式中：N——序列中原始数据的个数；

n——项数的值要根据时间序列的特点而定，不宜过大或过小。

简单一次移动平均预测法，是把参与平均的数据在预测中所起的作用同等对待，但参与平均的各期数据所起的作用往往是不同的。为此，需要采用加权移动平均法进行预测，加权一次移动平均预测法是其中比较简单的一种。

加权一次移动平均预测法：

$$\hat{y}_{t+1} = \frac{W_1 y_t + W_2 y_{t-1} + \cdots + W_n y_{t-n+1}}{W_1 + W_2 + \cdots + W_n} = \sum_{i=1}^{n} W_i y_{t-i+1} / \sum_{i=1}^{n} W_i$$

其中，y_t表示第t期的实际值，$\hat{y}_{t+1}$表示第$t+1$期的预测值，W_t表示权数，n表示移动平均的项数。预测标准误差的计算公式与简单一次移动平均相同。

指数平滑预测法包括一次指数平滑预测法和二次指数平滑预测法。一次指数平滑法适用于变化比较平稳、增长或下降趋势的时间序列数据的下一期的预测。二次指数平滑预测法适用于时间序列呈线性增长趋势情况下的短期预测。

一次指数平滑预测法是以$\alpha(1-\alpha)^i$为权数$(0<\alpha<1, i=1,2,3\cdots)$，对时间序列$\{y_t\}$进行加权平均的一种预测方法：

$$\hat{y}_{t+1} = S_t^{(1)} = \alpha y_t + (1-\alpha) S_{t-1}^{(1)}$$

其中y_t的权数为α，y_{t-1}的权数为$\alpha(1-\alpha)$，y_{t-2}的权数为$\alpha(1-\alpha)^2$，y_t表示第t期的实际值，$\hat{y}_{t+1}$表示第$t+1$期的预测值，$S_{t-1}^{(1)}$，$S_t^{(1)}$分别表示第$t-1$和第t期一次指数平滑值，α表示平滑系数，$0<\alpha<1$。

预测标准误差为：$S = \sqrt{\dfrac{\sum_{t=1}^{n-1} (y_{t+1} - \hat{y}_{t+1})^2}{n-1}}$，$n$为时间序列所含原始数据的个数。$\alpha$的选取一般根据经验确定：当时间序列数据是水平型的发展趋势类型，α可取较小的值，比如$0 \sim 0.3$；当时间序列数据呈上升或下降的发展趋势，α可取较大的值，如$0.6 \sim 1$；在实际预测中，可通过选取不同的α值选择一个比较合适的值。而对于初始值$S_0^{(1)}$，可选取原始数据的第一项，或者前几项的算术平均值。

二次指数平滑预测法是对一次指数平滑值再作一次指数平滑来进行预测的方法，但第$t+1$期预测值并非第t期的二次指数平滑值，而是采用下列公式进行预测：

$$
\begin{cases}
S_t^{(1)} = \alpha y_t + (1-\alpha) S_{t-1}^{(1)} \\
S_t^{(2)} = \alpha S_t^{(1)} + (1-\alpha) S_{t-1}^{2} \\
\hat{y}_{t+T} = a_t + b_t T
\end{cases}
$$

其中，$a_t = 2S_t^{(1)} - S_t^{(2)}$，$b_t = \dfrac{\alpha}{1-\alpha}(S_t^{(1)} - S_t^{(2)})$。

$S_t^{(1)}$ 表示第 t 期的一次指数平滑值，$S_t^{(2)}$ 表示第 t 期的二次指数平滑值，y_t 表示第 t 期实际值，$\hat{y}_{t+T}$表示第 $t+T$ 期预测值，α 表示平滑系数，初值 $S_0^{(2)}$ 的取值方法与 $S_0^{(1)}$ 的取法相同。预测的标准差为

$$
S = \sqrt{\frac{\sum_{t=1}^{n} (y_t - \hat{y}_t)^2}{n-2}}
$$

② 因果关系分析预测法——因果预测模型的基本前提就是预测变量的水平取决于其他相关变量的水平。因果模型有很多不同形式：统计形式，如回归和计量经济模型；描述形式，如投入—产出模型，生命周期模型和计算机模拟模型。每种模型都从历史数据模式中建立预测变量和被预测变量的联系，从而有效地进行预测。

在因果法中，主要介绍一下回归分析法。回归分析法的基本步骤是：a. 进行定性分析，以确定与预测对象有因果关系的因素；b. 收集、整理有关因素的资料；c. 计算变量间的相关系数并确定回归方程；d. 利用回归方程进行预测。回归分析法有两种情况，凡是求一个变量对另外一个变量的回归问题分析，即为一元回归分析法；而一个变量对多个变量的回归问题分析，即为多元回归分析法。

一元线性回归预测法：

$$
y_t = a + bx_t + \varepsilon_t, \varepsilon \sim N(0, \sigma^2)
$$

式中：x——自变量，即影响货源产生的因素；

y——因变量，预测变量；

a, b——回归系数，可通过最小二乘法求得；

ε_t——随机变量；

σ——方差。

$$
\hat{a} = \frac{\sum_{i=1}^{n} x_i y_i - n\bar{x}\bar{y}}{\sum_{i=1}^{n} x_i^2 - n\bar{x}^2}, \quad \hat{b} = \bar{y} - \hat{\alpha}\bar{x}
$$

式中：x_i——自变量第 i 期的实际值；

y_i——因变量第 i 期的实际值；

n——时间序列的项数。

多元线性回归预测法：

$$
y_t = a + b_1 x_1 + b_2 x_2 + \cdots + b_n x_n + \varepsilon
$$

式中：x_i——影响物流产生的因素，如人口、市场数、仓库面积、车辆数，经济发展水平等，确定参数 b_i 时，x_i 取现值；预测 y_t 时，x_i 取未来规划值，$i = 1, 2, \cdots, n$；

y_t——预测区的物流产生量或吸引量；

a,b——参数，根据现状资料由最小二乘法确定，$i=1,2,\cdots,n$。

非线性回归分析：在实际问题中有时自变量与因变量之间并非简单的线性关系，这是拟合出来的便不再是一条直线，在统计上称为非线性回归或曲线回归。如抛物线型和指数型，有些也可通过转化成线性的形式解决，在此不再详细介绍。

③ 灰色预测法——就灰色系统所做的预测。所谓灰色系统是介于白色系统和黑箱系统之间的过渡系统，其具体的含义是：如果某一系统的全部信息已知为白色系统，全部信息未知为黑箱系统，部分信息已知，部分信息未知，那么这一系统就是灰色系统。一般地说，社会系统、经济系统、生态系统都是灰色系统。

灰色预测的类型有：数列预测、灾变预测、系统预测和拓扑预测。目前使用最广泛的灰色预测模型就是关于数列预测的一个变量、一阶微分的 GM(1,1)模型。假设时间序列 $x^{(n)}$ 有 n 个观察值，通过累加

$$x^{(1)}(k)=\sum_{i=1}^{k}x^{(0)}(i)$$

生成新序列。

上式中：$x^{(0)}$——原始数据数列，由 $x^{(0)}(1),x^{(0)}(2),\cdots,x^{(0)}(n)$组成；

$x^{(1)}$——累加时间数列，由 $x^{(1)}(1),x^{(1)}(2),\cdots,x^{(1)}(n)$组成。

则 GM(1,1)模型相应的微分方程为

$$\frac{\mathrm{d}x^{(1)}}{\mathrm{d}t}+ax^{(1)}(t)=u$$

其中：a——发展灰数；

u——内生控制灰数，设 $\hat{\boldsymbol{a}}$ 为待估参数向量，可利用最小二乘法求解方程得 $\hat{\boldsymbol{a}}=\begin{bmatrix}a\\u\end{bmatrix}=(\boldsymbol{B}^{\mathrm{T}}\boldsymbol{B})^{-1}\boldsymbol{B}^{\mathrm{T}}\boldsymbol{x}_n$，求解该微分方程，即可得预测模型：

$$\hat{x}^{(1)}(k+1)=\left[x^{(0)}(1)-\frac{u}{a}\right]\mathrm{e}^{-ak}+\frac{u}{a},k=0,1,2,3,\cdots,n$$

最后根据计算结果再对模型进行检验。

(2) 指标体系

综合考虑影响区域物流发展的各个因素，可建立如表 3-3 所示的综合评价指标体系。

表 3-3　区域物流总体状况指标体系

目标层	准则层
反映区域经济总体情况	国内生产总值(GDP)
反映区域产业结构	第一产业总值 第二产业总值 第三产业总值 建筑业总产值
反映基础设施建设	全社会固定资产投资额 交通运输、仓储、邮政业固定资产投资额
反映区域内外商品流通程度	外贸进出口总额
反映区域内居民消费状况	社会消费品零售总额

续表

目标层	准则层
反映货运量情况	公路货运量 铁路货运量 水路货运量 航空货运量 港口吞吐量

注:区域经济社会货运量在一定程度上可以反映域内所有的物资流动的需求,可以用来从总体上把握区域物流规模。

(3)需求分析

物流需求分析是指将物流需求与生产需求的社会经济活动进行相关分析的过程,借助于定性和定量的分析手段,了解社会经济活动对于物流能力供给的需求强度,进行有效的需求管理,引导社会投资有目的地进入物流服务领域,将有利于合理规划、建设物流基础设施、改进物流的供给系统[19]。

影响物流需求水平的主要因素有:经济发展本身产生的物流需求;宏观经济政策和管理体制的刺激或抑制作用;市场环境变化;消费水平和消费理念的变化;技术进步的影响;物流服务水平的刺激或抑制作用等。前面已经介绍了需求预测的方法,需求分析就是要通过这些方法,估测区域物流需求水平,为后期的网络系统的规划与设计指明方向。

4. 区域物流网络系统的构建

形成了区域物流系统规划的基本思路之后,就要进行相应的物流网络系统的建设,物流网络系统的构建主要由三大部分组成:流通中心网络构建、物流通道网络完善和物流服务圈的形成。

(1)流通中心网络的构建

货物流通中心是组织、转运、调节和管理物流的场所,是集城市货物储存、运输、商贸为一体的重要集散点,是为了加速物资流通而发展起来的新兴运输产业。按其功能和作用可分为集货、分货、配送、转运、储调、加工等组成部分;按其服务范围和性质,又可分为地区性货物流通中心、生产性货物流通中心和生活性货物流通中心3种类型。地区性货物流通中心,主要服务于城市间或经济协作区内的货物集散运输,是城市对外流通的重要环节。在流通中心网络构建阶段,首先要确定流通中心的宏观布局,根据所要规划经济区的不同特点,选择适当的数学方法,确定网络中每个节点物流设施的数目及地理位置,以及各个节点在网络中需要承担的工作与需求分配,这是网络规划中最基础部分。

① 流通中心分析。区域物流网络构建主要涉及区域物流网络节点选择,线路的建设与优化,建设的重点是选择和确定物流节点,实现节点和线路的协调发展。一般来说,区域物流网络节点发展水平越高,越易形成区域物流中心。通常可以通过分析节点城市的重要度或者相关水平,再结合地理区位交通等因素,便可找出区域物流中心,构建区域物流网络。下面主要以灰色关联度分析法为例计算不同节点城市物流指标关联系数。

首先,确定最优指标集。设 $\overset{*}{X}=(\overset{*}{x}_j)_{1\times n}$,式中 $\overset{*}{x}_j(j=1,2,3,\cdots,n)$ 为第 j 个指标的最优值。选定最优指标集后,可构造矩阵 $\boldsymbol{B}$:

$$B=\begin{bmatrix} \overset{*}{x}_1 & \overset{*}{x}_2 & \cdots & \overset{*}{x}_3 \\ x_{11} & x_{12} & \cdots & x_{1n} \\ \vdots & \vdots & & \vdots \\ x_{m1} & x_{m2} & \cdots & x_{mn} \end{bmatrix}$$

式中：x_{ij}——第 i 个市第 j 个指标的原始值。

其次，对指标值进行规范化处理。由于评判指标间通常存在不同的量纲和数量级，为了消除不同指标量纲的影响，需要对指标进行一定的标准化处理。

$$c_{ij}=\frac{x_{ij}-x_{\min}}{x_{\max}-x_{\min}},i=1,2,\cdots,m;\ j=1,2,3,\cdots,n$$

式中：$x_{\max}$，$x_{\min}$——第 k 个指标在所有城市节点中的最大值、最小值。

上式是成本型标准化方法，若是收益型标准化方法，只需将分子变成最大值减去某个指标值。矩阵 **B** 中的第一行也要进行同样的标准化处理，这样就得到了模糊相似矩阵 **C**。

$$C=\begin{bmatrix} c_1^* & c_2^* & \cdots & c_n^* \\ c_{11} & c_{12} & \cdots & c_{1n} \\ \vdots & \vdots & & \vdots \\ c_{m1} & c_{m2} & \cdots & c_{mn} \end{bmatrix}$$

最后，节点城市重要度计算。将 **C** 中 $\{c^*\}=[c_1^*,c_2^*,\cdots,c_n^*]$ 作为参考序列，将 $\{c_i\}=[c_{i1},c_{i2},\cdots,c_{in}]$ 作为比较序列，采用点到区间距离的方法分别求得第 i 个节点的第 k 个指标与第 k 个最优指标的关联系数 $\xi_i^{(k)}$ 和第 k 个因素指标的权重 φ_i^k，即

$$\xi_i^{(k)}=\frac{\min_i\min_j|c_i^{(k)}-c_0^{(k)}|+\rho\max_i\max_j|c_i^{(k)}-c_0^{(k)}|}{|c_i^{(k)}-c_0^{(k)}|+\rho\max_i\max_j|c_i^{(k)}-c_0^{(k)}|},\ \varphi_i^k=\frac{\xi_i^k}{\sum_{k=1}^{n}\xi_i^k}$$

其中，$c_i^{(k)}=c_{ik}$，$c_0^{(k)}=ck^*$，分辨系数 ρ 一般取 0.5。由 $\xi_i^{(k)}$ 即得 $E_{m\times n}=(\xi_i^{(k)})_{m\times n}$。那么节点城市的重要度为

$$Z_i=\frac{\left(A_i=\sum_{j=1}^{n}\varphi_i^{(j)}\frac{x_{ij}}{\bar{x}_i}\right)}{\sum_{i=1}^{m}\left(\sum_{j=1}^{n}\varphi_i^{(j)}\frac{x_{ij}}{\bar{x}_i}\right)}\times 100\%$$

式中：x_{ij}——节点城市 i 的第 j 个因素的指标值；

$\bar{x}_i$——第 i 个城市节点 n 个因素指标的平均值；

$\varphi_i^{(j)}$——第 i 个节点第 j 个指标的关联系数。

此外，区域物流网络系统具有复杂性和多层次性，且系统内部各因素间具有一定的模糊性，而模糊数学正是研究这种模糊现象较为恰当的定量处理方法。也可以使用模糊聚类方法，对各个城市进行聚类分析，然后相似度大的归为一类，进而确定流通中心网络的大体架构。模糊聚类分析法，首先要选取区域流通中心综合评价指标体系因子，既要考虑各项经济社会指标，也要考虑各项指标的可比性、可获得性和可度量性，以体现指标的科学性和可行性。

步骤一：整理原始数据。

步骤二：建立模糊相似矩阵 $\boldsymbol{R}=(S_{ij})_{n\times n}$，其中 S_{ij} 为相似系数，其定义可以有多种形式，如夹角余弦，相关系数或距离。

步骤三：计算模糊等价矩阵 $\boldsymbol{R}^*$。

步骤四：选取截取水平 $\lambda(0<\lambda<1)$，对样本进行模糊聚类。通过聚类分析将相似度较高的城市归为一类，这样就可以得到模糊聚类谱系图。

② 流通中心层次结构。按照区域物流网络节点层次划分及区域物流发展规划，构建多层次、点线面有机结合的区域物流网络系统，按照节点城市的重要程度大致可分为 3 个层次：综合物流枢纽中心、区域物流枢纽中心和城市物流枢纽中心。

综合物流枢纽中心是将铁路、公路、水路、航空集约在一起的大型、综合、高效的区域流通中心，其辐射范围广，可实现区域经济快速、协调、可持续发展。相对综合物流枢纽中心而言，内陆型区域物流枢纽中心面向国内，沿海区物流枢纽中心面向国际及国内，辐射范围相对较窄，规模较小，具有一定的综合功能[21]。城市物流枢纽中心，又称为专业化物流中心、城市流通中心，是一种集约经营的城市流通中心。主要服务于城市及城市间的物流，其服务范围相对更小，规模大小主要由物流服务需求决定。

（2）物流通道网络的完善

物流通道网络的完善，即确定货物从起源地到接受地经中间节点所使用的运送方式和线路选择，它包含了铁路、水路、航空和联合运输等多种运输渠道。物流通道网络完善是构建区域物流网络系统的基础。

① 城市交通运输网络体系。城市交通运输网络体系，属于区域物流网络节点内部物流通道的完善，在推进城市发展进程中具有十分重要的意义，主要包括城市对外交通与城市内部交通两部分。对外交通包括港口、铁路、公路、航空等，以及其支持保障系统；城市内部交通包括市区内部的道路交通网，如主干道、次干道、支线，市区公共交通，出租车、私家车，以及交通附属设施、管理设施等[22]。为促进区域经济的发展，城市交通运输网络体系整体规划应服从于地区的物流发展规划和城市规划，保证物流运输供给和物流需求的平衡。

② 区域交通运输网络体系。公路运输网络体系：城市节点间的公路交通联系构成了城际公路交通网，包括高速公路、国道、省道、普通公路等，促成各地区城乡之间的互通。区域物流网络有几个经济辐射源的核心节点，它们之间的交流频繁，重点发展高等级公路及其相应的支线建设，辐射周边区域高速公路；重点节点之间建设次级高级路面，辅之以普通公路建设；辅助节点以普通公路为主，次高级公路为辅，重点建设二级以上省级干线，构建连接各地市、空港、港口等公路网，衔接高速公路主骨架网。

铁路运输网络体系：铁路运输能力大、成本低，在能源以及原材料运输中优势明显。我国疆域广阔，人口众多，城市间人员流动频繁。铁路运输速度快、载客量高的特点使得铁路一直承担着我国中长途旅客运输的主要任务。因此，铁路作为国民经济的重要基础设施，加快铁路运输网络体系的建设不仅能够保障国民经济的可持续发展，促进全社会运输需求的快速增长，而且，能够与其他运输方式有机衔接、优势互补，在多式运输中发挥骨干作用。

水路运输网络体系：水路运输是以船舶为主要运输工具，以港口或港站为运输基地，以水域包括海洋、河流和湖泊为运输活动范围的一种运输方式。结合远洋、近洋、沿海运输，建设以港口为枢纽的海上运输网络体系，促进海上运输的便利性。

航空运输网络体系：航空运输是使用飞机、直升机及其他航空器运送人员、货物、邮件的一种运输方式。结合省内、国内、国际航线，建设以机场为枢纽的航空运输网络体系，广泛开展多式联运，促进区域之间的交流，是航空运输网络体系构建的最终目标。目前，该体系主要由国际航空运输网络、国内干线航空运输网络和省内航空运输网络3部分组成。

（3）物流服务圈的形成

完成了设施选址及运输线路选择之后，接下来就是针对客户需求，根据出发地到目的地的距离或位置，确定服务圈的范围，最大化客户满意度。

5. 物流网络信息系统构建

物流网络系统的构建属于实体物流，而物流网络信息系统则是在原有网络系统的基础上进行信息化建设，方便跟踪、管理物流信息、进行电子化交易平台的建设及客户查询等。区域物流的发展越来越依赖于物流的信息化与网络化。区域物流信息网络体系是在公共物流信息平台的基础上，以为政府服务为核心，主要体现在政府对物流行业的宏观调控上，是对物流信息网络格局的把握，也就是在公共信息平台之外，加上一个宏观数据库，并结合一些运筹学、系统学、管理学、经济学的模型理论，给出智能的宏观调控决策建议，也给企业、行业提供业务拓展的空间。

区域物流网络信息系统的构建必须依赖于区域物流信息平台。所谓区域物流信息平台，是指利用计算机、网络和通信等现代信息技术对区域内物流作业、物流过程和物流管理的相关信息进行采集、分类、筛选、储存、分析、评价、反馈、发布、管理和控制的通用信息交换平台。关于区域物流信息平台的规划与设计详见第九章。

3.5 长三角经济区物流系统规划

1. 长三角经济区物流分析

（1）长三角经济区现代物流发展的问题

长三角港口的主要运作模式是职能部门的协调模式，但是这样的模式在对长三角物流进行合理规划的同时，同样存在一定的问题。行政分割、行政壁垒的限制，导致港口建设各自为战，缺乏执行统一政策导向的强制力量。其次，各市物流定位较为雷同，园区功能差异性不足，如图3-10所示，整体看来，区域内各个港口的发展尚未形成合理的分工格局。

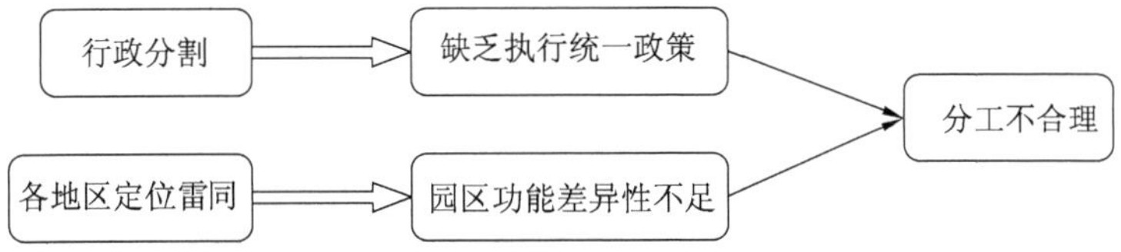

图3-10 长三角经济区现代物流发展的问题

（2）长三角发展现代物流的机遇与挑战

① 机遇。经济全球化和区域经济一体化深入发展，国际产业向亚太地区转移方兴未艾，亚太区域合作与交流日益密切；我国仍处在重要的战略机遇期，工业化、信息化、城镇化、市场化、国际化不断深入，国家扩大内需的政策加快实施；国家区域发展总体战略深入推进，特别是党中央国务院高度重视长三角地区发展，进一步加大支持力度，长三角地区一体化发展势头强劲。这些都为长三角地区又好又快发展提供了有利条件和广阔空间。见图3-11。

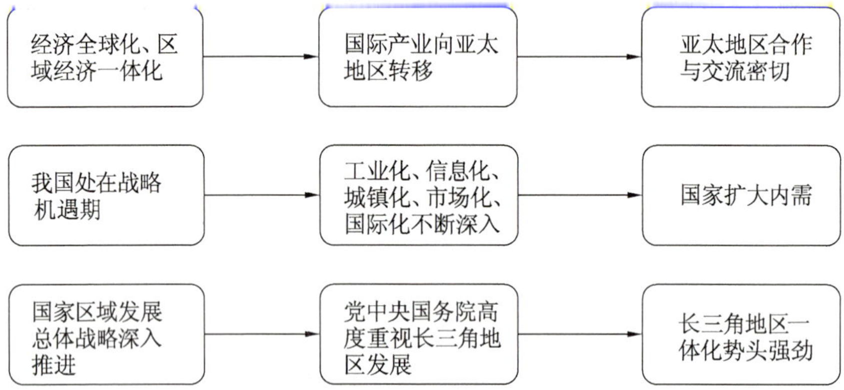

图3-11　长三角发展现代物流的机遇

② 挑战。区域内尚未解决的结构性矛盾使长三角地区进一步发展困难加大，一些深层次矛盾和问题亟待解决：区域内各城市发展定位分工不够合理，区域整体优势尚未充分发挥；交通、能源、通信等重大基础设施还没有形成有效的配套与衔接，促进要素合理流动的制度环境和市场体系有待完善；产业层次不高，现代服务业发展相对滞后，产业水平和服务功能有待提升；外贸依存度偏高，贸易结构还需优化；自主创新能力不够强，国际竞争力尚需提高；土地、能源匮乏，资源环境约束日益明显；社会事业发展不平衡，城乡公共服务水平还有较大差距；行政管理、社会管理体制等方面改革还不到位，改革攻坚的任务仍然繁重。见表3-4。

表3-4　长三角发展现代物流的挑战

尚未解决的结构性矛盾	资源环境约束日益明显	区域整体优势尚未充分发挥
城市发展定位分工不够合理	贸易结构还需优化	产业水平和服务功能有待提升
城乡公共服务水平还有较大差距	制度环境和市场体系有待完善	改革攻坚的任务仍然繁重

2. 长三角经济区物流现状分析

（1）基础设施类——交通基础设施

在公路通道方面，经过多年建设，长三角地区公路运输网络密集，覆盖率和通达性高，内有沪杭高速公路、杭宁高速公路、杭甬高速公路等，逐渐形成了以上海、南京、杭州三大城市为核心的放射状公路网格局，苏通大桥及杭州湾大桥的建成通车，促使长三角“1小时交通圈”加快成型，也大大刺激了物流业的加快发展。具体见表3-5。

表 3-5　我国 2001—2009 年交通基础设施建设情况　km

年份	铁路	公路	内河航道里程
2001	2 375	108 949	36 342
2002	2 897	112 073	36 344
2003	2 900	118 242	36 908
2004	3 119.8	133 002	36 465
2005	3 177	139 449	36 224
2006	3 204.9	232 674	36 225
2007	3 269.3	244 707	36 229
2008	3 292.4	256 079	35 517
2009	3 651.5	262 426	36 153

注:为了方便统计数据,此处长三角以两省一市为例;数据根据 2002 – 2010 年《中国统计年鉴》整理而成。

（2）仓储和码头

长江三角洲港口群由上海、江苏和浙江两省一市的港口组成,包括上海、连云港、张家港、南京、镇江、苏州、南通、扬州、泰州、无锡、常州、江阴、嘉兴、宁波—舟山、台州、温州、杭州等几十个港口。江浙沪位于我国东部沿海地区的沿江产业密集带,江河交汇,具有得天独厚的区位条件,是我国经济最发达、最具活力和竞争力的区域之一。此区域内的长三角港口群是我国沿海港口群中港口分布最密集、吞吐量最大的港口群。图 3-12 所示为 2005—2010 年长三角地区的主要港口货物吞吐量情况。

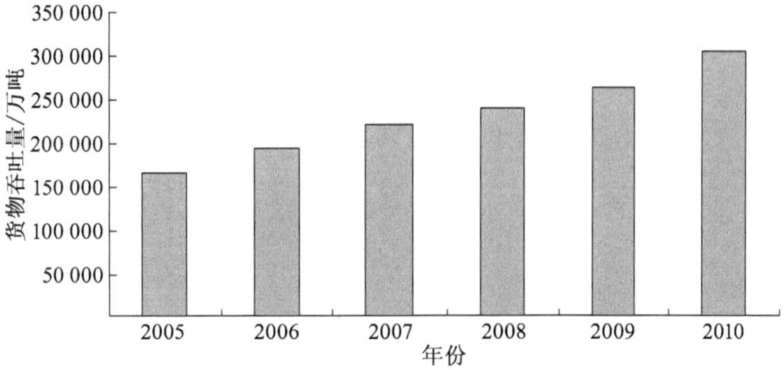

数据来源:根据上海、江苏、浙江两省一市的统计年鉴整理而成

图 3-12　2005—2010 年长三角主要港口吞吐量

（3）信息

长三角地区是国内最密集的信息化群落,其密集主要包括 3 个方面:信息化产业密集,信息化应用密集以及信息化设施的投资密集。以信息化产业为例,以上海为中心,南京、杭州为副中心的长三角地区,已经形成了相当完整、相当庞大的 IT 制造和服务群落,仅境外电子企业就多达 2 000 余家,世界 500 强企业中有超过 200 家落户该地。上海市信息产业的总产值在 2000 年就已突破 1 000 亿元,占当年全国信息产业工业总产值的 1/7,超过汽车、石油、钢铁,成为该市第一支柱产业,集成电路的生产量更是占到了全国的 44%。

与密集的长三角信息化群落相对应的,是这个地区密集的城市群落、企业群落、资金流、人才队伍及创业大军。作为信息化应用的强劲需求和必备条件，后几个“密集”既构成了长三角信息化“密集”的坚实基础，又与长三角信息化形成了良性互动，因为信息化是企业市场化水平的重要标志，是竞争能力最直接的体现。

（4）现代物流业框架

按照优化开发区域的总体要求，统筹区域发展空间布局，形成以上海为核心，沿沪宁和沪杭甬线、沿江、沿湾、沿海、沿宁湖杭线、沿湖、沿东陇海线、沿运河、沿温丽金衢线为发展带的“一核九带”空间格局，推动区域协调发展。

加快综合枢纽建设，重点建设上海、南京、连云港、徐州、杭州、宁波全国性综合运输枢纽，加强苏州、无锡、常州、镇江、扬州、泰州、南通、盐城、湖州、嘉兴、金华、温州、衢州等区域性综合运输枢纽建设。强化各种交通运输方式的衔接，特别是加强铁路客运专线、城际铁路和干线铁路建设及其与港口、空港、城市轨道交通等的衔接。航空枢纽与配套机场群建设上，以扩大空港设施能力为重点，优化航空运输网络为主线，提高国际竞争力为目标，加快区域航空枢纽中心建设，形成大型国际枢纽机场—区域枢纽机场—国内小型枢纽机场合理布局、分工协作的航线网络和机场群。

3. 物流环境分析

（1）地理环境

长三角经济圈，位于中国沿江沿海“T”字带，是中国最大的城市群，它由沿江城市带和杭州湾城市群构成，以上海为中心，南京、杭州、苏州、无锡、宁波为副中心，包括江苏的扬州、泰州、南通、镇江、常州、盐城、淮安，浙江的嘉兴、湖州、绍兴、舟山、台州、金华、衢州，安徽的合肥、马鞍山，共22个城市，如图3-13所示。长三角经济圈位于亚太经济区、太平洋西岸的中间地带，处于西太平洋航线要冲，具有成为亚太地区重要门户的优越条件。同时，它又地处我国东部沿海地区与长江流域的结合部，拥有面向国际、连接南北、辐射中西部的密集立体交通网络和现代化港口群，经济腹地广阔，集“黄金海岸”和“黄金水道”于一身，具有得天独厚的区位优势，对长江流域乃至全国发展具有重要的带动作用。

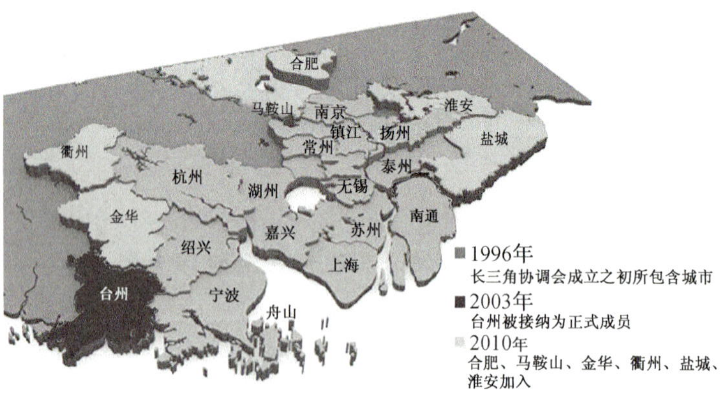

图3-13　长三角地理位置示意图

（2）经济环境分析

长三角地区经济基础雄厚，农业基础良好，制造业和高技术产业发达，服务业发展较快，经济发展水平全国领先，是我国综合实力最强的区域。长三角地区海岸线长度近1 000公里，仅国务院批准的一类口岸就有35个之多，包括海岸线上的沿海港口19个，内河航道港口10个,面向国际的空港5个,以及国际临时性铁路口岸1个。同世界上超过300个港口近200个国家有着贸易往来。

上海是国际经济、金融、贸易和航运中心之一,带动着“长三角”地区和整个长江流域的发展。2010年世博会花落上海,从各方面给上海带来了良机,上海正努力成为“世界城市”。上海强大的辐射力及其周边“近水楼台”城市的飞速发展,已经使苏、浙两省的所有城市都意识到了区域合作的重要性,其他城市无不同样在努力寻找自身的城市定位,在资金、信息、人才、商品的流动中找到城市崛起的机遇。2009年,在沿海规模以上17个港口中,仅上海和宁波两个港口的货物吞吐量就占据了全国货物总量的22.54%,约107 152万t,内河规模以上港口码头(包括南京、镇江、泰州、扬州、江阴、常州、南通和上海)长度178 km,约占总长度的20.16%。

长三角经济圈是我国经济发展最快的地区,这一地区经济基础雄厚,制造业特别发达,经济外向度相当高,外商投资水平在国内名列前茅,尤其是区域经济一体化的发展,更是给长三角经济的发展带来了前所未有的重大发展机遇。

4. 长三角经济区物流发展基本思路

(1) 总体定位

成为亚太地区重要的国际门户。围绕上海国际经济、金融、贸易和航运中心建设,打造在亚太乃至全球有重要影响力的国际物流网络体系。通过合理优化长三角区域物流空间布局格局和层级关系,促进区域物流交通、运输、信息和市场的网络化发展,使以物流园区和物流中心为主要节点的区域物流系统能够有效衔接,并物畅其流;建成多层次结构分明、高度信息化和网络化的综合物流网络。

(2) 基本框架

基本框架见图3-14。

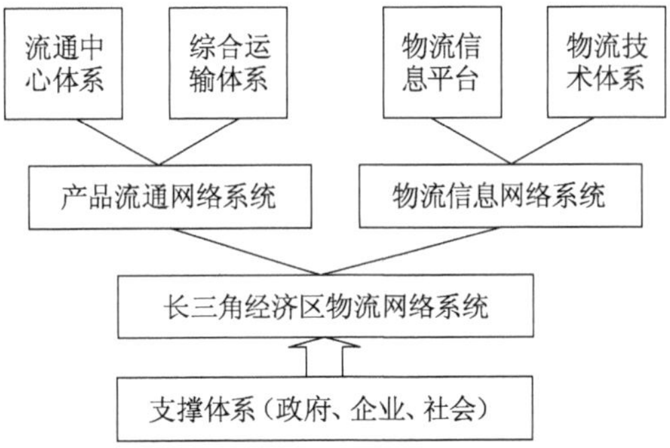

图3-14　长三角经济区物流网络系统基本框架

(3) 配套措施

配套措施包括:① 政府组织协调;② 企业积极推动;③ 行业协会参与;④ 物流人才培养。

5. 物流市场需求预测

(1) 预测方法

预测方法见图3-15。

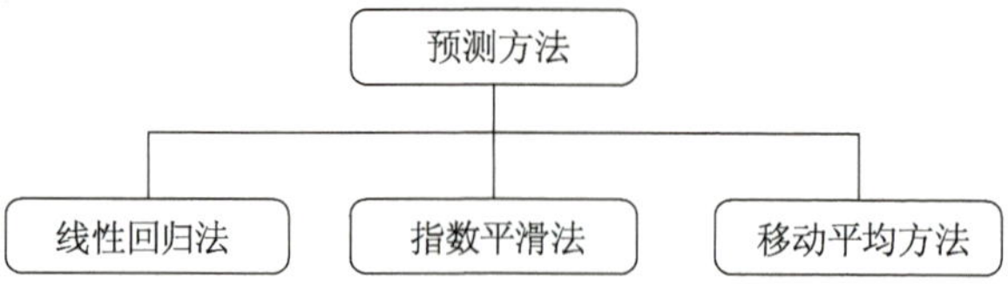

图 3-15 预测方法

（2）指标体系

预测的指标体系包括：

① 国民经济指标预测。考虑到数据获取的方便性，此处主要选取了国内生产总值（GDP）、消费品零售额和全社会固定资产投资额两个指标。

② 货运量预测。主要选取了公路、铁路、水路周转量和港口吞吐量等几个指标。

（3）需求分析

需求分析见表 3-6。

表 3-6 长三角两省一市需求分析

	方法	模型	R^2	预测		
				2015 年	2017 年	2020 年
国内生产总值（亿元）	线性回归法	Y——GDP；x——年份	0.968 0	106 399.1	118 769.9	137 326.1
	移动平均法	y——GDP；k——年份	0.968	106 399.1	118 769.9	137 326.1
	指数平滑法	y——GDP；k——年份	0.957 1	95 349	106 931.8	124 306
固定资产投资额（亿元）	线性回归法	Y——投资额，x——年份	0.973 5	51 204.2	57 500.4	66 944.7
	移动平均法	y——投资额，k——年份	0.993 6	47 619.6	53 916.8	63 362.6
	指数平滑法	y——投资额，k——年份	0.976 8	44 763.8	50 513.8	59 138.8
消费品零售额（亿元）	线性回归法	Y——零售额；x——年份	0.936 7	34 550.2	38 457.2	44 317.7
	移动平均法	y——零售额；k——年份	0.957	31 768.9	35 598.9	41 343.9
	指数平滑法	y——零售额；k——年份	0.937 8	29 665	33 075.4	38 191
公路货物周转量（万 t）	线性回归法	Y——货运量；x——年份	0.943 4	126 190.7	135 160.1	148 614.2
	移动平均法	y——货运量；k——年份	0.979 1	132 082	142 204	157 387
	指数平滑法	y——货运量；k——年份	0.943 4	126 190.7	135 160.1	148 614.2
水路货物周转量（万 t）	线性回归法	Y——货运量；x——年份	0.931 7	100 475	109 723	123 595
	移动平均法	y——货运量；k——年份	0.969 8	106 169.4	116 615.6	132 284.9
	指数平滑法	y——货运量；k——年份	0.910 2	89 898.96	98 454.96	111 288.96

续表

	方法	模型	R^2	预测		
				2015 年	2017 年	2020 年
铁路货物周转量(万 t)	线性回归法	Y——货运量；x——年份	0.894 9	4 828.81	5 111.63	5 535.86
	移动平均法	y——货运量；k——年份	0.965 8	5 090.1	5 424.7	5 926.6
	指数平滑法	y——货运量；k——年份	0.869 5	4 535.99	4 801.37	5 199.44
主要港口货物吞吐量(万 t)	线性回归法	Y——货运量；x——年份	0.991 0	430 001	483 341	563 351
	移动平均法	y——货运量；k——年份	0.996 4	409 527	461 025	538 272
	指数平滑法	y——货运量；k——年份	0.998 8	365 906	411 122	478 946

6. 长三角经济区物流网络系统的构建

(1) 流通中心网络构建

长三角地区高速公路网络与城镇体系示意图如图 3-16 所示。

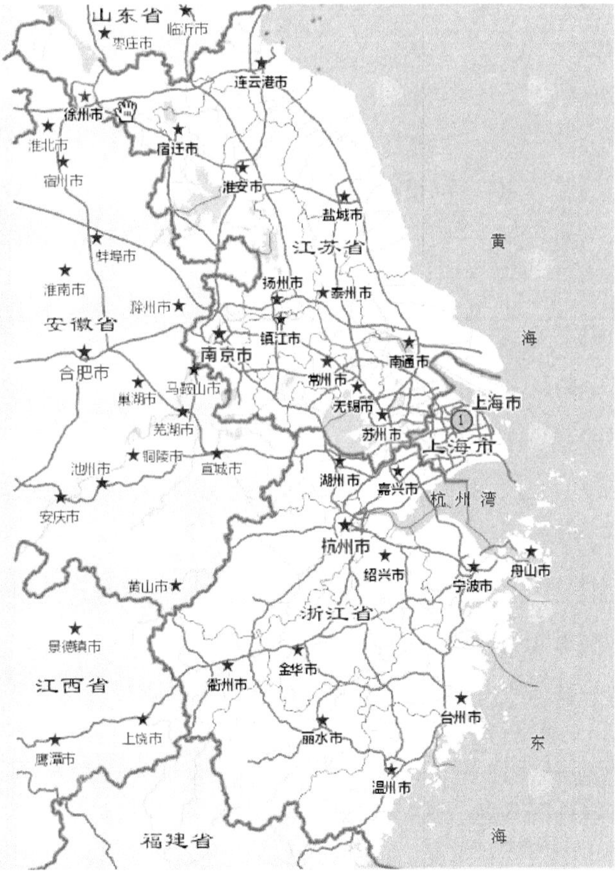

图 3-16　长三角地区高速公路网络与城镇体系示意图

根据2009年上海市、江苏省、浙江省统计年鉴的数据，分别计算出各城市的人口职能指数、经济职能指数、科技职能指数以及经济重要度，得出长三角经济城市重要度的排序，见表3-7[25]。

表3-7　长三角地区城市经济重要度排序

省市	经济职能指数	人口职能指数	科技职能指数	经济重要度	城市最短路径和排序
上海	5.34	4.98	12.23	7.52	9
杭州	1.87	1.40	3.12	2.13	6
南京	1.47	2.12	2.43	2.01	8
苏州	2.61	1.51	0.40	1.51	4
无锡	1.72	1.33	0.74	1.27	2
宁波	1.55	0.81	0.77	1.04	15
徐州	0.78	1.38	0.41	0.86	25
南通	0.59	1.32	0.28	0.73	13
盐城	0.63	1.24	0.30	0.72	14
温州	0.95	0.67	0.46	0.69	24
常州	0.86	0.73	0.40	0.66	3
扬州	0.61	0.89	0.30	0.60	7
绍兴	0.87	0.57	0.26	0.57	11
嘉兴	0.71	0.53	0.42	0.55	10
台州	0.77	0.42	0.40	0.53	21
连云港	0.29	0.96	0.33	0.53	23
泰州	0.54	0.73	0.17	0.48	12
金华	0.66	0.43	0.35	0.48	16
镇江	0.55	0.49	0.34	0.46	5
宿迁	0.26	0.98	0.06	0.43	20
淮安	0.36	0.63	0.15	0.38	17
湖州	0.40	0.33	0.25	0.33	1

明确了各节点城市的重要度之后，接下来的工作就是进行流通中心功能分析以及确定各个节点的层次。流通中心配置的合理性，是区域物流网络系统水平高低和功能强弱的主要衡量标准之一。长三角经济区流通中心的功能配置，主要考虑长三角区域经济效益和社会效益，根据长三角经济发展趋势及各节点城市的生产力布局、产业结构、区位优势、交通运输、城市规划等现状，综合利用现有物流资源，形成各具特色的物流发展模式。如图3-17所示。

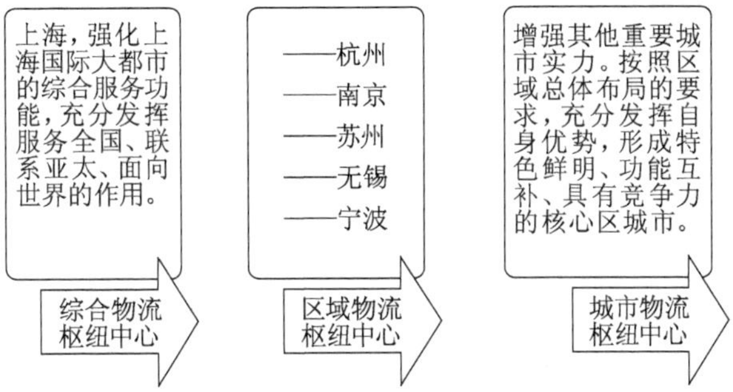

图 3-17　综合物流枢纽中心

具体而言就是：

① 综合物流枢纽中心

——上海。进一步强化上海国际大都市的综合服务功能，充分发挥服务全国、联系亚太、面向世界的作用，进一步增强高端服务功能，建成具有国际影响力和竞争力的大都市。加大自主创新投入，形成一批国际竞争力较强的产业创新基地和科技研发中心，发挥自主创新示范引领作用，带动长三角地区率先建成创新型区域。充分发挥上海浦东新区作为国家综合配套改革试验区的带动作用，率先形成更具活力、更加开放的发展环境。依托虹桥综合交通枢纽，构建面向长三角、服务全国的商务中心。优化功能分工，中心城区重点发展现代服务业，郊区重点建设先进制造业、高技术产业和现代农业基地，积极发展生产性服务业，形成合理的产业布局，带动产业转型与升级。

② 区域物流枢纽中心

——杭州。充分发挥科技优势和历史文化、山水旅游资源，建设高技术产业基地和国际重要的旅游休闲中心、全国文化创意中心、电子商务中心、区域性金融服务中心。建设杭州都市圈。

——南京。发挥沿江港口、历史文化和科教人才资源优势，建设先进制造业基地、现代服务业基地和长江航运物流中心、科技创新中心。加快南京都市圈建设，促进皖江城市带发展，成为长三角辐射带动中西部地区发展的重要门户。

——苏州。发挥区位、产业和人文优势，进一步强化与上海的紧密对接，建设高技术产业基地、现代服务业基地和创新型城市、历史文化名城和旅游胜地。

——无锡。充分发挥产业、山水旅游资源优势，建设国际先进制造业基地、服务外包与创意设计基地和区域性商贸物流中心、职业教育中心、旅游度假中心。

——宁波。发挥产业和沿海港口资源优势，推动宁波—舟山港一体化发展，建设先进制造业基地、现代物流基地和国际港口城市。

③ 城市物流枢纽中心

增强其他重要城市实力。按照区域总体布局的要求，充分发挥自身优势，形成特色鲜明、功能互补、具有竞争力的核心区城市。常州，发挥产业和科教优势，建设以装备制造、新能源、新材料为主的先进制造业基地和重要的创新型城市。镇江，依托长江港口和山水旅游、历史文化资源优势，建设以装备制造、精细化工、新材料、新能源、电子信息为主的先进制造业基地、区域物流中心和旅游文化名城。扬州，发挥历史文化和产业优势，建设以电子、装备制造、新材料、新能源为主的先进制造业基地和生态人文宜居城市。泰州，发挥滨江优势，建设以医药、机电、造船、化工、新材料、新能源为主的先进制造业基地，成为长江南北联动发展的枢纽、滨江生态宜居旅游城市。南通，发挥滨江临海优势，建设以海洋装备、精细化工为主的先进制造业基地和综合性物流加工基地，建设江海交汇的现代化国际港口城市。湖州，发挥临湖和生态优势，建设高技术产业引领的先进制造业基地和文化创意、旅游休闲城市，成为连接中部地区的重要节点城市。嘉兴，发挥临沪和沿湾优势，建设高技术产业、临港产业和商贸物流基地，成为运河沿岸重要的港口城市。绍兴，发挥传统文化和产业优势，建设以新型纺织、生物医药为主的先进制造业基地和国际文化旅游城市。舟山，发挥海洋和港口资源优势，建设以临港工业、港口物流、海洋渔业等为重点的海洋产业发展基地，与上海、宁波等城市相关功能配套的沿海港口城市。台州，发挥民营经济发达的优势，建设以汽摩、船舶、医药、石化为主的先进制造业基地，成为民营经济创新示范区。

依托核心区，引导苏北、浙西南地区产业和人口有序集聚，加快城市发展。连云港，建设综合性交通枢纽、以重化工为主的临港产业基地和国际性海港城市。徐州，建设以工程机械为主的装备制造业基地、能源工业基地、现代农业基地和商贸物流中心、旅游中心，成为淮海经济区的中心城市。盐城，建设先进制造业基地、能源基地和现代农业示范区、重要生态湿地旅游目的地，成为沿海地区现代工商城市。淮安，建设区域性交通枢纽、商贸物流中心、先进制造业基地和历史文化旅游目的地。宿迁，建设新兴工业和商贸基地、绿色生态和创新创业城市。温州，建设以装备制造为主的先进制造业基地、商贸物流为主的现代服务业基地、国家重要枢纽港和民营经济创新示范区，成为连接海峡西岸经济区的重要节点城市。金华，建设国际商贸物流中心和高技术产业基地，加快以金华—义乌为核心的浙中城市群发展。衢州，重点发展装备制造、新材料、职业教育、商贸物流、文化旅游，建设省际重要节点城市。丽水，建设绿色农产品基地、特色制造业基地和生态文化休闲旅游目的地，建成浙西南重要的区域性中心城市。图 3-18 为长三角地区物流中心及其辐射示意图。

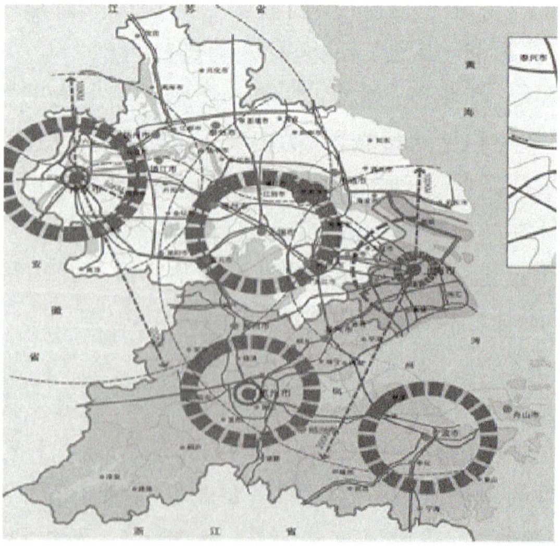

图 3-18　物流中心及其辐射示意图

（2）物流通道网络完善

区域物流通道主要是指连接物流各节点之间，以及与外部交通基础设施之间的货运道路系统。由于区域物流通道具有运输方向和通量属性，所以可以由包括公路、铁路、水路、管道、航空等在内的多种运输方式的线路来表示。目前，长三角物流通道格局已由从前主要由沪宁线、沪杭线、杭甬线所构成的“Z”字形结构转变为网格化结构的空间发展形态和格局。

① 公路运输网络体系（略）；

② 铁路运输网络体系（略）；

③ 水路运输网络体系（略）；

④ 航空运输网络体系（略）。

（3）物流服务圈形成

长三角地区大物流圈体系已形成 4 个物流圈：一是以上海为中心，约 150 km 半径区域，包括苏州、无锡、南通、嘉兴和湖州等城市在内的上海物流圈；二是以南京为中心，包括镇江、扬州和常州等城市在内的南京物流圈；三是以杭州为中心，包括绍兴、金华等城市在内的杭州物流圈；四是以宁波为中心，包括台州、舟山等城市在内的杭州物流圈。

随着城际铁路的全线开通，沪杭、沪宁及宁杭城际铁路构成了一个金三角，将几大城市之间的联系进一步加强。沪杭高铁连接上海至杭州及周边城市群，全长 202 km，途经上海市闵行、松江、金山区和浙江省嘉兴和杭州市。从上海至杭州最快 45 min 的高铁“公交化”铁路，显示长江三角洲“一小时城市圈”时代的来临。沪杭高铁与原有的京沪高铁、沪汉蓉铁路通道、杭长和东南沿海高铁紧密衔接，并与杭甬、沪宁、宁杭等城际铁路一起，组成覆盖长三角地区并向其他区域辐射的快速客运网，如图 3-19 所示。

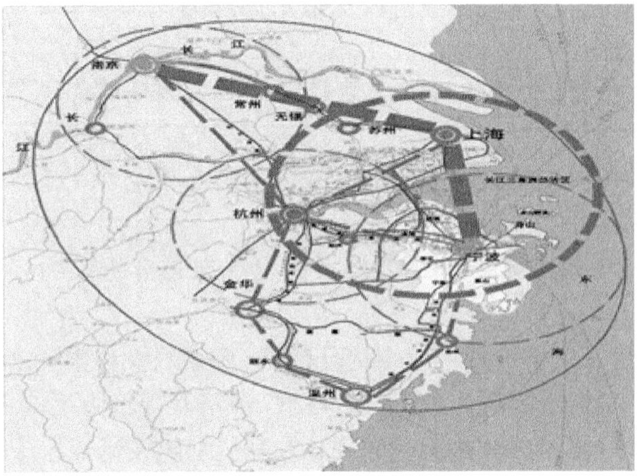

图 3-19　长三角 1 小时服务圈

此外，通过我国规划的“四纵四横”线，长三角服务圈的范围继续扩散开来，进一步扩大了长三角服务圈的扩散范围，实现了与外部的交流。具体为：

①“四纵”客运专线

北京—上海：全长约 1 318 km，纵贯京津沪和冀鲁皖苏 4 省，连接环渤海和长江三角洲两大经济区。

北京—武汉—广州—深圳:约 2 260 km,连接华北、华中和华南地区。

北京—沈阳—哈尔滨(大连):约 1 700 km,连接东北和关内地区。

杭州—宁波—福州—深圳:约 1 600 km,连接长江、珠三角和东南沿海。

② “四横”客运专线

徐州—郑州—兰州:全长约 1 400 km,连接西北和华东地区。

杭州—南昌—长沙:全长约 880 km,连接华中和华东地区。

青岛—石家庄—太原:全长约 770 km,连接华北和华东地区。

南京—武汉—重庆—成都:全长约 1 600 km,连接西南和华东地区。

(4) 长三角经济区物流信息网络系统的构建

长三角经济区物流信息网络系统的构建不但要满足长三角经济区物流网络系统中政府物流职能部门、物流企业、工商企业等不同层次的参与者对物流信息网络系统的信息需求和功能需求,实现互联互通,来实现政府监管配套服务、物流资源配置、多式联运信息服务、区域经济促进、辅助决策等功能,而且要便于国际物流信息沟通与交流。物流信息网络系统通过对物流信息的采集、处理和交换,提高工商企业的生产率和竞争力,保证物流企业提供优质服务,实现整个经济社会信息资源共享。

长三角经济区物流信息网络系统应主要包括:① 电子交易平台;② 物流综合服务平台;③ 公共信息服务平台。

本章参考文献

[1] 百度百科. 区域[EB/OL]. http://baike. baidu. com/view/373715. htm.

[2] 百度百科. 经济区[EB/OL]. http://baike. baidu. com/view/140100. htm.

[3] 蒋海兵,徐建刚:《基于交通可达性的中国地级以上城市腹地划分》,《兰州大学学报》,2010 年第 8 期。

[4] 潘竟虎,石培基,董晓峰:《中国地级以上城市腹地的测度分析》,《地理学报》,2008 年第 6 期。

[5] 张宗益,邹畅:《中国地区差距的时空演变特点及启示》,《当代经济科学》,2006 年第 1 期。

[6] 曲鲁宁:《我国地区经济发展差距及其发展态势分析》,《区域经济》,2008 年第 8 期。

[7] 包睿:《我国三大都市圈产业结构分析》,《安徽农业科学》,2008 年第 2 期。

[8] 海峰:《区域物流论:理论、实证与案例》,经济管理出版社,2006 年。

[9] 常士全,梁冠民:《区域物流发展现状及其规划建设研究》,《甘肃科技》,2011 年第 2 期。

[10] 李霞:《区域物流系统规划与管理》,经济科学出版社,2008 年。

[11] 鞠颂东:《物流网络:物流资源的整合和共享》,社会科学文献出版社,2008 年。

[12] 孙淑生,张丽立,海峰:《现代区域物流业体系结构研究》,《物流技术》,2005 年第 7 期。

[13] 牟惟忠:《国家标准 GB/T18354——2006 物流术语》,2006 年。

[14] 王晓明:《长三角地区物流中心布局分析》,《商业文化(学术版)》,2008 年第

12 期。

[15] 陶进,姚冠新:《长三角区域物流一体化与区域经济一体化互动机理及规划探讨》,《商场现代化》,2005 年第 11 期。

[16] 朱坤萍:《区域物流与区域经济发展的互动机理》,《河北学刊》, 2007 年第 2 期。

[17] 徐茜,黄祖庆:《区域物流与区域经济发展互动关系研究》,《经济纵横》,2011 年第 9 期。

[18] 郝勇,张丽,黄建伟:《物流系统规划与设计》,清华大学出版社,2008 年。

[19] 赵强才:《物流需求和物流供给关系研究》,《中国科技财富》, 2008 年第 12 期。

[20] 刘江鹏,史艳红:《物流基础》,经济科学出版社,2011 年。

[21] 董艳梅,朱传耿:《沿东陇海线产业带区域流通中心网络的构建研究》,《淮海工学院学报》,2009 年第 6 期。

[22] Yan S Y, Shih Y L. A Time – space Network Model for Work Team Scheduling after A Major Disaster. Journal of the Chinese Institute of Engineers, 2007, 103(2).

[23] 邹胜勇,杨天军:《一种道路交通安全神经网络评价模型的构建》,《人类工效学》,2007 年第 1 期。

[24] 徐剑,黄栋梁,肖豫:《区域物流信息网络体系的构建与运营机制研究》,《中国水运》,2007 年第 11 期。

[25] 曹秀婷:《高速公路网络与区域城镇体系空间网络适应性研究》(学位论文),上海师范大学,2011 年。

第四章　行业物流系统规划与设计

同一行业的不同企业，虽然在产品市场上是竞争对手，但是为了共同的利益在物流领域内却常常可以相互协作，共同促进行业物流的合理化，因为行业物流合理化可以使所有参与企业都得到相应好处，实现真正意义上的"共赢"。

例如，在日本的建筑机械行业内，行业物流合理化的具体内容就包括：各种运输工具的有效利用；建设共同的零部件仓库，实行共同集配送；建立新旧车辆、设备及零部件的共同流通中心和技术中心，共同培训设备操作和维修人员；统一机械设计标准和规格等。在大量消费品方面，他们还倡导采用统一的发票、统一的商品规格、统一的法规政策、统一的托盘规格、统一的陈列柜与包装模数等。

20 世纪 90 年代中期至 2003 年这段时间内，中国现代物流产业在市场经济体制的带动下获得了快速发展，作为标志性的第三方物流业实现了快速增长，对社会经济产生了越来越大的影响，钢材物流、配送物流、连锁物流、医药物流、汽车物流等行业物流体系逐步形成，现代物流业向着专业化发展方向进一步迈进。

4.1　行业物流

4.1.1　行业

1. 行业性质的定义

目前，对行业的基本定义，从工业生产角度而言，归纳起来主要有两种观点：一种观点认为，行业是多个独立的同类企业的集合体。另一种观点则认为，行业是同类生产或劳务的集合。这两种行业定义是有原则区别的，前者沿用了我国传统的生产部门的定义，把行业与生产部门等同起来；后者则是对传统的部门定义的否定，而把同类企业作为划分行业的基本单位。当然，这两种行业定义也有共同之处，这种共同之处主要表现在以下两个方面：一是生产的同类性，即产品的经济用途、生产的工艺过程、使用原材料的相同性。前者是指同类企业，后者是指同类生产，因此，都是以生产的同类性为前提的。二是都考虑到了管理的需要和可能。在认为行业是多个独立的同类企业的集合体的情况下，也只有考虑管理的需要和可能，才能划分出部门或行业。

虽然两种行业定义有上述两个方面的共同之处，但其差别也是十分明显的，而且是实质性的。从表面上看，两种行业定义的差别主要表现在：一是按同类企业的集合来划分行业，一个企业只属于一个行业；二是按同类生产的集合来划分行业，一个企业由于生产多种类型的产品，可以同时属于多个行业。两种行业定义差别的实质在于，前者是与产品经济条件下对企业的直接指挥和管理相联系的，而后者却是和社会主义市场经济条件下对企业的间接管理相联系的。

2. 一般定义

行业一般是指其按生产同类产品或具有相同工艺过程或提供同类劳动服务划分的经济活动类别,如饮食行业、服装行业、机械行业等。

从结构体系来定义是指从事国民经济中同性质的生产或其他经济社会的经营单位或者个体的组织结构体系。解释行业本身所处的发展阶段及其在国民经济中的地位,分析影响行业发展的各种因素以及判断对行业的影响力度,预测并应引导行业的未来发展趋势,判断行业投资价值,揭示行业风向,为各组织机构提供投资决策或投资依据。

行业的发展必然遵循由低级的自然资源掠夺性开采利用和低级的人工劳务输出,逐步转向规模经济、科技密集型、金融密集型、人才密集型、知识经济型,从输出自然资源,逐步转向输出工业产品、知识产权、高科技人才等。

4.1.2　行业划分

科学合理地划分行业,以及在此基础上对行业概念的正确认识,是研究行业物流的首要问题。

1. 行业划分标准

根据前面的定义,对行业基本定义的理解不同,其行业划分标准也会有所差异。这是因为,按生产的同类性来划分部门或行业,往往具有不确定性。如同一产品,虽然经济用途相同,但往往工艺过程和使用的原材料不同,或者产品的工艺相同,但产品的经济用途和使用的原材料又往往不相同,等等。因此,根据某一标志,很难确切地划分部门或行业。同时,某一企业还往往同时生产多种不同用途、使用不同原材料和采用不同工艺的产品,特别是在企业为适应市场千变万化的需要,采取“多角化”经营,实行小批量多品种生产经营的情况下,一个企业的产品可以跨越几个甚至几十个行业,企业生产的产品同类性的情况就更为复杂,这就增加了按某一标志划分行业的难度。因此,只能依据企业生产的某一种主要产品和生产同类性的某一个方面,将某一企业划为某一部门或行业。这就要考虑历史传统和管理需要,带有很大的主观性。例如,生产胶鞋、皮鞋、布鞋的企业,如按产品的经济用途划分,理应划为同一个部门,但在我国现行部门分类中,却把胶鞋生产企业划为橡胶制品工业,把皮鞋生产企业划为制革工业,把布鞋生产企业划为缝纫工业。很明显,在对胶鞋、皮鞋、布鞋生产企业进行部门划分时,不是按产品的经济用途,而是按使用原材料的同类性来划分的。在认为行业是同类生产或劳务的集合的情况下,虽然企业的“多角化”经营不会影响行业的划分,但按生产的同类性来划分行业,也同样存在着不确定性,究竟是以生产同类性中的哪一个标志为主划分行业,也还需要根据历史传统、国外的经验,从管理的需要出发才能确定。

2. 现有行业划分

按照现行行业划分办法,我国综合部门和工业主管部门,都是把行政上有独立组织形式、会计上独立核算的企业事业单位,作为划分国民经济行业的基本单位。传统的部门划分,是以指令性计划为特征的产品经济的必然结果。在产品经济条件下,必须由国家各级行政主管部门来分配物资、资金、劳动力,产品也要由主管部门调拨分配,企业只有按某一标准,封闭在某一行政部门内,生产活动才能进行。因此,在产品经济条件下,只能按同类企业划分部门。同时,由于国家各级行政部门直接管理所属企业的生产经营活动,管理的跨度又不能太大,管理的同类企业的数量不能过多,这就使得分工越细,企业越多,行政部门和管理的层次越多。这正是我国部门林立、层次繁多的主要原因。而按同类生产的集合划分行业,却是在社会主义市场经济条件下实行间接管理的必然结果。由于实行间接管理,企业主要通过市场获得生产所需要的各种要素,并销售产品,不需要由行业主管部门直接给企业分配物资、资金和调拨产品,因而不需要将某一企业划为某一部门或行业所有。同时,由于实行间接管理,行业主管部门就可以突破管理跨度原则的限制,对全行业的同类生产或劳务进行宏观指导和管理。通过这种指导和管理,达到引导和控制企业行为的目的。因此,在社会主义市场经济条件下,必须以同类生产或劳务为标志来划分行业。

1987 年 4 月,国务院批准了国家标准局拟定的《全国工农业产品(商品、物资)分类与代码国家标准》,并已于 1987 年 9 月 1 日开始实行[1]。这个标准将工农业产品分为 23 个门类,87 个大类,1 144 个中类,20 721 个小类。23 个门类是:农林牧渔业产品;矿产品及竹木采伐产品;电力、蒸汽供热量、煤气(天然气除外)和水;加工食品、饮料、烟草加工品和饲料;纺织品、针织品、服装及其缝纫品、鞋帽、皮革、毛皮及其制品;木材、竹、藤、棕、草制品及家具;纸浆、纸和纸制品、印刷品、文教体育用品;石油制品、焦炭及煤制品;化工产品;医药;橡胶制品和塑料制品;建筑材料及其他非金属矿物制品;黑色金属冶炼及其压延产品;有色金属冶炼及其压延产品;金属制品;普通机械;交通运输设备;电器机械及器材;电子产品及通信设备;仪器仪表、计量标准器具及量具、衡器;工艺美术品、古玩及珍藏品;废旧物资;其他产品(商品、物资)。在 23 个门类下,又进一步细分为大类、中类、小类、品种 4 个层次。《全国工农业产品(商品、物资)分类与代码国家标准》,是我国第一个关于工农业产品(商品、物资)方面统一、科学的分类编码体系。它主要是按其物品的自然属性进行分类,摆脱了长期以来主要按行政隶属关系分类的传统方法,能够保持相对的稳定性,便于进行行业研究。

总之,我国目前对行业的划分还没有统一、确切的规定,很不规范。财政、银行部门是按现行的工业主管部门的范围划分的;税收部门按工商税标准,将工业划分为 30 个行业;计划统计部门按经济活动性质的同一性,并适当照顾行政主管部门业务管辖范围划分,将全部工业作了 4 个层次的分类;工业部门内部是根据本部门所属企业生产的主要产品来划分的,如原机械工业部划分为 94 个行业,原电子部划分为 14 个行业,化工部划分为 16 个行业,纺织部统一领导和归口管理 10 个行业,轻工部归口管理 44 个行业。各工业部除划分上述大行业外,还划分为许多中行业和小行业。

4.1.3 行业物流

行业物流是物流的延伸,在一个行业内部发生的物流活动被称为是行业物流。在一般情况下,同一行业的各个企业往往在经营上是竞争对手,但为了共同的利益,在物流领域中却又常常互相协作,共同促进物流系统的合理化。

在国内外有许多行业均有自己的行业协会或学会,并对本行业的行业物流进行研究。在行业的物流活动中,有共同的运输系统和零部件仓库以实行统一的集体配送;有共同的新旧设备及零部件的流通中心;有共同的技术服务中心对本行业的从业人员进行培训;采用统一的机械设备和商品规格、统一的法规政策和统一的报表等。行业物流系统化的结果使行业内的各个企业都得到相应的利益，如图 4-1 所示。

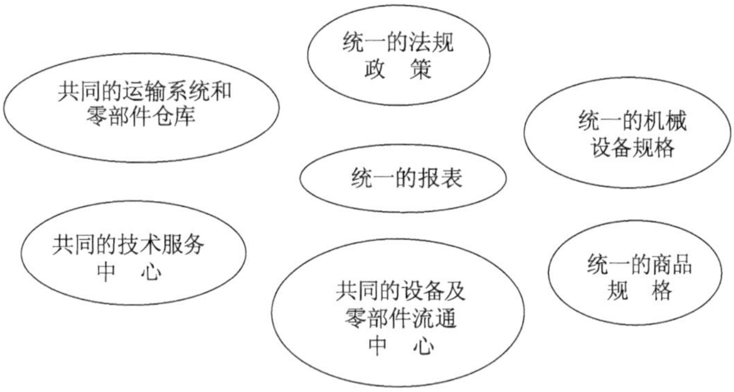

图 4-1　行业内各企业在物流系统化过程中获得的利益

这些行业的物流活动的核心是使物流优化，其目标除了追求基本的降低物流成本、提高物流效率和物流服务质量、实现集约化和规模效益等外，还须提供更多的增值效用。从行业的角度来看，它还须为具有特殊性的产品或物流要求的行业提供更加专业的高技术含量的物流装备和服务，即业务的行业匹配度要求很高。

这种为特殊行业配备的高度专业化的物流方式，不仅使前述的基本目标更易于实现，也是其进一步实现资源的充分合理利用、行业产品和物流服务安全性的提高，以及对环境的有效保护等高层目标的重要基础。行业物流的高层目标是基于当前的能源和资源以及环境问题提出的。降低能耗，充分利用现有资源，使生产、流通和使用过程都能更加安全、环保，使经济社会活动形成一个可持续发展的良性循环状况。具体来说，行业物流的作用包括：

1. 有效合理利用资源

充分合理有效地利用资源，减少能耗，节约能源，是行业物流规划的高层目标之一。行业物流是通过其服务对象的专一性，以及它本身在设备和技术上的优势，加上合理的规划，来实现其目标的。由于其专业性和资源共享，能带来行业性集约能力。行业物流处理各种资源的设施设备和技术的专业性是该行业相关的各种资源和能源得到合理有效利用的前提，而这些设施设备和技术在行业物流园区得以高度共享又进一步使资源得到充分利用。

（1）设施设备

首先应配备专业的设施和设备，包括固定设施、移动设备、硬件、软件等。这些设施设备服务于行业物流相关的运输、仓储、装卸搬运、流通加工、废弃物后处理等多种物流功能，以及环保、安全等特殊附加功能和其他辅助功能。

设施设备上的集约功能最大地体现在仓储部分。在技术、信息和资源等专业能力的辅助下，一定程度的行业性集中仓储，有利于节约分布式仓储在仓库、技术、资源等方面投入的人力和财力，且在技术和设备上能为存储物资提供更安全和可靠的保障。同时对于采购和配送等运输过程来说，适当地集中仓储又大大减少了运输行程和复杂度，节约了运输的时间和成本，降低了货物运输过程中腐败、变质、破损、爆炸等危险性。

(2) 技术和信息

这里所说的技术主要包括几方面,一是行业相关的专业物流技术;二是在专业物流技术的基础上为提高资源利用率、安全性而需要的其他技术;三是在专业物流技术的基础上附加的环保技术。技术通常需要通过专门的从业人员和专门的技术来实现。而有效的信息管理是使资源从时间上和空间上得到合理分配和利用的重要条件之一。资源的集约化和技术的专业性为信息的全面、完整和有效利用提供了保障。

(3) 能源利用和重复利用

节约能源的首要措施是减少能耗,其次是能源的二次利用和循环利用,这是有益于社会能源环境的措施,也是行业物流不同于综合性物流的地方。即使本行业并不能直接受益于重复利用的资源,对于整个经济社会环境来说,还是有百利而无一害的。

2. 提高安全性和保护环境

安全性的概念根据不同行业不同产品而有所不同,为确保行业的安全性,就必须实施有效的监督管理,控制可能发生的危险,同时完善事故发生后的应急措施。以几类特殊行业为例,通过对可能的危险性的简述来粗略地解释产品的安全性如下:

① 石化类的化学危险品对人员和环境安全具有直接影响,而其他化工产品的物理、化学反应也会对人体健康带来一定的影响,或改变原有的产品性质,对今后的使用有潜在危险。

② 食品饮料类产品的质量问题(变质)对人身的健康安全具有直接影响,腐变后的产品若未经合理处理也将对环境造成一定的影响。

③ 钢铁类产品一般长大粗重,容易发生因重力作用造成的危险。

除了产品的安全性,安全性还包括所有物流或非物流活动的安全性。通过使用安全可靠的专业的设施设备和技术,雇用具有良好的安全意识和环保意识的专业从业人员,科学合理地操作各类专业设备,进行有效的管理可以提高行业物流的安全性。

物流活动对环境的影响主要分3类:有毒有害的化学物质影响,粉尘、固体废弃物、放射线、噪音、废热等物理影响,致病菌、有害霉菌等生物影响。行业物流能通过专业性的设施设备和技术,具有高度环保意识的专业从业人员,一方面在物流过程中防止或减少对环境的影响,另一方面能专业合理地回收利用或处理残余物和污染物,甚至净化环境。

4.1.4 我国行业物流发展面临的主要问题及对策

行业物流是一个综合的系统工程,涉及面广,需要方方面面的协调与管理。近年来,我国物流业发展较快。但总体来看,由于各种不利因素的存在,我国行业物流产业规模小,发展水平低。行业物流要取得发展,必须消除这些不利因素的影响。

1. 影响我国行业物流发展的因素[2]

(1) 市场需求基础限制

我国相当多企业仍然保留着传统的经营组织方式,物流活动主要依靠企业内部组织的自我服务完成。这种以自我服务为主的物流活动模式在很大程度上限制和延迟了高效率专业化物流服务需求的产生和发展。在企业优化内部物流管理、提高物流效率的过程中,也存在着企业内部物流活动逐步社会化的发展趋势及其对社会化物流的潜在需求。但由于市场发育的不健全和现代企业制度改革的不完善,企业无法将其内部低效率的物流设施和组织实施有效剥离,这就使得企业不得不继续沿用以往的物流方式。

(2) 服务质量和管理水平缺陷

尽管我国已出现了一些专业化物流企业,但物流服务水平和效率还比较低。目前多数从事物流服务的企业只能简单地提供运输和仓储服务,而在流通物流信息服务、库存管理、物流成本控制等增值服务方面,尤其是物流方案设计以及全程物流等更高层次的服务还无法提供。另外,物流企业经营管理水平较低,多数从事物流服务的企业缺乏必要的服务规范和内部管理规程,经营管理粗放,很难提供规范化的物流服务。

(3) 基础设施和技术装备落后

我国物流基础设施和装备条件与经济以及行业物流的发展要求相比仍有较大差距,我国交通运输基础设施总体规模小,物流集散和储运设施少,发展水平低;各种物流设施及装备的技术水平和设施结构不合理,设施和装备的标准化程度低,不能充分发挥现有物流设施的效率。

(4) 管理体制和机制障碍

在物流业中,我国实行的是按照不同运输方式划分的分部门管理体制,从中央到地方也有相应的管理部门和层次。这种条块分割式的管理体制使得全社会的物流过程分割开来,影响和制约了物流产业的发展。不同程度的政企不分现象,也影响着政府公正地行使政府职能和企业市场竞争力的提高。在多头管理、分段管理、政策法规相互矛盾且难以协调一致的体制下,各种物流服务的发展受到严重制约。

(5) 物流专业人才短缺

我国的物流研究和教育比较落后,物流知识远未得到普及。物流企业对物流人才不够重视,物流人员缺乏业务知识、业务技能,不擅管理。物流教育水平不高,物流人才难以适应物流实践发展的需要。

2. 发展我国行业物流的建议与对策[2]

(1) 制定有利于行业物流发展的相关政策

行业物流的发展离不开有力的政策支持。首先,行业物流的建设是一个系统工程,仅仅局限于储运根本满足不了现代企业对物流社会化的需要。其次,行业物流必须有自己的核心能力,从知识技能的积累,技术体系的完善,组织管理体系的建设等方面入手构建核心能力。在规范市场准入标准的基础上,鼓励多元化投资主体进入物流服务市场,同时对工商登记、税收征管制度等进行必要的调整,鼓励企业实现跨区域经营。

(2) 培养物流专业人才

行业物流的发展需要大批懂业务知识,拥有业务技能的受过专业训练的从业人员。鼓励和允许高等院校按照市场需求开设现代物流专业课程,为行业物流培养高级管理人才和专业人才;鼓励和引导企业、行业组织及民办教育机构参与现代物流人才的培训和教育工作;借鉴国际经验,由行业社团组织来执行现代物流产业从业人员执业资格制度,逐步建立我国物流行业从业人员职业教育、培训和从业资格认证制度及相应的认证体系。

(3) 抓好物流标准化体系建设

针对当前物流标准化存在的问题和国际物流标准化的发展方向,加快标准化建设步伐、加强标准化的组织协调工作。在对各种与物流活动相关的国家标准、行业标准进行深入研究的基础上,全面梳理现行标准。对已经落后于物流发展需要的标准应予淘汰,并代之以新型标准;对部分不符合实际需要的标准进行修订完善;对尚未制定的标准抓紧制定,以使相关的技术标准协调一致,与国际标准接轨。

(4) 运用现代科技不断创新提升物流服务

现代科学技术为物流的发展提供了良好的条件,现代科技手段极大地提升了物流的运作效率。作为第三产业的物流,服务创新显得格外重要。为此,需要物流企业能运用现代科技为客户提供具有长期、专业、综合、高效率的物流服务,即物流服务要具有综合化、一体化的特点。另外,物流服务要具有个性化,以适应个性化消费和个性化服务的需要。

(5) 大力发展战略联盟

当今市场经济充满着竞争,但又不可避免地需要合作。企业通过联盟以获得竞争优势,行业物流发展亦是如此。一方面要进行纵向联盟,即与供应链企业联盟,同其建立优势互补、利益共享的共生关系;另一方面要进行横向联盟,即与其他物流企业联盟,将各自独特的企业资源整合为一体,不仅可以实现服务的综合化、一体化,还可以形成规模化经营,降低运作成本,从而从总体上提高我国的物流发展水平。

行业物流已成为发达国家国民经济发展的重要支柱产业、产业升级的关键推动力、企业重组和提高经济效益的重要源泉。随着经济全球化进程的加快,行业物流的发达程度和水平高低,在某种意义上已成为一个国家现代化程度和综合国力强弱的重要标志之一。

4.2 行业物流系统规划概述

4.2.1 行业物流系统规划的概念

行业物流系统规划需针对其特定的行业特点,对其拟建的物流系统做出长远的、总体的发展规划。具体表现为行业物流战略规划、行业营运规划、行业组织规划、行业设施规划等。行业物流系统规划的必要性:

1. 物流系统规划设计内容广泛,各行业需要有其共同遵循的准则

我国支柱行业的产值大约占全国工业总产值的83%,行业具有一定的规模性,行业特征具有一定的代表性。以下为这些支柱行业各自的特点极其应遵循或注意的准则。

(1) 石油化工业

① 石油化工行业的产业链非常复杂,石化产品的种类极其多样。石油化工生产的最大特点是产品链长、关联度高、带动性强。

② 石油化工需要原料的大量输入和产品的大量输出,物流量相当大;其运输方式除了传统的公路、铁路、水路、航空之外,管道运输也是独一无二的。从生产的角度而言,目前除少量原油以管道输送外,大部分还是依靠油轮海运,受船期、航道水文气象条件等因素的影响。

③ 就物态而言,化学品有气态、液态和固态之分。由于化工物流高危性的特点,与普

通货物物流相比，化学品的储存、运输、加工等过程均有特殊技术要求，需按其化学性质和相关规程进行；化工物流设施专用性强，对物流一体化、系统化的需求更加迫切。

④ 从安全角度看，大部分化学品具有毒性、腐蚀性、易燃易爆性，属于危险品，因此，国家安全生产监督管理部门对涉及这些化学品的物流部门进行严格管理。例如，拥有 10 辆以上专用车辆，才能从事营业性道路危险货物运输；从事运输剧毒化学品、爆炸品等危害性极大的危险化学品的车辆，必须安装 GPS 卫星定位系统或行车记录仪和通信设备。

⑤ 总的来说，石化工业具有高温、高压、易燃、易爆、腐蚀、剧毒等特性，使其物流对高安全、高科技、高效率和高管理的要求更甚于其他行业。

（2）钢铁工业

① 钢铁物流从原材料到产成品都有着原料、燃料消耗量大，运输量大、运距长，用地、用电、用水多，需要劳动力多，协作范围广，"三废"污染严重等特点。

② 钢材产品往往"长大粗重"，而用户的需求各式各样，使钢铁消费具有小批量、多规格、及时化的特点。

③ 与国际钢铁企业相比，我国的钢铁企业数量多、规模小、专业化生产程度低，其整体反映的是我国的钢铁工业的产业集中度低，企业素质不高。

（3）装备制造业

装备制造业包括电子设备制造业、交通运输设备制造业、机械制造业。

① 电子行业特点：与其他行业相比，电子行业物流的鲜明特点主要有：企业分布集中，使电子行业物流竞争激烈；零部件供应商多，企业协调要求高，对信息化程度要求高；电子产品生命周期短、更新换代快、时效性强，要求多品种、小批量、多批次的物流运作方式；电子产品体积小、重量轻，所以多用航空、快递服务；产品精密、附加值高，对安全性要求高。电子行业销售物流较小而散，供应物流相对集中，但总体物流量比起其他行业而言较少。

② 汽车行业特点：供应链长，零部件物流作业的专业性、复杂性和及时性，供需间的关系密切，汽车整车及其零部件的物流各个环节衔接得十分紧密，物流配送功能的社会化，信息化程度要求高等。

③ 机械制造业特点：机械制造业与其他制造业相较既具有共性也有个性；机械制造业是典型的离散制造业，机械制造业本身随着生产类型、生产批量（单件、多品种小批量、大批量等）、生产组织方式（离散型、流程型）不同而有不同的特点。

总的来说，产品品种规格繁多，更新换代快，生产、采购异常复杂，对柔性化、敏捷化、智能化、信息化要求高。

（4）电力业

① 我国大型火电厂大部分分布在北方，而水电资源约 70% 集中在西南地区，在秦岭—淮河一线以南，"西电东输"的产销格局将长期存在，造成能源输送损失和过大的输送投资建设。

② 随着华北和华中联网及三峡向广东送电等电网建设工程的实施，大大加强了大电网间的纵向联系，将基本形成以三峡电站为中心的全国统一电网。

③ 由于我国电力行业的市场化改革刚起步，电力供应链有待进一步探索改进；又因电力生产和消费的特殊技术特性，尤其是电力传输方式的特殊性，使电力行业有别于其他行业，目前尚不具备考虑大规模的物流作业配套设施和服务的条件。

（5）纺织业

① 纺织产业链由原料到最终消费品，上下游衔接紧密。上游的化纤行业主要面向纺织企业，客户相对固定，但却更多地受制于国际原料市场；而下游的服装业则直接面向消费市场，产品种类趋多，开发周期趋短，市场变化加快。

② 虽然纺织工业内部的细分行业，如针织业，有一定的特殊性，但总体来说，纺织业产业链的行业特点不是很明显。

（6）食品饮料业

① 食品行业是一个完全自由竞争的行业，行业壁垒小，但竞争激烈，品牌和销售网络是竞争取胜的首要条件；行业生命力强，食品是人们的生活必需品，消费者层面广，企业受社会经济波动影响小。

② 产品品种多、生产量大，许多产品有保存方法和保质期限制；需要多种专业技术，并对处理速度要求较高。

③ 小产品、大市场，食品单价较低，但消费量大；价格经常调整，销售策略灵活；促销频繁。

④ 销售客户数量多、业务频繁，需要管理多种销售渠道；需要对客户订单做出快速的响应且及时配送。

（7）煤炭开采业

① 我国煤炭资源具有北多南少、西多东少的分布特点，从而使煤炭资源集中区距消费区较远，因此，形成了北煤南运和西煤东运这一煤炭产销的基本格局。

② 煤炭勘探开发周期长、投资多、风险大。

③ 我国煤炭行业目前存在的问题：产业结构不合理，行业集中度低，企业分散并且普遍规模较小，缺乏整体竞争优势；大部分煤炭企业的产品结构单一，煤炭加工利用程度低、初级产品比重大、商品化程度低等。

④ 企业规模处于集约化、大型化、现代化的矿井与数量众多、分散的小矿井并存的格局。

2. 物流过程本身存在背反现象，需要有规划的调节[3]

“效益背反”是物流的基本特性。它是指改变系统中任何一个要素，都会影响其他要素，欲使系统中任何一个要素增益都将对系统其他要素产生减益影响，也可以简单理解为二律背反。这种陷阱的结果必然使企业在降低成本时出现取得一方必舍弃另一方的状态。具体表现在降低物流成本的过程中，一些部分的成本降低了，但另外一些的成本没有降低，或有所增加，从而影响了物流总成本的下降。

物流成本的效益背反是客观存在的，它存在于企业物流活动的方方面面：第一，物流各功能运输、储存、包装、装卸等的“效益背反”；第二，企业内部物流的“效益背反”，即企业各部门物流成本之间的效益背反；第三，供应链上各企业的“效益背反”；第四，物流成本与物流服务的“效益背反”；第五，从宏观上看，整个社会资源物流的布局上也存在着“效益背反”，表现在物流的服务标准化和规范化不统一，以及企业自营物流居多，造成物流效率低下、资源浪费。

（1）物流成本“效益背反”陷阱的产生

① 物流的本性——物流系统化是根本原因。物流系统化是指物流的各功能即运输、

储存、包装、装卸、配送、流通加工和信息等相互联系、相互作用、相互制约、有机组合、协调运行并共同产生出的新的总功能,物流系统化是物流的本性。物流本性强调物流综合成本的降低和综合效益的提升,强调用系统化观点来研究物流,从系统的角度出发来挖掘潜力,降低物流成本。然而,在物流管理中许多企业却将物流的各功能割裂开来,片面地追求某一方面的最优化,但由于物流各环节的相互关联性,就必然损害了其他环节的利益,从而使物流总成本难以降低。

② 物流系统因素冲突是内在因素。第一,因素目标冲突。这是造成物流成本“效益背反”的内在因素,各要素的目标是为了降低其成本,但在降低成本的过程中,会陷入各自为政的状态中,最终导致“效益背反”陷阱的产生。“零库存”“低库存”是储存的目标,为了有效地降低库存成本,要求有高质量的运输质量与其相适应,即“Just in time”,这无疑会增加运输的成本;运输的目标是合理化,为了实现合理化的运输,企业必须对运输工作进行合理规划:选择最佳的运输线路、减少运输环节、充分利用运输工具,通过一次运输量的增加使储存量增加,从而使储存成本增加。第二,要素产权冲突。要素产权冲突导致供应链“效益背反”陷阱的产生。供应链是由多个产权不同的企业构成,其物流系统也不可能由一个企业建立,即一个供应链上的物流系统是由不同产权组织共同构成的。为了供应链管理的优化,各企业要协同一致谋求自身利益的最大化,但实际上各企业之间有着明晰的产权关系,不同产权的企业谋求利益的最大化必然导致要素产权的冲突,最终将导致“效益背反”陷阱的产生。

③ “牛鞭效应”所导致的信息扭曲是客观因素。物流成本“效益背反”陷阱产生的原因还有信息失真。由于信息失真,一方面导致了供应链信息的不确定性;另一方面供应链的各企业都从各自最优的角度来规划物流,而在无形中损害了其他部门和其他企业的利益,最终影响了整体的利益,从而产生了供应链各企业的“效益背反”陷阱。造成供应链信息失真的原因就是我们常说的“牛鞭效应”。“牛鞭效应”(Bullwhip Effect)是指由于供应链的固有属性,供应链各企业对信息的曲解沿着下游向上游逐级放大的现象。“牛鞭效应”会使各企业的库存信息扭曲、不真实,严重影响供应链的效率,导致了供应链物流成本上升,这是供应链物流成本“效益背反”陷阱产生的主要原因。

(2)物流“效益背反”陷阱的应对策略

① 用物流系统化的观点规划物流。物流成本“效益背反”陷阱产生的根本原因在于物流系统化,系统化是物流的本性,因此,我们在规划物流活动时,应从整体的角度管理物流,把物流的包装、装卸、运输、储存、配送、流通加工、物流信息处理这7种功能作为一个整体系统来构造、组织和管理,并以物流总成本最低作为物流管理的核心。

② 对运输和储存的优化顺序进行规划。运输和储存在降低成本的过程中之所以存在着“效益背反”,其原因在于它们都各自为政,从自身的角度出发来谋求最优化,既然运输和储存有“二律悖反”,当某一方面采取措施降低成本的同时会使另一方面成本上升,但对另一方面的影响程度是不同的。虽然要从整体上降低成本,但就物流的基本功能——运输、储存而言,它们存在着一个优化的顺序问题,这是解决问题的关键所在。即当我们采取措施降低运输成本时会使储存成本增加,假如储存成本增加的幅度大于运输成本的减少幅度就会使物流总成本上升;而当采取措施降低储存成本时,运输成本将增加,如果运输成本的增加大于储存成本的减少,也会使物流总成本上升。也是说,虽然有

效益背反,但运输的改善对储存的递减影响与储存的改善对运输的递减影响是不同的。为此,我们可以先改善对递减影响较小的,再改善对递减影响较大的,以实现最优化。

③ 利用物流信息支持系统解决供应链的“效益背反”。物流信息支持系统是一个面向供应链全过程的物流管理方案,其应用目的是:通过对流通过程中物流信息的采集与利用,利用 Internet/Intranet 的开放技术,使厂商与客户之间可以方便地沟通。物流信息系统可以调整需求和供给,缩短从接受订货到发货的时间,使库存适量化(压缩库存并防止脱销),提高接受订货和发出订货的精确度,使接受订货和发出订货更为省时省力;提高搬运作业的效率;提高运输作业的效率,防止在发货、配送过程中出现差错;回答客户的信息咨询。从而提高对顾客的服务水准和降低物流总成本,提高整个物流系统的效率。“牛鞭效应”能导致的信息失真,信息失真的结果是供应链企业反映的不确定性和紊乱,从而使企业难以确定其库存量,使库存量与实际需求相差太远而成本偏高。

④ 整合物流。整合能有效地降低“效益背反”对成本的负面影响。“整合”的原义是英文的“integration”,也可译为“一体化”“集成”。整合就是将分散、各自为政的要素集中起来,形成一个新的整体,以发挥单个要素不可能发挥的功能。因此,整合是从企业的长远发展出发,发挥企业的整体效应,利用网络信息技术资源优势和外部资源,对本企业物流资源进行全面的重组和改革,将分散的物流要素集合起来形成一个整体,进行统一协调和管理,以促进集团资源的全面整合。整合可以实现双赢策略;整合有利于改善管理,降低成本,提高效率;整合是供应链企业资源整合的纽带。

整合的具体措施有如下 4 点:

第一,要素协同是整合的前提。要素协同的目的是为了减少冲突,降低物流各要素和企业内部的效益背反。物流的整合首先要实现物流各要素和企业内部的整合,而物流各要素或企业内部之所以存在效益背反就是因为各要素和企业内部的目标冲突,通过要素协同,系统的各要素能够为达到共同的目标而集成起来,就能减少和消除效益背反的影响。要素协同的方法首先是调整要素之间的目标。进行物流整合必须有整合的目标,这是行动的基础,故首先要明确整合的目标。在此要调整要素之间的目标,调整的依据是各要素的目标最后都要满足高于要素的系统目标,物流管理的目标应该是“物流总成本最低”的系统目标。按这个目标,可能运输的成本未达到最小化,而储存成本也未达到最小化,但只要通过储存和运输这两个主要要素的运作最后能使物流总成本降至最低的系统目标,就是最好的整合。其次,统一要素之间的产权。统一产权的关键是使由不同产权要素所拥有的要素都能按照物流系统的要求进行集成,即按照一定的标准将存在产权差别的不同产权要素集合成为一个没有产权差别的单一产权系统。

第二,信息技术是整合的基础。信息技术在物流管理中起着越来越重要的作用。现代物流,关系到‘物’与信息所流经网络的方方面面,在该网络的各个结点上,分布着原材料供应商、生产厂家、仓储企业、零售商和客户等。而物流系统中最复杂和最关键的部分是网络,通过信息技术可以提高企业内部的部分联系;通过信息技术来消除供应链的“牛鞭效应”。

第三,政府的统一规划是宏观上物流资源整合的保证。整合物流必须要加强政府的领导和发挥政府的推进作用。首先,我国目前物流市场的条块分割状况是由长期以来的经济体制造成的。由于我国物流资源的重复建设所造成的效率低下,已严重地影响了物流业的发展，急需政府行政干预，从宏观上进行统一规划、合理布局；其次，虽然是自由竞争的市场经济，但政府对市场的干预从未停止过，特别是对一些关系到国计民生的行业更是如此，发达国家如此，我国更不例外；另外，根据日本、德国等经济发达国家的经验，政府都曾经积极参与物流发展规划的制定，参与物流基础设施的建设、物流企业的培育和物流技术推广与信息平台的建设以及物流标准化建设等。而我国的现状是各省、各市、各地都在建立自己的物流中心、物流基地等，由于没能好好利用，空置率很高。因此，政府的干预是必不可少的，这要求有关当局不仅从宏观、整体的角度进行物流规划，还要打破条块分割的状态，实现各部门、各行业的物流联合。

第四，积极推广第三方物流。第三方物流是指由生产者和需求者以外的第三者——专业物流企业所提供的专业化物流服务。它是一种能实现多赢、有效降低物流“效益背反”陷阱影响的现代物流模式：首先，对第三方物流服务的需求企业而言，将企业的物流业务外包，有利于企业专注其核心企业、增强其竞争力；另外，将企业的物流业务外包给了专业的物流企业，企业还能有效地降低物流“效益背反”对成本的影响。其次，对第三方物流企业而言，由于具有专业优势、信息优势、规模优势、管理优势、人才优势和信息优势，能够保证物流的服务水平；最后，从整个社会看，第三方物流是全社会物流资源的有效整合，它能有效地降低和减少整个社会物流的“效益背反”陷阱影响。

3. 物流领域容易出现严重的低水平重复建设现象，需要有规划地加以引导

目前我国物流园区多为混合型物流园区，其规划建设已出现过热现象，且总体运行情况不佳。据统计，2006 年我国运营、在建和规划中的物流园区有 207 个，其中物流园区空置率高达 60%；2008 年 2 月数据更新为园区数达 300 个之多，造成了很大的浪费。因此，在如今我国产业格局和经济形势的变化，以及资源环境的压力增大的情况下，能更有效地节约资源、提高物流服务效率的行业专业性物流基础设施将为物流业的发展开拓道路。对行业物流园区的系统性剖析以指导其规划和建立将成为整个社会的迫切需要。

与多功能的综合物流园区相比较，行业物流园区注重其专业性，以节约资源、提高效率为目标。专业性体现在绿色经济中的优势，可为行业提供量体裁衣式的环保物流。良好的行业物流园区不应只是服务于专门行业的附属机构，更是推动该行业经济发展的重要力量。对不同行业的物流园区进行规划和引导并发挥其行业物流所特有的优势，是进一步挖掘行业物流园区为社会服务的潜力，探索未来发展可能的有效途径。

4. 行业内企业实现信息共享，最大化资源利用效率[4]

① 由于不同行业涉及典型企业的采购、生产、流通等多个环节，各个行业采用传统的经营模式从事经营也都各具特色，其体制的限制、业态的多样化带来了需求的迥异。行业内企业实现信息共享可以将行业物流的业务信息流、资金流、实物流放在一个公共的数据中心，由于是同一个行业，因此，在最大化资源利用效率上具有无可比拟的优越性。

② 强调资源的整合，行业物流公共信息平台对物流资源的整合作用主要体现在以下两个方面：一方面，行业内企业实现信息共享，能整合各物流信息系统的信息资源，完成各系统之间的数据交换，有利于加强政府管理部门之间的信息沟通，促进协同工作机制的建立。有利于推动电子政务的发展促进政府部门间协同工作的机制，提高整个社会物流系统的运作效率。将所有的物流资源、物流需求的以及物流业务数据存放到数据仓库中，利用数据挖掘技术和决策支持技术，进行物流资料统计分析、经济适应性分析、发展

趋势预测等，为政府部门制定物流战略规划和决策提供科学依据。另一方面，促进物流企业与工商企业协调发展。面对日趋激烈的市场竞争环境以及客户需求的多样化与个性化，物流企业与工商企业构建供应链网链组织，通过供应链管理共同形成合作竞争的整体优势。通过行业内企业的信息共享，企业可以更方便地使用信息技术与物流企业进行交流与沟通，企业间的协调和合作有可能在短时间内迅速完成，把原来在内部完成的物流活动交由第三方物流公司运作，从而大幅度提高社会物流资源的利用率。

③ 由于实现行业内企业信息共享所涉及的部门多，其建设与运营受到政府、公众、企业、研究机构、行业协会等部门的监督和管理。作为服务型政府，政府各部门有责任、有义务建立集政务信息服务和物流监管于一体的行业内信息共享系统。

4.2.2 行业物流系统规划的基本内容

行业物流系统规划是从营销支持和流程再造角度进行整个行业物流系统的建设规划。涉及 3 个层面的规划内容，即战略层、系统层和作业层。

① 行业物流系统战略层：主要任务是对行业物流系统的建设和发展做出长期的总体谋划，即长远规划。

② 行业物流系统规划系统层：其具体任务是对行业物流系统营运进行规划，即行业物流运作方案策划。

③ 行业物流系统规划作业层：是行业内各企业每个小时或者每天都要频繁进行的物流作业及其管理。

图 4-2 说明了行业物流系统不同层面物流规划的若干典型问题，各层次及各功能部门之间的规划内容存在着一定的关联。

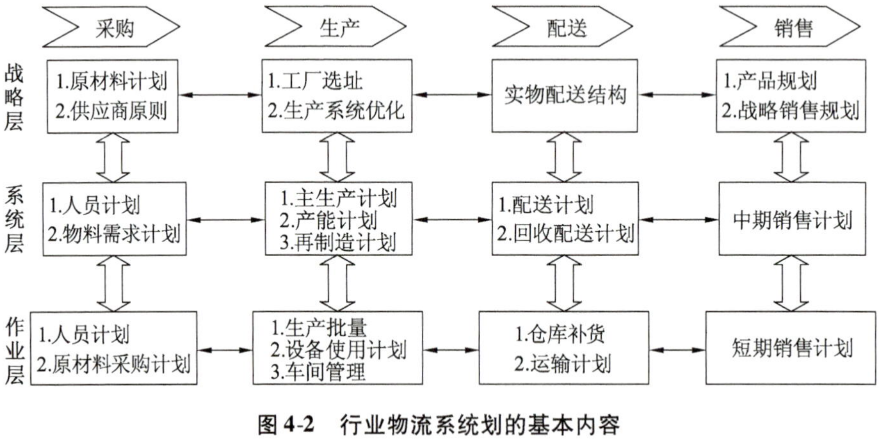

图 4-2　行业物流系统划的基本内容

4.2.3 行业物流系统规划的基本步骤

行业物流系统的规划应该以科学的方法，全面的统筹，并结合行业自身特点进行整体优化，一般行业物流系统规划过程如图 4-3 所示。

1. 行业特点和形势分析

行业特点是影响物流规划的关键因素，如行业产品特点，商品是否易腐蚀、易腐烂，是否受国家法律法规限制约束等。关于形势分析，主要是分析目前行业所处的位置、现有设施布置、国家和地方对其的政策等。

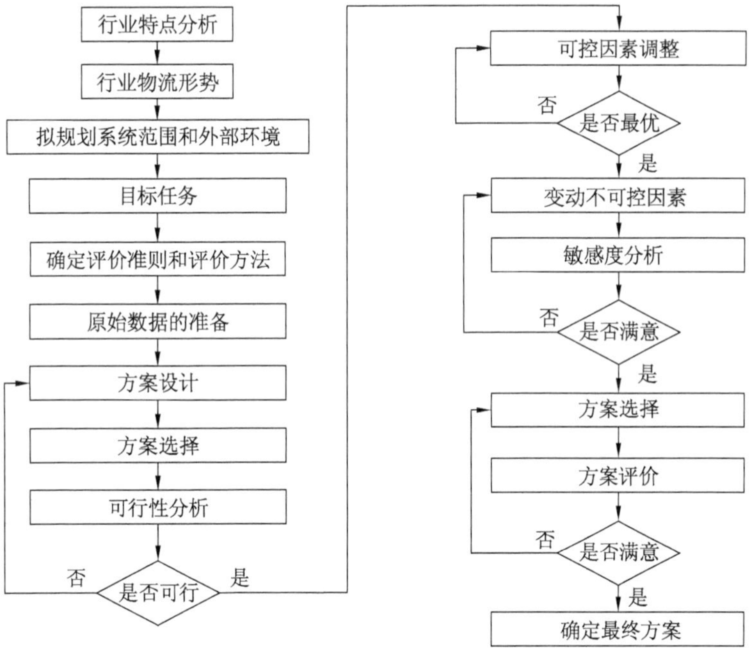

图 4-3　行业物流系统规划流程

2. 外部环境分析

主要是分析该行业国内外竞争者的实力情况，分析构建物流规划系统的成功因素和关键影响因素，以及行业内平均利润如何分配问题。

3. 确定目标任务

行业物流的规划要实现如下目标：

① 提高行业物流系统的吞吐能力以适应产量变化的要求；

② 建设一个柔性的物流系统，以适应产品变化的情况；

③ 对生产过程中可能出现的各种随机变化做出及时的响应，保持均衡生产；

④ 对物流系统中的货物进行实时跟踪；

⑤ 对物流系统中的货物（包括回收产品）进行分类和选配，为随后的处理提供方便条件。

4. 评价准则及方法

对于相应规划任务，需要构建多个规划方案，根据企业实际情况和需求，对这些方案进行评价，以确定最终的优化方案。因此，有必要在进行规划设计之前，确定物流规划的评价准则及评价方法。评价准则主要考虑如下因素：经济性、可靠性、可维护性、柔性、可扩展性、安全性、劳动强度、易操作性、服务水平、环境保护和敏感性等。对于行业物流规划评价准则的制定，可以根据规划企业或供应链自身需求，选择一种或几种因素作为评价准则。

具备了相应的评价准则，就需要用一定的评价方法对规划方案进行衡量。关于对物流规划的评价方法，可以分别用定性和定量的方法来描述。目前，应用较多的为混合数学规划方法、运筹学方法、AHP 方法等。

5. 原始数据准备

需要收集的数据主要有以下几类:物料特性、物料流量、环境条件、经济数据、物料搬运设备的数据。

在收集数据时要注意其变动范围。特别是因为物料流量受很多随机因素的影响,需要进行多次随机模拟测试或对较大量的数据进行数理统计,才能得到可信的数据。

4.2.4 行业物流网络构架

物流行业的规划发展需要“多行业互动”。

物流,虽古已有之,但到近代才发展成为具有一定规模和实力的行业。目前,随着物流科学技术的发展,物流行业已是一个规模庞大、关联复杂的行业,是一个必不可少的社会系统。这个物流社会系统,又是一个与许多其他社会行业不断进行能量交换的开放性社会系统。尤其是在物流行业发展的初期,绝对需要制造、通信信息、教学科研、劳动就业、管理科学研究等众多行业与部门的支持、协同与配合,有序地实行“多行业的互动”,方能不受掣肘,顺利发展。

与物流行业相关的基础行业,例如制造业,为物流需求产生的重要源头,汽车制造业特殊储运运输交通工具等的出现及不断改进也推动物流行业一步步向前发展,教学科研、管理科学研究等在物流理论上为行业物流发展提供有力的指导与支持。

在现今各种信息技术、互联网技术飞速发展的时代,物流行业的发展除了需要依托一些基础行业外,越来越离不开一些新兴技术行业。

物流信息化是物流企业或部门按照现代管理思想及理念,以信息技术为支撑所开发的信息系统,该系统充分利用数据、信息、知识等资源,实施物流作业、控制物流业务、支持物流决策、实施物流信息共享,以提高业务效率和决策的科学性。现代物流信息系统是以现代物流思想体系为基础,依靠现代科学技术,特别是应用计算机和网络等技术,在计划、管理和控制以及作业环节等方面充分利用信息、快速反馈信息,为决策提供依据并辅助决策,提高物流效率和优化供应链的信息系统。因此,与此相关的通信行业、信息产业、软件行业的发展通常带来的是整个行业物流的发展,近年来移动互联网、O2O、物联网等信息技术的发展给多个行业物流带来了巨变。

物流行业的网络构架由参与行业规划的企业法人单位集合构成行业。主体行业是物流行业;参与行业有制造行业、流通行业、文教行业、信息软件、硬件行业、通行行业、企业文化建设部门等;支持行业有财政部门、统计部门、标准计量部门、自动化设计部门、管理科学院等。这些行业部门间建立活动联系,构成网络框架。

4.3 行业物流公共信息平台的构建

行业物流公共信息平台是利用先进的计算机、信息、网络、数据通信等先进技术,有效地整合行业内各种物流信息资源,能够实现物流信息的采集、处理、组织、存储、发布和共享,完成各种物流信息的集成和物流相关部门的协作,进而加强行业内所涉及的政府、工商企业及相关职能部门的合作,从而形成并优化整个供应链,它能够实现物流、信息流、商流和资金流的有效整合，降低整体物流成本，提高行业物流的运营效率[5]。

4.3.1　存在的问题

1. 企业间及政府各部门间信息化水平参差不齐[4]

各个行业的信息化水平与国外发达国家相比都比较低，并且各个行业之间的信息化水平也参差不齐。危险品行业的信息化水平相对来说比其他行业要高。各个行业都缺乏一个信息交流与信息交换的平台。

大型企业与部分政府部门信息化程度相对较高，普遍建有内部信息系统，并设有信息化部门负责系统的研发和维护。而占80%以上的中小企业的信息化程度低，存在着计算机应用水平很低的现象。因此，信息的电子化程度和覆盖率不高，许多小型企业还根本谈不上信息化。大量的中小型运输和仓储企业信息化程度严重不足。

2. 信息系统相对封闭

相关各部门信息化水平逐步提高，但信息系统相对封闭，条块分割严重，忽视电子政务与电子商务的结合，严重降低了物流的效率。譬如，主要政府监管部门，如工商、检疫、海关、税务、外汇、保险等，其在各自的管理领域内发展比较完善，但还没能有效解决彼此之间的信息共享和业务协作，更难以进行“信息挖掘”。

4.3.2　解决方案

第一，建立全国性的或者区域性行业物流公共信息平台。具有行业特点的物流公共信息平台根据行业的不同，有的是在一个省市范围内的，有的是跨省市的甚至全国性的，并且物流公共信息平台的建设具有投资大、回收周期比较长等特点，因此，应当根据实际的需要建设全国性的或者区域性的行业物流公共信息平台。建立区域、省级甚至全国级的物流公共信息平台，通过在政府宏观调控下的物流公共信息平台，使得制造、物流运输和商业企业以及交通、港口、海关、银行等各行各业协同工作，使物流能够真正畅通无阻地流动起来。

第二，建立行业物流标准。在行业物流公共信息平台的建设中，应尽量采用国际标准和规范。依据已逐步形成的信息标准体系及全球信息网络化的要求，确定平台中有关的指标、代码和网络传输标准等。如果物流信息数据不标准、不规范、不统一，势必会加大数据交换的难度，降低物流信息平台的利用效率，造成资源浪费和信息失真。

第三，发展专业化行业物流，提倡发展第三方物流。

4.3.3　行业物流系统平台的功能

基于Internet的公共物流信息平台真正实现了行业与企业之间、企业与客户之间的物流信息和物流功能的共享。平台通过Internet可以将分布在不同地区的若干行业内企业连接在一起，远程进行行业内信息发布和业务数据传输；系统通过公网将各地用户的订单汇总起来，由信息平台根据物流资源统一调控最好的服务；为客户提供全面的物流信息，以及个性化的物流服务；对于不具备全面开展信息化的中小企业而言，通过会员注册即可加入物流系统规划平台，低成本地展开网上业务，共享业内信息，拓宽业务范围。因此，行业物流系统平台以其跨行业、跨地域、多学科交叉、技术密集、多方参与、系统扩展性强、开放性好的特点对行业内物流的发展构成了有利的支撑[6]。行业内公共物流系统平台包含6大功能：保证货物运送的准时性；对货物与车辆进行跟踪，提高交货的可靠性；提高对用户需求的响应性；提高政府行业管理部门工作的协同性；提高资源配置的合理化。

4.3.4 行业物流系统平台的构建

行业物流系统平台的构建关键是确定平台的体系框架，进行技术分解，确定各子系统之间的衔接要求，明确信息组织方案等。根据信息属性和技术可实现的方法，系统平台由客户服务信息平台、行业物流系统平台和接口信息平台3部分组成，如图4-4所示。

① 客户服务信息平台是行业内各企业进行业务管理和信息服务的平台。

② 行业物流系统平台主要是为行业内企业提供一个完整的生产作业平台。

③ 接口信息平台的主要功能是为参与各方提供一种信息沟通的技术手段。

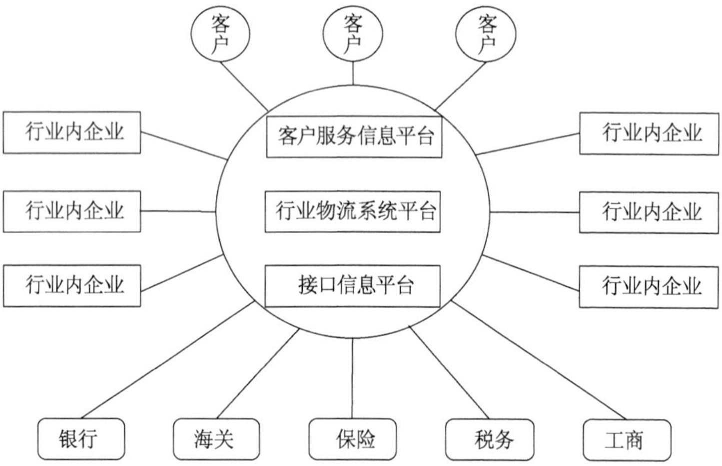

图4-4 行业物流系统平台规划

4.3.5 行业物流公共信息平台构建实例

1. 山西省煤炭行业物流公共信息平台结构体系设计[5]

煤炭行业物流信息平台是一个复杂的系统工程，它是为了支持物流服务价值链中各组织间的协调与协作的公共需求，而建立的从IT基础结构到通用的IT应用服务的一系列硬件、软件、网络、数据和应用的集合。煤炭行业物流公共信息平台的体系结构分为平台的支撑环境、应用支撑平台、应用服务平台、平台门户、安全系统平台，其体系结构如图4-5所示。

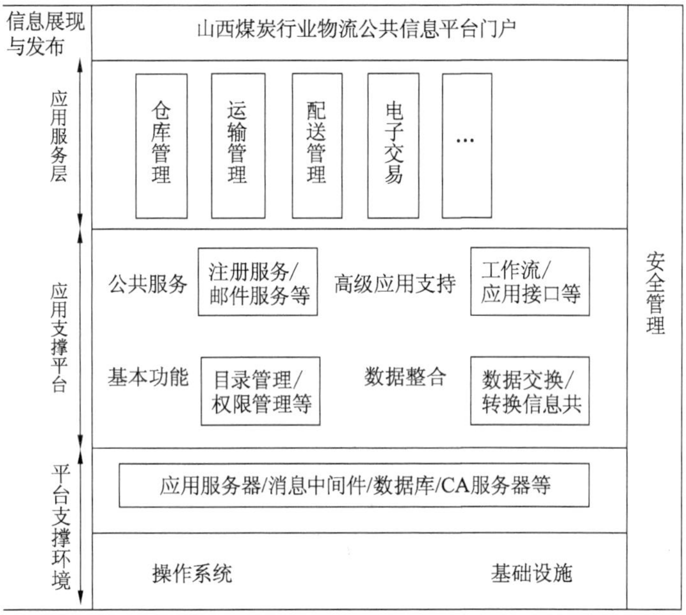

图 4-5　山西省煤炭行业物流公共信息平台门户

平台的支撑环境主要提供平台运行所需的软件与硬件支撑,是平台运行的基础,也是实现平台功能的保障。

应用支撑平台为平台运行、物流应用开发与整合提供基础。

应用服务平台:煤炭行业物流公共信息平台以提供物流相关服务为生存条件,其价值就体现在为用户提供和创造价值,它按照用户的需求提供个性化、优质、多样、特色的服务。

平台门户:此平台连接着煤炭企业、物流企业和政府相关职能部门的各种有关煤炭物流的信息,并为这些用户提供访问各种信息资源的入口,通过这个平台,用户获得各自所需的信息与服务,进而加强信息交流与沟通,并享受平台所提供的各种服务。

安全系统平台:因为物流公共信息平台是建立于 Internet/Intranet 基础上的 B/S 或 C/S 体系架构下的应用系统,因此,对各类数据的传输、保密、验证都必须有着严格的要求,进而确保平台安全可靠的运行。

2. 山西省煤炭行业物流公共信息平台的实施策略

目前国内外关于平台的建设主要有 3 种模式:政府主导模式、政府参与的业界协作组织模式、商业运营商全资拥有模式。结合山西省的现状,平台的实施可以分头建设、分段建设、逐步升级,采取由第三方实施的原则,进行市场化运作,充分发挥政府的作用。因为此平台是以现有的企业信息系统为基础,而这些系统所处的阶段、部门、开发商等的不同存在大量的数据异构,所以平台的建设应该分头对这些现有的系统进行改造、建设以实现数据交换无障碍进而实现共享。因为平台是一个复杂的系统,在建设或运营过程中不可能一次性解决所有问题,所以我们应该按照事物发展的规律,逐一解决、逐步升级进而使其完善。平台采用第三方实施的原则确保平台具有独立性,使其提供公平、公正、公开的市场竞争环境来满足用户对平台的功能要求。平台采用市场化运作模式,通过平台可以提供一些优质的物流信息服务,受益的企业用户须缴纳一定的费用,即遵循“谁受益,谁付费原则”。政府在平台的运营实施中应该履行其宏观调控职能、指导平台共享信息的服务价格的制定、出台一些市场引导政策等职能。

4.4 行业物流系统规划实例

4.4.1 冷链物流系统规划与设计

冷链物流泛指冷藏冷冻类物品在生产、储存、运输、再加工以及销售的全过程中始终处于规定的低温环境下(0~4 ℃),以保证物品质量和性能的系统工程。它是以保持低温环境为核心要求的供应链系统,是随着科技进步以及制冷技术的快速发展而发展起来的,是以冷冻工艺学为基础、以制冷技术为手段的低温物流过程[7]。

冷链物流适合的商品一般可以分为 3 类:一类是初级农产品,包括蔬菜、水果、肉、禽、蛋、水产品、花卉等;二是加工后的食品,如速冻食品、禽、肉、水产等包装熟食,冰淇淋和奶制品等;三是特殊商品,如药品和疫苗等[8]。

作为物流的重要组成部分,冷链物流除了具有一般物流的特点外,还具有自身的特色,比如对冷藏技术和时间的严格要求,这是冷链物流与其他物流的主要区别。除此之外,冷链物流还具有以下特点:① 建设投资大,技术复杂;② 要求冷链各环节具有更高的组织协调性;③ 有效控制运作成本与冷链发展密切相关;④ 冷链物流市场经营规模小,网络分散。

1. 冷链物流发展现状

(1) 冷链物流需求增幅加快

近年来,我国食品行业发展迅速,食品冷链物流行业迎来了较大的发展空间,以肉制品、速冻食品、乳制品等为代表的冷链食品发展较快。

① 肉制品市场需求分析。我国肉制品加工业正处在成长期,消费群体迅速壮大,产量与销售额持续增长。2007 年,我国人均年消费肉类 49.6 kg,主要肉类人均占有量处于世界前列。据统计,2006 年国内肉类总产量达到 8 051 万吨,其中猪肉为 5 197 万吨,占肉类总产量的 64%;牛羊肉为 1 220 万吨,占总产量的 15%;禽肉为 1 509 万吨,占总产量的 19%,禽蛋产量达到 2 946 万吨。2007 年,我国肉类产量继续稳定增长,全年肉类、禽蛋产量同比分别增长 1.0% 和 2.9%。肉制品产量的迅速增长为食品冷链物流行业迎来了较大的发展空间。

② 速冻食品市场需求。速冻食品利用现代速冻技术,在零下 25 ℃迅速冻结,然后在零下 18 ℃或更低的温度条件下储藏并进行远距离运输和长期保存,常见的有速冻水饺、速冻汤圆、速冻馒头等。从 1995 年起,我国速冻食品年产量每年以 20% 的幅度递增,年产量 1 000 多万吨。据不完全统计,近年来我国现有各类速冻食品生产厂家 2 000 余家,年销售额达 100 多亿元。目前,专业化、社会化、能够不断适应市场变化的速冻食品冷链配送体系尚未形成,严重影响了速冻食品企业的发展。

③ 乳制品市场需求。乳制品包括液态奶、各种奶粉和其他乳制品等。自 1990 年以来,我国以牛奶为主的乳制品进入了快速发展时期。1990—2009 年的 20 年间平均增长

率为12.1%,位居世界第一。快速增长的乳制品行业为冷链物流带来了巨大的需求。一般情况下,生产出的鲜奶都需要运至乳品厂进行加工,属于鲜度要求严格的商品,每天都要配送,如果运输不当,会导致鲜奶变质,造成重大损失。为保证质量,鲜奶运输具有特殊的要求。因此,高质量的冷链物流运作对促进乳制品行业发展具有至关重要的意义。

(2) 冷链物流过程逐步规范

近年来,许多食品、药品等生产(或销售)企业纷纷成立冷链物流部门或将冷链物流业务外包,加大力度监控冷链物流运作过程,再加之相关冷链物流技术标准的出台、法律法规的推动和市场舆论的监督,冷链物流行业的运作管理逐步走向规范。

(3) 冷链物流企业逐步发展

随着我国冷链物流行业的起步,近年来冷链物流企业也开始发展,但从总体上看,尽管冷链物流企业得到了快速发展,国内专业化的冷链物流企业仍然不多。

(4) 冷链物流信息技术开始发展

冷藏车载全球定位系统(Global Positioning System,GPS)是冷链信息技术的重要方面。利用多采点智能温度仪与冷藏车载GPS系统实现无缝对接,能迅速准确地记录和回传冷藏车厢体内的多点温度,使冷藏运输温度监控借助GPS系统在国际互联网(Internet)和移动通信系统中实现。

2. 冷链物流系统的规划与设计

(1) 冷链基础设施建设将进一步加快

国内冷链物流基础设施建设将快速发展,主要表现在冷库设施建设、冷库技术水平提高和冷藏车辆多元化发展等方面。

冷库的发展趋势主要表现在:一批符合地区经济发展需要的现代化冷藏库和冷链物流配送中心逐步建立,适合农户建造使用的微型冷库将快速发展,果品蔬菜恒温气调库迅速发展,低温库比例将进一步增加。

从铁路冷藏运输车辆发展来看,铁路冷藏车将定位于深冷、高品质货物的中长途运输以及低附加值冷藏货物的长距离运输。铁路冷藏运输工具将重点发展以下车型:能与客车连挂的适应城际间运输的快速冷藏车、能适应货物品类多样化及长距离运输的冷藏集装箱、能满足小批量货物运输的单节及小组份机冷车、气调保鲜车和适应大批量运输的冷藏集装箱等。

在公路冷藏保温车发展方面,未来冷藏车市场将进一步整合,出现两极分化的趋势:一种是小吨位、针对短途和小批量运输的,如超市冷饮、牛奶、冰淇淋、冷藏药品等配送中心所使用的;另一种是大容量、大吨位,主要满足长途运输的需要。

(2) 冷链物流将逐步实现封闭化运作

目前,冷链物流经常出现“断链”现象,影响了产品的质量和安全,大大增加了产品的损耗。另外,冷链物流缺乏应急处理措施,如曾经出现过因执法人员检查违章冷藏运输车辆时间过长而导致运输食品发生变质的情况。

为防止上述情况的发生,需要将生产企业、冷链物流企业及政府监管部门捆绑在一起,实行封闭化运作;需要参与冷链物流运作的企业建立统一的规范和标准,建立基于物流信息技术的动态质量跟踪监测系统,建立完善的冷链质量信息发布和责任追究系统等。

(3) 冷链物流将得到整合,形成完整的系统

首先,加工配送中心建设将成为热点。以加工配送中心为核心,向冷冻冷藏供应链的上游延伸,使卖场、连锁超市、便利店等下游节点与供应链上游的沟通更加顺畅,使商品采购供应更有保障,有效防止供应链断档。

其次,共同配送成为趋势。共同配送是指,为提高物流效率,采用对多个企业一起进行配送的方式。共同配送可提高车辆装载运输效率,形成规模效应。从配送成本角度考虑,共同配送比厂家直送、一般配送更为经济,是未来物流业发展的方向。

4.4.2 烟草商业企业物流系统规划与设计

1. 背景和现状

随着我国制造业、商贸业的迅速发展,我国物流业已经进入快速增长期,对我国经济的贡献率也进一步提高。据统计, 2001—2004 年,我国社会物流货物总值大幅度增长,社会物流总成本占 GDP 的比重 3 年来稳定在 21.5% 左右, 2005 年我国社会物流总额达 48 万亿元,同比增长 25.2% ,物流业增加值完成 1.2 万亿元,同比增加 12.7% 。预计“十一五”时期,我国社会物流总费用年均增长约 10%[9]。

物流在烟草行业真正作为一项专业性工作摆上议事日程还是近几年的事情。经过几年的发展与建设,目前这项工作进展较快,主要有以下几个特点:

(1) 行业各级领导认识不断增强,物流工作越来越受到重视

烟草工业企业在行业内首先提出物流建设问题,对企业内部供应物流、生产物流、销售物流进行了梳理整合,应用高架库、电子标签等先进技术,形成了工业企业内部比较完整的物流体系。2002 年上海会议(注:指 2002 年 9 月在上海召开的全国卷烟销售网络建设现场会)以后,商业企业开始实行“电话订货、网上配货、电子结算、现代物流”的现代流通方式,经过成都、江苏、大连、福建和浙江网建现场会议,商业物流工作水平有了很大提高。目前,全行业有 25 个省级局(公司)在全省范围内实现了地市级公司集中电话订货;有 258 家地市级烟草公司完成了对配送部门的整合,实现了“一库制”集中配送;有全自动分拣线 27 条,半自动分拣线 447 条,人工分拣线 1 445 条;有机动送货车辆 17 874 辆,对 314 万个零售客户直接送货到门;有送货员 24 253 人,再加上仓储人员、分拣人员和 2 万名左右工业企业的物流工作人员,全行业从事物流工作的人员近 10 万人,占全行业员工总数的 1/5。这些数据说明行业物流工作水平有了较大程度的提高,为更好地服务客户打下了良好的基础。

(2) 行业改革的深化为物流工作提供了强大动力,也提出了更高的要求和更严峻的挑战

工商管理体制分开是行业改革的突破口,工商企业成为经营主体,这从组织架构上决定了行业物流体系的格局。商业企业现代流通新业务模式的推行,使商业物流工作大大加强。卷烟交易方式的改革和生产经营决策管理系统的建立,对物流工作既提出了新的要求,又创造了新的条件。随着“订单供货”向“订单生产”延伸,行业物流建设将加快进度,不断提高水平,网上配货作为最先进的现代物流方式将逐渐在工商企业之间得以推行。行业围绕物流工作设计了生产经营决策管理系统,通过打码、扫码建立起完整的行业物流信息系统,从而实现对全行业的管理和控制。

(3) 物流基础设施建设大大加强

目前行业物流的硬件是比较先进的,工业企业不仅拥有先进的生产装备,而且拥有一流的仓库体系;商业企业近几年建设的物流配送中心水平也比较高。这为行业物流工作提供了较好的物质基础。同时,物流软件技术得到广泛使用,网络技术、分拣技术、自动化仓储技术、卫星定位技术等技术的应用,为加快物流建设提供了技术手段。生产经营决策管理系统的建立,为统一行业物流信息提供了完整的平台。

(4) 行业在流程优化和管理提升方面积极探索,积累了不少经验

随着信息化水平的提高,企业内部业务流程得到进一步优化,物流管理水平得到进一步提升。随着全国卷烟销售网络建设工作的开展,不少商业企业从供应链管理的角度探索和研究返销配送流程,管理水平有了比较大的提升。行业在物流管理方面已经累积起不少好的经验。如上海烟草在借鉴国外先进经验的基础上,率先在行业领域建设了现代的物流装备,创造了先进的物流模式;作为经营主体,深圳烟草在物流建设方面比较早地做了积极的探索;大连烟草物流配送管理达到了比较先进的水平;福建、浙江、云南等省在全省范围进行地市级烟草公司物流配送中心建设,取得了比较好的效果,在经济适用方面积累了经验。

(5) 加强领导,统一规划,加大了工作力度

烟草行业对物流工作非常重视, 2004 年 5 月成立了行业现代物流建设领导小组。中烟电子商务公司制定了烟草行业现代物流建设近期工作要点,并研究制定全行业的物流技术标准;制定了烟草行业“十一五”期间商业企业卷烟配送中心建设的意见,同时扩展了生产经营决策管理系统的功能,基本建立了行业物流控制体系;2006 年 11 月 16 日,国家烟草总局财务管理与监督司下发了《烟草行业商业企业卷烟物流费用管理办法及核算规程》。随着这几个文件的出台,行业物流水平有了比较大的提升。

近几年,烟草行业现代物流建设水平有了很大的提高,但在现代物流建设过程中还有很多需要完善的地方,行业物流管理水平较低、物流成本过高等问题亟须解决。总的来说,主要存在以下几个方面问题:

(1) 认识还不够深化

在物流建设中存在就事论事的思想,没有从提高中国烟草整体竞争实力的高度来认识物流建设工作;有的人认为物流建设很简单,有的人又把物流工作看得过于复杂;存在着过分强调创新,没有处理好局部突破和整体推进的关系;在具体工作中,还存在不动和盲动两种情况,以及存在投资过大、建设标准过高;重硬件轻软件、重物轻人、重装备轻信息、重建设轻管理的倾向。

(2) 行业物流发展不平衡

目前,行业销售物流主要是卷烟物流;生产物流问题通过先进的技术设备和生产流程已经逐步得到解决;在供应物流方面,烟叶物流的管理是比较薄弱的环节,材料物流也存在不少问题。即使是卷烟物流配送工作,在全国范围内也存在发展不平衡的问题。

(3) 方法不够科学

首先是规划不够合理。除物流中心的布点问题外,送货路线、仓库管理等都需要认真规划,需要进行科学测算。如果规划做不好,就会影响物流工作的整体效果。其次是系统资源没有充分发挥作用,工商企业人力、物力和财力资源没有得到有效配置。

(4) 管理不够严谨

目前,行业物流管理水平还较低,缺乏管理意识、成本意识和效率意识。近几年行业三项费用不断上升,如商业企业除财务费用下降外,其他费用均有较大幅度的上升,特别是人工成本在企业成本费用中所占比重越来越大。除一些客观因素和不可比因素外,管理不精细也是成本费用上升的重要原因之一。

2. 基本框架设想,即"三步走"战略

建立烟草商业企业现代物流体制模式,总的思路是要突破现有物流旧体制模式的框架,创建新的烟草现代物流体制的目标模式。但在现阶段实施烟草现代物流目标模式有相当大的难度,因此,这一目标模式的实现要分为3步进行。

第一阶段,即统一指导、打好基础。在国家局的统一领导、组织与指导下,近一段时期,力争完成全国各地市烟草公司内部物流系统的改造和升级,并结合商业配送的实际情况规划和建设全国覆盖各地市的物流配送中心。

第二阶段,理顺资产关系,统一标准,整合资源。在国家局统一领导、组织与指导下,通过一至两年的努力,先以省为单位系统整合全国的工商物流,逐步在理顺全国烟草的物流资产关系的基础上成立中国烟草物流总公司,初步实现全国烟草物流资产、管理与标准的三统一。通过有效整合全国烟草行业的物流资源,为工商企业提供优质高效的物流服务,并逐步走向以行业物流配送为依托面向社会提供物流配送服务真正意义上的第三方物流公司。

第三阶段,流程优化,四流贯通,管理集成。在第二阶段的基础上整合全国工商物流,优化流程,实现信息流、商流、资金流和物流通过行业广域网相互贯通和贯穿,初步达到"四流贯通于一网"的目的,实现行业物流管理集成。

3. 基本布局设想

烟草商业企业现代物流的布局,既包括设立区域烟草物流配送中心,又包括建立烟草零售连锁网络,二者构成了烟草商业企业现代物流布局的基本格局。

(1) 设立区域物流配送中心

按经济区域建立物流中心是适应生产力发展需要的具体体现,这不仅体现了当地的经济结构和地域结构,劳动力素质和技能,市场化程度等方面的发展,也体现了物流中心的完整性和开放性。因此,在物流中心建设过程中,应考虑以下问题:

首先是区位选择。一是物流中心要靠近商业中心。由于市中心商业网点比较集中,是物流中心的主要供货、配货对象,所以靠近市场、缩短运距、降低运费、迅速供货是物流中心布局的主要考虑因素之一。二是物流中心要靠近交通枢纽。当前行业物流中心基本以陆运为主,靠近交通枢纽可以有效提高物流中心的运行效率。三是物流中心的地价要低。建设面积的大小、地价的高低对物流中心区位的选择有重要影响。四是物流中心的劳动力资源要丰富。现代化的运作需要机械化的设备,拥有高素质的劳动力也就成为影响物流中心发展的重要因素。五是物流中心要注重可达性能。由于产品类型和数量不同,物流中心对可达性的要求也有所不同,卷烟商品因为需要频繁、配送迅速,所以对可达性提出了较高要求。

其次是建设规模。目前,物流中心的建设规模并无严格和统一的标准,主要由其所服务市场的需求量大小、运输距离与费用以及物流中心的规模经济等综合因素来决定的。在物流中心的建设规模上，一方面要学习借鉴先进企业的物流经验；另一方面要结合本地区实际，综合考虑服务范围、货物需求量、运输距离与成本、规模效益等多方面因素。一般来说，地市级二级物流中心的规模一般为 $0.115\times10^3\sim1.15\times10^3\ m^2$，平均在 $0.8\times10^3\ m^2$ 左右；省级一级区域性物流中心用地为 $1.1\times10^3\sim11.5\times10^3\ m^2$。因此，物流中心的规模应因地制宜，而不是盲目追求大而全。

按照合理的经济区域，根据各地区经济发展水平、地理位置、周边环境、卷烟销售的流量流向、当地有无烟叶生产基地、有无卷烟厂、铁路和高速公路距该地区的位置等综合因素评估，建议建立大物流园区和区域性物流中心、一定数量配送中心，以及大物流园区一级网络、区域性烟草物流二级网络和市场零售户三级物流网络三大物流层面。大物流园区作为大区整个烟草物流供应链的核心和物流体系运作的核心，承担着大区烟草物流供应链的组织、协调、衔接和管理职能。同时作为烟草物流网络体系的主要结点之一，还具有大区烟草物流集散与分拨中心的功能。大区物流园和区域性物流中心构成了烟草物流体系的一级配送网络，完成卷烟由烟厂到各区域性烟草物流中心的配送服务。区域性物流中心和各自区域内一定数量的二级配送站和城区零售户组成的二级烟草物流配送网络。具体可以划分为两个子网：一是由物流中心—城区零售户（直接配送到户）组成，该类子网适用于物流中心所在城市的香烟经销零售户；二是由物流中心—配送中心—市场零售户组成，适用于区域性物流中心最佳配送半径或配送能力以外的卷烟零售户。三级烟草物流配送网络由一定数量的配送中心、极少数配送站和各配送中心辐射区域内众多市场零售户构成，即配送中心—市场香烟经销零售户和配送中心（配送站）—市场香烟经销户配送网络。配送中心数量的确定应考虑市场香烟经销户数量和配送中心最佳配送半径，配送区域内的实际道路状况、交通状况和地理状况等因素。

（2）建立卷烟零售连锁网络

烟草商业企业现代物流布局，除了把握烟草物流主要接口外，更重要的是要为物流网络终端零售户服务。“决胜终端”是烟草商业企业发展现代物流的必由之路，是控制终端市场最有效的措施之一。科学合理和有规模地在城乡人口密集、商业集中的繁华地段，统一建立一定数量的自设卷烟零售网点。组建卷烟销售的连锁网络，整合卷烟零售终端体系，要以高水平物流运作体系为支撑。卷烟零售连锁主要可分为直营店和加盟店两种形式，实行“六统一”管理模式，即统一的标识（品牌）形象、统一的卷烟零售价格（在当地）、统一的客户服务、统一的物流配送、统一的营销系统和统一的管理体系。通过科学合理布局，积极发展卷烟零售连锁网络，以进一步控制卷烟零售市场，达到最终控制卷烟消费终端市场的目的。

4.5　拓展阅读：行业物流服务差价体系

行业物流服务差价体系是行业之间，由于规模、地位、物流服务需求、物流活动发生的地点、物流服务质量等不同而形成的物流服务价格差额关系[10]。

1. 物流服务差价体系研究内容

行业物流服务差价体系主要研究由于各行业规模和发展水平、物流需求规模、结构等情况相异的情况下，各行业对物流资源利用量、利用效率、利用方式、利用频率、利用时间、利用程度等不同而形成行业间的物流价格差异，根据差异量的大小、形成原因等因素，结合各行业经济及整个国民经济发展水平评价行业物流服务差价体系是否合理。建立合理的行业物流服务差价体系，正确把握物流价格对提供者和需求者的调节作用，是科学管理物流价格的依据。保持适当的行业物流服务差价，有利于调整产业结构，优化资源配置，促进各行业协调发展。

2. 行业物流服务差价的计算

（1）选择数据

行业物流服务差价 = A 行业物流服务价格 - B 行业物流服务价格

直接计算行业物流服务价格比较困难，因为参与计算的价格数据很难获取，同时物流服务价格的评价又不能脱离行业情况而单独考量，因此，选取恰当的评价方式是研究行业物流服务差价体系的关键。行业物流费用率作为参与计算行业物流服务价格起着非常重要的作用，行业物流费用率的数据特征、分布在很大程度上决定着物流服务价格的特性。因此，应结合实际情况选取行业物流费用率数据来研究行业物流服务差价体系的现状及水平。

（2）确定计算方法

① 行业物流服务差价的计算。

物流费用率 = 物流费用/销售量

物流费用 = 行业物流服务平均价格 × 物流量

行业物流服务平均价格 = 物流费用率 × 销售额/物流量

《西方经济学的终结》中提到的物流定律：商品总是被运送到价值被认为是高的地方去。也就是说，价值的主观性决定了商品在不同的地点可能具有不同的价值。因此，商品就会被人为地从一个其价值低的地方运送到价值高的地方。物流量与经济的发展状况是基本保持一致的。可以用经济的发展状况来衡量物流量，即经济越是活跃，流动率越大，物流量越大。物流量与行业销售额是成正比的，即行业规模越大、发展水平越高、销售量越大，所需的物流服务就越多，物流量越大；反之，则物流量较小。因此，影响行业物流服务平均价格的主要因素就是物流费用率。比较物流费用率进而分析行业物流服务平均价格，最后进行行业物流服务差价的比较。

评价行业物流服务差价体系必须明确行业物流服务价格的总体情况，在总体情况已知的条件下再去深入计算行业物流服务差价，分析价格之间的差异水平，进而进行行业物流服务差价体系的评价。

② 行业物流服务差价体系总体的分布。行业物流服务差价体系总体分析是认清行业物流价格整体情况、发展水平及自身特点和进行行业物流服务差价体系内部现状分析及计算物流服务差价的基础，只有在明确总体情况的条件下研究个体之间的关系、水平，才能正确对行业物流服务差价体系做出积极、有效的评价。行业物流费用率作为参与计算行业物流服务价格起着非常重要的作用，行业物流费用率的数据特征、分布，在很大程度上决定着物流服务价格的特性。因此，研究物流费用率是明确物流服务价格的重要途径。根据选取的行业物流费用率样本推断总体，进而相似地得出行业物流服务价格总体的情况。

结合实际情况，可对选取的物流费用率数据作正态概率图，通过样本检验总体数据是否服从正态分布,从而明确行业物流服务差价体系总体特征,为进一步认清行业物流服务差价体系内部情况、发展水平及自身特点等的行业物流服务差价体系内部现状分析打下基础。具体步骤包括:

第一步将行业物流费用率样本观测值从小到大排列,即将样本数据 $x_1, x_2, \cdots, x_j, \cdots x_n$ 排列成 $x_{(1)}, x_{(2)}, \cdots, x_{(j)}, \cdots, x_{(n)}$,这里的 $x_{(1)}$ 是最小的观测值,$x_{(2)}$ 是第 2 小观测值,$x_{(n)}$ 是最大观测值。

第二步求出样本观测值的标准正态分数 z_i。标准正态分数 z_i 满足 $(j-0.5)/n = P(Z \leqslant z_i) = \Phi(z_i)$。

例如,如果 $(j-0.5)/n = 0.05$,即 $\Phi(z_i) = 0.05$,则 $z_i = 1.645$。

第三步将 z_i 作为横轴,$\Phi(z_i)$ 作为纵轴,绘制图形,即标准正态概率图。

如果数据服从正态分布,则图形分布中的点将紧密围绕在一条直线周围。在进行正态推断时,如果假定数据服从正态分布,可以用正态概率图来验证这一假设。

本章参考文献

[1] GB/T 7635—87,全国工农业产品(商品、物质)分类和代码。中国标准出版社,1987 年。

[2] 宋杰,刘艳媛:《浅析我国物流产业现状》,《 2007' 全国测绘科技信息交流会暨信息网成立 30 周年庆典论文集》,2007 年。

[3] 谢庆红,曾国平:《物流"效益背反"陷阱的产生及对策》,《科技管理研究》, 2005 年第 9 期。

[4] 王博,朱杰:《行业物流公共信息平台现状分析》,《物流工程与管理》, 2012 年第 5 期。

[5] 张建平,陈佳:《山西省煤炭行业物流公共信息平台的建设》, Logistics Engineering and Management, 2010 年第 10 期。

[6] 孙强,庞立华:《试论物流企业信息化建设》,《商场现代化》, 2010 年第 20 期。

[7] 纪付荣,董伟:《政府在我国冷链建设中的作用》,《物流工程与管理》, 2008 年第 10 期。

[8] 毋庆刚:《我国冷链物流发展现状与对策研究》,《中国流通经济》, 2011 年第 2 期。

[9] 曾永春,吴萍:《浅谈烟草商业企业物流体系规划与设计》,《沿海企业与科技》, 2007 年第 5 期。

[10] 李雁华:《行业物流服务差价体系研究》(学位论文),北京交通大学,2009 年。

第五章　物流系统的设施选址

5.1　设施选址概述

5.1.1　设施选址

设施是指生产运作过程得以进行的硬件手段，通常是由工厂、办公楼、车间、设备、仓库等物质实体所构成。它们是构成物流网络系统的交接点，是物流网络系统顺畅运作的根本保证。

设施选址(Facility Location)是确定在何处建厂或建立服务设施，是指运用科学的方法决定设施的地理位置，使之与企业的整体经营运作系统有机结合，以便有效、经济地达到企业的经营目的[1]。

设施选址包括两个层次的问题：

1. 选位

即选择什么地区(区域)设置设施，沿海还是内地，南方还是北方，等等。在当前经济全球化的大趋势之下，或许还要考虑是在国内还是在国外选址。

2. 定址

在已选定的地区内选定一片土地作为设施的具体位置。

设施选址还包括这样两个问题：

(1) 单一设施的场址选择

根据确定的产品(或服务)、规模等目标为一个独立的设施选择最佳位置。单一设施选址无须考虑竞争力、设施之间需求的分配、设施成本与数量之间的关系，主要考虑运输成本。

(2) 复合设施的场址选择

为一个企业(或服务业)的若干个下属工厂、仓库、销售点、服务中心等选择各自的位置，并使设施的数目、规模和位置达到最佳化。

设施选址常常需要其他有关人员(如环保部门)的参与，而不能由设计人员单独完成。

5.1.2　设施选址考虑的因素

1. 设施选址的基本原则

(1) 适应性原则

设施选址决策应该与国家或地区的经济发展方针、政策相适应，与社会发展相适应，同时把国家或地区的物流系统作为一个大系统来考虑，使设施选址在地域分布、物流作业生产力、技术水平等方面与整个物流系统协调发展。

(2) 费用原则

企业首先是经济实体,经济利益对于企业无论何时何地都是重要的。建设初期的固定费用、投入运行后的变动费用、产品出售以后的年收入等都与选址有关。

(3) 战略原则

在设施选址的时候,要具有战略性的眼光,要根据近期和长远的企业的发展需要,确定设施近期和长远的建设规模,进行统一规划。

(4) 接近用户原则

对于服务业,几乎无一例外都需要遵循接近用户的原则,如银行储蓄所、邮电局、电影院、医院、学校、零售业的所有商店等。许多制造企业也把工厂建到消费市场附近,以降低运费和损耗。

(5) 集聚人才原则

人才是企业最宝贵的资源,合适的设施选址特别有利于吸引人才。因企业选址不当造成员工生活不便,导致员工流失的事常有发生。

(6) 动态性原则

与设施相关的各个要素是处在不停变化的过程中的。例如,需求量、商品价格、交通状况、经营成本等都是动态因素,所以在规划配送中心时,应以发展的眼光考虑设施的选址。同时,在设计时也应该加入弹性机制,以适应环境变化。

(7) 简化作业流程原则

减少或消除不必要的作业流程,是提高企业生产效率和减少消耗最有效的方法之一。

2. 设施选址考虑的因素

设施选址对企业的成功起着至关重要的作用,它需要考虑众多复杂的因素,涉及许多方面。影响设施选址的因素可分为两类;外部因素与内部因素。其中外部因素包括自然因素、政治因素、市场因素、竞争对手、基础设施状况等;内部因素包括企业的发展战略、产品、技术或服务的特征等。

(1) 自然因素

① 地形条件。设施应该选在地势高、地形平坦,且应具有适当的面积与地形条件的地方。

② 地质条件。物流设施是大量商品货物的集结地。设施选址应避开展断层和基本烈度高于 9 的地震区和泥石流、滑坡、流沙、溶洞等危险地段;也应避开较厚的三级自重湿陷性黄土、新近堆积黄土、一级膨胀土等地质恶劣区。

③ 水文条件。物流设施需要远离容易泛滥的河川流域与上溢的地下水区域。要认真考察近年的水文资料,地下水位不能过高,洪泛区、内涝区、故河道等区域要绝对禁止。

④ 气候条件。厂址应具备与企业性质相适应的气候条件,如温度、湿度、降雨量、阵雪量、风力风向变化等。

(2) 政治因素

政治因素包括政治局面是否稳定、法制是否健全、税赋是否公平等。建厂,尤其是在国外建厂,必须要考虑政治因素。

① 政治局面稳定是发展经济的前提条件。在一个动荡不安,甚至打内战的国家投资建厂,是要冒极大风险的。有些国家或地区的自然环境很适合设厂,但其法律变更无常,资本权益得不到保障,也不宜设厂。

② 了解当地政府的政策、法规。有些地区为了鼓励在当地投资建厂,划出工业区及各种经济开发区,低价出租或出售土地、厂房、仓库,并在税收、资金等方面提供优惠政策,同时拥有良好的基础设施,营造了一个有利的投资环境。另外要了解当地有关法规,包括环境保护方面的法规,不能将污染环境的工厂建在法规不允许的地方。

(3) 市场因素

① 市场环境。物流设施所在地区的优惠物流产业政策对企业的经济效益将产生重要的影响;数量充足和素质较高的劳动力条件也是物流设施选址考虑的因素之一。

② 物流费用。物流费用是物流设施选址的重要考虑因素之一,大多数物流设施选址接近物流需求地,如接近大型工业、商业区,以便缩短运输距离,降低运费等物流费用。

③ 服务水平。服务水平也是物流设施选址需要考虑的因素。由于现代物流过程中能否实现准时运输是服务水平高低的重要指标,因此,在物流设施选址的时候,应保证客户可以在任何时候向物流中心提出物流需求,都能获得快速满意的服务。

(4) 竞争对手

在设施选址决策中,必须考虑到竞争对手的布局情况,根据企业产品和服务的自身特征,来决定是否靠近竞争对手还是远离竞争对手。

(5) 基础设施状况

基础设施因素主要包括现有物流基础设施、交通运输情况、通信设施的可利用性等。在企业运作中,物流成本往往超过制造成本,而一个良好的基础设施对于降低物流成本具有重要作用。交通便利条件是影响物流成本和效率的重要因素之一。交通运输的不便将直接影响车辆配送,同样,通信设施的质量、成本对于选址决策也是一个重要因素。因为信息流的畅通快捷对降低需求的扭曲,减低库存成本都有重要意义。

(6) 其他因素

① 国土资源利用。物流设施的选址规划应贯彻节约用地、充分利用国土资源的原则。物流设施一般占地面积较大,周围还需要留有足够的发展空间,为此地价的高低对布局规划有重要的影响。此外,物流设施的布局还要兼顾区域与城市规划用地的其他需要。

② 环境保护要求。物流设施的选址需要考虑保护自然环境与人文环境等因素,尽可能降低对城市生活的干扰。物流设施运营后,担负着出、入境货物的中转、汇集、加工、变载、配送等任务,是车辆和人员密集的地方,车辆出入频繁,交通密度较大,车辆的尾气和噪声不可避免地要对周围环境产生负面影响。因此,物流设施选址时还应充分考虑尾气和噪声的影响,尽量将物流设施设置在远离市中心和居民区的地方以减轻尾气和噪声对居民生活的干扰。使得大城市交通环境状况能够得到改善,城市的生态建设得以维持和推进。

③ 周边状况。由于物流设施是火灾重点防护单位,不宜设在易散发火种的工业设施(如木材加工、冶金企业)附近,也不宜选在居民区附近。

④ 与城市功能形态的适应性。选址时首先应综合考虑城市或地区的总体规划、资源

空间的集散特性、产业结构与布局、消费区的分布与规模等方面的因素；其次要考虑物流设施将来规模扩大的可能性，周围应有广阔的发展空间；最后还应尽量考虑到设施与周围环境的景观协调性，最好使配送中心的建筑融入当地居民的生活习惯，维系或改善原有景观。

⑤ 交通运输条件。货物出入须借助方便的交通运输条件才能顺利实现，一般来讲，设施的地址最好应靠近港口、机场、铁路编组站、公路货运站场、交通主干道出入口等交通便利区，最好能衔接两种以上的运输方式，以方便运输作业，良好的交通运输环境是选择物流设施位置的前提条件[2]。

（7）内部因素

选址决策中企业的内部因素往往是最主要的。选址决策时要使选择的方案与企业的发展战略相适应，与生产产品或提供服务的特征相匹配。例如，对于制造业的企业，发展实用性产品还是创新性产品，这是企业通过对内外环境和自身优势与劣势进行综合分析后得到的企业长远发展战略。如果选择发展实用性产品，由于需求稳定而量大、产品生命周期长、利润低，低成本运营是企业发展战略，因此在选址时必然选择生产成本低的地区建立物流设施。而选择创新性产品，因为这类产品需求的不确定性，需要建立快速反应的物流系统，所以在选址时应考虑在交通灵活发达的地方建立物流中心，而这些地方往往成本较高。从商业及服务业来说，选择连锁便利店还是超市的发展，会有不同的物流系统网络的设计。选择连锁便利店，则必须选择一些人口密集的地区，而选择超市，则会选择人口不是非常密集，可以提供大面积店面的地方。

3. 设施选址影响因素的权衡

在作选址比较时，由于影响方案的因素很多，就要根据设施的要求针对几个主要因素进行分析。有时经济因素是决定方案的关键，但也可能非经济因素起决定性作用，成为方案取舍的关键。在考虑这些因素时，需要注意的是：

① 必须仔细权衡所列出的影响因素，决定哪些是与设施选址紧密相关的，哪些虽然与企业经营或经营结果有关，但是与设施位置的关系并不大，以便在决策时分清主次，抓住关键。否则，有时候所列出的影响因素太多，在具体决策时容易主次不分，做不出最佳的决策。

② 在不同情况下，同一影响因素会有不同的影响作用，因此，决不可生搬硬套任何原则条文，也不可完全模仿照搬已有的经验。

最后还应该注意的是，对于制造业和非制造业的企业来说，要考虑的影响因素以及同一因素的重要程度可能有很大不同[3]。

5.1.3　设施选址的步骤

设施选址一般分为 4 个阶段：准备阶段、选择阶段、决策阶段、编制报告阶段。设施选址流程如图 5-1 所示。

1. 准备阶段

准备阶段的主要工作是明确前期工作中对选址目标提出的要求，包括：

① 企业生产的产品品种及数量；

② 需进行的生产、储存、维修、管理等方面的作业；

③ 设施的组成，主要作业单位的大致面积及总面积草图；

④ 计划供应的市场及流通渠道；

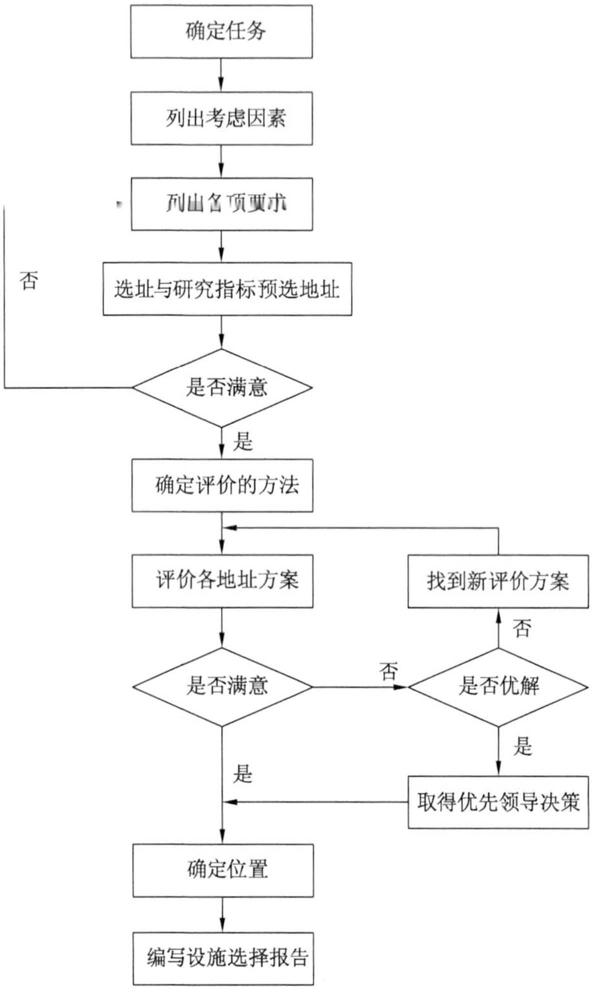

图 5-1　设施选址流程图

⑤ 所需资源（包括原料、材料、能源、水等）的数量、质量与供应渠道；

⑥ 产生的废物及其估算数量；

⑦ 大致运输量及运输方式的要求；

⑧ 所需职工的大致人数及等级要求；

⑨ 外部协作条件；

⑩ 信息获取方便与否等。

规划人员可以根据上述要求列出一些在设施选址时应满足的具体要求，以确保这些有关的因素都考虑周到，同时对某些选址需要的技术经济指标，应列出具体数值要求。

2. 选择阶段

① 走访行业主管部门和地区规划部门，收集了解有关行业规划、地区规划对设施布置的要求和政策；

② 选择若干地区，收集相关的资料；

③ 进行方案比较；

④ 各方面人员（生产、供应、销售、财务等）加入方案讨论。

3. 决策阶段

在这一阶段组成场址选择小组到初步确定地区内的若干备选地点进行调查研究和勘测。

① 从当地城市建设部门取得备选地点的地形图和城市规划图，征询关于地点选择的意见；

② 从当地气象、地质、地震等部门取得有关气温、气压、湿度、降雨量及阵雪量、日照、风向、风力、地质、地形、洪水、地震等的历史统计资料；

③ 进行地质水文的初步勘察和测量，取得有关勘测资料；

④ 收集当地有关交通运输、供水、供电、通信、供热、排水设施的资料，并与相关部门协商有关交通运输线路、公用管线等的连接问题；

⑤ 收集当地有关运输费用、施工费用、建筑造价、税费等经济资料；

⑥ 对实际情况和各种资料、数据进行核对、分析和测算，选定一个合适的场址方案。

4. 编制报告阶段

① 对调查研究和收集的资料进行整理；

② 根据技术、经济比较和统计分析的结果编制设施位置图和总平面图；

③ 编写设施选址报告，对所选场址进行评价，供决策部门审批。

5.2　设施选址的方法

影响设施选址的因素很多。有些因素可以定量，转为经济因素；有些因素只能是定性的非经济因素。在进行综合分析比较时，可根据条件采用定性的、定量的或定性定量相结合的方法。

5.2.1　单一设施选址

单一设施选址是指独立地选择一个新的设施地点，其运营不受企业现有设施网络的影响。在有些情况下，所要选择位置的新设施是现有设施网络中的一部分，如某企业要新开一个工厂，但工厂是独立运营的，与现有的其他工厂业务联系不紧密，这种情况也可以看作是单一设施选址。单一设施选址通常出现于以下几种情况：① 成立新企业或增加新的独立运营单位；② 企业扩大原有设施，这时可考虑原地扩建及另选新址两种选择；③ 企业迁址。

单一设施选址又分为以下几种方法：

1. 负荷距离法

负荷距离法的目标是在若干个候选方案中，选定一个目标方案，它可以使总负荷（货物、人或其他）移动的距离最小。当与市场的接近程度等因素至关重要时，使用这一方法可从众多候选方案中快速筛选出最有吸引力的方案。这一方法也可在设施布置中使用。

2. 加权因素分析法

加权因素分析法也许是常用的选址方法中使用得较广泛的一种，因为它以简单易懂的模式将各种不同因素综合起来。加权因素分析法的具体步骤如下：

① 决定一组相关的选址决策因素。

② 对每一因素赋予一个权重以反映这个因素在所有权重中的重要性。每一因素的分值根据权重来确定，权重则要根据成本的标准差来确定，而不是根据成本值来确定。

③ 对所有因素确定一个共同的取值范围 1～100。

④ 对每一个备择地址，根据所有因素按设定范围打分。

⑤ 用各个因素的得分与相应的权重相乘，并把所有因素的值加权到每一个备择地址的最终得分。

⑥ 总得分最高的地址作为最佳的选址。

【例 5-1】 某厂有 4 个候选地址（A，B，C，D），影响因素有 10 个，其重要度如表 5-1 所示，求最优方案。

【解】 在表 5-1 中方案 C 的得分最高，选为最优方案。

表 5-1 加权因素评价表

影响因素	权重	候选方案 A		候选方案 B		候选方案 C		候选方案 D	
		评价	得分	评价	得分	评价	得分	评价	得分
劳动条件	7	2	14	3	21	4	28	1	7
地理条件	5	4	20	2	10	2	10	1	5
气候条件	6	3	18	4	24	3	18	2	12
资源供应	4	4	16	4	16	2	8	4	16
基础设施	3	1	3	1	3	3	9	4	12
产品销售	2	4	8	2	4	3	6	4	8
生活条件	6	1	6	1	6	2	12	4	24
环境保护	5	2	10	3	15	4	20	1	5
政治文化	3	3	9	3	9	3	9	3	9
扩展条件	1	4	4	4	4	2	2	1	1
总　计		108		112		122		99	

在运用加权因素分析法计算过程中，由于确定权数和等级得分完全靠人的主观判断，只要判断有误差就会影响评分数值，最后影响决策的可能性。目前关于确定权数的方法很多，比较客观准确的方法是层次分析法，该方法操作步骤并不复杂，有较为严密的科学依据，推荐在做方案多因素评价时尽可能采用层次分析法。

3. 生产成本比较分析法

生产成本比较分析法是厂房选址的一种基本方法，亦称盈亏分析法。这种方法基于以下假设：可供选择的各个方案均能满足厂址选址的基本要求，但各方案的投资额不同，投产以后原材料、燃料、动力等变动成本不同。这时，可利用损益平衡分析法的原理，以投产后生产成本的高低作为比较的标准。

4. 重心法

设施选址时，如果生产费用是相当重要的因素，而且多种原材料由多个现有设施供应，则可根据重心法确定场址位置。

重心法是一种布置单个设施的方法，这种方法考虑现有设施之间的距离和运输的货物量。它经常用于中间仓库或分销仓库的选择。在最简单的情况下，这种方法假设运入和运出成本是相等的，它并未考虑在不满载的情况下增加的特殊运输费用。

重心法的思想是在确定的坐标中，各个原材料供应点坐标位置与其相应供应量、运输费率之积的总和等于场所位置坐标与各供应点供应量、运输费率之积的总和。重心法中的坐标系可以随便建立，国际上经常采用经度和纬度建立坐标[4]。

假设 $P_0(x_0, y_0)$ 表示所求设施的位置，$P_i(x_i, y_i)$ 表示现有设施（或各供应点）的位置，$i=1,2,\cdots,n$，重心法中的坐标图如图 5-2 所示。

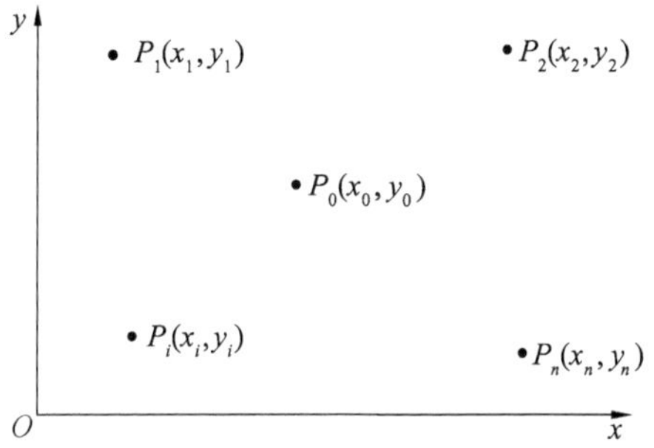

图 5-2　重心法中的坐标图

图 5-2 中，w_i 表示第 i 个供应点的运量。若用 c_i 表示各供应点的运输费率，c_0 表示场址的运输费率，根据重心法有

$$\sum_{i=1}^{n} x_i w_i c_i = x_0 \sum_{i=1}^{n} w_i c_0, \quad \sum_{i=1}^{n} y_i w_i c_i = y_0 \sum_{i=1}^{n} w_i c_0 \tag{5-1}$$

重心坐标为

$$x_0 = \frac{\sum_{i=1}^{n} x_i w_i c_i}{\sum_{i=1}^{n} w_i c_0}, \quad y_0 = \frac{\sum_{i=1}^{n} y_i w_i c_i}{\sum_{i=1}^{n} w_i c_0} \tag{5-2}$$

各供应点和场址的运输费若相等，即 $c_0 = c_i$，则有

$$x_0 = \frac{\sum_{i=1}^{n} x_i w_i}{\sum_{i=1}^{n} w_i}, \quad y_0 = \frac{\sum_{i=1}^{n} y_i w_i}{\sum_{i=1}^{n} w_i} \tag{5-3}$$

式(5-3)为运输费率相等时设施位置的重心法计算公式。

【例 5-2】　某汽车制造公司每年都要从 P_1 地运钢材、从 P_2 地运铸铁、从 P_3 地运焦炭、从 P_4 地运各种造型材料。各地与某城市中心的距离和每年的材料运量如表 5-2 所示。

表 5-2 距离和运量表

原材料供应地及其坐标	P_1		P_2		P_3		P_4	
	x_1	y_1	x_2	y_2	x_3	y_3	x_4	y_4
距城市中心的坐标距离/km	20	70	60	60	20	20	50	20
年运输量/t	2 000		1 200		1 000		2 500	

解:利用式(5-3)得

$$x_0=\frac{20\times 2\ 000+60\times 1\ 200+20\times 1\ 000+50\times 2\ 500}{2\ 000+1\ 200+1\ 000+2\ 500}\approx 38.4$$

$$y_0=\frac{70\times 2\ 000+60\times 1\ 200+20\times 1\ 000+20\times 2\ 500}{2\ 000+1\ 200+1\ 000+2\ 500}\approx 42.1$$

该场址应选在坐标为(38.4,42.1)的位置(单位:km)。

注意:按重心法求得的设施位置是否适合建厂,还应考虑其他因素综合分析而定。

5. 选址度量法

选址度量法是一种既考虑定量因素又考虑定性因素的用以支持设施选址的方法。

5.2.2 多设施选址

设施网络中的新址选择比单一设施选址问题更复杂,因为在这种情况下决定新设施的地点位置时,还必须同时考虑到新设施与其他现有设施之间的相互影响和作用[5]。如果规划得好,各个设施之间会相互促进,否则就会起到负面作用。多设施选址包括以下几种方法。

(1) 分支定界法

分支定界算法(Branch and Bound Algorithm,B&B)由 Land Doig 等人于20世纪60年代提出,其算法思想不仅适用于表达成整数线性规划(或者混合整数线性规划)的问题,也适用于几乎任何组合优化问题。它采用了类似分而治之的算法策略,在分析一个组合优化问题的一切可行解的过程中,采取了必要的限制条件,设法排除可行域中大量非最优解区域,从而能够有效求解一些规模较大的问题。下面给出分支定界法的一般步骤:

Step1. 先不考虑原问题的整数限制,求解相应的松弛问题,若松弛问题无解,则原问题也没有解,若求得最优解,检查它是否符合整数约束条件:如符合整数约束条件,即为原问题的最优解,如不符合整数约束条件,即转入下一步。

Step2. 定界。在各分支中,找到目标函数值最大者作为原问题最优解 z^* 的上界,记作 $\bar{z}$,从已符合整数条件的分支中,找出目标函数值最大者作为下界,记作 $\underline{z}$,有 $\underline{z}\leq z^*\leq\bar{z}$。

Step3. 分支。根据对变量重要性的了解,在最优解中选择一个不符合整数条件的 x_j,假设松弛问题求得 $x_j=a_j$(a_j 不是整数),则用以下两个约束分别加入问题形成两个子问题:① $x_j\leq\lfloor a_j\rfloor$;② $x_j\geq\lfloor a_j\rfloor+1$,其中 $\lfloor a_j\rfloor$ 表示不超过 a_j 的最大整数。

Step4. 应用对目标函数估界的方法,或对某一分支重要性的了解,确定出首先要解的某一分支的后继问题,并解此问题。若后继问题无解或超出了上下界,则不再对后继问题进行分支。如果后继问题所获得的最优解符合整数条件,则就是原问题的最优解,若不符合整数条件,再回到第二步。

在分支枝定界算法中要不断应用分支、定界、估界来进行判断解是否满足整数约束条件。当我们求解某子问题的松弛问题时，只要出现下列情况之一，该问题就已经解决：

① 松弛问题没有可行解，则原问题也没有可行解；

② 松弛问题的最优解恰好全取整数，则该最优解也是其对应的子问题的最优解；

③ 松弛问题的最优解超出当前步骤最优解的范围，则无论其最优解是否取整数值，都将对应的子问题剪枝，即不再对其分支。

已经求解的子问题，如果满足整数条件，就不用再分支了，如果所有的子问题都已求解，则原整数规划的最优解就一定可以求出，或可以判定它无解。

(2) 德尔菲分析模型

典型的布置分析考虑的是单一设施的选址，其目标有供需之间的运输时间或距离极小化、成本的极小化、平均反应时间的极小化。但是有些选址分析涉及多个设施和多个目标，其决策目标相对模糊，甚至带有感情色彩。解决这类选址问题的一个方法是使用德尔菲分析模型，该模型在决策过程中考虑了各种影响因素。使用德尔菲分析模型涉及 3 个小组，即协调小组、预测小组和战略小组。每个小组在决策中发挥不同的作用。使用该模型的步骤如下：

① 成立两个小组

内外部的人员组成顾问团，充当协调者，负责设计问卷和指导德尔菲调查。顾问团中选出一部分人成立两个小组，一个小组负责预测社会的发展趋势和影响组织的外部环境(预测小组)；另一个小组确定组织的战略目标及其优先次序(战略小组)。战略小组的成员从组织中各部门的高层经理人员中挑选。

② 识别存在的威胁和机遇

经过几轮问卷调查后，协调小组应该向预测小组询问社会的发展趋势、市场出现的机遇以及组织面临的威胁。这一阶段要尽可能听取多数人的意见。

③ 确定组织的战略方向与战略目标

协调小组将预测小组的调查结果反馈给战略小组。战略小组利用这些信息来确定组织的战略方向与战略目标。

④ 提出备选方案

一旦战略小组确定了长期目标，就应集中精力提出各备选方案(备选方是对工厂现有设施的扩充或压缩和对工厂的全部或局部位置进行变更)。

⑤ 优化备选方案

步骤④中提出的备选方案应提交给战略小组中的有关人员，以获得他们对各方案的主观评价；在考虑组织优势和劣势的基础上，该模型可识别出组织的发展趋势和机遇。此外，该模型还考虑了企业的战略目标，在现代公司中被作为一种典型的综合性群体决策方法广泛使用。

(3) 启发式方法

启发式方法只寻找可行解，而不是最优解。重心法就是一种启发式方法。有许多计算机化了的启发式方法，可解决设施、目标达几百几千的问题。早在 20 世纪 60 年代，就有人提出了用启发式方法解决大型设施选址问题。

遗传算法就是其中的一种，遗传算法采用全局寻优和优胜劣汰的随机搜索策略，具有较好动力学特性,可有效、快速求得选址问题的全局(或近似)最优解。遗传算法提供了一种求解复杂系统优化问题的通用框架。对一个需要优化计算的实际应用问题,一般可按下述步骤来构造求解该问题的遗传算法:

① 确定决策变量及其各种约束条件,即确定出个体的表现型和问题的解空间。

② 建立优化模型,即确定出目标函数的类型(是求目标函数的最大值还是求目标函数的最小值?)及其数学描述形式或量化方法。

③ 确定表示可行解的染色体编码方法,也即确定出个体的基因型及遗传算法的搜索空间。

④ 确定解码方法,即确定出由个体基因型 X 到个体表现型 X 的对应关系或转换方法。

⑤ 确定个体适应度的量化评价方法,即确定出由目标函数值 $f(X)$ 到个体适应度 $F(X)$ 的转换规则。

⑥ 设计遗传算子,即确定出选择运算、交叉运算、变异运算等遗传算子的具体操作方法。

⑦ 确定遗传算法的有关运行参数,即确定出遗传算法的 M、T、交叉概率 P_c、变异概率 P_m 等参数。

上述步骤可见可行解的编码方法、遗传算子的设计,这两个因素是构造遗传算法需要考虑的两个主要问题,也是设计遗传算法的两个关键步骤。对不同的优化问题需要用不同的编码方法和不同操作的遗传算子,它们与所求解的具体问题密切相关,因而对所求解问题的理解程度是遗传算法应用成功与否的关键。

结合上述步骤,给出遗传算法的一般流程框图,如图 5-3 所示,其中变量 *generation* 表示当前代数,M 表示群体规模。

(4) 层次分析法

层次分析法是一种定性与定量相结合的评价与决策方法,是美国匹兹堡大学教授 T. L. Saaty 在 20 世纪 70 年代提出的一种将可供选择的决策进行排序,并在决策者有多个目标或者决策基于多准则的情况下选择最佳决策的方法。它将定量分析和定性分析相结合,由于其自身的系统性、简洁性、实用性等优点,在经济学、管理学中得到了广泛的应用。层次分析法可以将无法量化的风险按照大小排出顺序,把它们彼此区分开来。其基本思路是决策者将复杂问题分解为若干层次若干要素,并对同一层次的各要素进行简单的相互比较、判断和计算。从而得到不同要素和不同待选方案的权重,为选择最优方案提供决策依据。

层次分析法的基本原理是:首先将复杂问题分成若干层次,以同一层次的各要素按照上一层要素为准则进行两两判断,比较其重要性,以此计算各要素的权重,最后根据组合权重并按最大权重原则确定最优方案。

采用层次分析法的步骤如下:

① 建立层次结构。用 AHP 对物流设施选址进行研究时,要对各个选址的重要性进行评价排序。先把评级排序作为目标层,然后选择准则层,每项准则又包括各自的决策因素(指标)。"目标层"即设施选址评价排序,依据影响设施选址的因素,可以选取各个选址的运输成本。设施的建设费用、交通便利程度作为"准则层",每项准则又包含各自

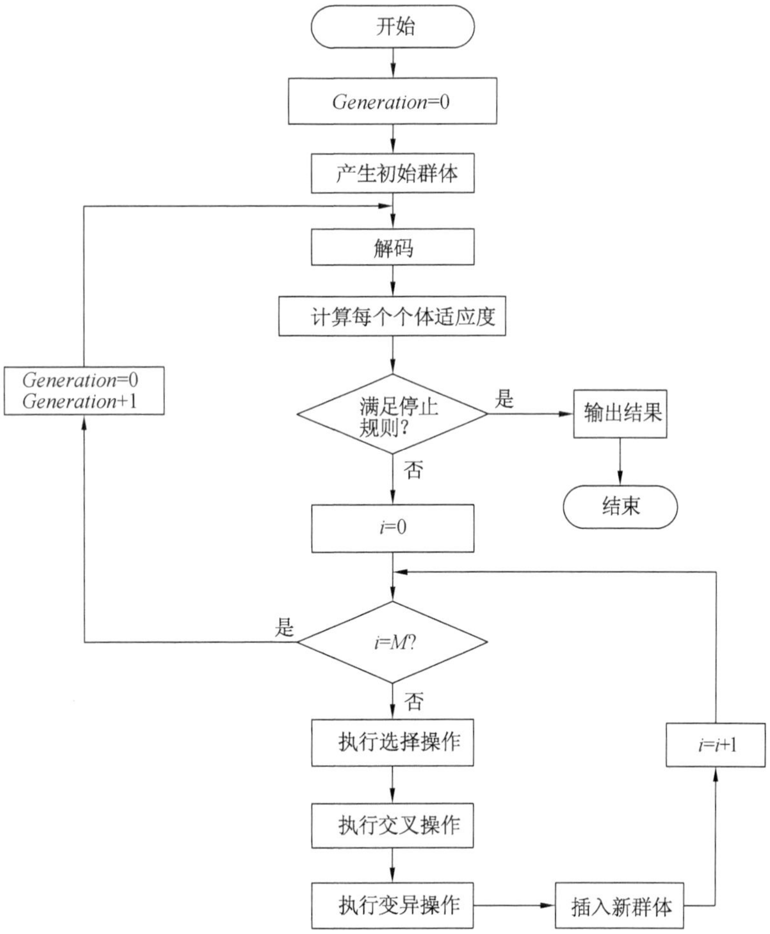

图 5-3　遗传算法流程框图

的决策指标(因素)。如果要考虑设施到各个用户的距离,会使运输成本太高,设定的变量也太多。因此,在每个区,可以通过重心法求出一个假想设施,这样就只需计算设施到各个假想设施的距离;而建设费用,则主要考虑地价、设施的数量即可。

② 建立层次结构,确定上下层的隶属关系。在设施选择评价排序层次结构中,各个准则在评价中权重不同,各个指标在各准则中的权重也不同。根据经验并征求有关专家的意见,需要对各准则、各指标的重要性赋予相应的权重。结合各准则、各指标的权重数,进一步对每个方案层元素进行两两比较,经排序计算,得到各个选址相对于总目标的组合权重(排序分值),根据排序分值的大小,最终可以给出设施比较满意的选址。

(5) 禁忌搜索算法

禁忌搜索(Tabu Search,简称 TS)的思想最早由 Glover 提出,它是对局部邻域搜索的一种扩展,是一种全局逐步寻优算法,是对人类智力过程的一种模拟。TS 算法通过引入一个灵活的存储结构和相应的禁忌准则来避免迂回搜索。迄今为止,TS 算法在组合优化、生产调度、机器学习、电路设计和神经网络等领域取得了很大的成功,近年来又在函数全局优化方面得到较多的研究。

禁忌搜索最重要的思想是标记对应已搜索的局部最优解的一些对象,并在进一步的迭代搜索中尽量避开这些对象(而不是绝对禁止循环),从而保证对不同的有效搜索途径的探索。禁忌搜索涉及邻域(neighborhood)、禁忌表(tabulist)、禁忌长度(tabulength)、候选解(candidate)等概念。

基本禁忌搜索算法步骤描述如下:

Step1. 给定算法参数,生成初始解 x,置禁忌表为空。

Step2. 判断算法是否满足终止条件。若是,则结束算法并输出结果;否则,执行以下步骤。

Step3. 利用当前解 x 的邻域函数产生其所有(或若干)邻域解,并从中选择一个不受禁忌的候选解 y。

Step4. 对候选解 y 进行评估。如果候选解 y 优于 x,则用 y 替代 x 成为当前新解,并将与之对应的禁忌对象加入禁忌表中,如果禁忌表满,则替换最早进入禁忌表的禁忌对象,转步 Step2;否则,转步 Step3,如果连续 n 次没有对当前解进行改进,则算法结束。

可见,简单的禁忌搜索是在邻域搜索的基础上,通过设置禁忌表来禁忌一些已经历的操作,其中邻域结构、候选解、禁忌长度、禁忌对象、终止准则等是影响禁忌搜索算法性能的关键。

(6) 模拟方法

模拟是试图通过模型重现某一系统的行为或活动,而不必实地去建造并运转一个系统,那样会造成巨大的浪费,或根本没有可能实地去进行运转实验。模拟方法有许多种应用,在选址问题中,模拟可以使分析者通过反复改变和组合各种参数,多次试行来评价不同的选址方案,模拟方法可描述多方面的影响因素,因此比运输表法有更大的实用意义。这种方法还可进行动态模拟,例如,假定各个地区的需求是随机变动的,通过一定时间长度的模拟运行,可以估计各个地区的平均需求,从而在此基础上确定流通中心、生产中心的分布,还可通过需求的变动模拟出库存的变动水平,用于帮助决定生产规模、生产、运输、仓储费用等。这种方法常用来求解较大型的、无法手算的问题。例如,某公司有 137 个需求中心,5 个地区性的配送中心,4 个生产工厂,通过动态模拟计算分析,得出的结论是,如果把现有的 5 个配送中心归并成 3 个,可使总成本最小,该方案得到了实施,实施后每年可节约 13 万美元。

5.3 设施选址模型

选址模型是为设施(工厂、仓库、物流中心等)找到一个最优的位置,是物流系统设计中的一个重要部分[6]。

对设施选址问题可以通过一个最为简单的实例来理解:在一条直线上(街道)选择一个有效位置(商店),即一种设施选址。为了能够让在这条街上的所有顾客到达商店的平均距离最短,在不考虑其他因素的情况下,这条大街的中点当然是最为合理的位置。此为最简单的一个选址问题,实际上,街道各个位置可能出现顾客的概率是不一样的,如果需要考虑这个条件的限制,那么就需要给整条街不同位置加上一个权重 w 进行分析[5]。由于对不同的选址模型的权重设计方法并不是完全一样的,问题将变得复杂。在权重等外部条件都确定的情况下,此类问题可以用以下的目标函数进行评价:

$$\min Z = \sum_{i=0}^{s-1} w_i(s - x_i) + \sum_{i=s+1}^{n} w_i(x_i - s) \tag{5-4}$$

式中：w_i——大街上第 i 个位置出现顾客的概率；

x_i——大街上第 i 个位置到 s 的距离；

s——选择投资的地址位置。

式(5-4)适用于离散模型。

对式(5-4)进行求解，需求等式微分，然后令其微分值为零，结果为

$$\frac{\mathrm{d}Z}{\mathrm{d}s} = \sum_{i=0}^{s-1} w_i - \sum_{i=s+1}^{n} w_i = 0 \tag{5-5}$$

计算结果表明，所开设的新店面需要设置在权重的中点，即两面的权重都是50%。

这是一个很简单的选址模型，下面将对选址问题中的各个模型进行详细介绍。

5.3.1　连续点选址模型

连续点选址问题指的是在一条路径或者一个区域里面的任何位置都可以作为选址的一个选择。

1. 交叉中值模型(Cross Median)

交叉中值模型是用来解决连续点选址问题的一种十分有效的模型，它利用城市距离进行计算。通过交叉中值的方法可以对单一的选址问题在一个平面上的加权的城市距离进行最小化。其相应的目标函数为

$$Z = \sum_{i=0}^{n} w_i(|x_i - x_s| + |y_i - y_s|) \tag{5-6}$$

式中：w_i——与第 i 个点对应的权重(例如需求)；

$(x_i - x_s)$——第 i 个需求点的坐标；

$(y_i - y_s)$——服务设施点的坐标；

n——需求点的总数目。

需要注意的是，这个目标函数可以用两个互不相干部分来表达。

$$Z = \sum_{i=0}^{n} w_i |x_i - x_s| + \sum_{i=0}^{n} w_i |y_i - y_s| \tag{5-7}$$

商店在一条大街上选址的问题，就是所有可能需要服务的对象到目标点的绝对距离总和最小。在这个问题里面，最优位置也就是由如下坐标组成的点：

x_i 是在 x 方向上所有的权重 w_i 的中值点；

y_i 是在 y 方向上所有的权重 w_i 的中值点。

考虑到 x_s，y_s 或者两者同时可能是唯一值或某一范围，最优的位置也相应地可能是一个点，一条线，或者是一个区域。

2. 精确重心法(Exact Gravity)

前面介绍的交叉中值模型由于其本身的局限性，例如，使用的是城市距离，只适合于解决一些小范围的城市内的选址问题。精确重心法，在评价的过程中使用的是欧几里德距离，即直线距离。

在使用了欧几里德距离后，目标函数变成了

$$\min Z = \sum_{i=1}^{n} w_i[(x_i - x_s)^2 + (y_i - y_s)^2]^{\frac{1}{2}} \tag{5-8}$$

这是一个双变量系统,分别对 x_i 和 y_i 求偏微分,并且令其为零,这样就可以得到两个微分等式。应用这两个等式分别对 x_i 和 y_i 进行求解,即可以求出下面的一组隐含有最优解的等式:

$$x_s = \frac{\sum_{i=1}^{n} \frac{x_i w_i}{d_{is}}}{\sum_{i=1}^{n} \frac{w_i}{d_{is}}} \tag{5-9}$$

$$y_s = \frac{\sum_{i=1}^{n} \frac{y_i w_i}{d_{is}}}{\sum_{i=1}^{n} \frac{w_i}{d_{is}}} \tag{5-10}$$

这里,$d_{is} = [(x_i - x_s)^2 + (y_i - y_s)^2]^{\frac{1}{2}}$在式(5-9)和式(5-10)中,可以通过迭代的方法进行求解,迭代公式如下:

$$x_{si} = \frac{\sum_{i=1}^{n} \frac{x_i w_i}{d_{s(i-1)}}}{\sum_{i=1}^{n} \frac{w_i}{d_{s(i-1)}}} \tag{5-11}$$

$$y_{si} = \frac{\sum_{i=1}^{n} \frac{y_i w_i}{d_{s(i-1)}}}{\sum_{i=1}^{n} \frac{w_i}{d_{s(i-1)}}} \tag{5-12}$$

这里,$d_{s(i-1)} = [(x_{i-1} - x_s)^2 + (y_{i-1} - y_s)^2]^{\frac{1}{2}}$。如果该迭代过程具有收敛性,那么经过无限次的迭代之后,可以得到一个最优解 x_s^* 和 y_s^*。但是在实际中,可以迭代的次数是有限的,所以在迭代过程中需要确定一个中止准则。设置中止准则有两个方法,其一是根据经验和以前的试验结果,直接设置一个确定的迭代次数 N;其二是将每一次得到的迭代结果 x_{si}, y_{si}跟前面一次的迭代结果 $x_{s(i-1)}$, $y_{s(i-1)}$相比较,当两次迭代得到的结果变化小于某一阈值 Δx_{slim}, Δy_{slim}时,迭代过程结束。

$$\Delta x_s = [x_{si} - x_{s(i-1)}] \leqslant \Delta x_{\text{slim}} \tag{5-13}$$

$$\Delta y_s = [y_{si} - y_{s(i-1)}] \leqslant \Delta y_{\text{slim}} \tag{5-14}$$

5.3.2 离散点选址模型

离散点选址指的是在有限的候选位置里面,选取最为合适的一个或者一组位置为最优方案,相应的模型就叫作离散点选址模型[7]。它与连续点选址模型的区别在于:它所拥有的候选方案只有有限个元素。

对于离散点选址问题,目前主要有 4 种模型可供选择,分别是覆盖模型(Covering)、p-中值模型、FCLP 模型和 k- CARD 模型。

1. *覆盖模型*

所谓覆盖模型,就是对于已知的一些需求点,如何确定一组服务设施来满足这些需求点的需求。该模型适用于商业物流系统,如零售点的选址问题、加油站的选址、配送中心的选址等,公用事业系统,如急救中心、消防中心等,以及计算机与通信系统,如有线电视网的基站、无线通信网络基站、计算机网络中心的集线器设置等。

根据解决问题的方法不同,可以分成2种不同的主要模型。

(1) 集合覆盖模型

集合覆盖模型的目标是用最小数量的设施去覆盖所有的需求点,相应的目标函数可以表达为

$$\min \sum_{j \in N} x_j \tag{5-15}$$

约束条件为

$$\sum_{j \in B(i)} y_{ij} = 1, i \in N \tag{5-16}$$

$$\sum_{j \in A(j)} d_i y_{ij} \leqslant c_j x_j, \ j \in N \tag{5-17}$$

$$x_j \in \{0,1\}, \ j \in N \tag{5-18}$$

$$y_{ij} \geqslant 0, i, \ j \in N \tag{5-19}$$

式中:N——$N = \{1,2,\cdots, n\}$,在研究对象中的 n 个需求点;

d_i——第 i 个节点的需求量;

c_j——设施节点 j 的容量;

$A(j)$——设施节点 j 所覆盖的需求节点的集合;

$B(i)$——$B(i) = \{j | i \in A(j)\}$,可以覆盖需求节点 i 的设施节点 j 的集合;

x_j——$x_j = 1$,该设施位于节点 j; $x_j = 0$,该设施不位于节点 j;

y_{ij}——节点 i 需求中被分配给节点 j 的部分。

式(5-15)最小化设施的数目,式(5-16)保证每个需求点的需求得到完全满足,式(5-17)是对每个提供服务的网点的服务能力的限制,式(5-18)保证一个地方最多只能投建一个设施,式(5-19)允许一个设施只提供部分的需求。

对于此类带有约束条件的极值问题,有两类方法可以进行求解。一是精确的算法,应用分支定界求解的方法,能够找到小规模问题的最优解,由于运算量方面的限制,一般也只适用于小规模问题的求解。二是启发式方法,虽然所得到的结果不能保证最优解,但是可以保证是可行解,可以对大型问题进行有限的分析、求解。

(2) 最大覆盖模型

最大覆盖模型是在给定数量的设施下,覆盖尽可能多的需求点,相应的目标函数可以表达为

$$\max \sum_{j \in N} \sum_{i \in A(j)} d_i y_{ij} \tag{5-20}$$

约束条件为

$$\sum_{j \in B(i)} y_{ij} \leqslant 1, \ i \in N \tag{5-21}$$

$$\sum_{j \in A(j)} d_i y_{ij} \leqslant c_j x_j, \ j \in N \tag{5-22}$$

$$\sum_{j \in N} x_j = p \tag{5-23}$$

$$x_j \in \{0,1\}, j \in N \tag{5-24}$$

$$y_{ij} \geqslant 0, i, j \in N \tag{5-25}$$

式中：N——$N=\{1,2,\cdots,n\}$，在研究对象中的 n 个需求点；

d_i——第 i 个节点的需求量；

c_j——假如设施位于节点 j 时相应的容量；

$A(j)$——可以被位于节点 j 所覆盖的所有节点的集合；

$B(i)$——$B(i)=\{j|i\in A(j)\}$，其相应设施可以覆盖节点 i 的节点的集合；

p——允许投建的设施数目；

x_j——$x_j=1$，该设施位于节点 j；$x_j=0$，该设施不位于节点 j；

y_{ij}——节点 i 需求中被分配给节点 j 的部分。

式(5-20)是满足最大可能的对需求提供服务，也是目标；式(5-21)是需求的限制，服务不可能大于当前需求的总和；式(5-22)是设施的服务能力的限制；式(5-23)则是问题本身的限制，也就是说最多可能投建设施的数目 p。其他两式同集合覆盖模型。

2. p-中值模型

p-中值模型是指在一个给定数量和位置的需求集合和一个候选设施位置的集合下，分别为 p 个设施找到合适的位置并指派每个需求点到一个特定的设施，使之达到在工厂和需求点之间的运输费用最低[8]。

p-中值模型一般适用于工厂或者仓库的选址问题，例如要求在它们和零售商或者顾客之间的运输费用最小。一般p-中值问题的目标函数是

$$\min \sum_{j\in N}\sum_{i\in A(j)} d_i c_{ij} y_{ij} \tag{5-26}$$

约束条件为

$$\sum_{j\in B(i)} y_{ij} \leqslant 1, i \in N \tag{5-27}$$

$$\sum_{j\in N} x_j = p \tag{5-28}$$

$$y_{ij} \leqslant x_j, i \in N, j \in M \tag{5-29}$$

$$x_j \in \{0,1\}, i \in M \tag{5-30}$$

$$y_{ij} \in \{0,1\}, i \in N, j \in M \tag{5-31}$$

式中：N——$N=\{1,2,\cdots,n\}$，系统中的 n 个客户(需求点)；

d_i——第 i 个客户的需求量；

M——$M=\{1,2,\cdots,m\}$，m 个投建设施的候选地点；

c_j——从地点 i 到 j 的单位运输费用；

p——可以建立的设施的总数($p<m$)；

x_j——$x_j=1$，在 $j\in M$ 建立设施；$x_j=0$，其他情形；

y_{ij}——$y_{ij}=1$，客户 $j\in M$，由设施 $j\in M$ 提供服务；$y_{ij}=0$，其他情形。

式(5-26)是 p-中值模型的目标函数，约束条件式(5-27)保证每个客户(需求点)只有一个设施来提供相应的服务，约束条件式(5-28)限制了总的设施数目为 p 个，约束条件式(5-29)有效地保证没有设施的地点不会有客户对应。

从上面的两种 p-中值模型不同表达方式中可以看出，求解一个 p-中值模型需要解

决两方面问题：

① 选择合适的设施位置(数学表达式中的 x 变量)；

② 指派客户到相应的设施中去(数学表达式中的 y 变量)。

一旦设施的位置确定,再确定每个客户到不同的设施中,使费用总和 c_{ij} 最小就十分简单了。

与覆盖模型相似,求解一个 p-中值模型的设施选址问题,主要有两大类的方法:精确计算法和启发式计算法。

3. FCLP 模型

p-中值模型有 3 个假设,其一,每个设施的建设费用相同;其二,每个设施没有容量限制,顾客只被分配到离它最近的设施;其三,设施的数量固定,都是 p 个。如果设施的建设费用根据每个点的情况而不同,设施也加入容量限制,就可以建立一个简单的含有建设费用的设施选址问题(Fixed Charge Location Problem,简称 FCLP),目标函数是建设费用和运输费用之和。如果不考虑设施的容量限制,就是 UFCLP 模型。根据以上定义,FCLP 问题可以用以下模型表示：

$$\min \sum_{j\in J} f_j x_j + \alpha \sum_{i\in I}\sum_{j\in J} h_i d_{ij} y_{ij} \tag{5-32}$$

$$\sum_{j\in J} y_{ij} = 1, \forall i \in I \tag{5-33}$$

$$y_{ij} - x_j \leqslant 0, \forall i \in I, j \in J \tag{5-34}$$

$$\sum h_i d_{ij} y_{ij} - c_j x_j \leqslant 0, \forall i \in I \tag{5-35}$$

$$y_{ij} \in \{0,1\}, \forall i \in I, j \in J \tag{5-36}$$

$$x_j \in \{0,1\}, \forall j \in J \tag{5-37}$$

式中:I——需求点的集合;

J——设施候选点的集合;

h_i——需求点 i 的需求量;

d_{ij}——需求点 i 到设施点 j 的距离;

f_j——在点 j 建立设施的固定费用;

c_j——设施点 j 的容量;

α——每单位需求量单位距离的花费。

此外,$x_j=1$,为在点 j 建设施;$x_j=0$,为其他情形;$y_{ij}=1$,为需求点 i 被分配给设施 j;$y_{ij}=0$,为其他情形。

目标函数(5-32)是求最小的建设费用和运输费用之和;等式约束(5-33)保证每个顾客都被服务到;不等式约束(5-34)保证只有设施被建立了才可能服务顾客;不等式约束(5-35)表明每个设施的服务量不会超过其自身能力。决策变量 $x_j=1$ 表示在点 j 建立设施,否则不建;决策变量 $y_{ij}=1$ 表示顾客 i 被设施 j 服务,否则 $y_{ij}=0$。

4. k-CARD 模型

k-CARD 问题与前面的模型不同,前面的模型主要确定各个设施的位置以及顾客的分配情况,k-CARD 问题与路径有关,如确定输油管道、自来水管道等[9]。

一个无向图 $G=(V,E)$ 含有 n 个顶点,m 条边,在图上定义一个实值函数 $w_i \in R$,k-Cardinality tree problem(简称 k-CARD)是寻找该图的一棵含有 k 条边的子树,使得这棵树的权和最小。这个问题又可以分为点上带权和边上带权问题。如今在油田租赁、设施布局、电信及其他领域有着广泛的应用。

当实值函数 $w_i \in R$ 是 $E \to R$ 的函数时，该问题是边上带权的 k-CARD 问题，集合 $E^1 \subseteq E$ 的权和定义为 $w(E^1) \subseteq \sum_{e \in E^1} w_e$。目标函数就是

$$\min\ \{w(E_T) \mid T = (V_T, E_T) \subseteq G(V, E)\text{是一棵树}, |E_T| = k\} \tag{5-38}$$

如果实值函数 $w_i \in R$ 是 $V \to R$ 的函数时，该问题是点上带权的 k-CARD 问题，集合 $V^1 \subseteq V$ 的权和定义为 $w(V^1) \subseteq \sum_{v \in V^1} w_v$，目标函数就是

$$\min\ \{w(V_T) \mid T = (V_T, E_T) \subseteq G(V, E)\text{是一棵树}, |E_T| = k\} \tag{5-39}$$

G 中的一棵树 $T = (V_T, E_T)$ 就是含有 $k(1 \leqslant k \leqslant |V| - 1)$ 条边且没有环的子图。当(5-38)中的 $k = |V| - 1$ 时就是最小生成树问题。

5.4 选址案例分析

2007 年 3 月 26 日上午，Intel 宣布在中国辽宁省大连市投资建立一个生产 300 mm 晶圆的工厂。该厂是 Intel 在亚洲的第一个晶圆厂，此前 Intel 在中国上海浦东和四川成都设有两家封装和测试工厂。

这标志着历经 5 年、悄然运作的芯片大项目，终于在大连安家落户。尽管笼罩在它神秘面容上的薄纱已渐渐散去，但还是有一个关键问题牵动人们的神经：Intel 为何选择中国大连?

人们迫切想知道，在这将近 5 年的“沉默”恋爱中，到底发生过什么。Intel 公司 CEO 保尔称：落户中国是必然选择。为什么 Intel 会在亚洲选址，而且落户地点又是高技术出口受控国之一的中国的大连？作为行业内“毫无优势”可言的城市，大连为什么会在众多候选城市中经多轮筛选后最终胜出？这些待解的问题也是大家关心的焦点。

5.4.1 公司简介

Intel 公司是全球最大的半导体芯片制造商，它成立于 1968 年，具有 40 年产品创新和市场领导的历史。公司的第一个产品是半导体存储器。1971 年，Intel 推出了全球第一个微处理器，这一举措不仅改变了公司的未来，而且对人类生活产生了深远的影响。微处理器所带来的计算机和互联网革命，改变了这个世界。

2002 年 2 月，Intel 被美国《财富周刊》评选为全球十大“最受推崇的公司”之一，名列第九。Intel 是一家总部在美国的高技术企业，为全球日益发展的计算机工业提供建筑模块，包括微处理器、芯片组、板卡、系统及软件等。这些产品是标准计算机架构的组成部分，业界利用这些产品再为最终用户设计制造出先进的计算机。作为全球信息产业的领导公司之一，Intel 公司不但致力于客户机、服务器、网络通信、互联网解决方案和互联网服务方面，为日益兴起的全球互联网经济提供建筑模块，而且一直掌握着这一行业的技术脉搏——产业标准。

5.4.2 项目背景

2000 年以后，亚洲经济飞速发展，尤其是以日本、韩国和中国为首的东亚经济对整个

世界的经济发展起了极大的推动作用。而整个亚洲经济的发展,又在很大程度上是借助于半导体行业的高速发展来推波助澜。日本、韩国和中国都先后出现了多种基于芯片为载体的新技术产品,分布于网络、医疗、通信、娱乐等多行业、多领域。这些新产品的生产者为了提高产品的竞争力,迫切希望得到更新更快的处理器来为自己的新产品服务。

Intel 公司作为全球半导体行业的领先者,很早就感知到了这一状况。为了满足公司在亚太新兴市场既有的和将来的市场份额需求,保证 Intel 在亚洲半导体行业新产品标准制定上的话语权,集团早就有了在亚洲投资建设晶圆生产厂的想法。

Intel 公司不断更新换代的 300 mm 晶圆生产技术是其作为行业领先者的标志。在亚洲建设晶圆厂,首先,可以把公司技术成熟,而且市场占有率较大的定型产品拿到亚洲生产,使在本国的母公司可以进行技术升级来开发和生产新一代产品,保证公司对市场的长期垄断和长久发展。另外,在亚洲建设晶圆厂,可以加强对亚洲市场的技术支持和影响。因为在亚洲如果没有核心业务投资,合作伙伴会对公司的发展方向产生疑虑,进而对彼此间的长期合作也缺乏信任感,最终可能导致合作关系被削弱。反之,不但增加了相互信任,而且可以加强区域内的合作,通过和产品使用者共同研发,从而满足下游产品使用者的新需求,形成相互依赖的互利共赢关系,共同增大市场影响,并通过市场网络效应和正反馈回路最终形成市场占有优势。正反馈过程的重要意义在于,一旦新产品上市,而且市场占有率较高,就意味着先行者在标准建立上走在了市场的前列,使推广其他标准的企业将会被迫出局,新的竞争者也很难进入,因为消费者不愿意承担放弃现有标准转向其他标准的转换成本、学习成本、兼容风险成本等。这就使先导企业领先并专有新技术标准,而且通过市场网络效应使新标准主导市场,使之为最终可能变成行业标准打下基础,从而获取最大的垄断经济效益。因此,高技术产业内的竞争主要是新技术研发之争,更是产业标准之争。这也是 Intel 选择亚洲建厂的主要原因。

2007 年,Intel 在全球分布有 7 个晶圆制造基地,其中 5 个在美国本土,另外 2 个分别在爱尔兰和以色列。作为追求全球战略 (Global Strategy)的公司 Intel 专注于利用经验曲线降低成本,获得区域经济效益,也就是说,它实行的是在全球范围内追求低成本战略。将制造、营销和研发活动都集中在少数效率最高的地区,而且公司已经拥有半导体行业全球性的标准,目前所面临的是对标准的全球性产品的巨大需求。而亚洲尤其是中国芯片市场与消费市场正从新兴走向中兴,磁场效应日增。据半导体产业研究机构 iSuppli 的数据,在 Intel 开始项目考察的 2004 年,中国半导体市场总额已经占到全球总销售的 10% 以上,足以称为主流市场。而根据预计,到 2010 年中国将成为仅次于美国的第二大芯片市场。再看整个电子市场,2004 年,中国的市场规模已经达到 2 720 亿美元,正从全球第三向第二迈进,而且保持 30% 的前进速度,在世界上绝无仅有。

因此,2002 年初,时任公司 CEO 的贝恩先生决定在亚洲筹划投资建设晶圆制造基地,并责成公司亚洲区的建设总监乔对这一想法给予论证和实施。于是,一场耗时近 5 年的选址大幕徐徐拉开。

5.4.3　案例分析

2007 年 3 月 26 日上午,Intel 公司宣布在中国辽宁省大连市投资建立一个生产 300 mm晶圆的工厂。这标志着历经 5 年、悄然运作的芯片大项目,终于在大连安家落户。

现在回过头来看看 Intel 选址一路走来的历程，可以从中得出 Intel 公司项目落户大连的主要原因和一些值得借鉴的经验。

1. 主要原因

（1）多因素的作用

① 市场和技术因素。中国作为芯片行业最具成长潜力的市场，是 Intel 建厂选择的主要原因。而大连作为成长中的以高科技为发展方向的新兴城市和新兴市场，以及本身的软件行业的高速发展，都契合了 Intel 的发展要求，而且，Intel 还可以通过建立新工厂帮助大连市进一步提高其高技术引资的市场竞争地位，吸引更多高技术企业进入，从而也为 Intel 自身的亚洲战略铺平道路——使自身的技术研发与亚洲市场的新需求和新产品研发同步，通过引领下游企业发展，逐步形成对新兴市场和新产品标准的市场占有优势，进一步巩固 Intel 在本领域内的垄断优势。

② 成本因素。正如上文所述，Intel 对生产成本的关注度极高，加之此次亚洲建厂，Intel 是为处于公司产品生命周期成熟期的产品寻找生产基地。成本因素更是重中之重的考量指标。大连在竞争中可以力压上海、苏州等行业基础好的地区，正是她的固定资产投资成本和未来运营成本相对较低的优势作用结果。

③ 环境因素。Intel 公司的投资战略一直是做小池塘里的大鱼，无论是在美国本土的生产厂，还是海外投资，Intel 一直注重企业发展与城市发展同步。而且总是与投资国当地的发展战略紧密结合。从浦东建厂时正逢长三角经济区高速发展，到成都投资时契合中国的西部大开发战略，此次落户大连也正好与中国政府开发老东北工业基地的战略合拍。这不是简单的巧合，而是 Intel 这种全球化公司国际直接投资发展战略的体现。

（2）竞争者的原因

从投资环境上讲，青岛和大连属于同一类城市，彼此间无论是地理环境、人文环境，还是工业基础都极其相似，而且青岛在近几年工业发展上，不论是总产值，还是知名品牌都优于大连，但青岛没有把优势化作最终的胜势，因为青岛忽视了 Intel 选择它的理由，不是因为它的产业优势可以帮助公司在技术上得到发展和支持，而是想通过 Intel 本身的发展带动城市在相关产业里的发展，从而帮助企业进一步形成产业互动优势，推动公司对整个亚洲市场新产品的主导作用。而大连本身的低调和服务意识恰恰符合 Intel 这一发展理念，也决定了大连在多轮筛选后能脱颖而出，最终使得项目落户大连。

2. 提供的经验

（1）定位准确

Intel 在项目初期就把新工厂位置选定在亚洲，说明 Intel 对自身的发展机会和发展方向早已有了详细的考量和认识，这一切都是建立在对市场和行业的长期监控，对自身实力和机会的分析和精准把握上。亚洲市场是全球最活跃的市场，作为行业老大的 Intel 当然要有所作为。

2005 年，在公司和市场形势刚刚明朗之际，公司就把发展方向进一步定位于中国，更加证明了 Intel 在经营中的市场导向作用和技术导向作用。中国市场即将成为全球第二大半导体市场，廉价却高水平的劳动力储备，行业新技术的不断出现，所有这些因素足以让 Intel 来中国投资发展。

最终，项目于 2007 年落户大连，体现了 Intel 经营中对成本、影响力、知识产权保护等方面的关注度。“做小池塘里的大鱼”，Intel 总裁保尔的这句话正是项目最终走向的总结。

（2）程序缜密

从海选时“纸上谈兵”的资料收集整理和小组成员组织机构的组成，到实地考察的17项评分标准和考察小组人员组成的独立性，所有一切都体现了 Intel 在项目实施中计划和组织的完整性和可操作性。

从海选、初选、备选城市实地考察、量化评分、再度考察、最终确定选址结果，Intel 的投资选址可谓计划周密，有条不紊，而且在选址过程中就参与候选城市的市场试验，如和大连市的软件产业合作与开发项目试验等，体现其作为全球性企业所拥有的丰富的全球化战略经验和执行程序。

（3）时机把握准确

2002 年，Intel 在业务量增长，竞争对手市场份额萎缩时，立即着手新工厂立项，体现了它对自身实力的良好评估，更取决于对未来市场前景的准确预测和发展战略方向的把握——占有亚洲新兴市场。如果等市场形成或成熟时再进入，其成本将远远大于在市场形成初期就进入并参与市场形成过程。

Intel 从 2004 年就开始培育大连市场，先后投资其软件行业和公共互联网建设，为日后的进入打下了基础，创造了合作和发展的平台。

芯片产业重心正在向中国转移。在过去的几十年里，芯片生产重心的转移已发生过两次，20 世纪 70 年代末，从美国转移到了日本，而 20 世纪 80 年代末，韩国与中国台湾成为芯片产业的主力。每一次芯片产业重心转移到新的国家和地区，都引发了整个产业的剧烈震荡，这也给那些地区带来了巨大的经济动力。

这种转移为日本造就了日立、东芝、三菱电气、富士通和 NEC 等世界顶级的芯片制造商，1988 年，日本的芯片产值占全球的比重曾高达 67%，高峰时期雇用员工多达 19 万名，附加值达 2.8 万亿日元。而仅仅通过 10 余年的不懈努力，韩国成为继美国、日本之后的世界第三个半导体产业中心，自 20 世纪 90 年代中期以来，半导体产值一度占据韩国出口产品的第一位。

现在，整个行业都在关注中国这个未来的热点地区，近几年中，中国强大的内需是亚洲跃升为芯片销售龙头的重要原因之一，这也促使了国际芯片业巨头将芯片制造业向中国内地转移。Intel 的到来正是把握时机占领中国市场的先手。

本章参考文献

[1] 刘刚，等：《物流系统规划与设计》，科学出版社，2011 年。
[2] 陈菡：《配送中心选址研究》（学位论文），福建农林大学，2007 年。
[3] 高举红：《物流系统规划与设计》（学位论文），清华大学出版社，2010 年。
[4] 张莉丽：《选址问题及其模型与算法研究》（学位论文），浙江大学，2006 年。
[5] 郜振华：《配送中心选址模型与算法研究》（学位论文），东南大学，2005 年。
[6] 平海，等：《物流系统规划与设计》，清华大学出版社，2010 年。
[7] 董维忠：《物流系统规划与设计》，电子工业出版社，2010 年。
[8] 马汉武：《设施规划与物流系统设计》，高等教育出版社，2005 年。

第六章　配送中心的规划与设计

6.1　配送中心概述

6.1.1　配送中心的定义

配送中心是指从事配送业务的物流场所或组织。

物流学家王之泰教授在《现代物流学》中指出:“配送中心是从事货物配备(集货、加工、分货、拣选、配货)和组织对用户的送货,以高水平实现销售或供应的现代流通设施。”[1]这个定义表达了配送中心几个不可忽视有其特点的内涵,具体为以下几个要点:

① 定义中强调了配送活动和销售或供应等经营活动的结合;

② 配送中心的“货物配备”工作是其主要的、独特的工作,是全部由配送中心完成的;

③ 配送中心必须有送货功能,有的是完全承担送货,有的是利用社会运输企业完成送货;

④ 定义中强调了配送中心的“现代流通设施”不但处理商流而且处理物流,是兼有商流、物流全功能的流通设施。

6.1.2　配送中心的类型

物流配送中心根据不同的标准可以划分为不同的类型。具体来讲,有以下 3 种划分形式:

1. 根据功能划分

(1) 流转中心(Transfer Center)

不具有商品保管、在库管理等功能,即单纯从事商品周转、拣选业务的物流配送中心。

(2) 配送中心(Distribution Center)

具有商品保管、在库管理等功能,同时又进行商品周转、拣选业务的物流配送中心。

(3) 储存中心(Stock Center)

单一进行商品保管业务的保管型物流配送中心。

(4) 流通加工中心(Process Center)

从事流通加工业务的物流配送中心。

2. 根据运营主体划分

(1) 厂商主导型配送中心

对于规模较大、实力雄厚的特大型生产厂家来说,通过配送中心的设立,形成具有特色的产供销一体化的经营体制，以此来增强市场竞争能力，保持市场占有率。通常，家用电器、汽车、化妆品、食品等厂家多采取这种形式。

（2）批发商主导型配送中心

批发商主导型配送中心是指由批发企业为主体建立的配送中心。配送中心作为批发商从厂家购进商品，向零售企业（如连锁零售企业的配送中心或店铺）直接配送商品的物流基地。

（3）零售商主导型配送中心

零售商主导型配送中心是以零售商为主建立的面向中端用户或门店的配送中心。零售企业为了减少流通环节，降低物流成本，把来自不同进货者的货物在配送中心集中分拣、加工等，然后按其所属的店铺进行计划配送。

（4）物流企业主导型配送中心

由物流企业建设的面向货主企业提供配送服务的配送中心。其服务对象一般比较固定，物流企业在与货主企业签订长期物流服务合同的基础上，代理企业开展配送业务，属于第三方服务形态。

（5）共同配送中心

共同型配送中心是指用来开展共同配送的配送中心。共同配送是为了实现物流活动的效率化，有两个或两个以上的企业相互协作共同开展配送活动的一种形式。共同配送中心不仅负责共同配送，还包括共同理货、共同开展流通加工等活动。

6.1.3　配送中心的职能

配送中心是以组织配送性销售或供应、执行实物配送为主要职能的流通型结点。一般来说，配送中心的职能主要包括以下几个方面[2]。

（1）储存职能

配送是依靠集中库存来实现对多个用户服务的，所以储存职能必不可少，是重要的支撑配送作用的职能。

（2）分拣、理货职能

为了将多种物资按不同种类、规格、数量向多个用户进行配送，配送中心必须有效地分拣，并在分拣的基础上，按配送计划进行理货。这是配送中心的核心职能。

（3）配货、分放职能

各用户所需的多种货物，在配送中心有效地组合在一起，形成方便向用户发送的货载。这是配送中心的重要职能。

（4）倒装、分装职能

不同规模的货载在配送中心应能高效地分解及组合，按用户要求形成新的组合或新的装运形态。这是配送中心的重要职能。

（5）装卸搬运职能

配送中心进货、理货、装货、加工都需要辅之以装卸搬运。有效的装卸会大大提高配送效率和配送水平。所以，装卸搬运是配送中心的一项基础职能。

（6）加工职能

多数配送中心都要进行不同程度的加工活动，加工职能能有效地提高配送水平，增强配送服务能力。

(7) 送货职能

配送中心的送货一般是在城市范围内的短距离运送。商品配送时,配送中心要制定派车计划、送货路线、装车调度表等以便科学、合理地完成配送任务。所以,送货是最终实现配送中心作用的职能。

(8) 信息处理职能

由于多种功能聚集于配送中心,使得配送中心成为信息交汇中心,可以提供货物到达、分发、装卸、搬运、储存、销售、价格、运输以及客户资料等各种信息。配送中心可以通过处理这些信息来经营管理和服务客户。

6.2 配送中心规划与设计

在现代物流系统中,配送中心的建设是一项规模大、投资高、涉及面广的系统工程。配送中心是物流经营活动所依托的生产力,要建造一个设施完整、功能齐全、服务优良,能满足不同行业需要的现代物流配送中心,在很大程度上取决于配送中心的规划与设计。

随着社会的发展、科技的进步、信息网络技术的普及和生活消费观念的改变,配送中心已逐步由传统的仓储型过渡到计算机化、信息化、自动化与智能化。为了降低成本、合理利用资金、提高周转率,使现代化物流配送中心迅速收回投资,必须对新建物流配送中心进行科学规划[3]。

6.2.1 配送中心规划与设计的内容与步骤

物流配送中心规划设计内容包括作业功能规划、选址规划、结构规划、物流设施规划和信息系统规划,如图 6-1 所示。其特点见表 6-1。

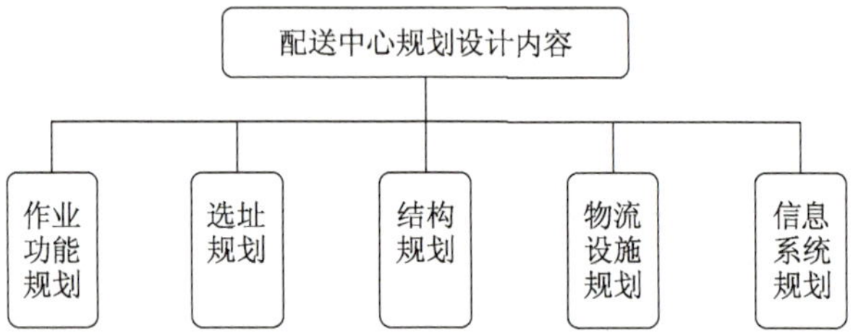

图 6-1 物流配送中心规划设计内容

表 6-1 物流配送中心规划设计的特点

类 型	新 建		改 造
	单个物流配送中心	多个物流配送中心	
委托方	新型企业、跨国企业、政府部门		大多为老企业
规划目的	高起点、高标准、低成本	成为企业、区域新的经济增长点或支柱产业	实现传统物流向现代物流配送中心的转变

续表

类 型	新 建		改 造
	单个物流配送中心	多个物流配送中心	
关键点	物流配送中心选址	系统结构、网点布局	进行作业流程、企业重组，充分利用现有设施
规划内容	作业功能规划 选址规划 结构规划 物流设施规划	作业功能规划 物流网点布局规划 设施规划 物流网络信息系统规划	企业发展战略研究 作业功能规划 结构规划 物流设施
规划原理	物流学、统计学、物流系统分析、管理信息系统	物流学、统计学、物流系统分析、生产布局学、城市规划、管理信息系统	物流学、统计学、企业发展战略、物流系统分析、管理信息系统

配送中心规划与设计的具体步骤如图 6-2 所示。

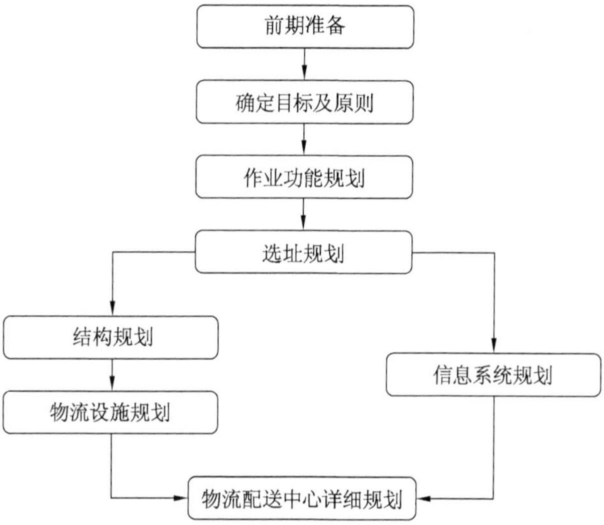

图 6-2　物流配送中心规划设计步骤

1. 前期准备

首先收集物流配送中心建设的内部条件、外部条件及潜在客户的信息；其次分析物流配送中心经营商品的品种、货源、流量及流向，然后调查物流服务的供需情况、物流行业的发展状况等。根据拟建物流配送中心的类型，搜集和调查研究规划用的基本资料。调查研究方法包括现场访问记录、网络查询和搜集厂商实际使用的表单。物流配送中心建设的内部条件包括：业务类型、营业范围、营业额、从业人员数、运输车辆数、供应厂商和用户数量等。物流配送中心建设的外部条件包括：供货厂商类型、规模、信誉、交货能力，供货商数目及据点分布、送货时间段、配送网点分布与规模、配送路线、交通状况等。

针对拟建物流配送中心的类型和需求进行现行资料的搜集，具体包括如下内容。

① 商品资料：产品类型、品种规格、品项数、供货渠道、保管形式等。

② 订单资料：商品种类、名称、数量、单位、订货日期、交货日期、生产厂家等。

③ 货物特性:货物形态、温湿度要求、腐蚀变质特性、包装形式、有效期限等。

除了搜集现行资料外,还要考虑物流配送中心在该计划区域的发展,搜集未来发展的趋势和需求变化的相关资料。

① 中长期发展计划:国家经济发展和产业政策走向、外部环境变化、企业未来发展、国际现代物流技术、国外相关行业的发展趋势等。

② 商品未来需求预测:商品现在销售增长率、未来商品需求预测、未来消费增长趋势。

③ 物流配送中心未来发展的规模和水平,预测未来发展的厂址和面积。

规划与设计的前期准备主要步骤如图 6-3 所示。

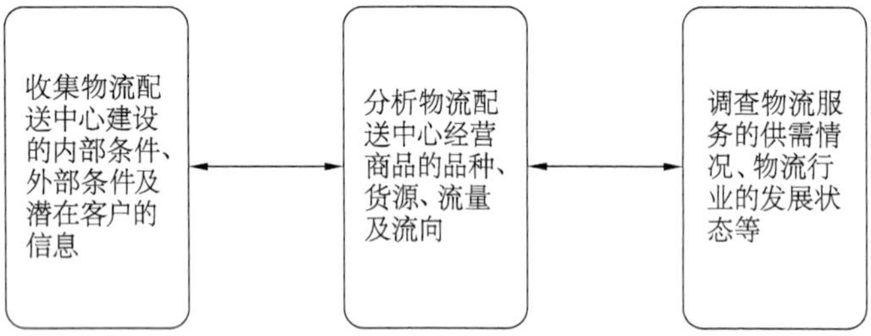

图 6-3　规划与设计工作的前期准备步骤

2. 确定目标

物流配送中心建设目标的确定,主要是依据前期准备工作的资料,确定物流配送中心建设的功能和规模。由于配送中心的服务范围和功能扩展到整个物流系统的各个环节,所以配送中心的规划与设计首要确定总体规模。

配送中心的规模应满足商品储存的需要,充分发挥配送中心的作用。进行总体规模规划时,在对各种基本数据分析以后,要根据业务量、业务性质及内容、作业要求等,同时考虑到企业未来发展以确定新建配送中心的总体规模。

3. 作业功能规划

作业功能规划是将物流配送中心作为一个整体的物流系统来考虑,依据确定的目标,规划物流配送中心为完成业务而应该具备的物流功能。

物流配送中心的作业功能规划是确定物流配送中心相应的作业流程,完成作业区域的功能规划,进行工作区的作业能力规划,如图 6-4 所示。

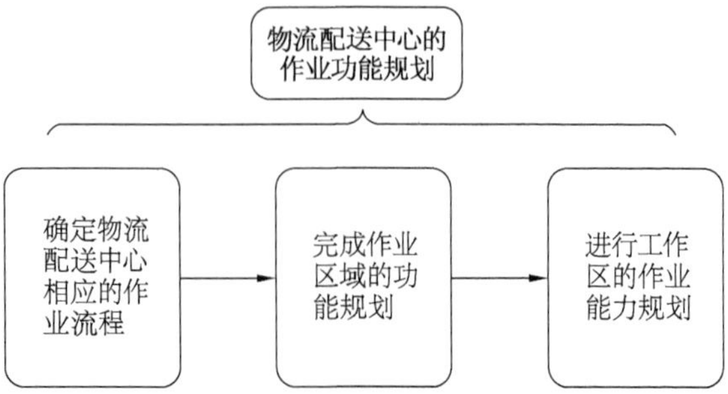

图 6-4　作业功能规划示意图

4. 选址规划

物流配送中心拥有众多建筑物、构筑物以及固定机械设备。一旦建成很难搬迁，如果选址不当，将付出长远代价，因而对于物流配送中心的选址规划需要予以高度重视。

配送中心选址应以费用低、服务好、辐射强以及社会效益高为目标。费用低是指寻求配送中心包括建设费用和经营费用在内的总费用最低。服务好是指配送中心选择的地址应该能够保证物品及时、完好地送达用户。辐射强以及社会效益高是指配送中心的选址应该从整个区域的物流大系统出发，使配送中心的地域分布与区域物流资源和需求分布相适应，适应相关地区经济发展的需要[4]。选址规划应注意的因素及方法如图 6-5 所示。

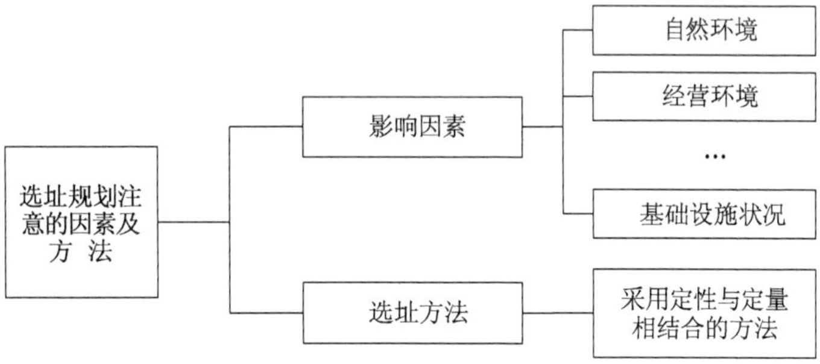

图 6-5　选址规划应注意的因素及方法

5. 结构规划

物流配送中心作业功能规划完成后，根据各作业流程、作业区域的功能及能力进行空间区域的布置规划和作业区域的区块布置工作以及标识各作业区域的面积和界限范围，以及其他建筑设施的规划设计。

结构规划主要包括区域布置规划、库房设计、装卸货平台设计、货场及道路设计、其他建筑设施规划，如图 6-6 所示。

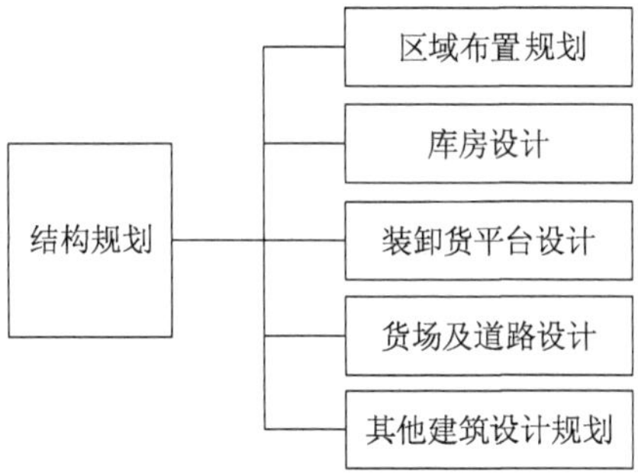

图 6-6　结构规划包含的内容

6. 物流设施规划

物流配送中心的设施设备是保证物流配送中心正常运作的必要条件，设施设备规划涉及建筑模式、空间布局、设备安置等多方面的问题，需要运用系统分析的方法求得整体优化，最大限度地减少物料搬运、简化作业流程，创造良好、舒适的工作环境。

物流设施规划一般包括原有设施设备分析、物流配送中心的功能分区、设施的内部布局、设备规划、公用设施规划,如图 6-7 所示。

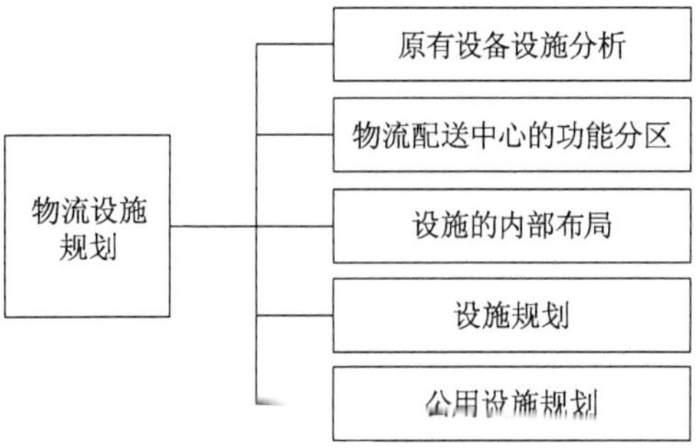

图 6-7　物流设施规划包含的内容

7. 信息系统规划

物流配送中心的信息系统规划,既要考虑满足物流配送中心内部作业的要求,有助于提高物流作业的效率;也要考虑同物流配送中心外部的信息系统相连。

信息系统规划包括物流配送中心管理信息系统的功能设计、物流管理信息系统的关键技术与应用,如图 6- 8 所示。

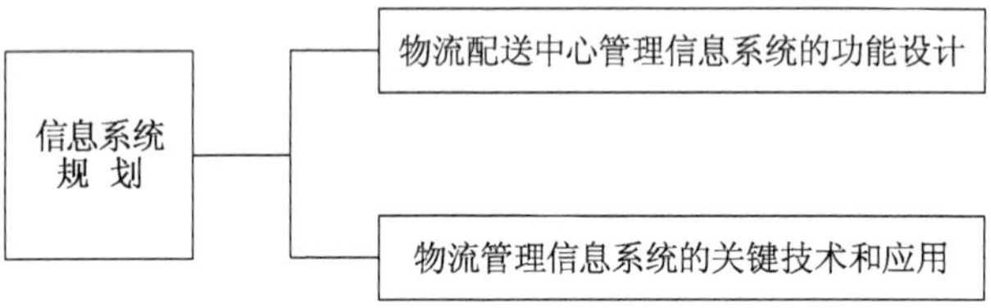

图 6- 8　信息规划系统包含的内容

6.2.2　配送中心流程规划与作业功能规划

配送中心的作业流程本质上属于物流作业流程,是规划配送中心的基础。在自动化物流配送中心的运作中,如果没有正确有效地作业方法与其配合,将很难取得最佳经济效益。配送中心流程规划的根本点是顺畅、高效地实现配送中心的职能,完成"配"和货物准备的工作。

1. 作业流程的规划要求

① 合理化:各项作业流程具有必要性和合理性。

② 简单化:整个系统的物流作业简单、明确和易操作,并努力做到作业标准化。

③ 机械化:规划设计的现代物流系统应力求减少人工作业,尽量采用机械或自动化设备来提高生产率,降低人为因素可能造成的错误,如图 6-9 所示。

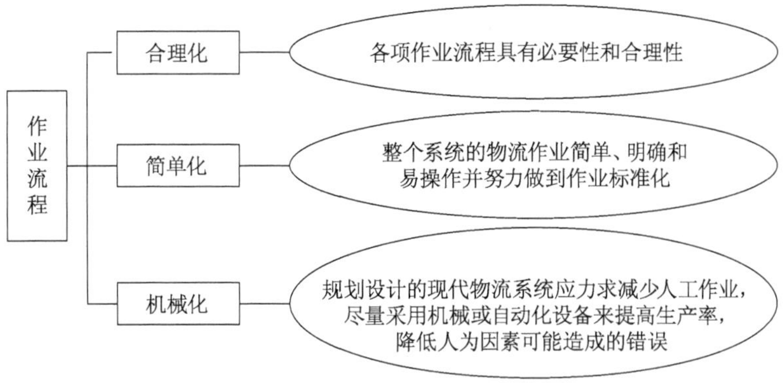

图 6-9　作业流程规划要求

2. 作业流程规划的主要步骤

首先，确定物流配送中心主要活动及其程序之后，才能规划设计。有的物流配送中心还要进行流通加工、贴标签和包装等作业。当有退货作业时，还要进行退货品的分类、保管和退回等作业。配送中心的特性或规模不同，内部的结构和运作方式也不完全相同，但其基本流程主要包括进货（验收、入库）、搬运、库存、拣货、订单处理、流通加工、发货等。其基本作业流程大致可归纳如图 6-10 所示。

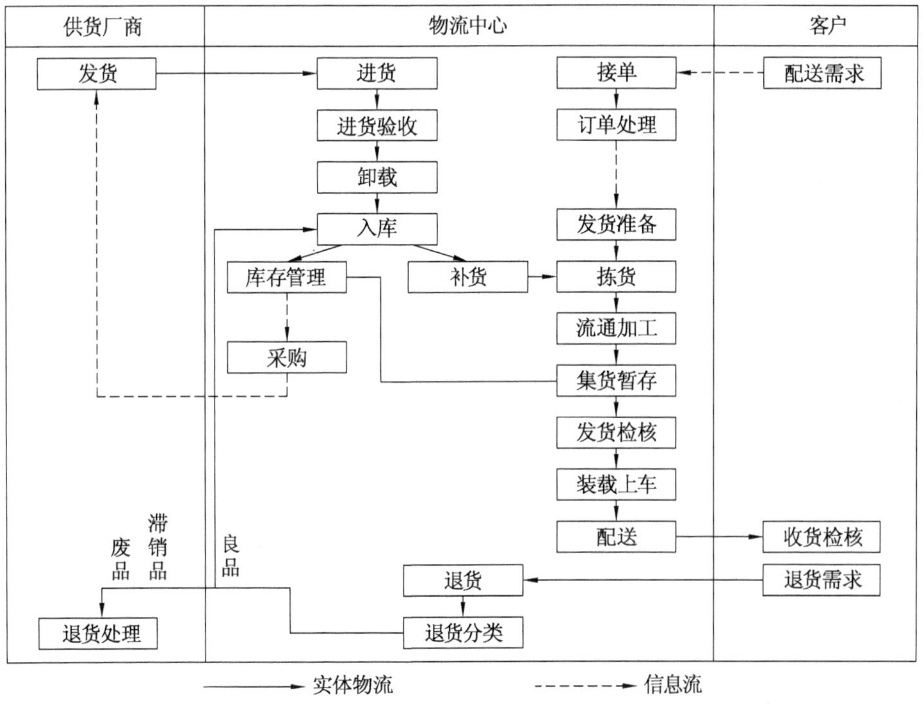

图 6-10　一般物流配送中心的作业流程图

在经过基本资料分析和基本条件设定之后，便可针对物流配送中心特性进一步分析，并制定合理的作业程序，以便选用设备和规划设计空间。通过对各项作业流程的合理化分析，从而去掉作业中不合理和不必要的作业，剔除物流配送中心可能出现的不必要的计算和处理程序，使得规划出的物流配送中心尽量减少重复堆放所引起的搬运翻堆和暂存等工作，以提高整个物流配送中心的效率。

配送中心的作业流程规划要实现两个主要目标：一是降低企业的物流总成本，二是缩短补货时间，提供更好的服务。下面通过介绍配送中心的基本作业，来对各项作业流程进行合理化分析。

（1）进货作业

配送中心进货作业主要包括订货、接货、验收和储存4个环节。

① 订货。配送中心收到并汇总客户的订单以后，首先要确定配送货物的种类和数量，然后要查询管理信息系统，看现有库存商品有无所需要的订货商品。若有现货且数量充足，则转入拣货作业；若没有现货或现货不足则要及时向供应商发出订单。

② 接货。供应商在接到配送中心或用户的订单后，会根据订单要求的品种和数量组织供货，配送中心则组织人力、物力接收货物。

③ 验收。配送中心根据双方的供货合同，对商品数量、质量进行验收，如无问题，则进行分拣作业。

④ 储存。配送中心为保证货源供应，通常都会保持一定数量的商品库存。储存作业的主要内容是随时掌握商品的库存动态，使库存商品保持质量完好并且数量准确。

（2）拣货和配货作业

配送中心的核心作业就是拣货和配货作业，根据不同客户的订单要求进行货物的拣选、加工、包装和配装，为发货做好准备。

① 分拣作业就是拣货人员依据业务部门按照客户订单要求下达的拣货单，从储存的货物中拣出一定品种和数量的商品。

② 流通加工作业。物品在从生产领域向消费领域流动的过程中，配送中心为维护产品质量、改善产品功能、促进销售、提高物流效率而对其进行加工，使之更利于销售和流通。

③ 配装作业。为充分利用运输车辆的动力，提高运输效率。配送中心一般将在同一时间内出货的不同用户的货物组合配装在同一批次运输车辆上进行运送，这就是配送中心的配装作业。另外，如果储运单位过多时，应将各储运单位予以分类合并，避免在内部作业过程中转换过多的储运单位。其做法是以标准托盘或储运箱为容器，把体积、外形差别大的物品归类成相同标准的储运单位。这样可以简化物流配送中心的储运单位。

（3）出货作业和补货作业

① 出货检查作业。出货作业之前，要先把拣取物品按照客户、车次对象等进行产品号码及数量的核对，以及实施产品状态及品质的检验。

② 出货作业。出货作业是指把拣取分类完成的物品经过配货检查过程后，装入容器和做好标识，再运到配货准备区，待装车后发送。

③ 补货作业。补货作业是将货物从仓库保管区搬运到拣货区的工作，补货作业的目的就是保持存货中的每一种产品都在保证目标服务水平的情况下达到最优库存水平。

3. 作业区域的功能规划

在作业流程规划后，可根据物流配送中心运营特性进行作业区域的功能规划，包括物流作业区（如装卸货、入库、订单拣取、出库、发货等作业）的规划。此外，周边辅助活动区如办公室、计算机室和维修间等也要进行规划[5]。

作业区域的功能规划主要包括一般性物流作业区、退货物流作业区、换货补货作业区、流通加工作业区、物流配合作业区、仓储管理作业区、厂房使用配合作业区、办公事务区、劳务活动区、厂区相关活动区[6]，如图 6-11 所示。

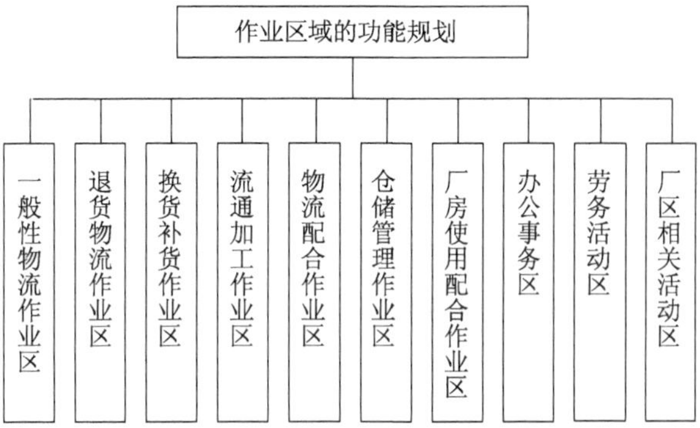

图 6-11　作业区域的功能规划内容

具体的作业区域功能规划如下：

（1）一般性物流作业区

① 车辆进货

作业功能：物品由车辆送入物流配送中心，且车辆停靠在卸货区域。

功能规划：进货口或进发货口。

② 进货卸载

作业功能：物品由运输车辆卸下。

功能规划：卸货平台或装卸货平台。

③ 进货点收

作业功能：进货物品清点数量或品检。

功能规划：进货暂存区或理货区。

④ 理货

作业功能：进货物品拆柜、拆箱或堆栈以便入库。

功能规划：进货暂存区或理货区。

⑤ 入库

作业功能：物品搬运送入仓储区域储存；。

功能规划：库存区或拣货区。

⑥ 调拨补充

作业功能：配合拣货作业将物品移至拣货区域或调整储存位置。

功能规划：库存区或补货区。

⑦ 订单拣取

作业功能：依据订单内容与数量拣取发货物品。

功能规划：库存区、拣货区或散装拣货区。

⑧ 分类

作业功能：在批次拣货作业下，按集合或按客户将货物分类输送。

功能规划:分类区或拣货区。

⑨ 集货

作业功能:按订单分割拣货后集中配送货物。

功能规划:分类区、集货区或发货暂存区。

⑩ 流通加工

作业功能:根据客户需求另行处理的流通加工作业。

功能规划:分类区、集货区或流通加工区。

⑪ 品检

作业功能:检查发货物品的品质及数量。

功能规划:集货区、发货暂存区或流通加工区。

⑫ 发货点收

作业功能:确认发货物品的品项数量。

功能规划:集货区或发货暂存区。

⑬ 发货装载

作业功能:发货物品装到运输配送车辆。

功能规划:装货平台或装卸货平台。

⑭ 货物运送

作业功能:车辆离开物流配送中心进行配送。

功能规划:发货口或进发货口。

(2) 退货物流作业区

① 退货

作业功能:客户退回货物至物流配送中心。

功能规划:进货口或退货卸货区。

② 退货卸货

作业功能:退回货物自运输车辆卸下。

功能规划:卸货平台或退卸货平台。

③ 退货点收

作业功能:清点退货物品的品项数量。

功能规划:退货卸货区或退货处理区。

④ 退货责任确认

作业功能:退货原因及物品的可用程度确认。

功能规划:退货处理区或办公区。

⑤ 退货良品处理

作业功能:退货中属于良品的处理作业。

功能规划:退货处理区或退货良品暂存区。

⑥ 退货瑕疵品处理

作业功能:退货中有瑕疵但仍可用的物品处理作业。

功能规划:退货处理区或瑕疵品暂存区。

⑦ 退货废品处理

作业功能:退货中属于报废品的处理作业。

功能规划:退货处理区或废品暂存区。

(3) 换货补货作业区

① 退货后换货

作业功能:客户退货后换货或补货的处理作业。

功能规划:办公区。

② 误差责任确认

作业功能:物品配送至客户产生误差或短少的处理。

功能规划:办公区。

③ 零星补货拣取

作业功能:对于量少的订单或零星补货的拣货作业。

功能规划:拣货区或散装拣货区。

④ 零星补货包装

作业功能:对于量少的订单或零星补货所需另行包装的包装作业。

功能规划:散装拣货区或流通加工区。

⑤ 零星补货运送

作业功能:对于量少的订单或零星补货所需另行配送的运输作业。

功能规划:发货暂存区或装货平台。

(4) 流通加工作业区

① 拆箱

作业功能:根据单品拣货需求的拆箱作业。

功能规划:散装拣货区或流通加工区。

② 裹包

作业功能:根据客户需求将物品重新包装。

功能规划:流通加工区或集货区。

③ 多种物品集包

作业功能:根据客户需求将数件数种物品集成小包装。

功能规划:流通加工区或集货区。

④ 外箱包装

作业功能:根据运输配送需求将物品装箱或以其他方式外部包装。

功能规划:流通加工区或集货区。

⑤ 发货物品称重

作业功能:根据运输配送需求或运费计算所需的发货物品的称重作业。

功能规划:流通加工区、称重作业区或发货暂存区。

⑥ 印贴条形码文字

作业功能:根据客户需求在发货物品外箱或外包装物印制有关条形码文字的作业。

功能规划:流通加工区或分类区。

⑦ 印贴标签

作业功能:根据客户需求印制标签并贴附在物品外部。

功能规划:流通加工区或分类区。

(5) 物流配合作业区

① 车辆货物出入管制

作业功能:进货或发货车辆出入物流配送中心的管制作业。

功能规划:厂区大门。

② 装卸车辆停泊

作业功能:进货或发货车辆在没有装卸平台可用时临时停靠或回车的作业。

功能规划:运输车辆停车场或临时停车位。

③ 容器回收

作业功能:配合储运箱或托盘等容器的流通使用作业。

功能规划:卸货平台、理货区或容器回收区。

④ 容器暂存

作业功能:空置容器暂存及存取使用作业。

功能规划:容器暂存区或容器储存区。

⑤ 废料回收处理

作业功能:拣选、配送和流通加工过程中所产生的废料处理作业。

功能规划:废料暂存区或废料处理区。

(6) 仓储管理作业区

① 定期盘点

作业功能:定期对物流配送中心库存区物品进行盘点的作业。

功能规划:库存区和拣货区。

② 不定期抽盘

作业功能:不定期按照物品种类轮流抽盘的作业。

功能规划:库存区。

③ 到期物品处理

作业功能:针对已超过使用期限的物品所进行的处理作业。

功能规划:库存区或废品暂存区。

④ 即将到期物品处理

作业功能:针对即将到期物品所进行的分类标示或处理作业。

功能规划:库存区。

⑤ 移仓与储位调整

作业功能:针对需求变化与品项变动所进行的库存区调整与移仓作业。

功能规划:库存区与调拨仓储区。

4. 物流作业区的能力规划

在确定作业区域功能之后,进一步应确定各作业区的具体内容与作业能力。而对物流作业区的能力规划,重点是对仓储和拣货区进行详细分析与能力规划。

（1）仓储区的储运能力规划

周转率估计法计算程序：

① 年运转量计算；

② 估计工作天数（发货天数）；

③ 计算平均发货日的储运量；

④ 估计供货厂商送货频率；

⑤ 估算仓容量，即仓容量 = 平均日储运量 × 送货频率；

⑥ 估计安全系数；

⑦ 求规划仓容量，即估算仓容量 × 安全系数。

（2）拣货区的储运能力规划

拣货区是以单日发货品所需的拣货作业空间为主，最主要考虑的因素是品项数和作业面，拣货区储运能力规划计算方法如下：

① 年发货量计算。把配送中心的各项进出产品换算成相同拣货单位的拣货量，并估计各产品的年发货量。

② 估计各产品的发货天数。分析各类产品，估计年发货数。

③ 计算各产品平均发货天数的发货量。即是将各产品年发货量除以年发货天数。

④ ABC 分析。对各产品进行年发货量和平均发货天数的发货量 ABC 分析。

（3）综合发货天数的产品发货量分类情况

综合发货天数的产品发货量分类情况如表 6-2 所示。

表 6-2　综合发货天数的产品发货量分类情况

发货量分类	发货天数		
	高 200 天以上	中 30 ~ 200 天	低 30 天以下
A. 年发货量和平均日发货量很大	1	1	5
B. 年发货量大，但平均日发货量较小	2	8	-
C. 年发货量小，但平均日发货量较大	-	-	6
D. 年发货量小，平均发货量小	3	8	6
E. 年发货量中，平均日发货量小	4	8	7

表 6-2 中产品发货量共有 8 类，具体说明及处理方法见表 6-3。

表 6-3　综合发货天数的产品发货量分类情况说明

发货量分类	处理方法
1——年发货量和平均发货日的发货量均很大，发货天数很高	要求仓储拣货系统的规划应有固定储位和大的存量水平
2——年发货量大，平均发货日的发货量较小，但是发货天数很多	以固定储位方式为主，但存量水平较低
3——年发货量和平均发货量小，但是发货天数超过 200 天，处理最烦琐的少量产品	处理方法是单品发货
4——年发货量中等，平均发货量较小，但是发货天数很多	处理烦琐，以单品发货为主

续表

发货量分类	处理方法
5——年发货量和平均发货量均很大，但发货天数很少，可集中在少数几天内发货	这种情况可视为发货特例，应以临时储位方式处理为主，避免全年占用储位和浪费资金。
6——年发货量和发货天数也少	按临时储位或弹性储位的方式来处理
7——年发货量中等，平均发货日的发货量较小，发货天数也小	对于这种情况，可视为特例，以临时储位方式处理，避免全年占用储位
8——发货天数在30～200天之间，发货量中等	以固定储位方式为主

6.2.3 配送中心的结构规划

配送中心结构规划就是对配送中心所设置的若干区域进行合理布局，恰当安排它们之间的相对位置，使配送中心业务运作流畅。配送中心结构规划主要依据配送中心的业务功能、作业流程和总体规模制定。[7]

1. 功能区规划布局相关理论[8]

区域布置规划原则。配送中心区域布置规划就是依据一定的原则对配送中心所设立的结构进行相对位置的确定，以使各区域协调运作，实现配送业务的高效快捷。所以，配送中心区域布置规划应遵循以下原则：

（1）动态原则

把流动理念贯穿规划始终，方便物品流动，使配送中心物流、人流、信息流顺畅。

（2）物品流动和人员流动分离

为了使物品流动顺畅高效，物流动线与人员通道应该分开，互不干扰。

（3）区域之间布局紧凑

在满足其他特定要求时，各功能区相互位置应该尽量紧凑，减少物品搬运距离，降低物流成本。

（4）消防安全原则

配送中心对防火要求较高，功能区布局要满足消防要求，确保安全生产。

（5）环境保护原则

功能区布局应该注意环境保护问题，尽量减少物流作业对周围环境的影响。

2. 区域规划布局目标

对配送中心所设置的各个功能区进行科学合理布局，可使配送中心业务有序运作，降低物料搬运成本，提高工作效率。

配送中心功能区布局规划研究的重点是合理利用配送中心资源，其总目标是通过合理规划配送中心内部的物流、人流和信息流，充分利用配送中心的人力、物力和财力。具体规划目标有：

① 满足生产工艺流程；

② 物流线路短捷顺畅；

③ 便于组织生产管理；

④ 满足生产安全及防火、防爆要求；

⑤ 有效利用空间和设备；

⑥ 提供方便舒适、安全卫生的工作环境。

以上目标实际上不可能同时达到最优，有时甚至相互矛盾，要用恰当的指标对每一个规划方案进行综合评价，达到总体目标最佳。

3. 功能区规模确定

配送中心功能区规模是指功能区的面积大小。各功能区面积计算分析如下。

（1）物流功能区

① 进货区。进货区是从货物运达到入库所进行的相关作业（包括车辆到达、卸货、验收等）的场所。各种作业对应的功能子区包括卸货区、检验计量区、进货暂存区等。影响进货区规模的主要因素是进货量、进货频率、进货时间、进出货口是否共用、卸货车辆特征及进出频率、货物特征及装载特性、卸货方式及配置设备的特征等。

装卸区是整个配送中心实现高效率运转的重要环节。一般装卸区均应设置装卸货平台，并设置雨棚以减少不良天气对作业的影响，遮阳（雨）棚与月台的高度至少需要 3 m 以上，与地面的高度至少需要 4 m 以上，遮阳（雨）棚的长度至少需要 5 m 以上。月台宽度根据进出货量、进出货频率、货类特征以及搬运叉车型号等因素确定，一般取 4 m。月台高度是配合卡车货台的高度，根据车型设置，一般而言月台的高度分别为：2 t 车约为 0.7 m，4 t 车约为 0.9 m，11 t 车约为 1.2 m，而拖车及货柜车约为 1.3 m 左右。根据进货区的构成，进货区面积可按公式 5-1 计算。

$$S_{\mathrm{I}} = \sum_{i=1}^{n} S_{\mathrm{i}}(i = 1,2,\cdots,n) \tag{5-1}$$

式中：S_{I}——进货区面积，m^2；

n——功能子区的数量；

S_{i}——进货功能子区（卸货区、暂存区等）面积，m^2。

② 仓储区。仓储区是对入库货物进行仓储保管的场所。仓储区包括普通储存区、特殊储存区、堆场等。在计算仓储区的空间需求时，无论仓储区如何布局，均应首先考虑存货所需占用的空间大小，并考虑货物特征及数量、存储方式、存取设备规格、通道空间以及作业要求等因素。

采用周转率估计法估算仓储区储运能力，根据平均库存需求量、储存方法、储存设备和作业设备即可确定仓储区的面积。可用公式 5-2 计算。

$$S_{\mathrm{C}} = \frac{p}{q \times a} \tag{5-2}$$

式中：S_{C}——仓储区面积，m^2；

p——仓储空间需求，m^3；

q——储存高度，m；

a——仓库总面积利用系数。

仓储空间需求 p 计算公式为

$$p = \frac{\overline{Q}}{wnm} \times s_{\mathrm{T}} \tag{5-3}$$

式中：$\overline{Q}$——平均库存需求量，t；

w——每个存储货位载重量，t；

n——仓库每层存储货位数量,个;

m——堆码(货架),层数;

s_T—每个货位存储容积,m^3。

平均库存需求量 $\overline{Q}$ 可按以下公式计算,即

$$\overline{Q} = \frac{年仓储总量}{年周转次数} \times 安全系数 \tag{5-4}$$

③ 流通加工区。流通加工区是根据客户需要对一些货物进行流通加工作业的场地。通常有零部件组装、产品分割、打印条码、销售包装等作业。流通加工区包括一般加工区、特殊加工区和包装区等。影响流通加工区空间需求的因素主要是作业量、加工作业方式、加工设备规格等。流通加工区面积可按以下公式计算。

$$S_p = S_{m1} + S_{\alpha1} \tag{5-5}$$

式中:S_p——流通加工区面积,m^2;

S_{m1}——加工设备占用面积,m^2;

$S_{\alpha1}$——操作活动所需面积,m^2。

④ 理货区。理货区是完成客户订单需求所进行的理货作业场地。主要作业是拣选、补货、分拣、组配货等作业。理货区可细分为备拣区、运输包装区、分拣区等。理货区涉及的操作较多,如货物整理、拣选、补货、验货、分拣、配货等作业,影响因素也各不相同。在确定理货区各个子区时,需针对不同需求情况分别考虑。一般以单日进出货物所需理货区面积大小为依据进行估算。理货区面积可按以下公式计算。

$$S_r = S_{m2} + S_{\alpha2} \tag{5-6}$$

式中:S_r——理货区面积,m^2;

S_{m2}——理货设备占用空间面积,m^2;

$S_{\alpha2}$——操作活动所需面积,m^2。

⑤ 出货区。出货区是对分拣和组配货后的货物进行检验计量、装车等相关作业的场地。对应的功能小区包括发货暂存区、装货区等。

从布局和结构看,出货区与进货区类似。各种操作对应的功能子区包括出库验货区、出货暂存区、装货区等。出货区与进货区在结构上有相似性,可参照进货区规模进行分析计算。

⑥ 逆向物流作业区。逆向物流作业区是配送中心对退货、瑕疵品及废品等进行处理和存储的作业区域,包括退货卸货区、退货处理区、物料回收区、退货暂存区等。根据处理退货、瑕疵品及废品等的工作内容和工作量,确定逆向物流作业区规模需求[2]。

4. 非物流功能区

(1) 办公管理区

办公管理区是配送中心进行日常经营组织管理的办公区域,包括综合办公区、后勤保卫等。

(2) 辅助作业区

辅助作业区是为配合配送中心正常运营所必需的相关区域,提供动力、安全、消防、设备及车辆停放等功能,包括能源动力区、消防设施区、设备停放区、停车场等。

5. 实际限制条件

功能子区的划分根据作业特征、作业量及作业的繁杂程度细化,有些作业可能在几个功能区均有发生。规划设计时,要做到在满足功能要求的情况下既保证不同作业适当隔离,又要尽量灵活、简单。

由于配送中心基础设施建设要符合所在区域的总体规划,实际用地面积常常是有限的,因此,实际操作中往往根据作业性质按比例划分空间。根据配送中心功能的侧重不同,划分具有较大灵活性,需权衡各类作业的作业量及其变化、未来发展需求等各方面因素[3]。

6.2.4 配送中心的选址规划

物流配送中心选址是指在一个具有若干供应网点及若干需求网点的经济区域内,选一个或多个地址设置物流配送中心的规划过程。较佳的物流配送中心选址方案是使商品通过物流配送中心的汇集、中转、分发,直至输送到需求网点的全过程的效益最好。如果选址不当,将产生极大的负面影响并付出代价。因而,在物流配送中心的选址规划中,应对物流配送中心的选址原则进行综合分析[9]。本节内容和第五章内容类似,因此不做过多赘述。

6.2.5 配送中心设施规划

物流配送中心设施是物流企业的主要生产资料,是完成企业的物流任务必不可少的物质基础。企业经营能力的扩大、劳动效率的提高、服务质量的提高和经济效益的增加在很大程度上取决于物流配送中心设施的改善,包括数量的增加和质量的提高。

物流配送中心的设施包括:物流作业区域设施、辅助作业区域设施、厂房建筑周边设施,如图 6-12 所示。

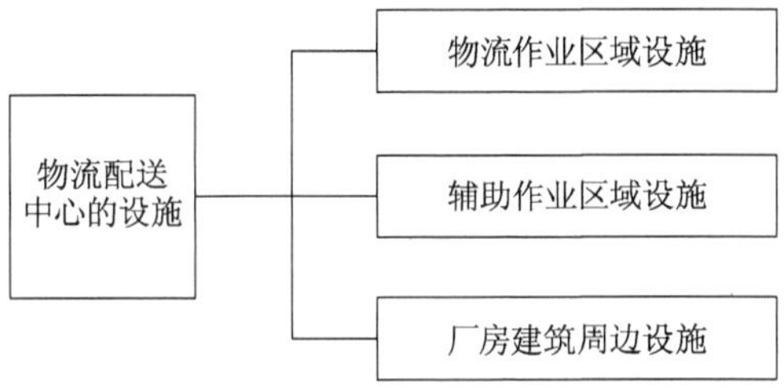

图 6-12　物流配送中心的设施

1. 物流作业区域设施

物流作业区域设施设备构成见图 6-13。

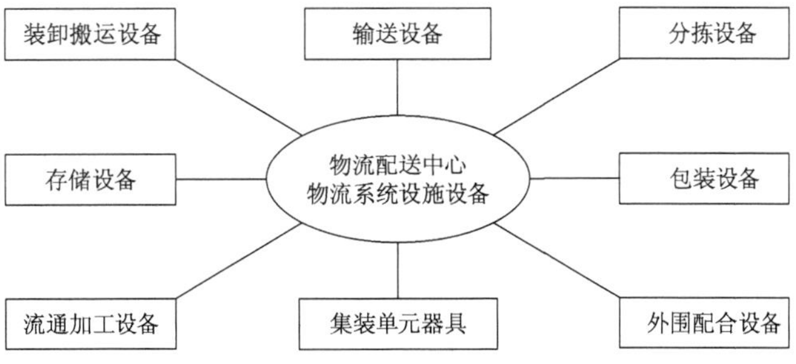

图 6-13　物流作业区域设施设备构成

（1）存储设备

自动仓储设备：如单元负载式、水平旋转式、垂直旋转式、轻负载式等自动仓库。

重型货架：普通重型货架、直入式钢架、重型流动棚架等。

多品种少量储存设备：轻型货架、轻型流动货架和移动式储柜等。

最主要的储存设备：货架。

存储设备构成见图6-14。

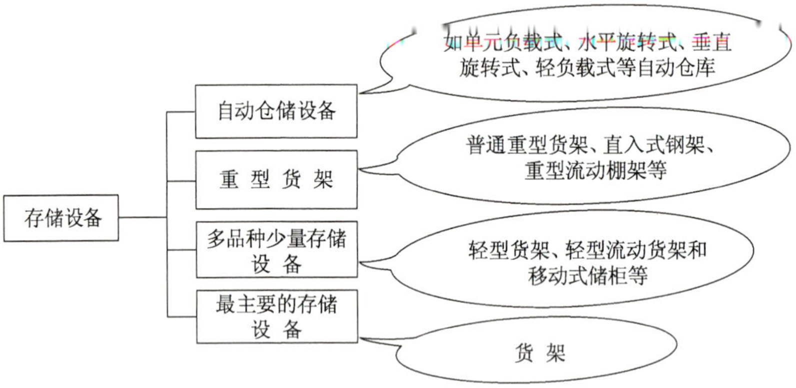

图6-14　存储设备

（2）装卸搬运设备

起重机械：是一种最常见的装卸搬运机械，主要实现装卸功能，其搬运功能较差，搬运距离很短。

搬运车辆：实现货物的短距离运输与装卸，随着对装卸搬运的作业要求日益提高，越来越多的场所使用搬运车辆，以保证装卸搬运工作的高效与安全。

装卸搬运设备构成见图6-15。

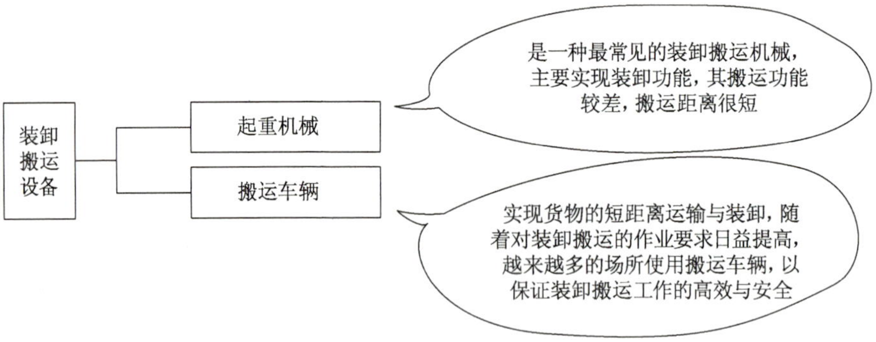

图6-15　装卸搬运设备

（3）输送设备

输送设备主要是指连续输送机，连续输送机是物流配送中心必不可少的重要搬运设备，是沿着一定的输送路线以连续的方式运输货物的机械。

货物的种类：成件货物输送机、散装货物输送机。

结构特点：有挠性牵引构件、无挠性牵引构件。

输送设备主要构成见图 6-16。

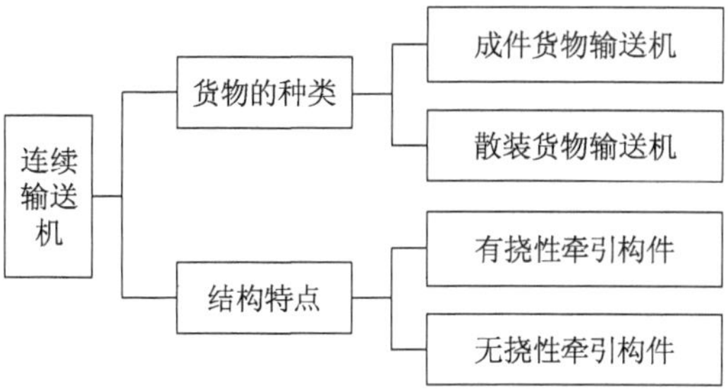

图 6-16 输送设备

(4) 分拣设备

感测技术(激光扫描)、条码及计算机控制技术等的导入使用,使自动分拣系统已被广泛用于物流配送中心。

自动分拣系统特别适用于分拣量较大、一次性分拣单位较多、被分拣的货物适应自动分拣机的场合。

优点:分拣准确、迅速、吞吐能力大。

缺点:系统设施复杂、投资和运营成本较高、需要计算机信息系统与作业环境等一系列配套设施和外部条件与之相适应。

(5) 包装设备

包装机械是指能完成全部或部分产品和商品包装过程的机械,是实现包装的主要手段。

包装机械的种类:

① 按功能不同可分为:单功能包装机和多功能包装机。

② 按使用目的不同:内包装机和外包装机。

③ 按包装品种不同:专用包装机和通用包装机。

④ 按自动水平不同:半自动机和全自动机。

⑤ 按包装功能不同:填充机、装箱机、液体灌装机、裹包机、封口机、捆扎机、标签机、清洗机、干燥机、杀菌机等。

包装机械的种类见图 6-17。

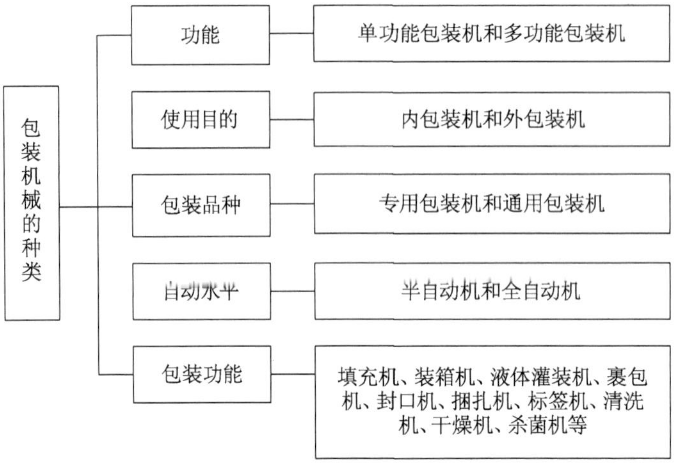

图6-17　包装机械的种类

（6）流通加工设备

流通加工设备是完成流通加工任务的专用机械设备。

流通加工设备的种类：

① 按实现的功能不同：包装设备、分割设备、分拣设备、组装设备、冷冻设备、精加工设备等。

② 按加工的物品不同：金属加工设备、木材加工设备、玻璃加工设备、煤炭加工设备、混凝土加工设备等。

流通加工设备的种类见图6-18。

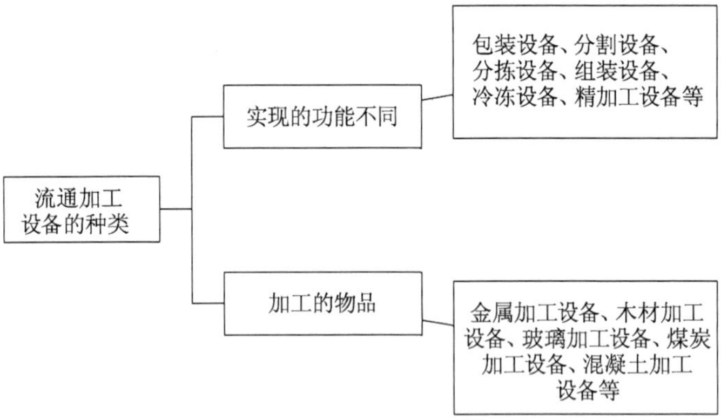

图6-18　流通加工设备的种类

（7）集装单元器具

集装单元技术是现代物流发展的标志之一，它利用集装单元器具，把物品组成标准规格的单元货件，以加快装卸、搬运、储存、运输等物流活动。

集装单元器具中最主要的是集装箱和托盘，仓库中最常用的是托盘。

（8）外围配合设备

外围配合设备包括楼层流通设备、装卸货平台、装卸载设施、容器暂存设施、废料处理设施等，见图6-19。

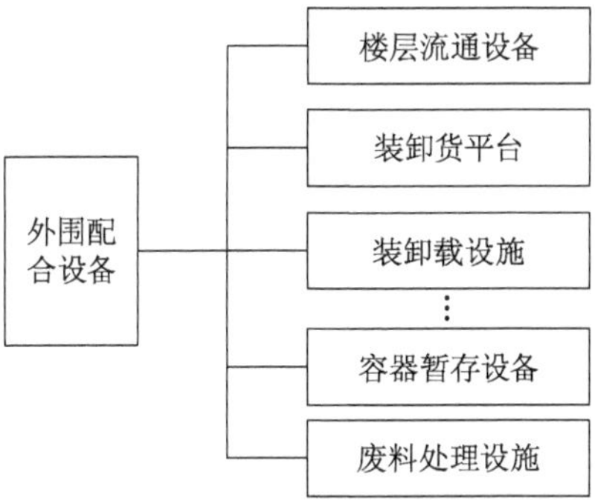

图 6-19　外围配合设备

2. *辅助作业区域设施*

在物流配送中心的运营过程中,辅助作业区域设施是指辅助物流中心系统连续运作的设施,除了主要的物流设备之外,还需要有辅助作业区域的设施设备。

(1) 办公设备及劳务设施

办公设备包括办公桌椅、文件保管设备等。劳务设施包括洗手间、娱乐室、休息室、餐厅、医务室等。主要设施如图 6-20 所示。

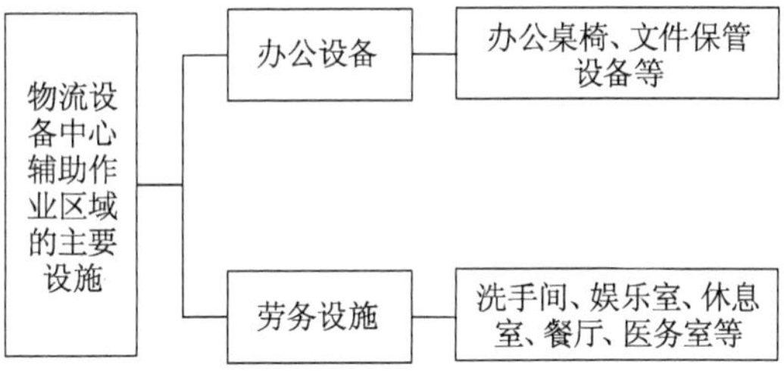

图 6-20　物流配送中心作业区域的主要设施

(2) 空调设备

空调设备是温度、湿度管理的基础,设备规划时应考虑以下因素:商品本身对温度湿度的需求;流通加工、自动化、照明等设备的发热量;作业人数的多少;个别场所的不同需求;空调设备具有分区调整的功能;使用快速卷帘门、塑料门帘等防止冷气外泄,以节约能源。

(3) 安全设备

安全设备包括软硬件的配合。软件指人员、车辆进出的管理必须要有一定的核准程序与放行标准;硬件则应考虑设置自动监视系统及自动警报系统。

3. *厂房建筑周边设施*

厂房建筑周边设施规划是在一定的限制条件下对配送中心外围设施、设备的系统规划。在规划物流配送中心时,必须考虑到以下因素:交通因素、水电因素、动力因素、土建因素、空调因素、安全因素、消防因素等,如图 6-21 所示。

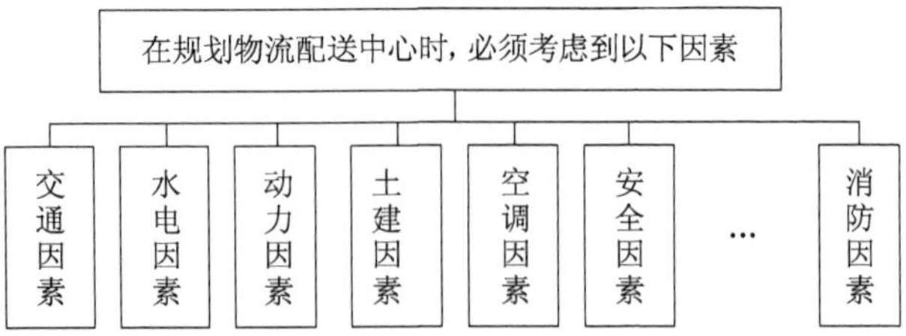

图 6-21　规划物流配送中心应考虑的因素

6.2.6　配送中心的信息系统规划

现代物流业发展的一个鲜明特点是以通信技术、信息技术等为代表的高新技术的应用。通过物流信息整合已有的资源、构筑综合物流信息系统，为物流业的发展提供支撑，使物流系统发挥最大的整体效益。由于物流系统是一个涉及交通运输、贸易流通、国际通关等过程中多个部门，多方参与的复杂系统，所以，综合物流信息系统的发展规划在于提出物流信息系统发展的战略目标、物流信息系统体系结构、物流相关各部门、各物流企业等参与者在综合物流信息系统建设中的责任与权益及建设策略等一系列问题。本节内容可以参照第九章，在此不做赘述。

6.3　配送中心配送路线规划

6.3.1　运输模式的选择

1. 运输模式的特点

铁路运输：特点是高额的固定成本及低廉的运营成本。运输价格取决于运量与运输距离。缺点是时间长，一般适合于大规模、低价值、对时间要求不高的产品。铁路运输的主要目标是充分提高机车、车组人员的利用率。

公路运输：包括整车发运（TL）与零担货运（LTL）。整车发运按照整车收费，不考虑货运量，费率随运输距离的不同而改变。零担货运则按照运输量与运输距离来收费。

包裹运输：指利用空运、铁路或公路运输方式为顾客提供时间敏感的小件货物的运输。主要运输对象是小件、对时间非常敏感的货品，其收费标准较昂贵。关键问题是中转站的选址和吞吐量以及货物信息的全程追踪。

航空运输：基础设施及装备方面的固定成本很高，劳动力与燃料耗费主要取决于航线的距离，与一次飞行运载的乘客量与货物重量无关。

运输模式的特点用图 6-22 表示。

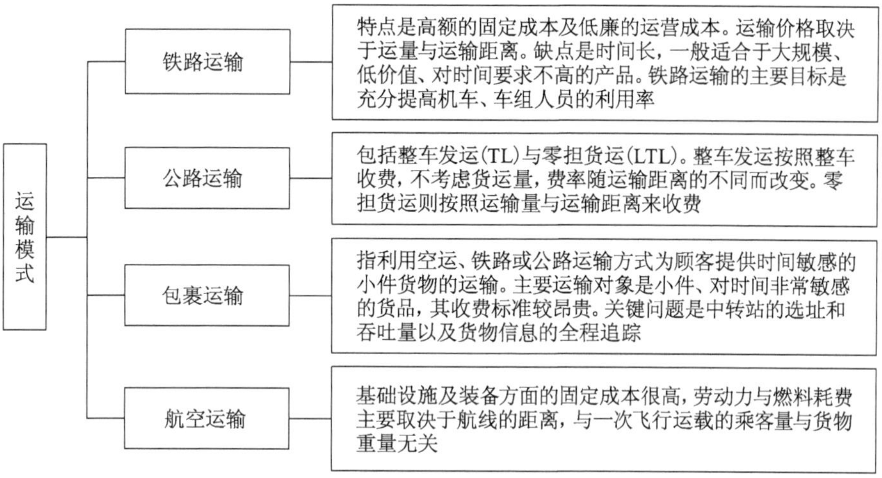

图 6-22　运输模式的特点

2. 库存与运输决策

运输模式的选择与库存、选址密切相关，运输决策要受到库存、选址等的影响。这里以库存系统为例进行说明。

就不同的运输模式而言，其对库存的影响有以下 2 点：

① 较慢的运输模式：会引起较大的中转或运输库存，会引起安全库存的提高。

② 较大运量单位的运输模式：出现订单批量超过当前需求量的情况，出现不需要的库存。

6.3.2　线路优化模型

1. 点点间运输——最短路径求解方法

假设有 n 个节点和 m 条弧的连通图 $G(V_n,E_m)$，并且每条弧都有一个长度 c_{ij}（或者费用），则最短路径问题为在连通图 $G(V_n,E_m)$ 中找到一条从节点 i 到节点 n 距离最短（或费用最低）的路径。$G(V_n,E_m)$ 的数学表达式为 $c=\{c_{ij}|1\leqslant i\leqslant n,1\leqslant j\leqslant m\}$，目标函数：$\min L(A^+)=\sum\limits_{(V_i,V_j)\subset A}\subset c_{ij}$。

例如：现有如图 6-23 所示的连通图，试求解从顶点 V_1 到顶点 V_6 之间的最短路径和最短路径的长度。

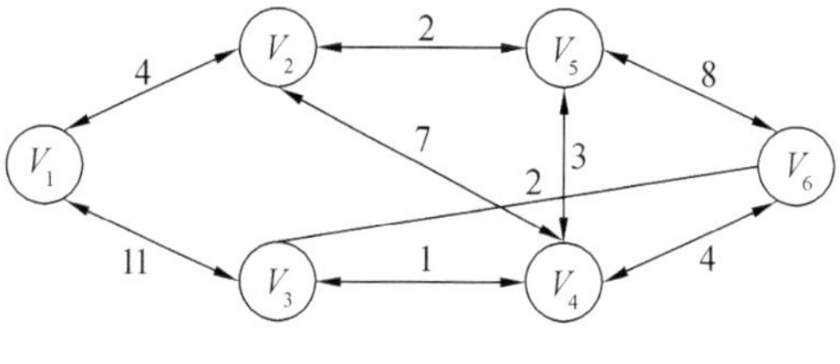

图 6-23　连通图

2. 多点间运输——运输算法

多点间运输问题是指有起始点或目的地不唯一的运输调配问题，如图 6-24 所示。

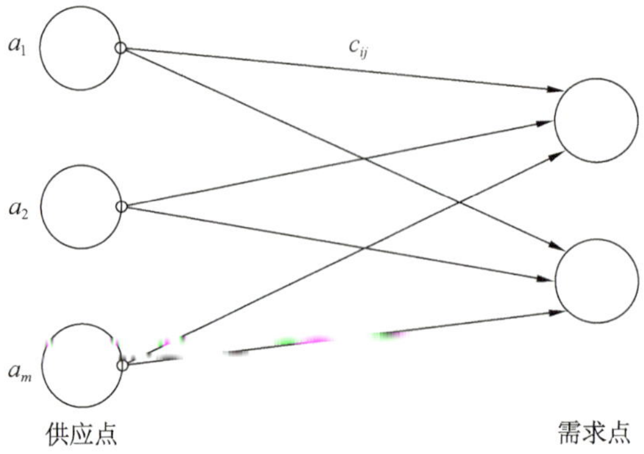

图 6-24　多点间运输

建立数学模型如下：

条件变量：**A**——供应点的供应能力矩阵；

B——需求点的需求矩阵；

C——运输距离或成本矩阵。

决策变量：x_{ij}表示从 a_i 到 b_j 的发送量。

目标函数：

$$\min \sum_{i=1}^{m} \sum_{j=1}^{n} c_{ij} x_{ij}$$

满足

$$\sum_{j=1}^{n} x_{ij} = a_i, i = 1,2,\cdots,m$$

$$\sum_{i=1}^{m} x_{ij} = b_i, j = 1,2,\cdots,n$$

$$x_{ij} \geqslant 0, i = 1,2,\cdots,m;\ j = 1,2,\cdots,n$$

3. 单回路运输——TSP 模型及求解

单回路运输问题是指在路线优化中，设存在节点集合 D，选择一条适合的路径遍历所有的节点，并且要求闭合。单回路运输模型在运输决策中，主要用于单一车辆的路径安排。目的在于在该车辆遍历所有用户的同时，达到所行驶距离最短。这类问题的两个显著特点如图 6-25 所示。

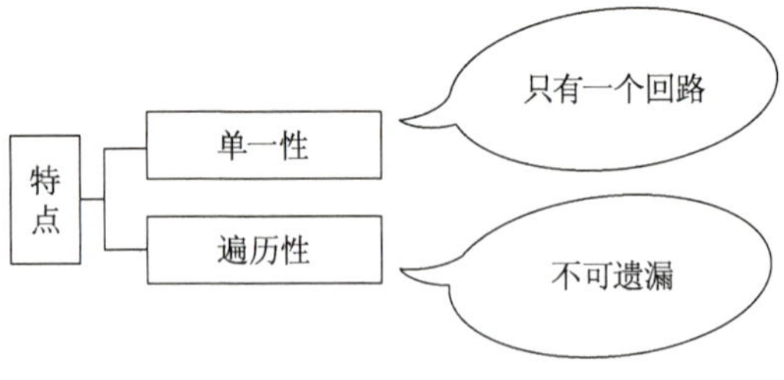

图 6-25　单回路运输问题特点

TSP 模型的数学描述为：

存在连通图 H，其顶点集 A，顶点间的距离为 $c = \{c_{ij} | i,j \in N, i \geqslant 1, j \leqslant n\}$。

目标函数：

$$\min \sum_{i=1}^{m} \sum_{j=1}^{n} c_{ij} x_{ij}$$

满足：

$$\sum_{j=1}^{n} x_{ij} = 1, i = 1,2,\cdots,m$$

$$\sum_{i=1}^{m} x_{ij} = 1, j = 1,2,\cdots,n$$

$$x_{ij} \in (0,1), i=1,2,\cdots,m; j=1,2,\cdots,n$$

决策变量：

$$x_{ij} = \begin{cases} 0, & \text{从 } i \text{ 到 } j \text{ 无通路} \\ 1, & \text{从 } i \text{ 到 } j \text{ 有通路} \end{cases}$$

例如：现有一个连通图，$|A|=6$，它们的距离矩阵如表 6-4 所示，它们的相对位置及求解结果如图 6-26 所示，假设 i,j 两点之间是对称的。

表 6-4　距离矩阵

元素	V_1	V_2	V_3	V_4	V_5	V_6
V_1	–	10	6	8	7	15
V_2		–	5	20	15	16
V_3			–	14	7	8
V_4				–	4	12
V_5					–	6
V_6						–

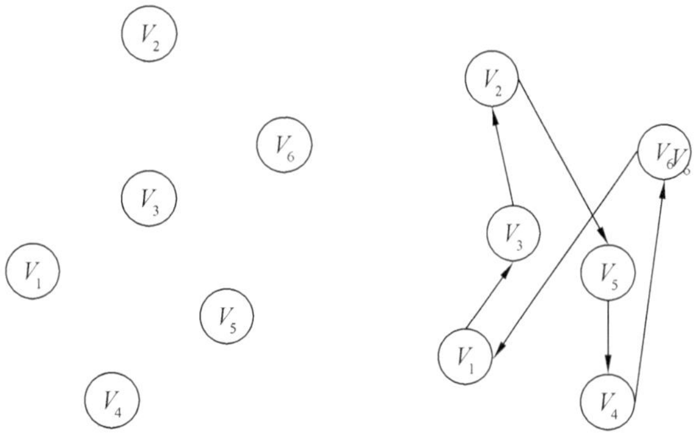

图 6-26　节点相对位置和最近零点法求解结果

4. 多回路运输——VRP 模型及求解

多回路运输问题是现实中十分普遍的一种调配问题，特别对于有大量服务对象的实体，例如一个拥有上千个客户的公司。解决此类调配问题时，核心问题是如何对车辆进行调度。因此，VRP (Vehicle Routing Problem) 模型也应运而生，成了解决多回路问题的一个相当成功的模型，见图 6-27。

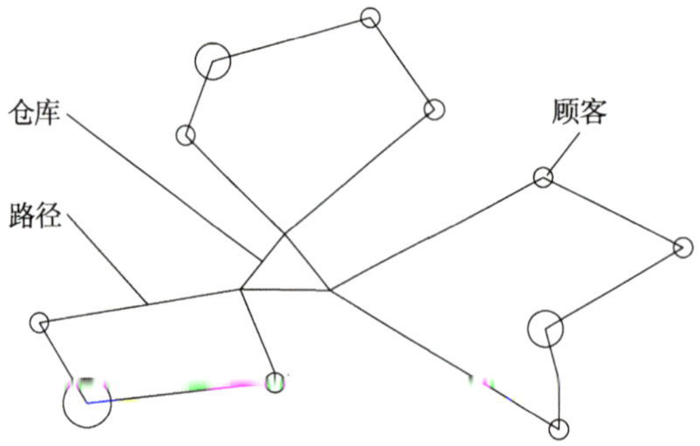

图 6-27　VRP 基本模型

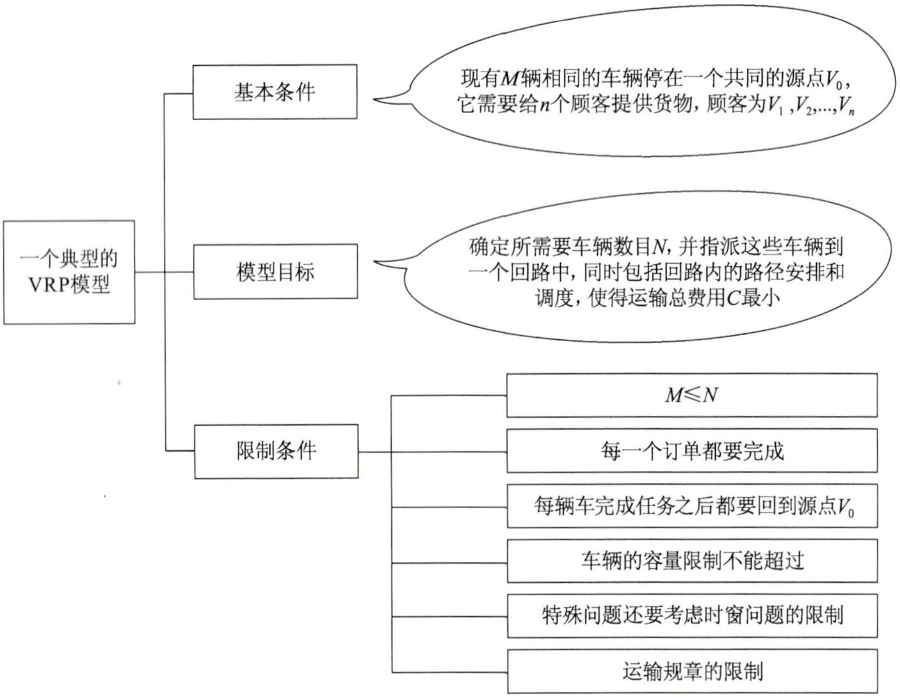

图 6-28　VRP 模型的表述

6.4　案例分析

案例：城乡一体化农村配送体系的构建[10]。

1．城乡一体化农村配送体系的概念

城乡一体化农村配送体系：在一定城乡经济区域内，各组成部分通过合理分工和协作互补，对城乡物流配送资源进行优化整合和一体化运作而形成的设施完备、功能齐全、服务优化、高效低耗的有机统一体系。

2．城乡一体化农村连锁经营配送模式

所谓城乡一体化的农村连锁经营配送，是指在城乡经济的发展过程中，若干同业商店以统一的店名、标志和统一的经营管理方式及手段连接起来，在农村配送领域中实行统一进货、存储、配送、分散销售，共享规模效益的一种现代物流配送方式。

农村连锁经营配送的主要模式是根据农村地区的状况和配送的商品不同，来组建农村配送中心，并由该配送中心统一集货，统一向各农村连锁店铺配送，实现城乡一体化的农村连锁经营配送体系，如图 6-29 所示。

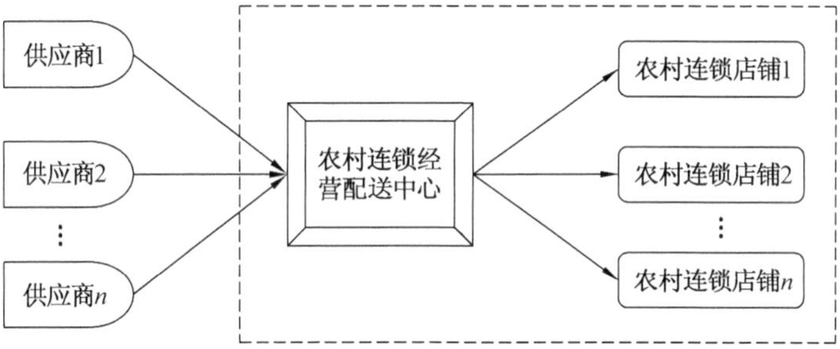

图 6-29 城乡一体化农村连锁经营配送模式

3. 传统农村物流配送与现代农村连锁配送比较

现代农村连锁配送相比传统农村物流配送的优势有：

① 可以实现农村物流配送管理的现代化，有效融合农村物流配送与城市物流配送市场。连锁经营的基本原则是简单化、标准化、专业化，追求统一店名、店貌、统一采购、统一价格、统一核算、统一配送、统一管理。因此，在农村发展连锁经营配送可以充分利用现代化的连锁经营管理理念、技术和方法，迅速提升农村连锁店的管理水平和效率，使农村和城市的连锁店统一标准、统一品牌、统一服务、统一配送，达到城乡一体化农村配送发展的整体性要求。

② 能够降低经营成本，提高农村配送效率。农村传统的商业网点和店铺相对分散、规模较小，而且流通环节多、渠道不畅、资金占用大、仓储费用高及信用体系不完善，其功能已远远不能满足农村消费者日益提高的购买需求。农村连锁经营可以借助总部强大的采购、管理、品牌、服务等优势，将组织化程度低、规模小、零散性强的商业资源重新组合，大大减少了连锁店的商品库存和资金占用，比农户进行单体经营需要投入的资金少得多。其对商品实行统一采购、统一配送、统一调度，实现资源的最佳配置，优化物流配送流程，只保留必要的中间环节，提高其竞争优势和配送效率。农村传统的物流配送与现代连锁经营配送的比较如图 6-30 所示。

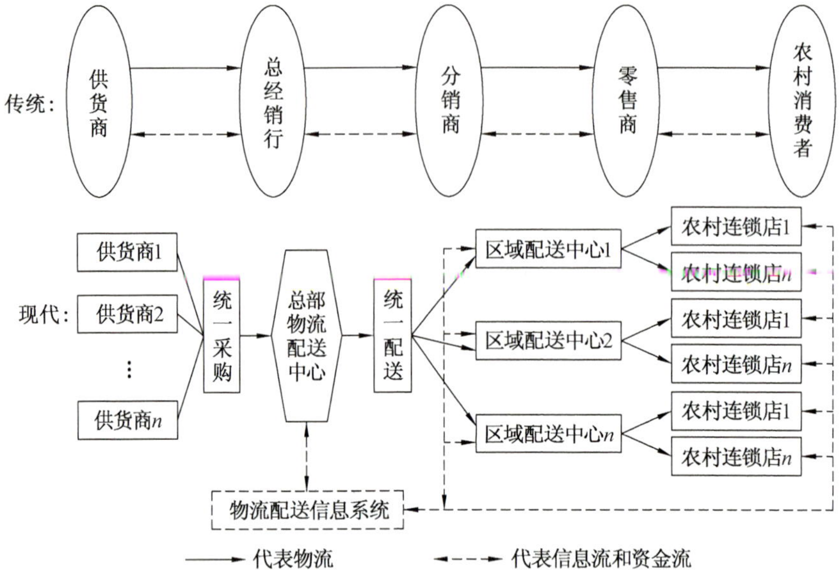

图 6-30　农村传统物流配送与现代连锁物流配送比较

4. 农村连锁配送模式的决策程序

连锁企业开拓农村市场的优势主要表现在能够降低经营成本,实现整体规模经济效应,提高配送效率等;劣势主要表现在市场定位模糊,连锁企业人才缺乏,管理水平偏低,信息化程度低等;面临的机会有巨大的消费市场与良好的宏观经济环境,农村消费观念的理性化发展,农村经济发展推动农村连锁经营业务迅速扩张,第三方物流为连锁企业提供的物流支撑等;面临的威胁有外资连锁企业已加快进入我国农村的步伐,同行业市场竞争的激化,连锁企业网点布局的盲目性等。

在选择农村连锁经营配送模式时,应在对连锁经营进行 SWOT 分析的基础上,确定配送模式所要达到的目标,然后根据现有条件以及企业发展规划,选择合适的物流配送模式,其决策程序如图 6-31 所示。

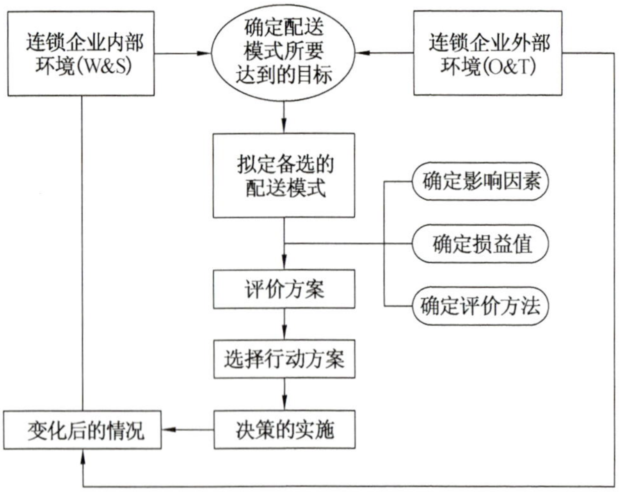

图 6-31　农村连锁配送模式的决策程序

5. 农村配送网络规划的三阶段递阶控制模型

农村配送网络是由供应点、配送中心、需求点及运输线路构成的二级、三级配送网络，在农村配送网络规划中，通常假定在一定时间内供应点和需求点的地理位置相对固定，而且其供求信息已知或假定可以预测。于是，农村配送网络规划问题就是关于农村配送中心位置、数量、容量、服务对象、运输网络等问题的决策优化。

针对农村配送网络规划问题的特点，提出农村配送网络规划的三阶段递阶控制模型，如图 6-32 所示。该模型主要对农村配送中心选址、服务分配和农村配送网络构建等问题进行深入研究。

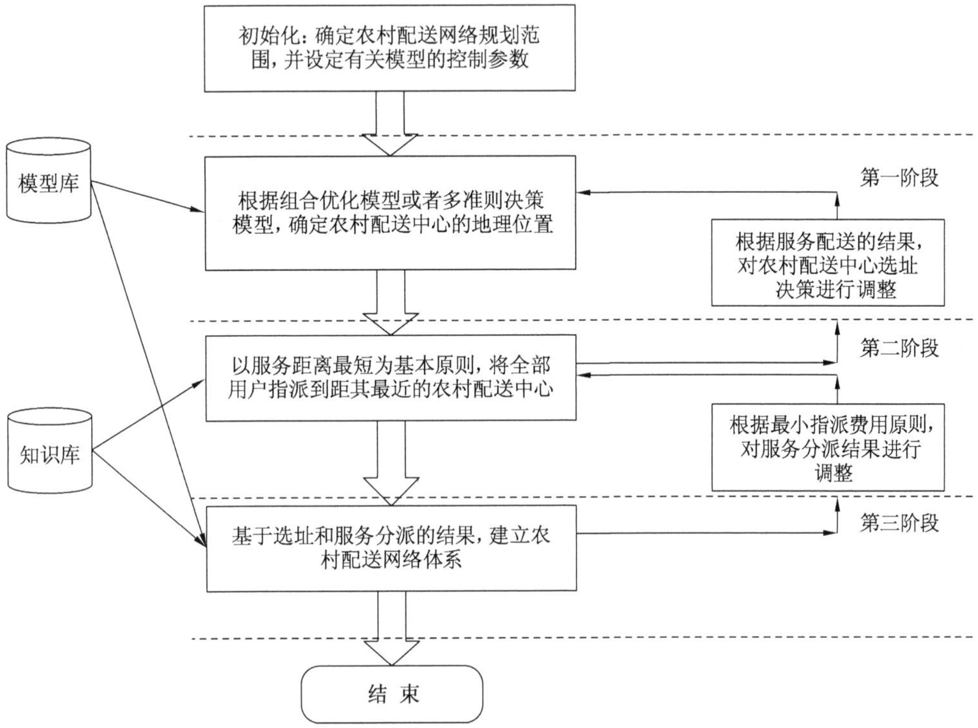

图 6-32　农村配送网络规划的三阶段递阶控制模型

（1）农村配送中心选址

这一过程将根据物流配送网络规划的类型，由决策者在进行定性分析的基础上，选择相应问题的多准则决策模型或组合优化模型；在选址模型的基础上，选定配送中心的位置；依据以后决策阶段的反馈信息，对初始选址方案进行调整。设施选址决策中需要重点考虑的因素依赖于物流网络规划的目的与时机，因此，用一个模型来概括选址问题的所有情形是很不容易做到的。简而言之，必须先将配送中心选址决策模型分为组合优化问题模型和多准则模型，然后再进一步考虑拟建配送中心的数目是否已知、有无容量约束给定候选位置等条件，然后再继续细分每一类模型。

（2）服务分派

服务分派的基本思想是将城乡一体化农村配送体系中的配送需求点指派给距离其最近的配送中心。当有的配送需求点与两个配送中心的距离差不多一样时，为了使农村配送系统的整体效率提高，就有必要根据有关理论或规则对这类处于配送区域“交叉部”的配送需求点进行适当的调整。本书引入的是基于最小指派费用的分派规则来解决这个问题。

(3) 农村配送网络的构建

农村配送网络构建决策是根据农村配送中心选址和服务分派决策的结果,为农村配送中心服务区域内的全部用户建立优化的可行运输路径。在农村配送网络规划的三阶段递阶控制模型中,农村配送中心选址决策位于最高级,而服务分派和农村配送网络构建则处于从属地位。当配送中心选址结果改变时,必然导致服务分派结果的改变,进一步引起服务分派决策和农村配送网络构建决策的交互进行。

6. 城乡一体化农村配送体系构建的策略

(1) 改革和有效利用供销社网络体系

城乡一体化农村连锁经营配送必须从连锁经营总部一般是在城市中心到农村连锁经营分店进行分层,逐级推进,构建一个从城市到农村的纵向配送网络体系。在对传统的农村供销合作社进行改革,使其更好地服务于城乡一体化农村配送体系的构建时,应从以下几个方面着手:

① 以现有实力雄厚的供销社作为连锁总部,对其直属的县城、集镇基层供销社进行整合规范,建立直营连锁店或配送中心,把新型"农家店"业态引入到农村。

② 以县市供销社为连锁总部,以基层社"农家店"为分店实行连锁经营,或对已出租或出售的网点加以重新组合,建立"农家店",采取特许连锁,纳入到连锁经营配送体系,或是直接吸引农村小企业和个体经营者加盟连锁企业,建立新型"农家店"业态,以改造原有的传统业态。

③ 基层供销社可以利用现有的大型商场、龙头企业、批发市场、专业合作社等物流配送经营主体与城市大型连锁配送企业合作,通过外联内合、整体加盟的方式靠强联大。

(2) 利用原有的邮政配送系统

邮政现有系统拥有覆盖城乡、布局较密的网点和规模较大、品牌统一的物流配送网络,因此,应该充分利用自己已有的竞争优势,坚持以效益为中心,充分发挥邮政在农村地区的品牌优势,发展农村连锁经营配送等新型农村物流配送体系,通过减少农村物流配送的损耗、降低其成本、优化其资源配置。在利用邮政系统为城乡一体化农村配送体系服务的过程中应该从以下几个方面着手:

① 要制定长远的发展规划。邮政虽然在开拓农村市场方面具有天然的优势,但是要真正在农村市场站稳脚跟,还有很长的路要走,邮政物流必须在抢先占领农村市场的情况下,制定切实可行的中长期发展规划和近期计划,进行深入的农村市场调查研究,积极稳妥地按规划和计划实施落实。

② 积极拓展物流配送业务。邮政自我利用物流品牌的同时,其他农村零售商店也可以利用邮政物流配送系统来进行商品配送。农村连锁超市配送中心也可以与当地邮政部门进行联盟,或将商品配送外包给邮政部门,邮政在了解农村配送服务对象相关市场信息的同时,还可以把这些信息反馈给配送中心。

③ 建立农村邮政物流配送信息管理系统。信息流是也是城乡一体化物流配送得以实现的必要手段,要使市场需求信息在各节点准确及时传递,迫切需要建立健全完善的物流配送信息管理系统,提高邮政部门对市场信息的把握能力,帮助它们对物流配送进行有效控制和管理,降低物流成本,提高市场竞争力。

④ 加强农村邮政物流配送人才的培养。物流配送管理和经营人才的缺乏是农村邮政物流发展的最大制约因素，严重影响了农村物流配送的科学运作，邮政系统必须加强农村基层物流配送的服务水平和人才培养。

(3) 培育农村连锁配送主体

大型连锁配送企业，具有完善的物流配送体系和较高的社会知名度，更重要的是可以保证商品质量的安全。农村连锁经营配送一方面可以借助总部强大的采购、管理、品牌、服务等优势，采取统一采购、统一配货、统一价格、统一服务的管理规则，将组织化程度低、规模小、零散性强的商业资源重新组合，为农村连锁经营拓宽发展的空间，杜绝假冒伪劣商品进入农村市场。另一方面，减少连锁经营流通环节，能够有效降低仓储费用、物资沉淀、管理费用等成本。在培育农村连锁经营配送主体时，应该注意以下 2 点：

① 要在城市培育更多面向农村的物流配送企业，依托“万村千乡市场工程”，通过政策支持和优惠等多种方式，鼓励连锁经营配送主体到郊区、县开设大型直营店，到镇开设连锁超市和便利店，运用特许经营、加盟、销售代理等方式，改造镇、村“夫妻店”“代销店”，将有限的商业资源向部分优秀企业聚集，使其深入农村开展连锁配送网络。

② 在已有连锁经营向农村发展和延伸的基础上，连锁经营配送主体要提供更大范围、更深层次的服务，要将服务网络从城市延伸到县域重点镇村，建立城乡一体化的物流配送网络。在条件成熟时，还可以推动城市物流配送企业与农村物流企业的联合、联盟，甚至是兼并、股权交易，组成城乡联合、优势互补的物流配送企业集团。如图 6-33 和 6-34 所示。

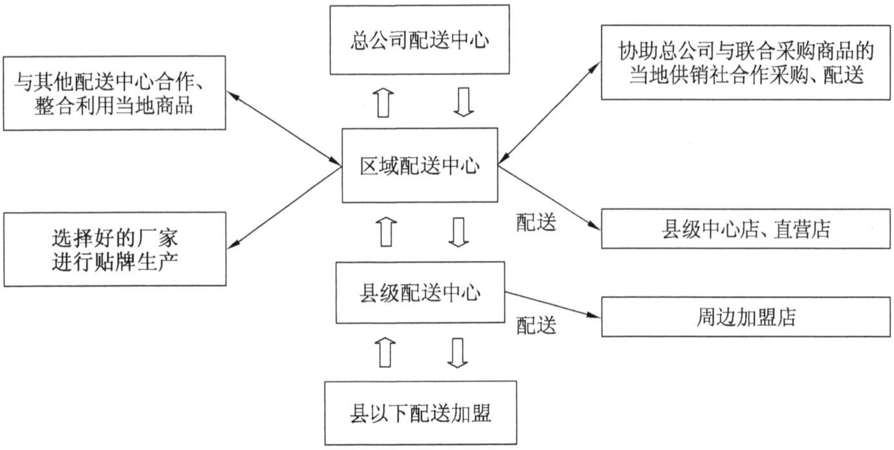

图 6-33　城乡一体化农村配送体系构建的策略一

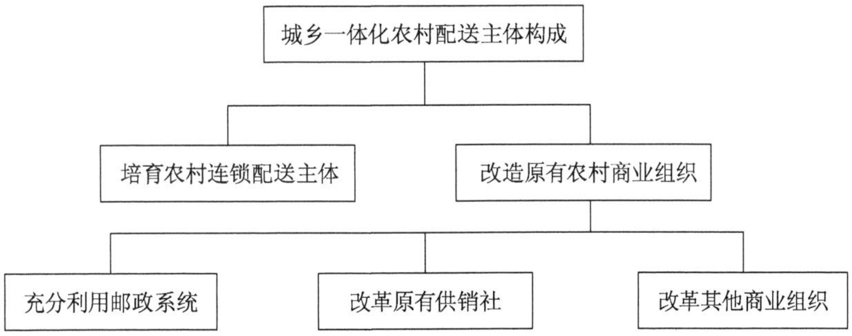

图 6-34　城乡一体化农村配送体系构建的策略二

7. 苏果连锁经营超市成功案例

苏果超市成立于20世纪90年代中期，是江苏省一家大型连锁经营零售企业。在连锁业的排行中，苏果超市连续多年进入全国前十强，在江苏省零售业中首屈一指。多年的持续快速发展使苏果超市成为集批发、配送、物流、加工、零售于一体的大型连锁企业集团。至2008年底，公司网点总数已达1 800家，实现销售规模300亿元，为社会提供就业岗位10万个，连锁经营网络覆盖苏、皖、鲁、豫、鄂、冀6个省份，扩大到城乡市场的每个角落。

重视农村市场的开发，在分布广泛的农村地区开设农村连锁经营分店，始终是苏果超市坚持的重大战略。早在2004年，苏果就基本形成了比较完善的农村连锁经营配送网络，范围覆盖县及县以下的村镇，连锁网点数达到了700多家，在农村实现的销售额达到51.5亿元，无论是连锁网点数，还是销售额都占相应总数一半以上的份额，而且呈现出逐步上升的趋势。苏果超市在不断向苏、皖、鲁等地以及县级城市推进直营店铺网点建设，扩张连锁经营范围的同时，也为当地消费者提供了优质的服务和满意的商品，发展了当地的经济，逐步奠定了苏果超市在二、三级城市以及农村地区的优势地位。

另外，苏果发展农村连锁经营能够取得如此骄人的业绩，和它坚持的“中国苏果，百姓生活”的经营理念，以及“为民、便民、利民”的经营宗旨密切相关。苏果不断优化农村连锁经营配送技术，积极探索和创新各种连锁经营业态。目前，苏果拥有购物广场、社区店、平价店、标超店和便利店5种连锁经营业态，经营形式的多样性为广大农村消费者提供了便利的服务，也创造了巨大的社会经济效益。苏果发展农村连锁经营配送的主要途径见图6-35。

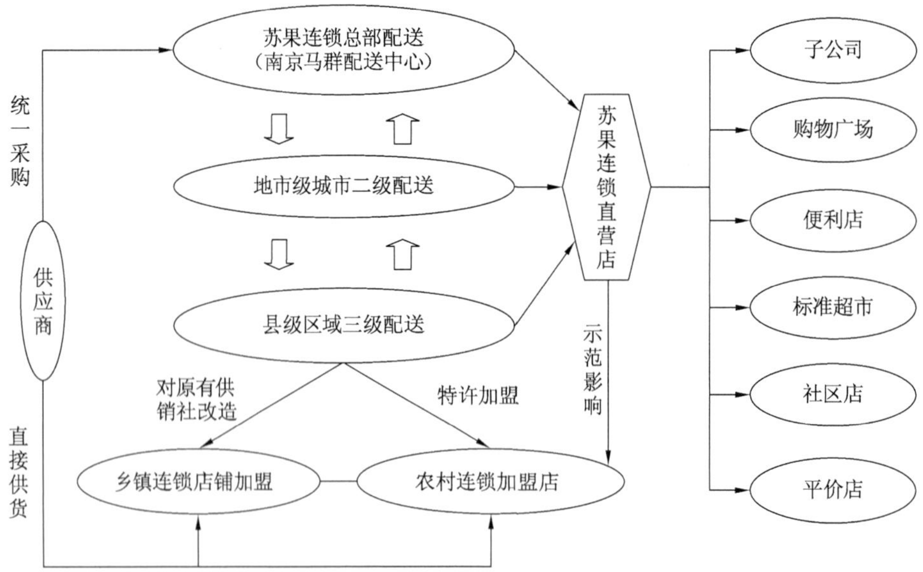

图6-35　苏果农村连锁经营配送示意图

苏果以经营业态多样化、连锁网络一体化、物流配送现代化、企业管理科学化和服务内容系列化为核心，坚持不断优化和持久创新，服务城乡经济一体化建设。苏果超市的这种迅猛发展的态势证明农村配送具有很大的潜力和发展空间，为连锁经营主体开拓农村配送市场提供了典范，也为城乡一体化的农村物流配送的发展提供了许多经验和启示。

本章参考文献

［1］王之泰：《现代物流学》，中国物资出版社，1995 年。

［2］李宗平：《基于物流大系统的铁路货运发展对策研究》（学位论文），西南交通大学，2001 年。

［3］韩平：《项目管理规划在苏果配送中心项目中的应用研究》（学位论文），东南大学，2005 年。

［4］陈照辉：《配送中心选址问题模型及算法研究》（学位论文），辽宁科技大学，2006 年。

［5］刘昌祺：《物流配送中心设计》，机械工业出版社，2001 年。

［6］李长江：《物流中心设计与运作》，中国物资出版社，2002 年。

［7］刘明：《物流设施选址方法研究》，《职业技术》，2011 年第 3 期。

［8］丁学良：《A 公司电子原材料配送中心的规划与设计研究》（学位论文），厦门大学，2009 年。

［9］陈菡：《配送中心选址研究》（学位论文），福建农林大学，2007 年。

［10］张强波：《江苏城乡一体化农村配送体系的构建》（学位论文），江苏大学，2010 年。

第七章　企业物流分析与设施规划

7.1　企业物流

7.1.1　企业物流概述

企业物流是指从企业角度研究的与之相关的物流活动。它是具体、微观的物流活动的典型领域。物品从原材料采购，经过生产加工，到产成品和销售，以及伴随生产消费过程中所产生的废弃物的回收和再利用的完整循环活动。企业的物流过程由 3 个阶段构成，即原料从社会流入企业，企业生产过程中物料在时间和空间上流转，产品从企业流给客户[1]。

1. 企业物流的特征

企业物流是微观物流，与其他物流比较存在很大的区别。主要表现为以下特征：

① 企业生产物流的连续性和伴生性。企业生产物流活动不但充实企业的生产、完善了企业生产过程的作业活动，而且，把整个生产企业的孤立的作业点、作业区域有机联系在一起。同时，企业生产物流的运行具有极强的伴生性，往往是生产过程中的一个组成部分或一个伴生部分，这决定了企业物流很难与生产过程分开而形成独立的系统。

② 物料的有序流转是企业生产物流的关键特征。物料流转的手段是物流搬运，生产过程物流的目标应是提供畅通无阻的物料流转，保证生产过程顺利、高效率地进行。

③ 企业物流成本的二律背反性。“二律背反”主要是指企业物流的各项功能之间或物流与服务水平之间的二重矛盾，即追求一方、必须舍弃另一方的一种状态。企业物流管理肩负着“降低企业物流成本”和“提高服务水平”两大任务，这是一对相互矛盾的对立统一关系[2]。

④ 企业物流的主要功能要素是搬运与存储。

⑤ 企业物流的对象是物料与半成品。

2. 企业物流的组成

按照时间与顺序，企业物流由供应物流、生产物流、销售物流和回收物流 4 部分组成。

（1）供应物流

供应物流是指企业生产所需的一切物资（原料、燃料、备品备件、辅助资料等）的采购、进货运输、仓储、库存管理、用料管理和供应管理。供应物流对企业生产有着直接的影响，生产所需物资资料供应的时间、数量和质量，在很大程度上决定着企业的生产节奏和生产成本，从而影响企业的经济效益。

（2）生产物流

指的是原材料、燃料、外购件投入生产后，经过下料、发料，运送到各个加工点和存储点，以在制品的形态，从一个生产单位（仓库）流入另一个生产单位（仓库），按照规定的生产工艺过程进行加工、储存的全部生产过程[3]。

(3) 销售物流

销售物流是企业物流活动的一个重要环节，它以商品离开生产线进入流通领域为起点，以送达用户并经售后服务为终点。销售物流是生产企业赖以生存和发展的条件，又是企业本身必须从事的重要活动，它是连接生产企业与消费者的桥梁。

(4) 回收物流

回收物流指废旧物资通过一定的手段回收、加工，重新投入使用所经过的一系列流动过程。

(5) 废弃物流

废弃物流是指企业供应、生产、销售过程中产生的废弃物品的收集、处理和再生的物流活动。

7.1.2　企业物流系统的结构

1. 企业物流系统基本结构模式

(1) 企业物流系统的输入

企业物流的结构从系统观点出发，可以把物流过程看作是一个由生产流通到消费的各种物流要素相互作用和相互依赖的过程。物流过程是一个不断投入原材料、机器设备、人力资源，经过加工处理，产出满足社会需要的投入和产出系统。就物流过程的每一环节来讲，也同样是一个投入与产出的系统，每一环节都要从外界环境吸收一定的能量、资源和信息并以输入形式投入，经过转换处理，直接或间接地产出一定的产品或服务，再以输出的形式向外界提供满足社会的各种需求。因此，物流系统仍是一个从环境中不断输入要素，经过转换处理不断输出产品或劳务的循环过程[2]。

企业物流系统的输入、系统的转换、系统的输出结构如图 7-1 所示。

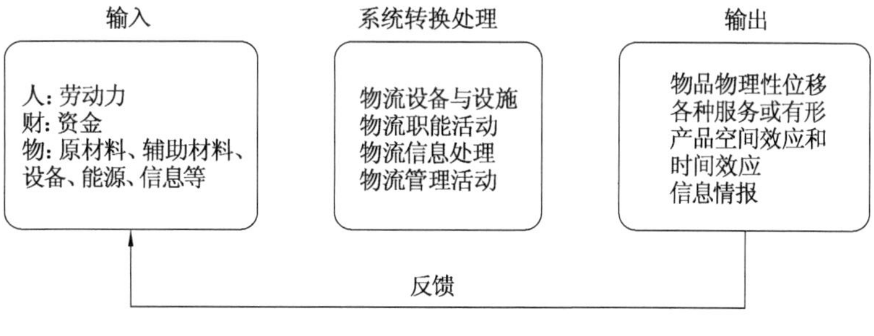

图 7-1　物流系统结构

企业物流系统的输入是指企业生产活动所需生产资料的采购，它是企业物流过程的起始阶段。采购物流是保证企业生产经营活动正常进行的前提条件。现代企业生产具有规模大、品种多、技术复杂等特点，再加上专业化、协同化的发展，生产社会化程度越高，企业间的生产技术活动就越加密切。企业的生产活动要素的投入，首先是生产资料的投入。因此，能否及时、适量、齐备、成套地完成供应活动是保证企业生产经营活动顺利进行的基础。供应物流具体包括一切生产资料的采购、运输、库存管理、用料管理和供应输送等。

(2) 企业物流系统的转换

企业物流系统的转换是指企业生产物流,也称厂区物流、车间物流等,它是企业物流的核心部分。生产物流包括:各专业工厂或车间的半成品或成品流转的微观物流;各专业厂或车间之间以及它们与总厂之间的半成品、成品流转。工厂物流的外延部分指场外运输衔接部分,它包括原材料、部件、半成品的流转和存放;产成品的包装、存放、发运和回收。生产物流系统源于原材料、配件、设备的投入,经过制造过程转换为成品,止于从成品库再运到中转部门或直接配送给用户或出口。生产(制造)物流并不是一个孤立的系统,而是一个与周围环境紧密相关,并且,不时地与外界环境进行能量与信息交换,即向社会输送产品和劳务的开放系统[4]。

(3) 企业物流系统的输出

销售物流是企业物流的输出系统,承担完成企业产品的输出任务,并形成对生产经营活动的反馈。销售物流是企业物流的终点,同时又是宏观物流的始点。宏观物流接受它所传递的企业产品的信息,并在整个社会经济范围内进行信息、交易、实物流通活动,把相对独立的企业系统联系起来,形成社会化再生产系统。如果企业的销售物流系统不能很好地建立起来,企业生产的产品就会滞销或脱销,系统的功能就无法实现,产品的价值就无法得到补偿和实现,产品也不能最终实现它的使用价值。

2. 企业物流系统结构

企业物流的结构根据时间与顺序有水平结构和垂直结构,分别如图 7-2 和图 7-3 所示。

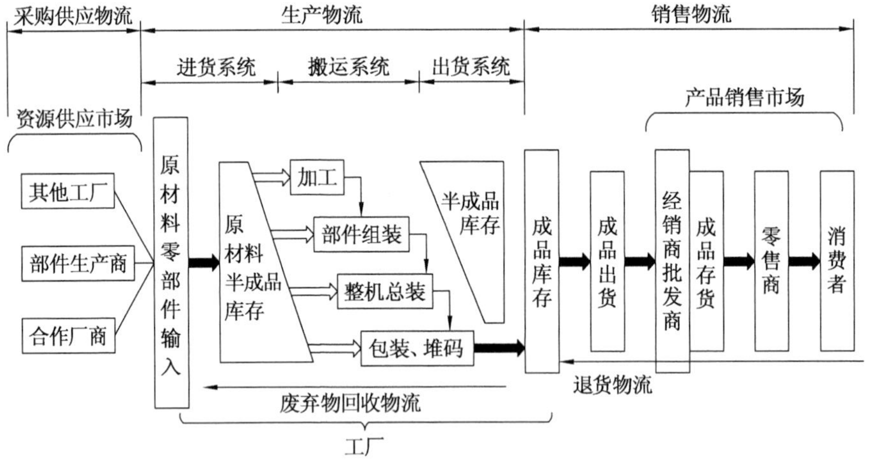

图 7-2 企业物流系统的水平结构

第一部分:采购供应物流——包括原料等一切生产资料的采购、进货、运输、仓储、库存管理和用料管理。

第二部分:生产物流——包括生产计划与控制、厂内运输(搬运)、在制品仓储与管理等活动。

第三部分:销售物流——包括产成品的库存管理、仓储、发货、运输、订货处理与顾客服务等活动。

第四部分:废弃物回收物流——包括废旧物料、边角余料等的回收利用;各种废弃物(废料、废水、废气等)的处理。

物流系统通过管理层、控制层和作业层3个层次的协调配合,实现总体功能。图7-3为企业物流系统的垂直结构[5]。

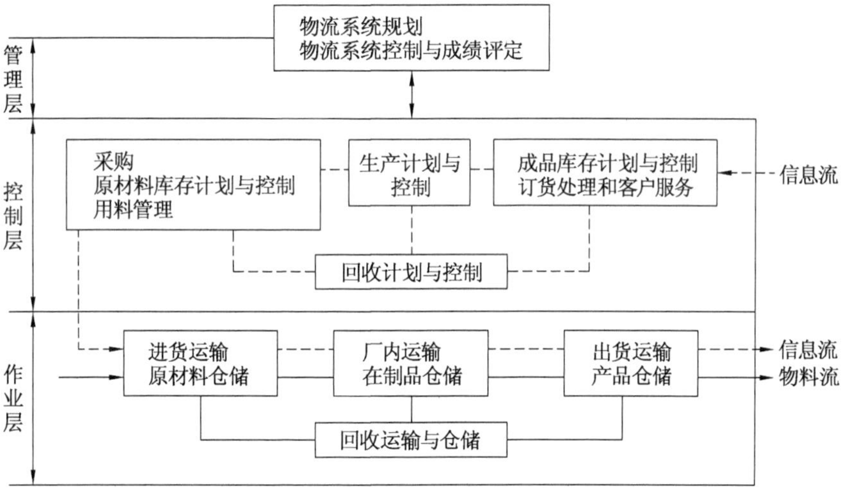

图7-3　企业物流系统的垂直结构

管理层——对整个物流系统进行计划、实施和控制。主要内容有物流系统战略规划、系统控制和成绩评定,目的是形成有效的反馈约束和激励机制。

控制层——其任务是控制物料流动过程,主要包括订货处理与客户服务、库存计划与控制、生产计划与控制、用料管理、采购等。

作业层——完成物料的时间转移和空间转移,主要包括发货与进货运输、厂内装卸搬运、包装、保管、流通加工等。

7.1.3　企业物流系统规划

1. 企业物流规划的内容

进行物流系统规划的目的在于更好地应付复杂化的订货,从而避免物流现场的混乱。在建立物流系统的过程中,关键是如何设定客户服务内容和提供低成本的物流服务。

在物流系统中,提供的服务内容的变化,必然导致物流成本随之发生变化。因此在进行物流系统规划时,首先要解决如何确定服务内容这个问题,在确定客户服务内容之后,再来考虑如何在低成本中构建合理的物流体系。

企业物流规划主要解决4个方面的问题:客户服务目标、设施选址战略、库存决策战略、运输战略。这些领域相互联系,每一部分都会对系统设计有重要影响,应该作为整体进行规划,构成物流规划决策三角形[6]。

(1) 客户服务需求目标

客户服务水平的决策比任何其他因素对系统设计的影响都要大,如果服务水平比较低,可以在较少的地点集中存货,采用较廉价的运输方式。服务水平较高则相反。但当服务水平接近上限的时候,物流成本的上升比服务水平的上升更快。因此,物流战略计划的首要任务是确定客户服务水平。

(2) 设施选址战略

存货地点及供货地点的位置分布构成物流计划的基本框架。其内容主要包括确定设施的数量、地理位置、规模,并分配各设施服务的市场范围,这样就确定了产品到市场之间的线路,良好的设施选址应考虑所有的产品移动过程及相关成本,包括从工厂、供货商或港口经中途存储点,到达客户所在地的产品移动过程及成本。采用不同渠道满足客户需求,其总的物流成本是不同的,寻求成本最低的配送方案或利润最高的配送方案是选址战略的核心所在。

(3) 库存决策战略

存货战略是指存货管理的方式,可分为将存货分配到储存点的推动式战略或通过补货拉动库存的拉动式战略。其他方面的决策内容还包括产品系列中的不同品种分别选在工厂、地区性仓库或基层仓库不同地点存放,以及运用各种不同方法来管理存货的库存水平。由于企业采用的具体政策将影响设施选址决策。所以必须在物流战略规划中予以考虑。

(4) 运输战略

运输战略包括运输方式、运输批量和运输时间以及路线的选择。这些决策受仓库与客户以及仓库与工厂之间距离的影响,反过来又会影响仓库选址决策。仓库水平也会影响运输批量和运输决策。

2. 企业物流系统规划的流程

物流系统规划是一项复杂的工程。在规划物流系统时,企业应对拟建立的物流系统进行战略规划、系统分析、系统设计、系统建模、系统评价、最后来运行物流系统,并对物流系统进行控制,不断优化物流系统。物流系统规划流程图如图7-4所示。

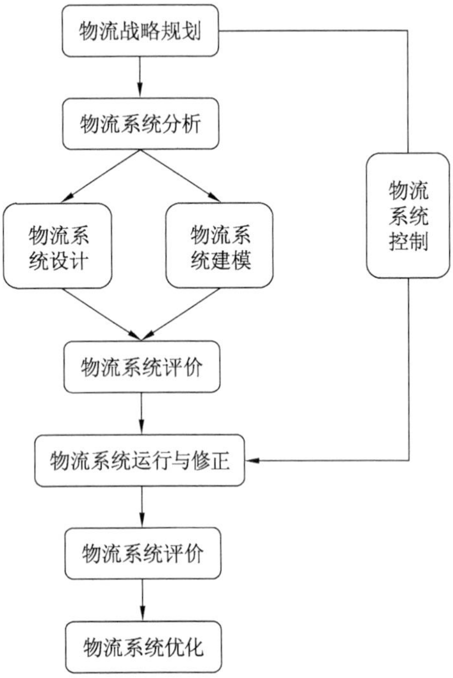

图7-4 物流系统规划流程图

(1) 物流战略规划

物流系统规划的目的是通过对物流系统所处的宏观环境和微观环境、企业自身和竞争者的分析,找出自身的优势和劣势、环境的机会与威胁,进而制定系统的宗旨和目标,选择和实施适当的战略行动,并且不断通过战略绩效的评价和控制保证正确的战略方向,最终实现物流系统目标的动态性、战略性物流管理活动。

(2) 物流系统分析

物流系统分析作为一种决策工具,其主要目的在于为决策者提供直接判断和决定最优方案的信息和资料。它把任何研究对象均视为系统,以系统的整体最优化为工作目标,并力求建立数量化的目标函数。具体的物流系统分析的内容将在下一节详细讨论。

（3）物流系统设计

进行系统分析以后，企业就可对物流系统进行设计了。因为物流系统是由多个子系统所组成的复杂系统，它是企业在开发、采购、生产、销售活动过程中为了使物料或者产品有序流动而建造的系统。在物流系统的设计中应将整个物流系统分解为若干子系统，并根据所处环境的不同分别对各子系统进行设计。系统设计内容包括运输系统设计、库存系统设计、配送系统设计。

（4）物流系统建模

物流系统模型是对物流系统的特征要素、有关信息和变化规律的一种抽象表达，它反映了系统某些本质属性。模型描述了物流系统各要素间的相互关系、系统与环境之间的相互作用。物流系统模型更深刻、更普遍地反映了所研究物流系统主题的特征。

在物流系统工程中，由于物流系统结构与行为过程的复杂性，只有综合运用定性、半定量和定量分析方法，才能建立恰当的物流系统模型，进而求得最佳的决策结果。因此，物流系统模型化是物流合理化的重要前提。

（5）物流系统评价

在对物流系统进行分析并建立模型后，需要对这些方案进行综合评价。评价是根据明确的目标来测定对象系统的属性，并将这些属性变为客观定量的计算值，或者主观效用的行为过程。系统评价不仅在方案择优时进行，而且在方案实施之前，也需要进行评价，目的是通过详细比较这些方案的优劣，选择最优方案付诸实施，同时及早发现和解决潜在问题，以确保项目经济可行并达到预期效果。

（6）物流系统运行与修正

经过分析和评价，就可以选择一个最具可行性、成本较低、收益较高的方案来建立物流系统并运行之。然后再根据一些实际限制条件进行必要的修正与调整。这些因素包括：厂房与土地面积比例、厂房建筑比率、容积率等。

（7）物流系统控制

物流的系统控制就是对物流的运行系统进行控制管理，以期达到希望获得的运行绩效。物流控制是实现物流系统高效的重要工作。物流系统的高效主要体现在两个方面：一是物资在“供应商—生产商—销售商—消费者”转移过程中的高速、高质；二是在达到上述目标前提下的低成本。前者是物流系统运行质量的控制，后者是对物流运行成本的控制。控制的功能是多方面的，包括监督、评价、指导、激励等。

（8）物流系统优化

构建一个有效的物流系统，并且使之运作有效，是一个长期的过程。物流系统优化要求综合考虑物流的路径最大、流量最大、成本最小、库存量经济、存储库房位置合理等方面的内容，不断优化物流系统，使之更有效的运行。

7.1.4　企业物流分析规划

1. 企业物流规划的基本内容

企业物流系统主要由厂内运输、装卸搬运、厂内储存、包装和物流信息等环节组成。厂内运输和装卸搬运的作用是实现企业物流的空间效益，储存是完成企业物流的时间效益，而包装是为了更好地促进物料的运输和储存而进行的功能活动。物流信息传递作为一种特殊功能贯穿于企业物流活动的全过程。企业物流系统分析就是将上述各环节视为一个整体加以分析研究[7]。

（1）运输（Transportation）

运输的任务是将物资进行空间移动，通过运输能解决物资生产地点和需要地点之间的空间距离问题。厂内运输有两方面的作用：一是承担企业物流和社会物流的衔接任务，把厂内所需要的原材料、燃料、备件、生产设备等其他物资运进厂内，同时把工厂的产品及时向社会输出；二是承担工厂内部距离较远的各单位、部门之间的物料输送业务。

厂内运输的科学规划是平面布置的重要内容。厂内运输通道往往是工厂区域划分的界限，同时是厂内的主要道路。因此，运输通道的布置必须与整个工厂的工艺流程、车间或设施的区域划分紧密结合，同时考虑与外界运输路线的衔接条件。

（2）装卸搬运（Materials Handling）

装卸搬运是指在同一场所范围内进行，以改变物资的存放状态和空间位置为主要内容和目的的活动，通常包括装上、卸下、移送、拣选、分类、堆垛、入库、出库等作业。装卸搬运与运输、存储活动有密切关系。通常的装卸搬运机械有各类起重机械、带式及辊式输送机、叉车、电瓶车等。叉车和托盘集装化的配合使用，是提高搬运作业效率的有效手段之一。

（3）储存（Storage）

工厂企业的储存是为保证生产的连续性和解决生产环节间的不平衡性、不同步性而设置的一定数量的物资储备，它从物流时间上调整缓冲这种不平衡，确保企业生产均衡有序地进行。储存若过多，则物资积压，占用较多的流动资金；储存过少，则供不应求，出现生产间断。只有合理储存，才能有效提高企业物流的时间效益。

（4）包装（Packing）

产品包装是企业生产不可缺少的环节，是生产过程的最后一道工序。产品只有经过包装，才能保证在流通和消费过程中的数量和质量。包装设计时，应考虑包装对运输、装卸、搬运和储存业务的便捷和有效展开，才能降低成本，减少物流时间和费用，提高企业物流的整体效益。

（5）物流信息（Logistical Information）

物流活动中必要的信息称为物流信息。信息是指能够反映事物内涵的知识、资料、消息、情报、图像、数据、文件、语言、声音等，信息是事物的内容、形式及其发展变化的反映。企业物流信息分为两类：一类是伴随物流过程，反映生产及物流状态的信息；另一类为市场的反馈信息。物流为单向，而信息流则为双向。

2. 企业物流系统分析过程

企业物流系统分析是针对企业物流系统的环境、输入输出情况、物料性质、流动线路、系统状态、搬运设备与器具、库存等进行全面、系统的调查和分析，找出问题，求得最佳系统设计方案。具体如图 7-5 所示。

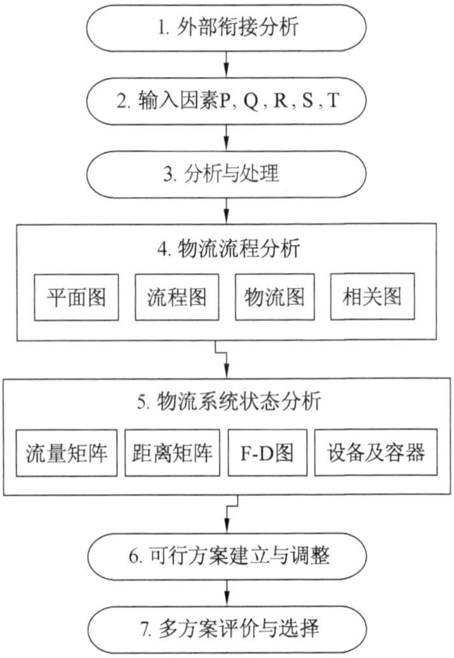

图 7-5　企业物流系统分析规程

(1) 外部衔接分析

是指对已确定系统边界的物流系统进行分析,研究其物料输入与输出系统的情况。

(2) 输入因素

指系统物料的种类,例如,Q 指数量;R 指线路;S 指辅助生产与服务过程的部门;T 指物料流动时间。

(3) 分析与处理

对于收集到的资料、数据,必须进行适当的分析与处理才能使用。系统中的物料很多,并且千差万别,需要根据其重要性进行分类,一般采用 A,B,C 分类。

(4) 物流系统流程分析

物流系统流程分析步骤如下:

① 平面图。平面图的 IE 符号主要有以下几种表示,如图 7-6 所示。

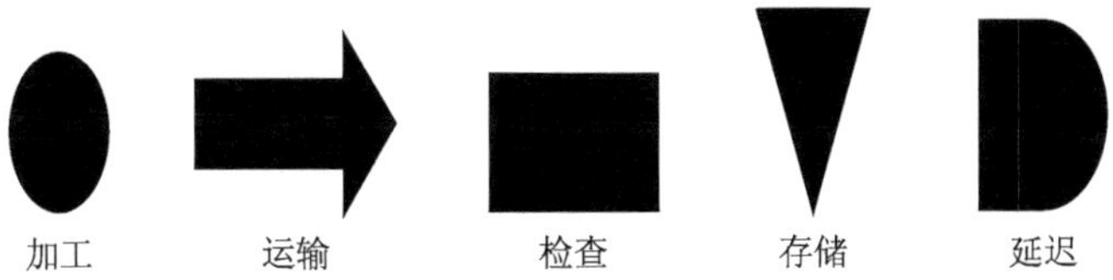

图 7-6　物流标准符号

② 物流流程图。物流流程图显示从收货、储藏、各部件生产、预装配、总装、打包到仓库及运输每个环节所经的路线,这些路线可画在工厂的布局图上。图 7-7 为某车间物流流程图。

③ 物流图。用圆圈来表示设备装置或作业单位,而圆圈间的连线则用来表示流程,

相邻圆圈间的连线是从一个圆的中心指向另一个圆的中心的,如果要跳过某一个环节,就将线画在圆圈的上方,如果流程是回运的,就叫作“回流”,流程线则在圆圈下方。如图7-8 所示。物流图可形象地表达系统的物流情况,物流是否合理一目了然,有利于对物流系统进行分析与设计。

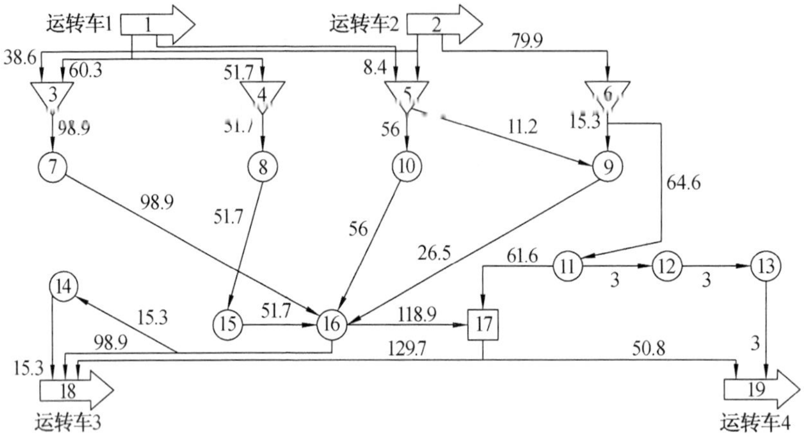

图 7-7　某车间物流流程图

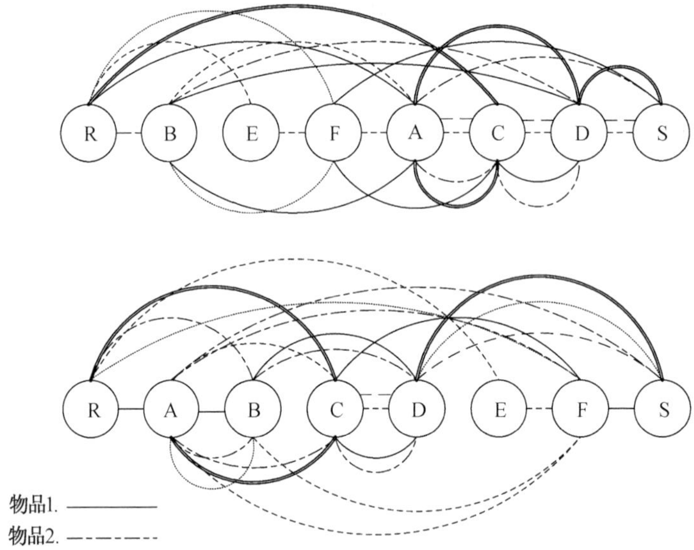

图 7-8　物流图

例:单个产品有 5 个部门的流程如图 7-9 所示。

把物料从部门 4 运到部门 3 即是回运。如果我们重新布置这个工厂,并且改变环绕的部门 3 和部门 4,得到直线的流程,如图 7-10 所示。

这样的安排没有回运,效率极高,使途径的距离最小。

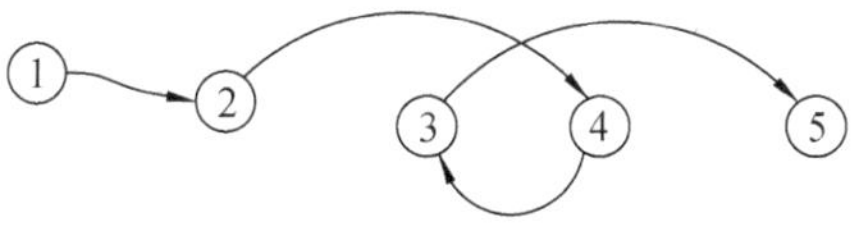

图 7-9　包含回运的流程

图 7-10　不包含回运的直线流程

④ 相关图。相关图又称相关分析图(见图 7-11)。它将系统中所有物流部门与非物流部门均绘制在一张表达相互关系的图上,以便分析与设计。相关图中的英文字母表示两部门间的密切关系,称之为密切度,分为 5 个等级。最重要的密切度为 A(Apparently Important),从高到低依次为 E(Especially Important)、I(Important)、O(Ordinary Important)、U(Unimportant)。

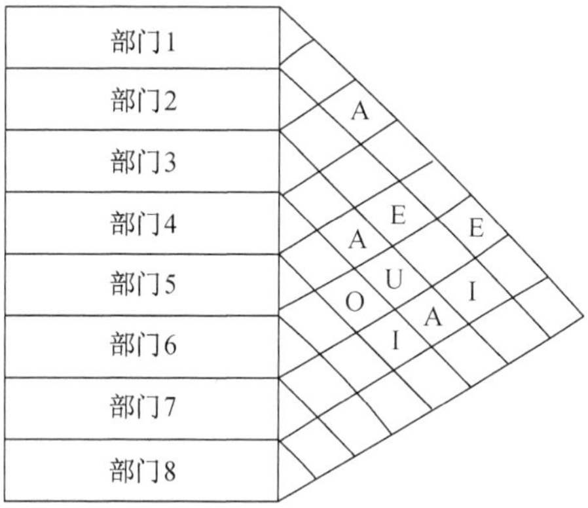

图 7-11　相关分析图

(5) 物流系统状态分析

① 流量矩阵(从至表)。当研究的产品、零件或物料品种数量非常多时,用从至表研究物流状态就非常方便了。

从至表是一张方格图,从至表的左边为“从”(From)边,用作业单位表示,从上到下按生产顺序排列;上边为“至”(To)边,也用作业单位表示,从左到右按生产顺序排列。行、列相交的方格中记录从起始作业单位到终止作业单位的各种物料搬运量的总和,有时也可同时注明物料种类代号。当物料沿着作业单位排列顺序正向移动时,即没有倒流物流现象,从至表中只有上三角方阵有数据,这是一种理想状态。当存在物流倒流现象时,倒流物流量出现在从至表中的下三角方阵中,如表 7-1 所示。

② 距离矩阵 $\boldsymbol{D}$。根据编码平面图的距离矩阵 $\boldsymbol{D}=[d_{ij}]_{\min}$,距离单位可以用 m 和 km 等表示。

③ $F-D$ 图(流量距离图)。将每两点的物流按其流量大小绘制在一直角坐标图上,根据分析的需要,按照确定的物流量和距离,将该图划分为若干部分。

表 7-1　从至表

从 \ 至	A	B	C	D	E	F	G	X	和
A		1	18	7.5		1	30		57.5
B			1	1 +30	7.5			18	57.5
C		1			1 + 18				20
D		18 +7.5			30 + 1		1		57.5
E				18 + 1				30 + 1 +7.5	57.5
F							1		1
G		30	1					1	32
X									

总计　283

④ 搬运设备、容器统计。以表格形式记录下任意方案中,在设施、设备之间从事物料搬运的设备、装载容器等的状况,分析合理与否,提出改进意见。

(6) 可行方案的建立与调整

根据上述分析,对于每个方案均可计算出

$$S = \sum_{i=1}^{n}\sum_{j=1}^{n} f_{ij}d_{ij}$$

根据 $F-D$ 图调整系统中设施或设备的所在位置,得到新的距离矩阵 $\boldsymbol{D} = [d_{ij}]_{\min}$。假设工艺先例未发生变化,$F$ 亦无变化。有时需要改变方法,则 F 也会变化。总之,只要 $\boldsymbol{D}$ 变为 $\boldsymbol{D}'$,必有:$S' = \sum_{i=1}^{n}\sum_{j=1}^{n} f_{ij}d'_{ij}$ 或 $S' = \sum_{i=1}^{n}\sum_{j=1}^{n} f'_{ij}d'_{ij}$

此时工艺方案已发生变化。如果 $S' < S$,新方案的物流设计优于原方案 S。当然,调整时应根据生产系统的环境与条件而定,而不是任意调整。搬运工作量最小的方案,为最优物流系统方案,则有

$$S_t = \min\{S_1, S_2, \cdots, S_l\}$$

如果任意两物流点间的单位搬运费用可以得到,即 C_{ij}^0[元/(t・m),元/(t・m)]可以测得或有可靠数据,则系统搬运费用也可计算为

$$C_s = \sum_{i=1}^{n}\sum_{j=1}^{n} C_{ij}^0 f_{ij} d_{ij} = \sum_{i=1}^{n}\sum_{j=1}^{n} C_{ij}^0 w_{ij}$$

对于一个方案,可得到最小搬运费用方案:

$$C_{hs} = \min(C_{s1}, C_{s2}, \cdots, C_{sl})$$

一般情况下,若 C_{ij}^0的值不易得到,可用 S 代替 C_s。

(7) 多方案评价及选择

在平面设计过程中,还要考虑非物流部门、工艺水平要求、管理、人员、工作条件等多

种因素。评价方法可采用关联矩阵、模糊评判等方法。

7.2　企业设施规划

设施规划发源于早期制造业的工厂设计，是工业工程学科的一个重要分支。随着工业工程应用领域的进一步扩大，工厂设计的原则和方法逐步扩大到了非工业设施，如机场、医院、超级市场等各类社会服务设施。企业设施规划与设计，是以企业生产系统的空间静态结构（布局）为研究对象，从企业动态结构——物流状况分析出发，探讨企业平面布置设计目标、设计原则，着重研究设计方法与设计程序，使企业人力、财力、物力和物流、人流、信息流得到最合理、最经济、最有效的配置和安排，从根本上提高企业的生产效率，达到以最少的投入获得最大效益的目的[6]。

7.2.1　设施规划的定义

1. 设施的概念

设施是指使工作便利的工具、环境或设备。对于工业设施及工厂来说，设施包括所占用的土地、各类建筑物、生产系统中的各项机器设备，也包括各种工具、维修设施、仓库、动力设施、公用设施和实验室等；对服务系统来说，设施也包括土地、建筑物、各种服务设备及辅助设备、公共设施、办公室等[7]。

规划是指如何将一个系统中的资产做最有效的分配、安排，使系统达到最佳的效果。

2. 设施规划的概念

设施规划是在企业经营策略的指导下，针对企业个体中的生产或服务系统的生产或转换活动，从投入到产出的全部过程中，将人员、物料及所需的相关设备设施等，做出最有效的组合和安排，并与其他相关设施协调，以期能够进行安全、经济与有效率的操作，满足企业经营需求，同时更进一步能对企业长期的组织功能和发展产生更积极的影响并使之产生更大的效益。

3. 物流设施规划的概念

物流设施规划是在运作的情况下，将物流设施所涉及的范围对象，即物流中心本身、活动中的工作人员、机械设备和物料管理作业，结合无形资产来做出最有效分配并达到最佳的效果。

7.2.2　设施规划的原则与目标

1. 现代设施规划应遵循以下原则[6]：

① 减少或消除不必要的作业。这是提高企业生产率和降低消耗的最有效方法之一。只有在时间上缩短生产周期，空间上减少占地，物料上减少停留、搬运和库存，才能保证投入的资金最少，生产成本最低。

② 以流动的观点作为设施规划的出发点，并贯穿在规划设计的始终。因为生产系统的有效运行依赖于人流、物流、信息流的合理化。

③ 运用系统的概念、系统分析的方法求得系统的整体优化。

④ 重视人的因素，运用人机工程理论，进行综合设计，并要考虑环境的条件（包括空

间的大小、通道配置、色彩、照明、温度、湿度、噪声等因素)对人的工作效率和身心健康的影响。

⑤ 设施规划是从宏观到微观,又从微观到宏观的反复迭代,并进行设计的过程。要先进行总体方案布置设计,再进行详细布置。而详细布置设计方案又要反馈到总体布置方案中,对总体方案进行修正。

⑥ 由于环保意识的提升,在规划时还要考虑对环境带来的外部性影响,妥善规划及安排所需的防污处理,要以前瞻性和环保的眼光,综合分析该规划对生态环境所带来的影响程度和范围,在事前分析规划和寻求解决方法,使其进一步强化正面的效益,减少对环境的负面影响。

总之设施规划就是要综合考虑各种相关因素,对生产系统或服务系统进行分析、规划、设计,使系统资源得到合理的配置。

2. 设施规划的目标

设施规划总的目标是使人力、财力、物力和人流、物流、信息流得到最合理、最有效的配置和安排,设施规划与设计是为新建、扩建或改建的生产系统或服务系统综合考虑相关因素,进行分析、构思、规划和论证,做出全面的安排,并对生产服务设施进行科学布局的基础上,使资源得到合理配置,系统能够有效运行,达到预期的各种目标。企业设施规划的内容包括设施系统设计,设施布置和搬运系统设计。其目标有7点,分别为:

① 简化加工过程;

② 有效利用人员、设备、空间和能源;

③ 最大限度地减少物料搬运;

④ 缩短生产周期;

⑤ 力求投资最低;

⑥ 为职工提供方便、舒适和安全卫生的生产环境;

⑦ 注重能源的节约和环境的保护。

上述目标之间往往存在冲突,必须要用恰当的指标对每一个方案进行综合评价,以达到总体目标的最优化。

7.2.3 设施规划的程序模式

一个大中型项目的设施规划范围广泛、内容丰富、相互关联,是一项错综复杂的任务。

1. 调查

调查收集规划所需要的原始资料,研究和了解影响规划的各种因素及其影响,原始资料有产品、工艺、生产纲领等,各种要素有地质、气象、交通运输、原有设施现状等,这些原始资料都将作为设施规划的依据。

2. 分析

主要对设施的各组成部分进行分析并提出方案和设想。

3. 综合

将各组成部分的方案综合起来,汇总编制出初步的总体方案。做出初步的工厂布局和总平面布置,各部分进行协调调整,将物料搬运、公用设施、各种管线、建筑物设计和总平面布置相结合形成总体方案。

4. 修正

将初步的总体方案征求有关部门意见,经修正改进后形成多个候选方案。

5. 评价

对候选方案进行全面评审,由上层管理部门选定及批准。

6. 实施

执行选定的方案,持续努力直到达成既定的目标。

7. 持续改善

对实施的方案不断改善,逐步修正设计方案。

设施规划的程序模式可归纳总结为图 7-12。

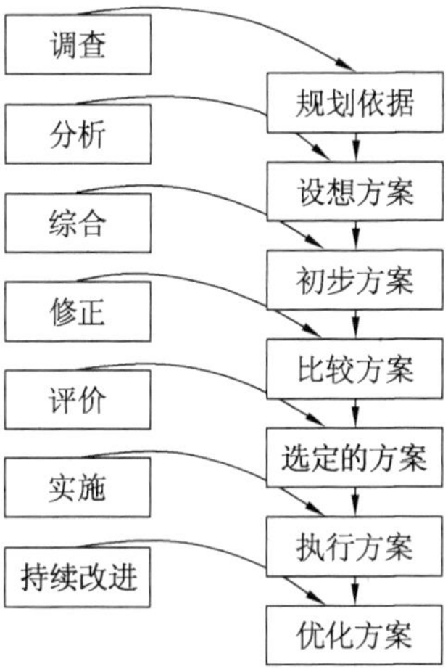

图 7-12　设施规划的程序模式

7.3　设施布局设计

7.3.1　设施布局的目标及适用情况

设施布局是指在选定的区域内,合理安排组织内部各生产作业单元和辅助设施的相对位置和面积、设备的布置,使之构成一个符合企业生产经营要求的有机整体。设施布局是否合理,对企业的生产经营活动有着重要的影响(如企业的生产经营成本、职工的工作环境、物流的运输流程及企业的应变能力等都或多或少受其制约)。它的主要任务是将场区各个建筑、构筑物和设备设施布置得恰到好处,使人就其位、物归其所、事循其序,达到整体优化的目的。

1. 工业设施布置设计的内容以及基本要素

设施布置包括工厂总体布置和车间布置。工厂总体布置设计应解决工厂各个组成部分,包括生产车间、辅助生产车间、仓库、动力站、办公室、露天作业场地等各种作业单位和运输线路、管线、绿化及美化设施的相互位置,同时应解决物料的流向和流程、厂内外运输的连接及运输方式。

车间布置设计应解决各生产工段、辅助服务部门、储存设施等作业单位及工作地、设备、通道、管线之间的相互位置；同时，也应解决物料搬运的流程及运输方式。

企业的设施布置，一般分两个层次进行，即工业设施总平面布置和生产车间的设备布置。中小型工业企业则将两个层次的布置合并进行。工业企业设施布置的基本要素有以下5点：产品、数量、生产线路、辅助服务部门和时间安排。这5个基本要素被形象地比喻为解决布置问题的钥匙[8]。

2. 设施布置的主要目标

设施布置的主要目标可以简化为3点：效率第一、保护优先和适度机械化。其中，效率第一可以概括为仓库空间要有效利用和仓库里台架的布局要合理。具体来说表现为以下几点：

① 使生产流程短捷、通畅，尽可能避免出现迂回倒流、堵塞和“瓶颈工序”等情况；

② 尽可能做到设施布置和生产的灵活性；

③ 尽可能使在制品有高周转率；

④ 使物料搬运量降至最小、运输成本最低；

⑤ 降低设备投资，特别是运输装卸设备的投资；

⑥ 充分利用场区面积和建筑物的空间；

⑦ 最经济合理地利用劳动力，特别在物料搬运方面；

⑧ 为职工提供方便、舒适和安全卫生的生产环境。

3. 设施布置的适用情况

新建企业需要进行工厂布置。老企业随着产品的更新换代，品种产量的变化，新技术新工艺的应用，都需要对原有生产系统进行调整，改进原有的平面布置。一般出现下列情况时都需要进行生产系统的设计和平面布置[9]。

(1) 新建与扩建企业

一旦选定了厂址，就需要对工厂进行全面的布置。

(2) 产品需求的变化

当产品需求量远远超过了现有生产系统能力时，就需要新建或扩建厂房。而产品需求量发生减少变化时，会使得原有生产系统出现不平衡现象，因此，需要对生产系统做出调整。

(3) 产品的更新与新产品的开发

新产品投入生产后，原有生产系统的平衡被打破，而且，新产品往往要求新的设备和新的生产线，因此，需要对原有布置重新做出调整。

(4) 新技术新工艺的引入

新技术新工艺的引入往往改变原有的生产工艺过程，进而影响物流系统的工作状态，此时需要对生产系统进行改进及重新布置。

另外，生产系统出现薄弱环节，或物流显著不合理，也有必要进行局部的平面布置。还有诸如安全、环境等因素或其他降低成本、改进管理的需要都可能要求对生产系统进行重新布置。

7.3.2 设施布局的原则和要求

在设施规划中首先要解决的是全面的设施布置问题，这也是设施规划的核心问题，对复杂的工业设施——工厂来说,尤其如此。由于现代市场竞争的激烈性和挑战性,使企业产品更新频率加快,生产系统布置的更换周期缩短,工业界为适应市场需求从单纯大批量式的生产系统,更多的转向多品种、小批量的柔性、集成生成系统。据统计,美国制造业每年有25%的生产系统需要改变布局,平均每个企业每年要重组制造系统1～2次。英国某些先进的企业平均每周要重组一次制造系统。我国有的企业每年要重组8次[10]。设施布置应考虑以下原则:

(1) 环境协调的原则和要求

设施布置应服从城市总体规划的要求,在处理厂容和建筑群体的空间关系上,要注意与厂区周围的环境相协调。特别是厂前区和厂区主要干道两侧的建筑物,在外形、色彩的处理上应使其有整齐、简洁的轮廓线,给人的整体感和艺术感以丰富城区街市的面貌。

(2) 工艺基础的原则和要求

工业设施总布置要根据工厂生产工艺的特点,结合地形和地质情况,合理设置建筑物和设施,使之成为一个有机的整体,既符合生产工艺的要求,又使生产工艺运输路线通畅、连续和短捷。应尽量避免主要工艺路线迂回往复。为此需要采取物流分析方法,以达到上述目的。

(3) 安全与卫生要求

① 防火间距要求。建筑物之间的防火间距,不应小于表7-2所示的要求(现行建筑设计防火规范另有规定者除外)。

表7-2　防火间距

耐火等级	一、二级	三级	四级
防火间距	10	12	14
	12	14	16
	14	16	18

② 卫生间距要求。构筑物的间距要满足厂房的通风、朝向、日照、采光等方面的要求。

③ 防振的间距要求。这里说的防振不是指地震,而是指工艺操作上的震动。

(4) 设施总平面布置的用地系数

建构筑物占地稀疏:26%～38%;厂前用地:3%～8%;广场、道路一边为8%～15%;堆场(指无固定超重设备的堆场)为3%～10%;其他则为10%～30%。

(5) 要合理紧凑布置、节约用地

建筑物外形尽可能简单;尽量减少单个小建筑;合理布置场区内的铁路系统;合理预留建筑发展用地;正确确定建筑物的间距避免不必要的土地浪费。

(6) 通道间距的确定

满足交通运输和大型车辆进入建筑物的需要;满足地下架空管线设置的要求;满足各种建、构筑物附属设施和绿化布置的要求;满足竖向布置得要求;主要通道宽度与两侧建筑物高度相协调;建筑物与邻厂公用围墙之间的距离,不小于该建筑物高度的一半。

厂区通道宽度一般规定见表7-3。

表7-3　厂区通道宽度　　m

道路类型	企业类别	Ⅰ类企业	Ⅱ类企业	Ⅲ类企业
主干道	大型	12.0～9.0	9.0～7.0	7.0～6.0
	中型	9.0～7.0	7.0～6.0	7.0～6.0
	小型	7.0～6.0	7.0～6.0	6.0～4.5
次干道	大型	9.0～7.0	7.0～6.0	7.0～4.5
	中型	7.0～6.0	7.0～4.5	6.0～4.5
	小型	7.0～4.5	6.0～4.5	6.0～3.5
支道	大、中、小型	4.5～3.0		

(7) 其他布置原则和要求

设施总布置时，要满足场区内外交通运输的要求，尽量避免人流和物流路线的交叉；要结合场区地形、地质条件进行总体布置；在原有工厂企业的场区进行布置时，应尽可能利用原有建、构筑物和工程管线，以节省投资；场区周围应设置围墙，场区内不宜混杂农民和居民，要解决好建厂后原有农民、居民区的对外交通问题。

(8) 动力站房的布置原则

动力站房的布置宜靠近主要服务对象或负荷中心，使用通用用户的管线最短、能耗最小。

(9) 行政生活福利设施的布置

卫生所的服务半径不大于800 m。超过服务距离时，应在人数较多和易出工伤事故的工作区设立卫生站；哺乳、托儿所一般应距女职工较多的车间不超过400 m；自行车棚宜集中布置在职工出入工厂、存放车辆比较方便的地点。对大中型工厂，视具体情况也可分散设点存放。

(10) 竖向布置

竖向布置主要包括标高的确定、防洪及排洪、土石方的估算。

7.3.3　设施布置的基本方法

设施布置分析的基本方法可以概括为图论方法、摆样法、系统布置设计(SLP)、数学模型法和计算机辅助布置技术5种方法，如图7-13所示。

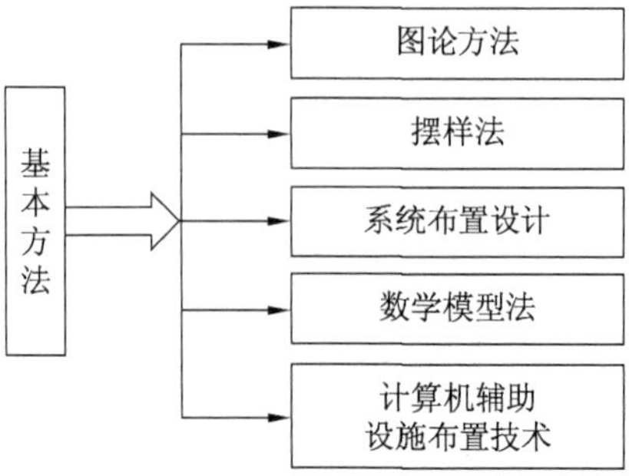

图7-13　设施布置分析的基本方法

（1）图论方法

它产生于20世纪50年代，有螺线规划法、简化布置规划法及运输行程图等。其优点在于将摆线法和数学模型结合起来，但在实践中，现在很少用它们。

（2）摆样法

它是最早的布局方法。利用二维平面比例模拟方法，按一定比例制成的样品在同一比例制成的平面图上表示设施系统的组成、设施、机器或活动，通过相互关系的分析，调整样品位置可得到较好的布置方案，这种方法适合于较简单的布局设计，对复杂的系统该法就不太准确，而且花费时间较多。

（3）系统布置设计（SLP）

Muther除了提出系统化工业设施规划SPIF外，还对于工厂布局等5个子系统提出了一套统一化系统化的规划设计方法及系统布置SLP法。这是当前工厂布局设计的主流方法。

（4）数学模型法

运用运筹学、系统工程中的模型优化技术（如整数规划，线性、非线性规划，随机规划，多目标规划，运输问题，排队论等）研究最优布局方案，提供数学模型，以提高系统布置的精确性和效率。

例如：设系统内已经有 m 个设施，准备加入 n 个新设施，且定义

$X_j(j=1,2,\cdots,n)$ 为第 j 个新设施位置；

$P_i(i=1,2,\cdots,m)$ 为第 i 个已有设施位置；

V_{jk} 为第 j 个和第 k 个新设施间单位距离流动费用与一定时间内 j,k 设施间往返次数的乘积；

W_{ji} 为第 j 个新设施和第 i 个已存设施间单位距离流动费用与一定时间内 j,i 设施间往返次数的乘积；

$d(X_j,P_i)$ 新设施 j 与已存设施 i 之间的距离；

$d(X_j,X_k)$ 新设施 j,k 之间的距离。

则有目标函数

$$\min f(x) = \sum_{1\leqslant j\leqslant k\leqslant n} V_{ik} d(X_j,X_k) + \sum_{j=1}^{n}\sum_{i=1}^{m} d(X_j,P_i) \tag{7-1}$$

它是一个线性规划模型，在一定的约束条件下，可用单纯形法求解出 X_j 位置，得到一个最优的布局方案。对于一个新的设计系统，只需令 $d(X_j,P_i)=0$，式(7-1)仍可求出最优布局方案。

但用数学模型解决布局问题存在两大困难。首先，当问题的条件过于复杂时，简化的数学模型很难得出符合实际要求的准确结果。其次，布局设计最终希望得到的布局图，但用数学模型得不到。利用数学模型和CAD结合起来的系统布局软件是解决布局问题的一种好方法。

（5）计算机辅助设施设计（Computer Aided Facilities Design）

即在设施规划的过程中，充分利用计算机辅助设计相关技术及软件来完成建模布置，运行分析，动画展示及其系统优化。基本过程如选址分析及计算、设施布置及参数选择、系统修改等过程都是用计算机来完成。

7.3.4 系统布局设计(SLP)

工厂布置的方法与技术,一直在不断发展。在众多的方法中,以1961年美国的缪瑟提出的系统布置设计(System Layout Planning,SLP)理论最为著名,应用也十分普遍。它不仅适合于各种规模、种类的工厂新建、扩建或改进中对设施或设备的布置或调整,也适合制造业中对办公室、实验室、仓库等的布置设计,同时也可用于医院、商店等服务业的布置设计[11]。

1. 系统布局设计阶段的构成

系统布局设计阶段的构成见图7-14。

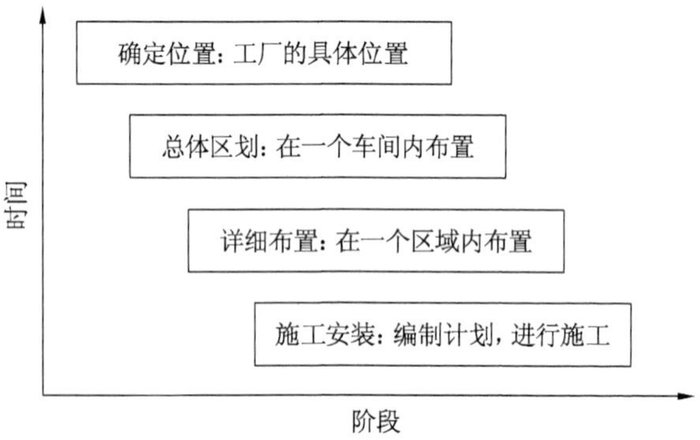

图7-14 系统布置设计的4阶段

第一阶段:确定位置

在新建、扩建、改建工厂或车间时,首先应确定新厂房坐落的地区位置。要明确拟建工厂的产品及其计划生产能力,参考同类工厂以确定拟建工厂的规模,从待选的新地块或旧有厂址中确定出可供利用的厂址。

第二阶段:总体区划

总体区划又叫区域划分,就是在已确定的厂址上规划出一个总体布局。在这个阶段,应首先明确各生产车间、职能管理部门、辅助服务部门及仓储部门等作业单位的工作任务与功能,确定其总体占地面积及外形尺寸。在确定了各作业单位之间的相互联系后,把基本物流模式和区域划分结合起来进行布置。

第三阶段:详细布置

详细布置一般指一个作业单位内部机器及设备的布置。在详细布置阶段,要根据每台设备、生产单元及公用、服务单元的相互关系确定出各自的位置。

第四阶段:施工安装

在完成详细布置设计,经上级批准后,可以进行施工设计,需绘制大量的详细施工安装图和编制搬迁、施工安装计划。必须按计划进行土建施工、机器、设备及辅助装置的搬迁、施工安装工作。

在系统布置设计4个阶段中,第一和第四阶段应由其他专业技术人员负责,系统布置设计人员应积极参与。阶段三和阶段四由系统布置设计人员来完成,因此,人们常说工厂布置包括工厂总平面布置(总体区划)及车间布置或车间平面布置(详细布置)两项内容。

2. SLP 的程序模式

依照系统布局设计思想，第二和第三阶段采用相同的设计步骤——系统布置设计(SLP)程序，如图 7-15 所示。

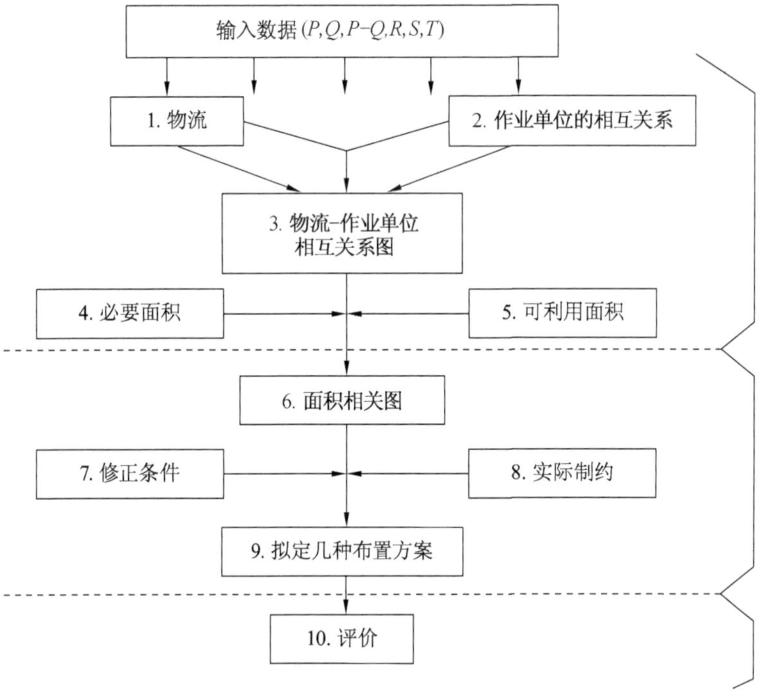

图 7-15　系统布置设计流程图

在 SLP 程序中，一般经过下列步骤：

(1) 准备原始资料

在系统布置设计开始时，首先必须给出基本要素，输入的数据是资料与数据搜集和系统调研的结果。P(Products)指系统物料的种类；Q(Quantity)指数量；R(Routing)指路线，包括工艺路线、生产流程、各工件的加工路线以及形成的物流路线；S(Service)指辅助生产与服务过程的部门；T(Timing)指物料流动时间等。同时，也需要对作业单位的划分情况进行分析，通过分解与合并，得到最佳的作业单位划分状况。所有这些均作为系统布置设计的原始资料。

(2) 物流分析与作业单位相互关系分析

针对某些以生产流程为主的工厂，物料移动是工艺过程的主要部分时，如一般的机械制造厂，物流分析是布置设计中最重要的方面；对某些辅助服务部门或某些物流量小的工厂来说，各作业单位之间的相互关系(非物流联系)对布置设计就显得更加重要，介于两者之间的情况，则需要综合考虑作业单位之间物流与非物流的相互关系。

物流分析的结果可以用物流强度等级及物流相关图来表示；非物流的作业单位间的相互关系可以用量化的关系密级及相互关系图来表示；在需要综合考虑作业单位间物流与非物流的相互关系时，可以采用简单加权的方法将物流相关图和作业单位间相互关系图综合成综合相互关系图。

(3) 绘制作业单位位置相关图

根据物流相关图和作业单位相互关系图,考虑每队作业单位间相互关系等级的高或低,决定两作业单位相对位置的远或近,得出各作业单位之间相对位置关系,有些资料上也称之为拓扑关系。这时并未考虑各作业单位具体的占地面积,从而得到的仅仅是作业单位相对位置,成为位置相关图。

(4) 作业单位占地面积计算

各作业单位占地面积与设备、人员、通道及辅助装置等有关,计算出的面积应与可用面积相适应。

(5) 绘制作业单位面积相关图

把各作业单位占地面积附加到作业单位位置相关图上,就形成了作业单位面积相关图。

(6) 修正

作业单位面积相关图只是一个原始布置图,还需要根据其他因素进行调整和修正。此时需要考虑的修正因素包括物料搬运方式、操作方式、储存周期等,同时还需要考虑实际限制条件如成本、安全和职工倾向等方面是否许可。

考虑了各种修正因素与实际限制条件以后,对面积图进行调整,得出数个有价值的可行工厂布置方案。

(7) 方案评价与择优

针对得到的数个方案,需要用技术及其他因素进行评价,通过各个方案比较评价,选出或修正设计方案,得到布置方案图。

依照上述说明可以看出,系统功能设计(SLP)是一种采用严密的系统分析手段及规范的系数设计步骤的设计方法,具有很强的实践性。

3. SLP 的实施步骤

(1) 产品-产量分析(P-Q 分析)

企业生产的产品品种的多少以及每种产品产量的高低,决定了工厂的生产类型,直接影响着工厂的总体布局及生产设备的布置形式[12]。

P-Q 图是 P-Q 分析的一种一目了然的手段。图中的横轴表示产品 P(品种或种类),纵轴表示数量 Q。将各类产品按数量递减的顺序排列,绘制出 P-Q 曲线。曲线的左端表示数量很多而种类较少的产品,右端表示数量少而种类很多的产品。

P-Q 图距离如图 7-16 所示。从图上可以看出,A 区产品品种少但数量大,适宜采用大批量的生产方式,加工机床按产品原则布置。C 区产品品种多但产品数量少,属于单件小批量生产方式,必须按工艺原则进行布置。介于 A 区和 C 区之间的 B 区,则采用上述两种相结合的成组原则布置。

P-Q 分析的结果不仅是确定生产方式和布置形式的基础,也是划分作业单位的基础。即把不同生产方式和布置形式的机器设备,分开配置在不同的面积内。例如,可以把产品原则布置和工艺原则布置的机器设备分别放置在不同的车间内,或者分别设置在一个车间的不同工作区域。

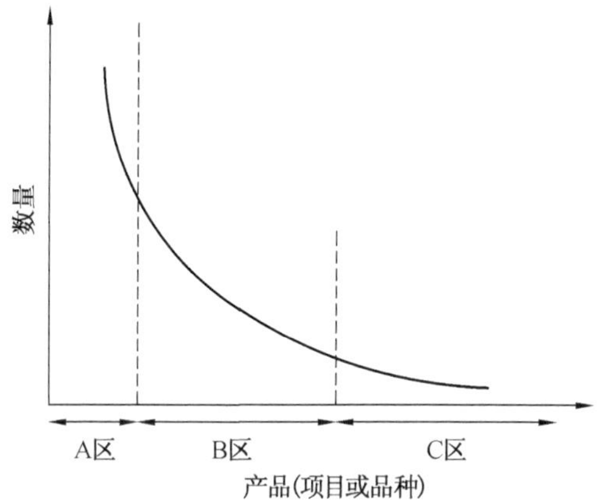

图 7-16　P-Q 分析图

(2) 物流分析(R 分析)

在满足生产工艺流程的前提下,减少物料搬运工作量是工厂布置设计中最为重要的目标之一。因此,在实现工厂布置之前必须就生产系统各作业单位之间的物流状态做出深入的分析。

物流分析包括确定物料在生产过程中每个必要的工序之间移动的最有效顺序及其移动的强度和数量。一个有效的工艺流程是指物料在工艺过程内按顺序一直不断地向前移动直至完成,中间没有过多的迂回或倒流。当物料移动是工艺过程的主要部分时,物料分析就是工厂布置设计的核心工作。针对不同的生产类型,应采用不同的物流分析方法。

① 工艺过程图(线图)。在大批量生产中,产品品种很少,用标准符号绘制的工艺过程图直观地反映出工厂生产的详细情况。此时进行物流分析只需在工艺过程图上注明各道工序之间的物流量,就可以清楚的表现出工厂生产过程中的物料搬运情况。另外,对于某些规模较小的工厂,不论产量如何,只要产品比较单一,都可以用工艺过程图进行物流分析。

② 多种产品工艺过程表。在多品种且批量较大的情况下,如产品品种为 10 种左右,将各产品的生产工艺流程汇总在一张表上,就形成了多种产品工艺过程表,在这张表上 10 个产品工艺路线并列绘出,可以反映出各个产品的物流途径。

③ 从至表。当产品品种很多,产量很小且零件、物料数量又很大时,可以用一张方阵图表来表示各作业单位之间的物料移动方向和物流量,表中方阵的行指物料移动的源头,成为“从”;列表示物料移动的目的地,成为“至”;行列交叉点表明由源头到目的地的物流量。这样一张表就是从至表。运用从至表,可以一目了然地进行单位之间的物流分析。

当比较不同性质的物料搬运状况时,根据各种物料的物流强度大小酌情考虑搬运困难程度。SLP 将物流强度等级划分为 5 个等级,分别用 A,E,I,O,U 来表示。

A——超高物流强度;

E——特高物流强度;

I——较大物流强度;

O——一般物流强度；

U——强度可忽略的搬运。

也可采用半级划分，如 A，A－，E，E－等。

（3）作业单位相互关系分析

对于布置设计，物流分析并不是唯一的依据，有时要进行作业单位间非物流关系分析。下面几种就属于非物流因素的情况。

① 例如一些电子或宝石工厂，需要运输的物料很少，物流相对不很重要；有的工厂物料主要用管道输送。在这种情况下，其他因素可能要比物流因素更重要。

② 辅助设施与生产部门之间常常没有物流关系，但必须考虑它们之间的密切关系。例如，维修间、办公室、更衣室、休息室与生产区域都有一定的密切关系。

③ 在纯服务性设施中，如办公室、维修间内，常常没有真正的或固定的物流，确定它们的关系，要采用其他通用规则，而不是物流。

（4）物流与作业单位综合相互关系分析

针对某些以生产流程为主的作业单位，物料移动时工艺过程的主要部分是，物流分析为布置设计中最重要的方面；对某一些辅助服务部门或物流量较小的工厂来说，各单位之间的相互关系（非物流联系）对布置设计显得更重要了，介于上述两者之间的情况，则需要考虑作业单位之间物流与非物流的相互关系。其主要步骤为：

① 进行物流分析，求得作业单位物流相关表。

② 确定作业单位间非物流相互关系影响因素及等级，求得作业单位相互关系表。

③ 确定物流与非物流相互关系的相对重要性。

④ 量化物流强度等级和非物流的密切程度等级。

⑤ 当作业单位数目为 N 时，总的作业单位对数可用下式计算：$P=N(N-1)/2$。

⑥ 计算量化的所有作业单位之间综合的相互关系。

⑦ 综合相互关系等级划分。

⑧ 经过调整，建立综合相互关系表。

（5）物流与作业单位相互关系图解

作业单位相互关系图完成后，可以绘制物流与作业单位相互关系图（Material Flow and Activity Relationship Diagram），即用图例、符号、数字、颜色画出各个作业单位之间的相互关系。在绘制时，可以考虑或不考虑作业单位的实际位置、作业单位所需的面积。各作业单位之间的密切程度用线条多少对应元音字母的等级符号予以表示。

（6）面积的确定

确定面积的方法有计算法、标准面积法、概略布置法、指标趋势及延伸法和转换法 5 种。一般，需要的面积常常受到实际情况或其他因素的限制，因此必须对所需面积进行适当调整，使之与可用面积相适应。例如，可用面积往往取决于建筑物的整体外形，有时要在已定外形的建筑面积内进行安排。调整的方式，可以压缩某些不重要的面积，也可以进行新的组合。

（7）面积相互关系图解

根据已经确定的物流和作业单位相互关系以及确定的面积，可以利用“面积相互关系图”进行图解，即把每个作业单位按面积用适当的形状和比例在图上进行配置，如图

7-17所示。

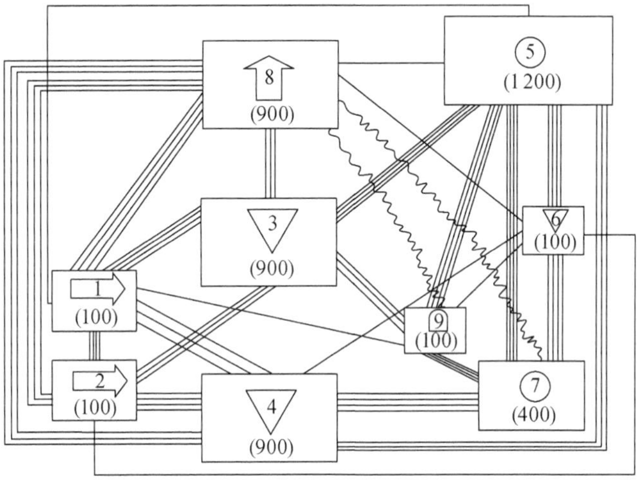

图 7-17　某厂房面积相关图

根据面积相关图，可以形成几个理想的、理论上的块状布置（Block Layout）方案。

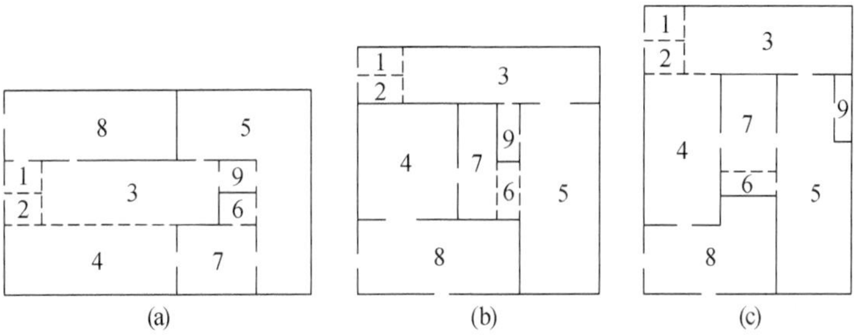

图 7-18　块状区划布置方案

（8）调整与修正

要使面积相关图成为合格的方案，还需要考虑实际条件的限制并进行调整和修正。进行调整和修正时，需要考虑场址条件、周围情况、搬运方法、仓库设施、建筑特征、公用及辅助部门和人员的需要 6 个方面的内容。

（9）评价和选择

方案评价与选择是系统布置设计中的最后环节，也是非常重要的环节，只有做好方案评价，才能保证规划设计的成功。常用的布置方案的综合评价方法有加权因素法和费用对比法。

① 加权因素法。每个布置方案都有一些非经济因素，不可能用费用来精确衡量，因此，最通用有效的评价方法就是加权因素法。在布置方案比较中，最常见的非经济因素有：是否适于将来的发展；工艺过程的适应性、灵活性；物流的效率；物流搬运的效率；储存的效率；空间利用率；辅助服务部门的综合效率；工作条件；安全性；是否易于管理；产品质量；设备维修；设备利用率；是否满足生产能力或需求能力；是否适应公司的组织机构；人流；外观；自然条件的利用；环境保护等。

② 费用对比法。费用对比法一般是在各个方案都已证明是合理的情况下，从经济上

对其进行对比。对一个全新的项目布置方案，一般需要进行总费用对比。对于原有布置调整的方案，常可以只对有差别的部分进行对比。

经过比较后，可以选择一个推荐方案，绘制布置图，同时准备文字说明，简要而有说服力地说明方案的特点，与其他方案优缺点的比较及推荐该方案的理由，提请主管部门审查和批准。

对于较小而简单的项目，系统布置设计的步骤可以根据项目的具体特点适当简化。

7.3.5 系统布局模型

1. 系统布局设计法

对一个物流节点内的各个作业单元，需根据其作业流程定量地确定这些设施间的联系程度，并在一个给定的区域内系统地布置各设施的相对位置，以及对一个设施布局方案的质量定量地进行评估。由于影响物流设施平面布局的因素很多。设计目标不是十分明确，长期以来，设计人员凭经验和主观判断进行平面布置。近年来才逐渐形成一些先进的设计方法，其中包括了系统布局设计法，该方法提出的作业单位相互关系的等级表示法，使设施布置由定性发展到定量的阶段。对于系统布局设计法的具体描述在上一小节做了详细的介绍，在本节不再重复介绍。

2. 关系表布局模型

Tompkins 提出了一种由相互关系图生成空间关系图的布局方法，称为关系布局法。关系表(Relationship Diagramming)的布置可以按照一定的逻辑关系进行。其步骤如下：

① 转化物流与物业单位相互关系图为关系表；

② 选择 A 级关系最多的部门作为第一部门优先进入布置；

③ 选择与第一部门具有 A 级关系的部门作为第二部门进入布置；

④ 按照与第一、第二部门为 AA，Ae，AI，A * 的排列顺序选择第三部门；

⑤ 依次选择直至结束；

⑥ 根据面积进行实际面积的布置。

3. CORELAP 布局模型

CORELAP(Computerized Relationship Layout Planning)，是 Lee R C 和 Moore J M 于 1967 年提出的一种构建型算法。这种算法的出发点是部门之间的关系图(Relation Chart)，布置的目标是实现部门之间最大的密切度。这种算法的实质是 SLP 的计算机计算形式。

(1) 问题

设一个物流节点(物流园区、物流中心或配送中心等)由 n 个物流设施组成，已知各物流设施的作业面积需求及各设施间的关系等级。需确定一个设施布局方案，使各设施的总关系程度达到最优。

(2) 算法思路

CORELAP 算法的出发点是设施之间的关系图(Relation Chart)，布置的目标是实现设施之间最大的密切度。

(3) 布局质量指标

为对布局方案进行优化，需定义一个反映关于设施之间密切的数量指标。首先需量化两个设施间的关系程度。可将不同的关系等级转换成不同的关系值，关系等级越高，所对应的关系值就应该越大。为简便起见，一般可通过表 7-4 给的对应规则进行转换。

表 7-4　CORELAP 关系值转换表

关系等级	A	E	I	O	U	X
关系值 r_{ij}	6	5	4	3	2	1

4．ALDEP 布局模型

ALDEP（Automated Layout Design Procedure）法与 CORELAP 法十分类似，也是一种构建型布局算法，其布置基础也是关系图，算法思路也是每次选择一个设施加入布置图，按一定规则寻找其适当的位置，并对方案进行评估。只是设施的选择次序、位置的确定方法和方案评估的指标不相同。

（1）问题

设一个物流节点（物流园区、物流中心或配送中心等）由 n 个物流设施组成，已知各物流设施的作业面积需求及各设施间的关系等级。需确定一个设施布局方案，使各相邻设施的关系值总和达到最大。

（2）布局质量指标

ALDEP 的评估思想是寻求相邻设施的关系总和最大的布置为最后布置方案。为强调相邻设施的相互关系。ALDEP 法在将关系等级转换成关系值时，拉大了不同等级之间数值的差距，如表 7-5 所示。

表 7-5　ALDEP 关系值转换

关系等级	A	E	I	O	U	X
关系值 r_{ij}	64	16	4	1	0	-1 024

（3）布置设施顺序的确定

为优化布置结果，扩大选择范围，在 ALDEP 中，第一个布置设施的选择方法是随机选取一个设施。随后选择方法是根据与第一个设施的关系进行排队。直到排到设定的最低关系密切度 TCR（Threshold Closeness Rating）。所谓 TCR，这里是指一个关系代码，比如说 TCR = B，则只选择与先布置设施具有 A，B 关系的设施进入布置排列。对于与先布置设施均为 A 或 B 的布置设施，则随机选择进入布置。

（4）设施位置的确定

ALDEP 的设施位置旋转方法是将选定布置顺序的各设施，按照其单位面积数，以设定的宽度，从布置图的左上角向下，蛇行蜿蜒，直至布置完所有的设施，如图 7-19 所示。其中设定的宽度即“扫描”宽度（Sweep Width）。

在图 7-19 中，扫描宽度为 2。

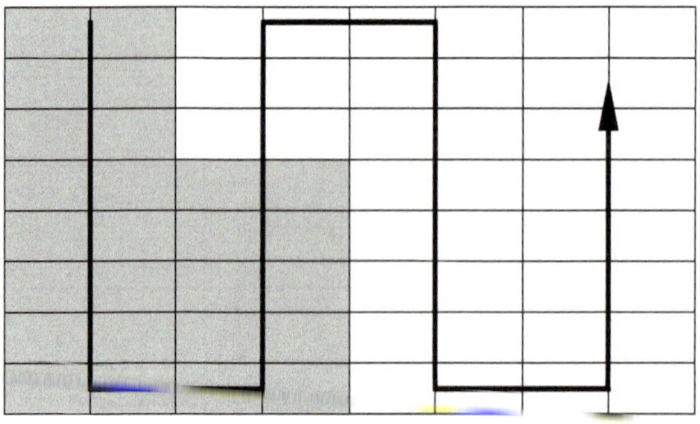

图 7-19　ALDEPA 法设施位置确定方法

5. CRAFT 布局模型

CRAFT(Computerized Relative Allocation of Facilities Technique)是 Buffa 等人 1964 年提出的一个以各作业单位之间物料搬运总成本逐步减少为优化原则的程序。它是以从至表为基础,用物料搬运总成本作为评价标准,好的布置总成本最小,最优布置则可能是总成本最小的。所以有人说 CRAFT 为定量布置程序,而上面的 CORELAP 为定性布置程序。

在 CRAFT 中,选择具有公共边或相等面积的部门进行交换,其他无公共边或面积不相等的部门不能交换。这样做的目的是为了使相交换部门的位置互换不致引起其他部门位置的变化。这种交换通常是以两两交换的方式进行的,也可以采用 3 部门交换的交换方式,交换的最大次数小于 $n(n-1)/2$,n 是部门的数目。

CRAFT 的评估标准是物料搬运费用(物流量 × 距离 × 单位距离物流成本)。每一轮交换中,选择搬运成本节省最多的布置作为交换结果。重复这种交换,直到交换位置不能引起移动成本的进一步降低为止。距离的计算采用部门中心间的折线距离。

7.4　案例分析

7.4.1　汽车制造厂物流规划优化

某汽车制造厂热处理车间多年来物流系统不佳,常常影响正常生产。为了提高效益,最近对该车间物流系统进行了全面调查与分析,并做了相应调整。该车间主要工作是对已锻造工件进行热处理,之后清理氧化皮,校正、检验、入库等。

1. 系统环境及外部衔接分析

该车间是该厂生产流程中的一部分,夹在锻造车间与成品库之间。物料的输入依靠转运车 1 和转运车 2,输入频率较高。输出依靠转运车 18 和转运车 19,车间内搬运由两个 5 t 行车完成。

2. 输入因素分析

该车间长年稳定生产 139 种锻件的热处理件。经过 ABC 分类法,确定轴件、齿轮件和连杆共 10 种物料为 A 类和 B 类物料,其物流状态决定全车间系统状态。由于锻件表面状态要求不高,属于毛坯件,故取当量系数为 1,即以 t 为当量。搬运工位器具基本标准化,料箱、料架、托盘均为 2 t 当量承载容积。

3．流程分析

首先，绘制反映该车间布置情况的平面图，对主要工作设备（热处理炉、油压校正机、检验站、清理设备、酸洗池）、储存地、转运车等进行编码，共编定19个物流设施。根据A，B类物料工艺路线和物流设施编码绘制系统物流流程表。根据该表绘制物流流程图，如图7-20所示，物流图和相关分析图省略。

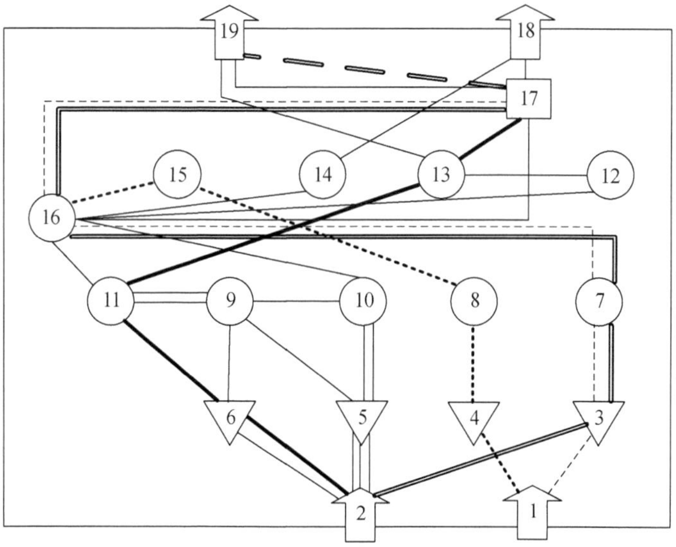

图7-20 某车间原始物流流程图

4．物流系统状态分析

①该车间物流交叉，迂回严重。其中设施7，8，9，10为连续式热处理炉，每天处理锻件几百吨，主要工作量在7，8，9这3个炉上。处理后锻件的清理氧化皮工作绝大部分在设施16酸洗部完成。由于风向等环境因素的约束，设施16只能设在车间最西部。而轴1、轴2、轴3都需要从最东边的转运车3入成品库，造成物流迂回和混乱状态。

②车间内大流量物料搬运距离较长，两台天车工作繁忙，且互相干涉，影响效率。

③由于到料频繁，工件损失严重，且工作地不整洁，易产生工伤事故。

④工位器虽采用标准化料箱料架，但因无负责部门，维修管理不善，损坏严重。

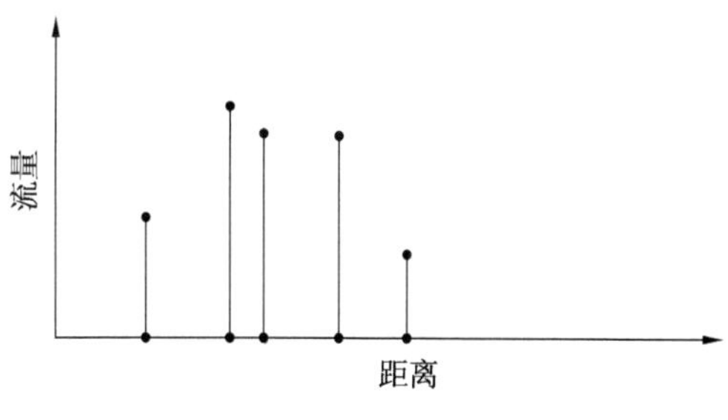

图7-21 流量-距离图

根据物流流程图可计算流量矩阵和距离矩阵，得到系统搬运工作量为56 618.6（t·m）/年。流量-距离图的绘制和搬运设备与容器选择对方案的改进与形成很重要，见图7-21。

5．可行方案建立及最佳方案选择

由于该车间酸洗部16位置不佳，造成全系统物流状态不合理，并且该工艺也应改换。因此，可将酸洗工艺改为喷丸处理，同时调整部分设施位置。调整后的物流系统比较顺畅、合理，虽然存在少量物流交叉，但无大规模迂回、倒流，有利于提高管理水平。改进后的物流流程图见图 7-22。

新、旧方案的具体数值如表 7-6 所示。经计算,新系统方案的搬运工作量为 17 496.7 (t·m)/年,总工作量下降了 39 121.9 (t·m)/年,仅为原方案的 30.9%。

表 7-6 新旧方案数值对比

序号	从至	f_{ij}/t	旧		新	
			d_{ij}/m	W_{ij}/(t·m)	d_{ij}/m	W_{ij}/(t·m)
1	1-3	60.3	4	241.2	4	241.2
2	1-4	51.7	8	413.6	8	413.6
3	1-5	8.4	12	100.8	12	100.8
4	2-5	58.8	4	235.2	4	235.2
5	2-6	79.9	8	639.2	8	639.2
6	3-7	98.9	4	395.6	4	395.6
7	4-8	51.7	4	206.8	4	206.8
8	5-9	11.2	15	168	15	168
9	5-10	56	4	224	4	224
10	6-9	15.3	4	61.2	4	61.2
11	6-11	64.5	25	1 612.5	25	1 612.5
12	7-16	98.9	110	10 879	12	12
13	8-15	51.7	45	2 326.5	10	517
14	9-16	26.5	20	530	20	530
15	10-16	56	45	2 520	15	840
16	11-12	3	105	315	40	120
17	11-17	61.6	120	7 392	55	3 388
18	12-13	3	4	12	25	75
19	13-19	3	30	90	20	60
20	14-18	15.3	40	612	55	841.5
21	15-16	51.7	20	1 034	12	620.4
22	16-14	15.3	30	459	30	459
23	16-18	98.9	110	10 879	12	1 186.8
24	16-17	118.9	110	13 079	14	1 664.6
25	17-18	129.7	10	1 297	8	1 037.5
26	17-19	11.2	80	896	60	672
总计				56 618.6		17 496.7

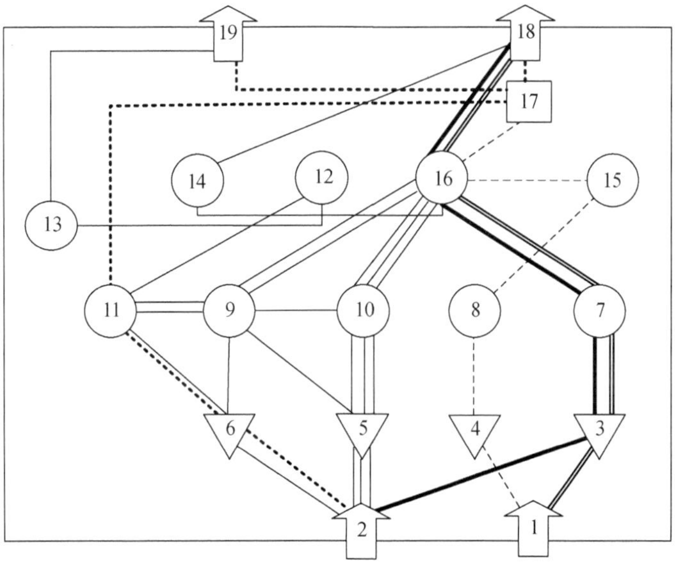

图 7-22　某车间改进物流流程图

7.4.2　电瓶叉车总装厂物流规划与设施布置

某电瓶叉车总装厂总平面布置设计过程中，设施布置与物流系统分析步骤有：物料分类及作业单位划分；绘制工艺流程图；物流从至表及相关表；划分物流量等级；作业位置相互关系表及位置相关图；编制综合相关表、综合关系图；绘制规划总平面布置及物流图；综合评价。

1. 作业单位划分

机械制造人员首先制定出加工制造工艺，叉车总的生产工艺过程可以分为零部件加工阶段—总装阶段—试车阶段—成品储存阶段。同时确定由总厂负责完成重点零部件的加工及总装工作，主要包括变速器的加工与组装、抬升液压缸的加工、随车工具的制作、车体的加工及叉车总装工作。其他如转向器、驱动桥、液压回路及平衡重由协作厂负责制造，并需存放在总厂的标准件及半成品库中。为此，总厂设置了包括原材料库、机加工车间、总装车间等 14 个作业单位(部门)，详见表 7-7。

表 7-7　电瓶叉车厂作业单位汇总表

序号	作业单位名称	用途	建筑面积/m^2	跨距/m	备注
1	原材料库	存储原材料	72×36	12	
2	油料库	存储油漆油料	36×36	12	
3	标准件外购件库	存储标准件外购品	48×36	12	露天
4	机加工车间	零件切削加工	72×36	18	
5	热处理车间	零件热处理	90×30	30	露天
6	焊接车间	焊接车身	90×30	30	

续表

序号	作业单位名称	用途	建筑面积/m^2	跨距/m	备注
7	变速器车间	组装变速器	72×36	18	
8	总装车间	总装	180×96	24	
9	工具车间	制造随车工具箱	60×24	12	
10	油漆车间	车身喷漆	48×30	30	
11	试车车间	试车	48×48	24	
12	成品库	存储叉车成品	100×50		
13	办公服务楼	办公室、生活服务	300×60		
14	车库	车库、停车场	80×60		

2. 物流分析

产品制造费用的20%~50%是用作物料搬运的，有效的布置大约能减少搬运费用的30%左右。工厂布置的优劣不仅直接影响着整个生产系统的运转，而且通过对物料搬运成本的影响，成为决定产品生产成本高低的关键因素之一。因而在满足生产工艺流程的前提下，减少物料搬运工作量是工厂布置设计中最为重要的目标之一。

(1) 工艺过程图

在大批量生产中，产品品种很少，用标准符号绘制的工艺过程图直观地反映出工厂生产的详细情况，此时，进行物流分析只需在工艺过程图上注明各道工序之间的物流量，就可以清楚地表现出工厂生产过程中的物料搬运情况。另外，对于某些规模较小的工厂，不论产量如何，只要产品比较单一，都可以用工艺过程图进行物流分析。

依照工艺过程，各个部门分别负责不同阶段的工作，由于要对电瓶叉车总装进行总体布置设计，只需要了解部门与部门之间的联系，因此，只将工艺过程划分到部门级的工艺阶段。

① 变速器的加工与组装。变速器由箱体、轴类零件、齿轮类零件及其他杂件和标准件等组成。变速器的制作工艺过程分为零件制作、组装两个阶段。轴类及齿轮类零件经过备料、退火、粗加工、热处理、精加工等工序，箱体毛坯由协作厂制作，经机加工车间加工送变速器组装车间组装；杂件的制作经备料、机加工两个阶段。

② 随车工具箱的加工。其中一部分经备料、退火、粗加工、热处理、精加工等工艺流程完成加工，而另一部分只进行简单的冲压加工即可。

③ 车体加工。车体为焊接件，经备料、焊接、喷漆完成加工。

④ 液压缸加工。液压缸经备料、退火、粗加工、热处理、精加工等工序完成加工。

将上述机加工阶段、总装、试车、成品贮存阶段工艺流程绘制在一起，就得到了叉车生产厂全部工艺过程图(略)。

(2) 从至表

当产品品种很多，产量很小且零件、物料数量又很大时，可以用一张方阵图表来表示各作业单位之间的物料移动方向和物流量，表中方阵的行表示物料移动的源，称为从；列表示物料移动的目的地，称为至，行列交叉点标明由源到目的地的物流量。从表中可以看出各作业单位之间的物流状况，即从至表（略）。

（3）物流相关表

根据工艺过程图，可以计算出作业单位之间的物流量的大小，直接分析大量物流数据比较困难且没有必要，不必关心各作业单位之间具体的物流量，而是通过划分等级的方法来研究物流状况，通常将物流强度转化成 5 个等级，分别用符号 A，E，I，O，U 来表示，代表物流线路比例分别为 10%，20%，30%，40%，0%，承担物流量比例 40%，30%，20%，10%，0%。

3. 作业单位相互关系分析

对于布置设计，当物流状况对企业的生产有重大影响时，物流分析就是工厂布置的重要依据，但是物流分析并不是唯一的依据，当物流对生产影响不大或没有固定的物流时，工厂布置就不能依赖于物流分析，需要进行作业单位间非物流关系分析。

辅助设施与生产部门，例如维修间、办公室、更衣室与生产区域之间没有物流关系，但必须考虑到它们与生产区域都有一定的密切关系。在纯服务性设施中，如办公室、维修间内，常常没有真正的或固定的物流以确定它们之间的关系，要采用其他通用规则，而不是物流。在某些特殊情况下，工艺过程不是布置设计的唯一依据。例如，重大件的搬运要考虑运入运出的条件；有的工序属于产生污染或有危害的作业，因此，不能完全按工艺原则布置。

确定了各作业单位间相互关系密切程度以后，利用与物流相关表相同的表格形式建立作业单位间相互关系表，表中的每一个菱形框格填入相应的两个作业单位之间的相互关系密切程度等级，上半部用密切程度等级符号表示密切程度，下半部用数字表示确定密切程度等级的理由。需要远离精密加工和装配区域的，不能以物流为主要考虑因素。各作业单位相互关系表（略）。再根据相互关系表绘制出作业单位位置相关图，如图 7-23 所示。

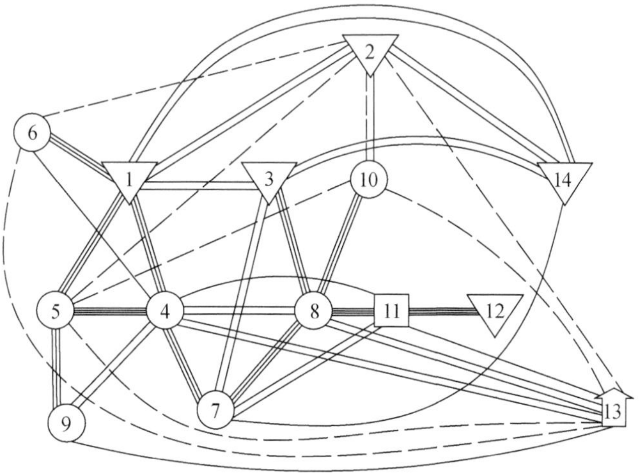

图 7-23　作业单位位置相关图

4. 作业单位面积相关图

将各作业单位的占地面积与其建筑物空间几何形状结合到作业单位位置相关图上，就得到了作业单位面积相关图。这个过程中，首先需要确定各作业单位建筑物的实际占地面积与外形(空间几何形状)。作业单位的基本占地面积由设备占地面积、物流模式及其通道、人员活动场地等因素决定。

作业单位面积相关图绘制步骤如下:

① 选择适当的绘图比例,一般比例为1:100,1:500,1:1000,1:2000,1:5000,绘图单位为mm或m。

② 将作业单位位置相关图放大到坐标纸上,各作业单位符号之间应留出尽可能大的空间,以便安排作业单位建筑物。为了图面简洁,只需绘出重要的关系如A,E,X级连线。

③ 以作业单位符号为中心,绘制作业单位建筑物外形。作业单位建筑物一般都是矩形的,可以通过外形旋转角度,获得不同的布置方案。当预留空间不足时,需要调整作业单位位置,但必须保证调整后的位置符合作业单位位置相关图要求。

④ 经过数次调整与重绘,得到作业单位面积相关图,如图7-24所示。

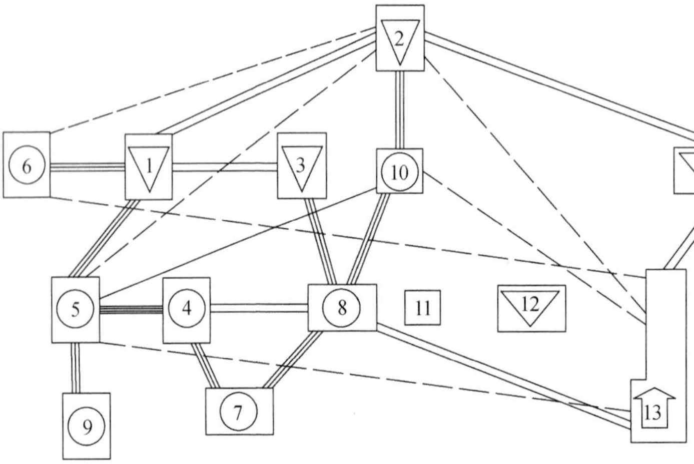

图7-24 叉车总装厂作业单位面积相关图

5. 作业单位面积相关图的修正与调整

作业单位面积相关图是直接根据位置相关图演化而来的,只能代表一个理论的、理想的布置方案,必须通过调整修正才能得到可行的布置方案。从工厂总平面布置设计原则出发,考虑除基本要素以外的其他因素对布置方案的影响,这些因素可以分为修正因素与实际条件限制因素两类。

(1) 修正因素

① 物料搬运方法。对布置方案的影响主要包括搬运设备种类特点、搬运系统基本模式以及运输单元。在面积相关图上,只反映作业单位之间的直线距离,而由于道路位置、建筑物的规范形式的限制,实际搬运系统并不总能按直线距离进行,物料搬运系统有3种基本形式,分为直线型、渠道型和中心型。

② 建筑特征。作业单位的建筑物应保证道路的直线性与整齐性、建筑物的整齐规范以及公用管线的条理性。

③ 道路。道路运输机动灵活,适用于绝大多数货物品种的运输,因此,道路运输是各类工厂的基本运输方式。另外,厂内道路除承担运输任务外,还起到划分厂区、绿化美化

厂区、排除雨水、架设工程管道等作用，也具备消防、卫生、安全等环境保护功能。厂内道路按其功能分为主干道、次干道、辅助道路、车间引道及人行道。各类道路可根据企业规模大小、厂区占地多少及交通运输量的大小酌情设置。

④ 公用管线布置。在工业生产过程中，各车间或工段所需要的水、气（汽）、燃油以及由水力或风力运输的物料，一般均采用管道输送。同时，生产过程中产生的污水、废液以及由水力或风力运输的废渣，再加上雨水也常用管道排出、各种机电设备、电器照明、通信信号所需要的电能，都用输电线路输送。所谓管线就是各种管道和输电线的统称。

⑤ 厂区绿化，在条件允许的情况下，厂内空地都应绿化。一般情况下，工厂主要出入口及厂级办公楼所在的厂前区、生产设施周围、交通运输线路一侧或双侧，都是厂区绿化的重点。因此，在进行工厂总平面布置时，应在上述区域留出绿化地带。

⑥ 场地条件与环境，厂区内外的社会环境、公共交通情况、环境污染等方面因素都会影响布置方案。为便于与外界联系，常把所有职能管理部门甚至生活服务部门集中起来，布置在厂门周围，形成厂前区。而厂门应尽可能便于厂内外运输，便于实现厂内道路与厂外公路的衔接。注意合理利用厂区周围的社会条件。

（2）实际条件限制

前述修正因素是布置设计中应考虑的事项。此外，还存在一些对布置设计方案有约束作用的其他因素，包括给定厂区的面积、建设成本费用、厂区内现有条件（建筑物）的利用、政策法规等方面的限制因素，这些因素统称为实际条件限制因素。确定布置设计方案时，同样需要考虑这些因素的影响，根据这些限制因索，进一步调整方案。

6. 工厂总平面布置图的绘制

通过考虑多种方面因素的影响与限制，形成了众多的布置方案，抛弃所有不切实际的想法后，保留 2 ~ 5 个可行布置方案供选择。采用规范的图例符号，将布置方案绘制成工厂总平面布置图，如图 7-25（a）~（c）。

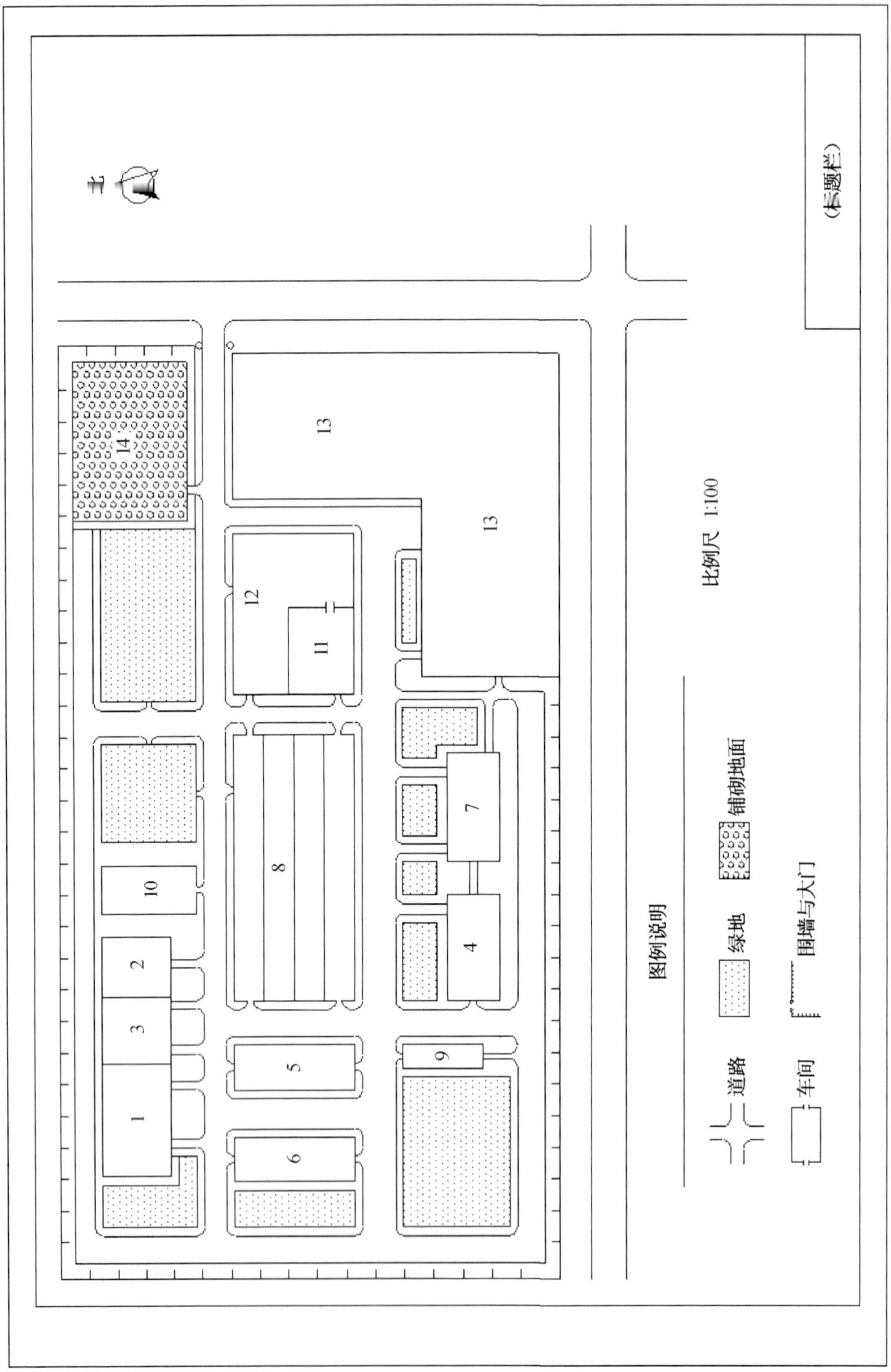

图 7-25(a)　工厂总平面布置图

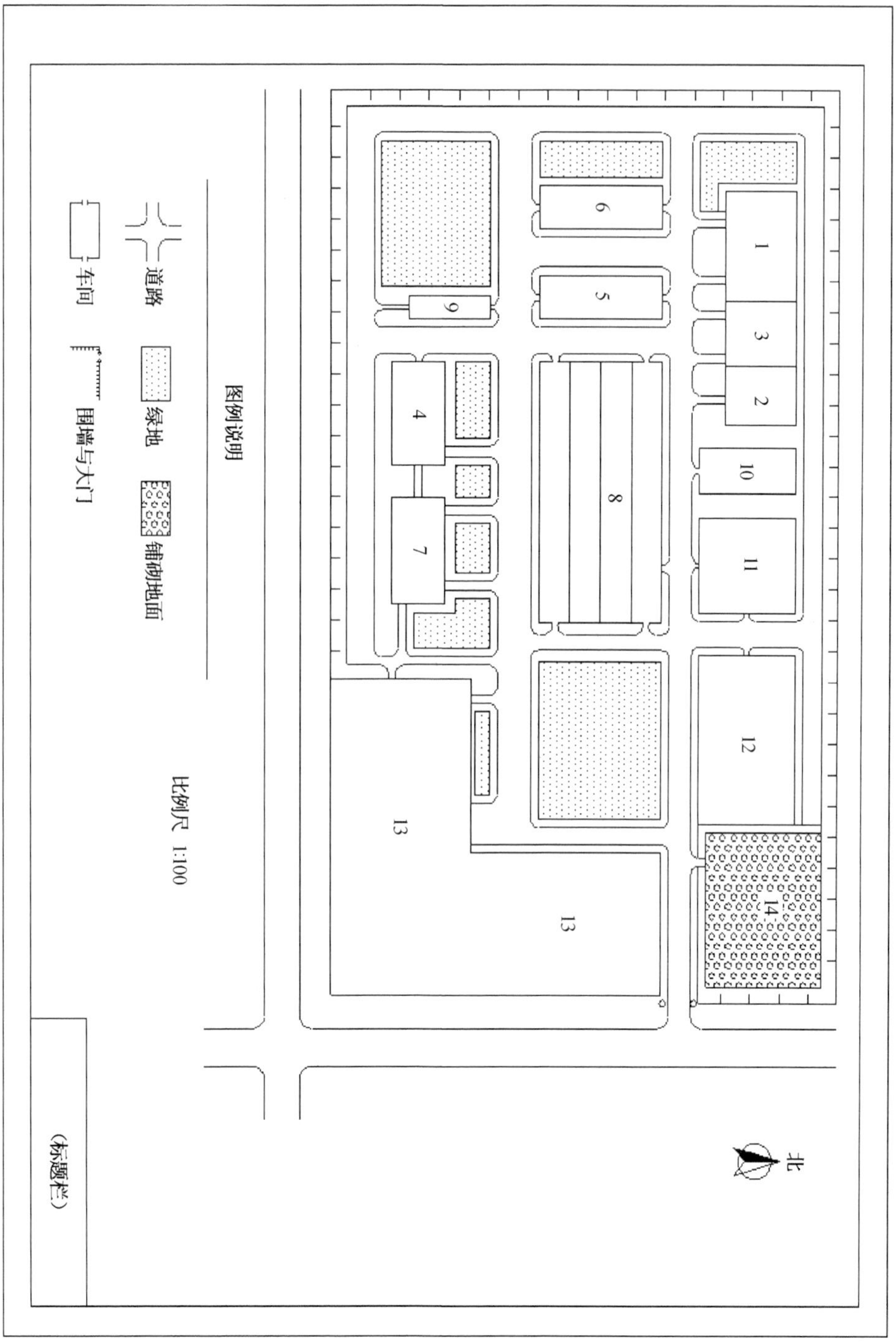

图 7-25(b)　工厂总平面布置图

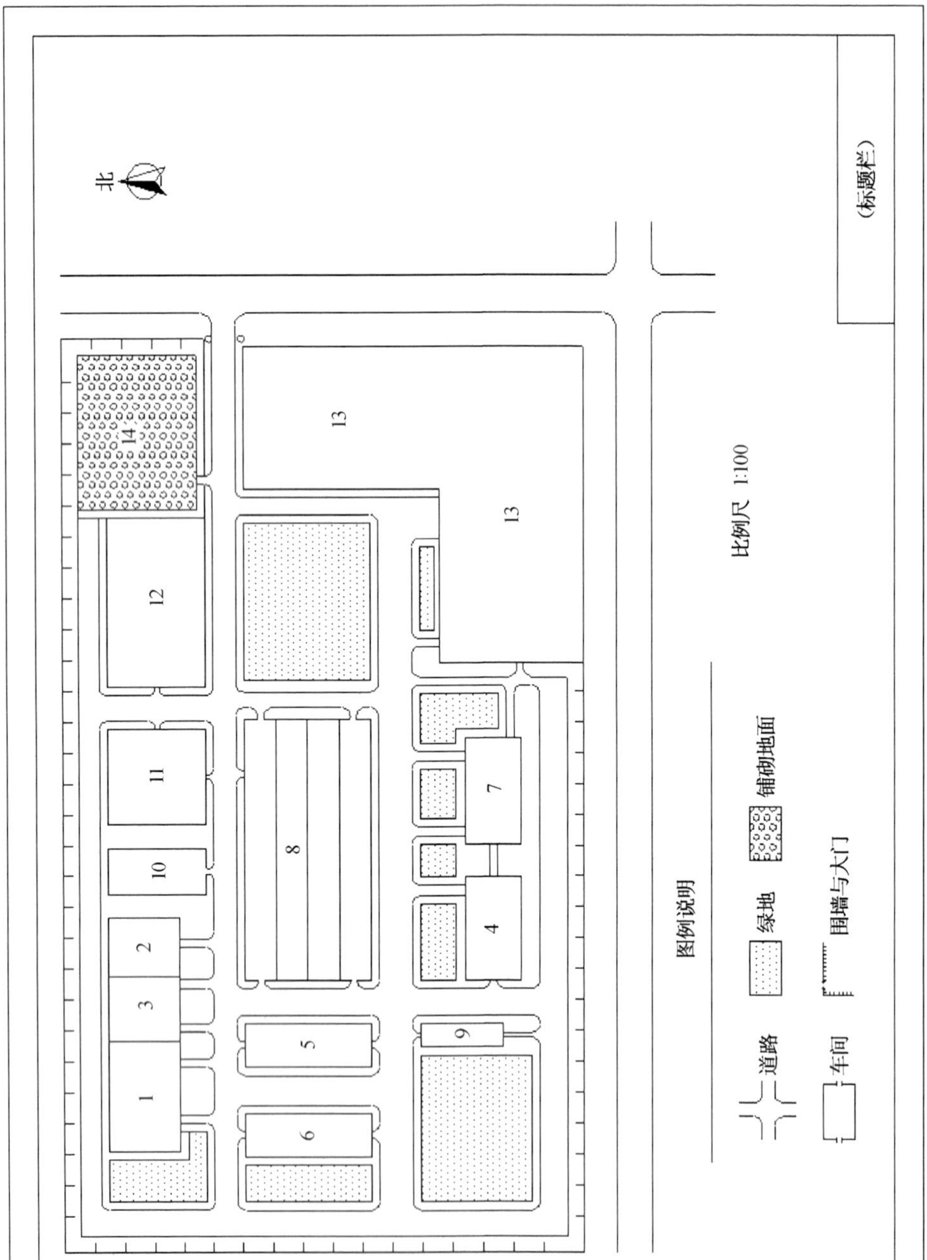

图 7-25(c)　工厂总平面布置图

7．方案评价与选择

方案评价与选择是系统布置设计程序中的最后环节，也是非常重要的环节，只有做好方案评价，才能确保规划设计的成功。物流系统规划设计研究的问题都是多因素、多目标的问题，这就构成了评价与选择的综合性、系统性的特点。在规划与设计过程中进行方案选择与评价时，一般分两种情况，一是单项指标比较评价；二是综合指标比较评价。运用加权因素法对叉车厂3种布置方案进行评价，其评价过程和评价结果见表7-8。

表7-8　加权因素评价表

评价因素	a		b		c		相对重要性 α_i
	等级	得分	等级	得分	等级	得分	
物流效率与方便性	A	4	E	3	E	3	10
空间利用率	I	2	E	3	E	3	8
辅助服务部门的综合效率	E	3	I	2	E	3	9
工作环境安全与舒适	O	1	E	3	I	2	5
管理的方便性	I	2	I	2	I	2	8
布置方案的可扩展性	A	4	E	3	I	2	7
产品质量	E	3	E	3	E	3	7
外观	O	1	I	2	E	3	4
环境保护	I	2	E	3	I	2	6
其他相关因素	O	1	O	1	I	2	3
综合得分 T_j	172		174		172		
综合排序	2		1		2		

由综合排序可选出b方案为最佳方案，因此选b方案为叉车厂的总体布局方案。

无数经验证明，企业在进行任何技术改造时，都将引起设施间相互关系及布置上的变化。没有一个合理的总体物料流程图为指导，只能迁就现状，搞"填平补齐"。

应该认识到物流图式是合理设施布置的基础，一个正确的物流规划是从事经济、合理的生产活动的首要条件；按照物流图式有效布置设施将使各有关作业高效运转。必须指出的是，这项工作只是一次性的，随着市场的需求变化及科学技术的不断进步应经常进行。只有这样，才能使目前尚不合理的流程逐渐地过渡到能够提高企业总生产能力的合理的规划流程。因此，工业化国家对此极为重视，并提出，一个企业有50%～70%的改进工作在于设施布置的合理性。在布置上做合理的调整，往往可提高10%以上的生产效率，在节约投资方面则仅次于添置新的设备，成为第二大重要因素。物流图式不但是工厂设计的基础，而且是企业成功的基础。

本章参考文献

[1] 赵启兰:《企业物流管理》,机械工业出版社,2011 年。

[2] 王海鹰,王洋:《企业物流管理》,电子工业出版社,2010 年。

[3] 汪飞虎:《企业物流管理实务》,北京理工大学出版社,2011 年。

[4] 瞿丹:《企业物流管理》,大连海事大学出版社,2014 年。

[5] 王福华,邓胜前:《现代企业物流管理》,科学出版社,2010 年。

[6] 高举红:《物流规划与设计》,北京交通大学出版社,2010 年。

[7] 周凌云,赵钢:《物流中心规划与设计》,北京交通大学出版社,2010 年。

[8] 董宏达:《生产企业物流》,清华大学出版社,2013 年。

[9] 蒋长兵,王姗姗:《企业物流战略规划与运营》,中国财富出版社,2009 年。

[10] 王鑫,王宗湖:《物流系统规划与设计》,对外贸易大学出版社,2010 年。

[11] 王娟:《基于动线型 SLP 聚类算法的企业发展平面布局最优化模型》,《企业管理》,2013 年第 10 期。

[12] 李诗珍,杜文宏:《基于 SLP 思想的配送中心布置设计研究》,《科技管理研究》,2006 年第 10 期。

[13] 李冰:《基于 SLP + SHA 的工程机械厂物流分析与优化调整》,《科技管理研究》,2011 年第 8 期。

第八章　仓储规划与设计

8.1　库存管理

8.1.1　库存管理概述

1. 库存

库存是指在生产及流通领域中各个环节(供应商、制造商、零售商及运输环节)所持有的原材料、零部件、在制品和成品。现今的所有企业或多或少都存在一定的库存,因为库存能够使得企业保持运营的独立性、改善客户服务水平以及使企业获得经济订货规模效益等,但是需要注意的是库存的存在需要成本,大量的库存将会占用流动资金,造成资源浪费,给企业发展带来不利影响[1]。因此,有效地管理库存、控制库存成本对于降低整个物流系统成本有非常重要的作用,对于企业的正常运作与发展有非常重要的意义。

2. 库存管理

库存理论研究始终围绕着在什么时间、什么数量,从什么来源补充库存,使得保持库存和补充采购的总费用最少。库存管理是指在物流过程中商品数量的管理。库存管理的总目标是在合理的库存成本范围内达到满意的客户服务水平。库存管理就是在满足客户需求的前提下通过对企业的库存水平进行控制,尽可能降低库存水平,提高物流系统的效率,以强化企业的竞争力。

3. 库存管理的相关概念

需求按照产品的相关性可以分为独立需求和相关需求,按照订货量的准确性可以划分为确定性需求和随机性需求。

(1) 独立需求和相关需求

独立需求是指某一产品的需求量与其他产品的需求量之间不存在任何关联。相关需求又称为引致需求,是指一个产品中某种物流的需求量是由上一层次的另一种物料需求所决定的。

(2) 确定性需求和随机需求

对于物料的需求量是确定的称为确定性需求,如制造型企业对原材料的需求,对于物料的需求量存在着较大的随机性的称为随机性需求,如销售活动时对商品的需求。

(3) 库存策略

库存策略指决定何时对库存进行检查、补充及确定每次订货量。

(4) 库存管理的决策变量

① 订货点和订货批量。随着物品的出库,其库存量会下降到某一点,这时补充活动必须着手进行,否则就要缺货,影响公司的正常运营。这个点就称为订货点,所订购的数

量称为订货批量。

② 订货提前期和安全库存。一旦库存量降到订货点并安排了订货，等待物品到货以补充库存，这种等待时间称为订货提前期，或简称为提前期或交货期。

安全库存是指为了防止产品制造与供应的意外情况而设立的一种库存。

（5）库存管理的参数

① 订购成本是从需求的确认到最终的到货，通过采购或其他途径获得物品或原材料的时候发生的费用。

② 存储成本是指保管、存储库存物品相关的成本，包括收货、存储和搬运等费用。

③ 缺货成本是指当需求大于手头的库存供应量时，就会发生缺货成本。主要分为失销成本和保留订单成本。

4. 库存策略组合

按照订购数量和订货频率由订货点、订货批量、检查周期和最大库存所构成的多周期、独立需求的库存策略组合，如表 8-1 所示。

表 **8-1**　库存策略组合

订购频率	订购数量	
	Q 固定	最大库存 S
订货点 R	R,Q	R,S
t 固定	t,Q	t,S

(R,Q) 策略：对库存进行连续性检查，当库存降低到订货点水平 R 时，即开始订货，每次的订货量为固定值 Q。该策略适用于需求量大、缺货费高、需求波动大的情形。

(R,S) 策略：要随时检查库存状态，当发现库存降低到订货点水平 R 时，开始订货。订货后使最大库存保持不变，即为常量 S，若发出订单时库存量为 I，则其订货量即为 $S-I$。该策略和 (R,Q) 策略的不同之处在于其订货量是按实际库存而定的，因而订货量是可变的。

(t,Q) 策略：每隔一定时期 t 检查一次库存，并补充 Q 量的库存。

(t,S) 策略：每隔一定时期 t 检查一次库存，并发出一次订货，把现有库存补充到最大库存水平 S，如果检查时库存量为 I，则订货量为 $S-I$。该策略不设订货点，只设固定检查周期和最大库存量。该策略适用于一些不很重要的，或用量不大的物资。

5. 库存系统的评价指标

（1）库存周转率

库存周转率可以表示为年销售金额与平均库存投资的比值。例如，某种产品年销售额为 60 万元，平均库存投资为 12 万元，那么库存周转率为 $60/12=5$，库存资金在一年内周转了 5 次。

（2）产品满足率

产品满足率是指当顾客对某种产品提出需求时，库存系统中有存货，能够立刻满足顾客需求的百分率。

(3) 订单满足率

当顾客发出订单时,库存系统中有该订单中的所有产品，能够满足顾客需求的百分率。

(4) 周期服务水平

在所有的补货周期(发出订货单到该货物进库的时间)中,可以满足顾客所有需求的周期所占比率。

(5) 库存平均周转时间

平均库存周转时间可以表示为平均库存量与平均需求的比值。

8.1.2　库存模型及订货策略

1. 独立需求库存模型

按照对物流需求的确定性分为确定性库存模型与随机性库存模型[2]。

(1) 确定性定量库存订货模型——EOQ 模型

定量订货库存(EOQ)模型要求保持存货数量的记录,当货物量下降到预定的订货点时,再按照所需要的数量来进行补充。采用的库存计划策略可以为(R,Q)策略。

① 基本 EOQ 模型。通过订购批量与总库存成本的关系分析,找到一个最经济的订购批量,使得总库存成本最小。作为基本的 EOQ 模型,包含了很多假设:需求连续、稳定,需求速率已知,补货周期固定,不考虑提前期,不考虑数量折扣,不允许缺货,货品的补充瞬时完成,只有一种货品,不考虑资金限制。

② 考虑数量折扣的 EOQ 模型。基本 EOQ 模型中,假设没有数量折扣,即单位货品的价格固定、运输费用固定。但是,实际上,订购的批量规模与商品价格、运输费用密切相关。因此,必须加以考虑。就数量折扣而言,有两种形式的数量折扣:全部折扣和增量折扣。全部折扣如果订购量在规定范围内,则所有的订购货品,都享受同样的折扣价格;增量折扣如果订购量超过规定范围内,则超过部分的订购货品,都享受同样的折扣价格。

(2) POQ 模型

定期订货模型——一种按照预定的订货间隔周期对库存进行盘点,并进行补充货物的方法。通过对盘点期库存水平的检查来确定订货量的多少。采用的是库存计划策略可以为(t,S)。主要的优点在于减少库存管理的费用,获得订单处理成本等的价格折扣。主要适用于品种数量大,占用资金较少的材料库存。

(3) 双堆库存管理方法

双堆库存法顾名思义为两批库存法,与定量订货库存模型的原理相同,都属于固定数量订货方法,其主要运作是将库存物资分为两堆存放,第一堆作为再订货点库存量,余下作为第二堆,当需要库存时,先用第二堆,当第二堆用完时,就需要立即进行订货。也有学者提出再将安全库存从第一堆中分离出来另作一堆,成为第三堆,以缓解缺货风险和需求变动。

(4) 动态规划优化模型

Wagner 和 Whitin 在 1958 年建立了动态规划优化模型,给定每期市场的需求、每期补货时的启动费用和补货成本系数,无约束条件,确定每期最优的补货批量,使得系统的总成本达到最小。

2. 随机性库存订货模型

随机性库存订货模型按照周期可以分为单周期与多周期库存模型。

(1)单周期随机需求库存模型——报童模型

单周期单品种库存控制的关键是订货批量,在单周期库存模型中,订货费用一次性投入,与决策成本无关,只要考虑超储成本和确实成本。商品是单周期购入-售出,并且超出该购入-售出周期后,商品就会快速贬值的库存问题统称为报童问题。这类问题最简单的解决方法就是公司愿意承担多大的缺货风险。该模型对很多服务业和制造业都很适用,如航班超额预定、预定时尚商品、任何一次性商品的订购。

(2)多周期随机库存策略

① 随机需求确定。实际运作中,由于顾客的多样性等原因,需求是随机性的,同时,补充货物过程也是随机性的,它受到上游生产企业的生产状况、运输状况等影响,很难精确确定。在随机情况下的库存管理中,应对这种需求及供应的随机性,主要通过设立安全库存来实现。

② 连续检查策略。为了应对实际运作的不确定性,必须设立安全库存,使企业不至于发生物料短缺,影响正常运作。在连续检查策略下,需要连续检查库存水平,当库存下降到再订货点 ROP 时,定购批量为 Q 的货品,考虑到订货的提前期 L,此时,再订货点的数量减去提前期内的销售量就应该是该库存系统的安全库存。安全库存设计是指在需求不确定和需求及提前期两者均不确定的情况下,安全库存的计算。

③ 周期检查策略(t ,S)。在周期性检查策略中,每隔一定的周期 t,将对库存进行一次检查。根据检查结果订购货品,使得当前库存水平加上补给库存量之和达到总库存水平 S。这样,每次订购的批量是不定的,由周期检查剩余库存量决定。

3. 相关需求库存计划——MRP

(1)MRP 简介

MRP 是由美国的 IBM 公司和计算机专家欧·尉特和乔·伯劳士研究提出的一个基于计算机运算逻辑的库存管理系统。MRP 是在库存管理的订货点法基础上提出来的,通过综合分析订单、当前库存及生产顺序的信息,使得正确的物料在正确的时间到达。简单地说,MRP 要回答 3 个问题:需要什么样的物料?需要多少量?何时需要?

MPR 主要输入包括物料清单、主生产进度计划、库存记录文件;主要输出的信息包括订货数量、订货时间、是否需要改变所需物料的数量和时间以及是否需要取消物料的需求。

MRP 的运算逻辑是通过用主生产进度计划列出最终产品需求量,再用组件、部件、原材料的物料清单抵消生产提前期,确定各时期需求[1]。

(2)MPR 的原理

MPR 基本的原理是由主生产计划(MPSW)构成。

(3)MRP 记录分析

MRP 分析内容主要包括总需求量、已在途的订货量、计划持有量、计划收到订货量、计划发出订货量和净需求量。

① 总需求。总需求量表示为某物料或原材料整个主生产进度计划中的期望总需求;

② 已在途的订货量。已在途的订货量又称为在途量,是正在运输途中的采购的订单

量或者是将要完成入库的数量。

③ 计划持有量。计划持有量是指各期初始期望的存货持有量，即已在途的订货量加上期末库存量。

④ 净需求量。净需求量是指各期实际需要量，即计划总需求量减去现有库存量再减去在途量的剩余需求量。

⑤ 计划收到订货量。计划收到订货量是指根据计算出的上期净需求量按照生产或采购批量调整后应收到的货物量。

⑥ 计划发出订货量。计划订货量是指各期抵消生产提前期影响后的计划收到订货，计划发出订货将产生装配链或生产链下一层次的总需求。订货结束，它就从“计划发出订货”进入了“已在途的订货”。

4．供应商管理库存

该策略的关键措施主要体现在以下几个原则中：合作性原则、互惠性原则、目标一致性原则、持续改进原则。

协议储备：针对标准化程度较高、价值高、消耗周期长、需要定期维护的物资，可采取供应商协议储备的方式进行存储。通过年度供应商管理评估体系，评选出优秀的供应商作为协议储备供应商备选名单，保障储备物资安全、可靠、随时可用。每年物资部将针对协议储备供应商的物资保障能力进行逐级考评，评估结果纳入供应商指标考核体系，产生下一年度的协议储备供应商。

（1）寄售（物资超市化）

寄售是公司实现“零库存资金占用”的一种有效途径。供应商将产品直接存放在公司的仓库中，拥有库存商品的所有权，企业需求部门只在领用这些产品后才与供应商进行货款的结算。这种仓储管理模式使供应商节省库存方面的仓库建设投资和日常仓储管理费用，降低了产品的成本；而企业在保证物资及时供应的同时又不占用库存资金，节约了物流成本，双方建立长期合作，实现互惠双赢。物资超市化管理是集成一体化物流管理模式，采用寄售制的方式，变库存物资仓库管理为模拟市场化超市管理，加快库存物资周转，减少库存资金占用；简化供应环节，缩短物资采购周期，发挥规模采购优势，降低物资采购成本。通过物资采购电子商务平台，准确实时地与供应商进行信息交流，做到适时、适质、适量、适地、适价地提供所需物资，提高对需求单位物资需求的快速响应能力。

（2）虚拟仓储

应用统一的信息平台，将地理上分散、归属不同网省的库存物资以信息形式存储于“虚拟仓库”中，实现库存物资的透明可控，为应急抢险物资调拨提供依据。将电网公司总部、各电网公司合同台账信息存储于“虚拟仓库”中，通过对信息的汇总、分析和掌握，在发生事故、灾害的情况下，以动态周转的方式满足应急救援的需要。将供应商协议储备物资数据存储于“虚拟仓库”中，通过推动物资供应管理方式转变，配合不同的采购策略，采取相应的存储方式，为构建合理高效的仓储体系提供依据。

为了适应供应链管理的要求，供应链下的库存管理方法必须做相应的改变。近些年来，国内外企业的实践经验及理论研究得出了几种先进的供应链库存管理技术与方法，包括供应商管理库存、联合库存管理、多级库存优化与控制等。

5. 联合库存管理

联合库存管理是解决供应链系统中由于各节点企业的相互独立库存运作模式导致的需求变异放大现象,提高供应链的同步化程度的一种有效方法。联合库存管理和供应商管理库存不同,它强调供应商、制造商、分销商同时参与,共同制定库存计划,强调合作运营,是供需连接的纽带和协调中心。

6. 多级库存优化与控制

基于协调中心的联合库存管理是一种联邦式供应链库存管理策略,是对供应链的局部优化与控制,而要进行供应链的全局性优化与控制,则必须采用多级库存优化与控制方法。因此,多级库存优化与控制是供应链资源的全局性优化。

多级库存优化与控制按方法划分,分为串行系统、并行系统、纯组装系统;按配置方式划分,分为串行系统、无回路系统、一般系统。

8.2 仓储系统规划与设计

8.2.1 仓储的基本概述

1. 仓储的概念

"仓"即仓库一般指以库房、场所及其他设施、装置为劳动手段,对商品、货物、物资进行收进、整理、储存、保管和分发等工作的场所。"储"即储存、储备,一般是指收存已备使用。而仓储根据我国国家标准《物流术语》(GB/T 18354 - 2006)中的定义,仓储是指利用仓库及相关设备进行物品的入库、存储、出库的活动。

2. 仓储的功能

对于仓储功能的描述,从物流的角度来看仓储功能可以按照其所显示的利益进行分类[3]。

(1) 经济效益

当利用一个或多个设施直接降低物流总成本时,就产生了仓储的经济利益。仓储的基本利益有5个:合并与拼装、分类、加工或延迟、堆存和逆向物流。

(2) 服务利益

仓库服务可以通过增强企业获利能力来提供利益,通过仓库实现的4个基本服务利益:现场存储、全场存储、生产支持和市场经营。

3. 仓储管理模式

仓储管理模式是物资保管方法和措施的总和。按照仓储活动的运作方式可以分为自营仓库储存、租赁仓库储存和第三方仓储。

(1) 自营仓库存储

自营仓储就是企业自己修建仓库进行仓储,并进行仓储管理活动。这种模式的优点包括:更大程度地控制仓储;更具灵活性;长期存储成本低;可以帮助企业树立良好形象。

(2) 租赁仓库存储

租赁仓库仓储就是委托营业性仓库进行仓储管理。这种模式包括:不需要企业做出资本投资;可以满足企业在库存高峰时大量额外的库存需求;减少管理的难度;降低货主的仓储成本;使得企业的经营活动更加灵活;便于企业掌握保管和搬运成本。

(3) 第三方仓储

第三方仓储是指企业将仓储管理等物流活动转包给外部公司,由外部公司为企业提供综合物流服务。这种模式的优点:有利于企业有效利用资源;有利于企业扩大市场;有利于企业进行新市场的测试;有利于企业降低运输成本。

4. 仓储管理内容

仓储管理以提供存货储备、装运整合、配送、生产支持等功能,为企业带来了经济效益和服务效益,为供应链中的企业提供快速反应和及时供给能力。仓储管理主要包括仓储业务管理、辅助性工作管理、仓储管理技术及仓储成本管理。

(1) 仓储业务管理和辅助性工作管理

包括仓储业务流程的制定,对入库、拣货与补货、盘点与呆废物资处理等具体环节的管理,以及流通加工、包装与装卸搬运等辅助性工作的管理,以保证仓储活动有序地进行。

(2) 仓储管理技术

包括计算机与信息技术在仓储管理中的应用,以及物资养护技术、货物堆垛技术、安全管理技术、库存控制技术等,目的是提高仓储管理工作效率、保证仓储作业有秩序进行,并且保障储存物品的质量和安全。

(3)仓储成本管理

分析仓储成本的构成,研究仓储成本控制方法,使仓储成本能够得到正确计算和合理控制,以不断降低仓储成本,追求仓储成本的最小化。

5. 仓储系统的构成

一个完整的仓储系统是由硬件系统和软件系统两个方面组成。

(1) 硬件系统

硬件系统包括储存空间、设备、储存物品以及人员。其中储存空间包括仓储设备、场地。

(2) 软件系统

软件系统即针对仓储管理工作的系统,除了一般性的财务、人力资源等管理外,主要包括货位管理系统、库存管理系统、仓储业务管理及仓储信息管理系统。

8.2.2 仓储系统的规划与设计

仓储系统作为产品分拣或储存接收中使用设备和运作策略的组合,应对其新建、改建和扩建进行全面系统的规划。仓储系统规划的内容可以概括为确定仓库网点的数量、规模及服务范围;确定仓库内部规划设计[3]。

1. 仓库的布局规划

(1) 企业仓库的布局原则

在仓库进行布局时遵循以下原则:

① 实际需求原则。仓库选址、规模、设施水平等问题,需考虑企业生产和经营运行的需要。

② 区位优势原则。仓库应位于服务中心,或靠近主要服务部门。

③ 交通便利原则。仓库应靠近铁路、公路或码头，并设站台以便装卸。

④ 规模效应原则。性质相同的仓库应尽量靠近。

⑤ 合理利用原则。保证仓库各种设施合理利用。

⑥ 安全首要原则。仓库安全是一个重要的问题，其中包括防火、防洪、防盗等，布局必须符合安全部门的规定。

（2）企业仓库合理布局依据

① 根据企业的原材料、零部件及工具等的进货周期及进货批量，联系企业对该物资的日消耗量，或根据企业产品的日生产量及销售批量，计算原材料及产成品所需要的储存量，来确定企业建库规模；

② 根据企业所需要的储存物资的性质及费用条件，来研究企业需要设置的仓库类型和仓库建筑类型；

③ 根据企业对于仓库的定位策略来确定仓库的设置位置。

建设一个最优的企业仓库网络系统：最快的速度、最低的成本、最节约的消耗、最安全的方式保证企业的生产与运营。

（3）仓库位置的确定策略

仓库位置的选择是仓储系统的重要部分，其中，在定位时要充分考虑到仓库选址的影响因素：

① 用地条件。成本是仓库选址的最重要依据，企业一般都考虑成本最低化，所以在用地上，价格以及相关的约束都是影响仓库选址的因素。

② 气候条件。该因素对仓储保管对象库存物资的质量有重要的影响，不同的物资保管要求都是不同的。

③ 运输条件。交通的便利性是仓储系统日常运营效率的重要保证。

④ 客户条件。所谓“知己知彼，百战不殆”，企业在仓库选址上必须考虑到客户的情况。

⑤ 社会经济环境。

（4）仓库选址的方法

根据仓库的类型可以分为单一仓库选址和多仓库选址。

① 单一仓库选址方法主要包括重心法和微分法来进行评估选址。

② 多仓库选址的方法主要包括精确法、多重心法、线性规划法、模拟法和启发法等，但解决方法并非都是完善的。

（5）仓库数量与规模的决策

① 影响仓库规模的因素

仓库的规模是为了满足存储和办公的需要。在仓库里存储的货物包括周期库存和安全库存。因此，在进行仓库规模决策时，需要考虑客户服务水平、所服务市场规模、投入市场的产品数目、产品大小、所用的物料搬运系统、吞吐量、生产提前期、规模经济、库存布置、通道要求、仓库的办公区域、需求水平和方式。

② 仓库数量的确定

在进行仓库数量的决策时，主要在成本与收益之间进行衡量。成本包括缺货成本、存货成本、仓储成本及运输成本。存货成本会随着设施数目的增加而增加。因为每个设施都会有相应的安全库存,这样总的安全库存或库存水平就会提高,因此,存货成本也会随之上升。仓储成本也会随着设施数目的增加而增加。因为更多的仓储就意味着拥有、租赁或者租用更多的空间。运输成本起初会随着仓库的增加而降低,但最终会因为使用太多的设施而升高。随着仓库数目的增加,库存可以相应增加,缺货成本将会越来越低。成本与仓库数目的关系如图 8-1 所示。

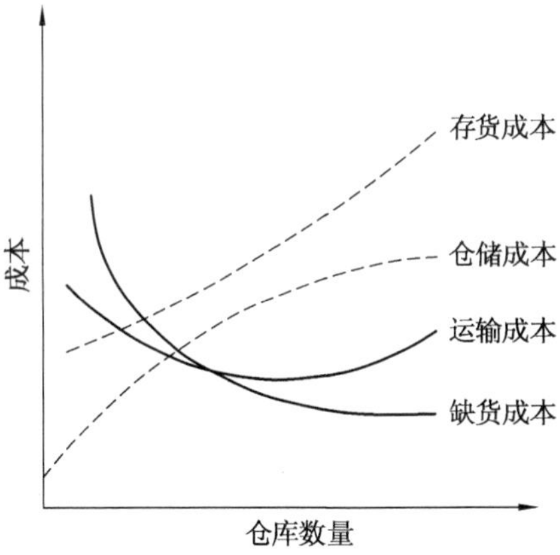

图 8-1　确定仓库数量的模型

2. 仓库内部布局设计

(1) 仓库内部设计的原则

① 根据仓库的流程,方便仓库的作业应尽可能减少储存物资及仓储人员的运动距离,从而有利于仓库的有效利用;

② 充分利用仓库面积和建筑物的空间,提高仓库利用率和有效利用设施设备、储运机械,再落实“三防”(防水、防火、防爆)要求。

(2) 仓库规模设计

仓库的设计包括仓库面积指标、仓库容量计算、库房设计、通道设计及仓储机械的合理配置。

① 仓库面积指标的概念和计算方法。仓库面积分为:建筑面积、有效面积和辅助面积。仓库建筑面积是指仓库内所有建筑物所占平面面积之和;仓库有效面积是指库房、伙房、货场内计划用来存放物品的面积之和。辅助面积是指附注验收、分类、分发场地、通道、办公室及生活间等需要的面积。

对于仓库面积的计算主要包括 2 种方法:荷重计算法和堆垛计算法。

a. 荷重计算法。根据仓库有效面积上的单位面积承重能力来确定仓库面积的计算方法。

$$S = \frac{Q \times T}{T_0 \times q \times a}$$

式中:S——仓库总面积,m^2;

Q——全年物料入库量(可由用户提供),t;

T——物料平均储备期(查表可得),d;

q——仓容物资储存定额(查表可得),t/m^2;

a——仓库面积利用系数(查表可得);

T_0——1 年中的工作天数,d。

b. 堆垛计算法。根据各种物料的外形尺寸或包装尺寸分别堆放在地面、托盘或货架上得到的实际占地面积(即有效面积),把各种物料实际占地面积相加再除以面积利用系数即得仓库总面积。主要设备的面积利用系数:货架 0.25 ~0.3;堆存 0.45 ~0.6;托盘堆存 0.4 ~0.5;混合堆存 0.35 ~0.40。

② 仓库容量计算。库容量空缺系数 H 的大小用库容量利用系数来计算:

$$E(H) = \frac{1}{n} \sum_{i=1}^{n-1} \frac{i}{n}$$

式中:n——一列货位堆码货物件数,$i = 0,1,2,\cdots$。货堆高度受地面承载能力、货物强度和装卸机械高度的限制。

仓容系数:

$$R = \frac{\text{存储货物实际数量或容积}}{\text{库存数量或容积}} \times 100\%$$

库容量损失包括蜂窝损失(空缺系数)和通道损失。货堆越深,通道的损失越小。

例 某库房实际需要库容量为 1 000 个货位,考虑蜂窝形状空缺和通道所造成的损失 0.679 后,库房的设计容量应为

$$1\ 000/(1 - 0.679) = 3\ 115 \text{ 个货位}$$

用仓容利用率 R 进行评价:

$$R = \text{存储货物实际数量或容积}/\text{库存数量或容积} \times 100\%$$

$$R = 1\ 000/3\ 115 \times 100\% = 32.1\%$$

③ 库房设计(仓库内库房设计 + 货场设计)。库房设计的具体步骤如下:确定位置;建立几个初始方案;参数计算;技术经济评价;最后方案的确定。

评价指标有库房面积利用率,以下是几种不同的库房面积利用率的计算方法:

库房面积利用率 =(库房内存储物资面积/库房有效面积)×100%;

库房面积利用率 =(存储货物实际数量或容积/库存数量或容积)×100%;

库房面积利用率 =(所存取量/总数量)×100%;

库房面积利用率 = 每年运出量/平均库存量;

库房面积利用率 = 消耗费用/(单元仓库数量/单位时间)。

④ 通道设计。

仓库通道:指出入库区的通道及库区内连接各库房、货场之间的通道。

库房通道:纵向或横向的进出库通道、大型库房还应同时设纵向和横向进出库通道。

作业通道:窄宽应根据装卸搬运机械的类型确定,充分考虑面积的利用。

汽车进库房:大于等于 4 m,进出口不同道。

叉车作业:直叉平衡重叉车 3.6 m;前移式叉车 2.7 m ;插腿式叉车 2.1 m。

仓库通道宽度:根据物料的周转量、物料的外形尺寸和库内通行的运输设备来确定。

双行通道:

$$B = 2b + c$$

式中:B——最小通道宽度,m;

b——搬运设备宽度,m;

c——安全间隙,0.9 m。

其中最小通道宽度见表 8-2。

表 8-2　最小通道的宽度表　　m

地面货堆间过道宽度	人工存放货架之间宽度	手推车搬运通道宽度	小型叉车搬运通道宽度	汽车单行通道宽度
1	0.9 ~ 1	2 ~ 2.5	2.4 ~ 3	3.6 ~ 4.2

仓储机械的合理配置见表 8-3。

表 8-3　仓储机械的合理配置

功能要求	设备类型
存货、取货	货架、叉车、堆垛机械、起重运输机械
分拣、配货	分拣机、托盘、搬运车、传输机械
验货、养护	检验仪表、工具、养护设施
防火、防盗	温度监视器、防火报警器、监视器、防盗报警设施
流通加工	所需作业机械、工具
控制、管理	计算机及辅助设施
配合设施	轨道、道路、场地

装卸搬运设备的配置数量主要根据仓库作业量确定。仓储机械设备系数为

$$K=\frac{Q_c}{Q_t}=\frac{\text{仓储机械设备能力}}{\sum_{i=1}^{n}(Ha)_i}$$

式中:Q_c——仓库机械设备能力,t/年;

Q_t——仓储过程总物流量,t/年;

H——仓库年吞吐量,t;

a——仓库物资重复搬运次数,次。

关于 K 的机械化作业程度:

$K>0.7$ 表示机械化作业程度高;

$K=0.5\sim0.7$ 表示机械化作业程度中等;

$K<0.5$ 表示机械化作业程度低。

8.2.3　自动化立体仓库的规划设计

1. 自动化立体仓库概述

(1) 自动化立体仓库

自动化仓库是指采用几层,十几层乃至几十层的货架存储单元货物,用相应的物料搬运设备进行货物出入库作业的仓库能充分利用空间进行储存,所以常常被形象地称为“立体仓库”或“高架仓库”[4]。

立体化仓库是指采用高层货架以货箱或托盘储存货物,用巷道堆垛起重机及其他机械进行作业的仓库。

将上述两种仓库的作业结合起来称为自动化立体仓库,即基于高层货架、采用电子计算机进行管理和控制、采用自动化存取输送设备自动进行存取作业的仓储系统。自动化立体仓库系统(Automated Storage and Retrieval System, AS/RS)是在不直接进行人工处理的情况下能自动地储存和取出物料的系统。自动化仓库技术是现代物流技术的核心,它集高架仓库及规划、管理、机械、电气于一体,是一门涵盖多学科的综合性技术。

自动化立体仓库的功能主要为收货、取货、存货、发货。随着技术的发展,自动化立体仓库具有以下特征:自动化程不断提高;与工艺流程结合更为紧密;储存货物品种多样化;仓库出入库周转率提高;仓库运转的可靠性与安全性得到提高,噪声降低;可供实用的拣选自动化设备和系统得到开发。自动化立体仓库系统主要由货物存储系统、货物搬运系统、自动控制系统(WCS)以及仓储管理系统(WMS)这四大部分组成,此外还包括根据需要设置的消防系统和通风排烟系统等。

(2) 立体仓库工作原理

自动化立体仓库是由多层货架、运输系统、计算机系统和通信系统组成的,集信息自动化技术、自动导引小车技术、机器人技术和自动仓储技术于一体的集成化系统。主要包括货物的入库与出库两个部分[5]:

① 货物入库存储是在入库站台上进行的,夹抱车将货物送到入库站台的托盘上,待人工确认货物品牌后,入库过程自动完成。输送线自动将托盘送到货架端部,堆垛机将货物送到由主控计算机预先分配好的货位上进行存储。

② 货物的出库是由生产管理人员向主控计算机输入出库指令,计算机按一定的原则根据出库单的品种,控制堆垛机将相应的库存货物从货位上取出。输送线自动将货物输送到出库站台。同时出库的托盘经叠放机将空托盘 5 个一组叠好送到货架存放或送到入库站台备用。

(3) 立体仓库的发展阶段

我国立体仓库的研究与应用主要经历了 4 个阶段:

① 人工仓储阶段。这个阶段主要靠人工来进行物资输送、存储、管理和控制。

② 机械化仓储阶段。这个阶段出现工业输送机、机械手、吊车、堆垛机和升降机,但主要还是通过人来操作机械进行控制。

③ 自动化仓储阶段。

自动化立体仓库的发展经历了自动化仓储阶段、集成化仓储阶段以及智能化仓储阶段。

a. 自动化仓储阶段。在这个阶段相继研制和采用了自动导引小车(AGV)、自动货架、自动存储机器人、旋转式货架、移动式货架、巷道式堆垛机、电子扫描及条形码自动识别和自动分拣系统,但这只是各个设备的局部自动化并各自独立应用。随着计算机技术的发展,工作重点转向物资的控制和管理,要求适时、协调和一体化。这样一来信息自动化逐渐成为仓储自动化的核心。

b. 集成自动化仓储阶段。该阶段强调在中央控制系统下各个自动化物流设备的协调性,控制由主计算机来实现。在自动化物流的基础上进一步将物流系统集成起来,使得从物料计划、物料调度直到将物料送达生产位置的各个过程的信息，通过计算机网络互相沟通。这种系统不仅使物流系统各单元间达到协调，而且使生产与物流之间达到协调。全自动的立体仓库就是集成自动化仓储的典范。我国的自动化仓库技术已实现了与其他信息决策系统的集成，正在做智能控制和模糊控制的研究工作。

c. 智能自动化仓储阶段。此阶段在做出生产计划后，将自动生成物料和人力需求，查看存货单和购货单，规划并完成物流。如果物料不够，无法满足生产要求，就推荐修改计划以生产出等值产品。这种系统是将人工智能集成到物流系统中。目前，这种物流系统的基本原理已在一些实际物流系统中逐步得到了实现。可以预见，21 世纪智能自动化仓储技术将具有广阔的应用前景。

（4）自动化仓库的优点及作用

① 自动化立体仓库的作用。根据自动化立体仓库的构成，它的作用主要在以下几个方面体现：自动化立体仓库在储存的同时，可以对货物进行跟踪以及必要的拣选和组配，并根据整个企业生产的需要，有计划地配送，以满足均衡生产的需求；自动化仓库是整个企业物流的一部分，是它的一个子系统；使“静态仓库”变成了“动态仓库”。

② 自动化立体仓库的优点。自动化立体仓库出现以后，就得到了快速的发展，这主要源自于自动化立体仓库的优点：增加仓库高度，减少占地面积；提高仓库出入库频率和管理水平；提高物料调节水平，加快储备资金周转；有效衔接生产与库存，加快物资周转，降低成本；适当加工，衔接产需，合理利用资源，提高效益；较好地适应黑暗、有毒、低温等特殊场合的需要。

2. 自动化仓库的分类

自动化立体仓库是一个综合的自动化系统，是一种特定的仓库形式，一般按照以下方式进行分类：

① 按建筑形式分为可以分为整体式、分离式；

② 按高度可分为高层（大于 12 m）、中层（5 ~ 12 m）、低层（小于 5 m）；

③ 按仓库存取方式分为单元货架式和拣选货架式；

④ 按作用分为生产性、流动性；

⑤ 按与生产联系的紧密程度分为独立型、紧密型和半紧密型；

⑥ 按保管目的分为流通中心型、存储中心型和配送型；

⑦ 按货架形式分为单元货格式、通式、水平和垂直循环式。

3. 自动化立体仓库的系统构成

（1）自动化立体仓库的构成

在整个自动化立体仓库的运行中，需要各个硬件设备配合软件系统来完成操作。其由土建及公用工程设施、机械设备、电气与电子设备构成。

① 土建及公用工程设施。厂房 、消防系统、照明系统、通风及采暖系统、动力系统和其他设施：给排水、避雷、环保设施。

② 机械设备。机械设备主要包括自动化立体仓库的货架、托盘或货箱，以及由巷道堆垛起重机和输送机、叉车、自动导向车组成的搬运设备。

③ 电气与电子设备。检测装置、信息识别装置、控制装置、通信设备、监控调度设备、计算机管理设备、大屏幕显示、图像监视等设备。

（2）自动化仓库基本作业系统

自动化立体仓库基本作业系统主要由进出库作业系统和自动分拣系统组成，其中进出库作业系统包括叉车出入库台、连续输送机、AGV 方式、穿梭车方式。自动分拣系统包括控制装置、分类装置、输送装置 、分拣道口 。

4. 自动化立体仓库规划与设计

（1）自动化立体仓库的规划原则

① 利用空间、场地的原则和生产力均衡原则，维持各种设备、各工作站的均衡，使仓库都能维持一个合理的速度运行。

② 利用适宜库内运输原则。库内运输路线必须保持通畅，应设有专供搬运物料或人员行走的通道。

③ 利用最小移动距离原则。保持仓库内各项操作之间具有最经济的距离，物料和人员流动线路能省则省，尽量缩短、节省物流时间，降低物流费用。

④ 利用直线前进原则。要求设备安排、操作流程应能使物料搬运和储存按自然顺序逐步进行，避免迂回和倒流。

⑤ 利用最佳流程原则。保持生产过程顺利进行，而无阻滞。

（2）自动化立体仓库设计

自动化立体仓库包括概念设计、基本设计和详细设计 3 个阶段。

① 概念设计阶段。总体设计的准备阶段，明确建立自动化仓库的目标和有关的背景条件。

② 基本设计阶段。对自动化仓库的总体布置、设备配备、管理和控制方式、进度规划及预算等进行全面的规划和设计。

③ 详细设计阶段。根据总体设计的要求，对组成自动化仓库的所有设备和设施进行详细计划或选型，完成所有设备和设施的制造和施工图纸。

（3）自动化立体仓库的具体设计

① 基础设施。货架是自动化立体仓库的基础组成部分，要从技术上较易实现和经济上较为合理的角度来确定货架高度。一般情况下，每二排货架为一个巷道，根据场地条件可以确定巷道数。如果库存量为 N 个货物单元，巷道数为 A，货架高度方向可设 S 层，若每排设有同样的列数，则每排货架在水平方向应具有的列数 C 为

$$C = N/(2AS);$$

根据每排货架的列数 C 及货格横向尺寸可确定货架总长度 L；根据作业频率的要求确定堆垛机的数量和工作形式，多数情况下每巷道配备一台堆垛机；确定高层货架区和作业区的衔接方式，可以选择采用叉车、运输小车或者输送机等运输设备；按照仓库作业的特点选择出入口的位置。

② 确定工艺流程并核算仓库工作能力。自动化立体仓库配套设施应根据系统的流程和工艺统筹考虑，便可以进一步进行仓库的总体布置，主要包括自动化立体仓库的物流模式、入进库输送系统。

③ 提出对土建及公用工程的设计要求。在总体设计时，应对仓库的土建及公用工程提出要求：确定货架的工艺载荷，提出对货架的精度要求；提出地面需要承受的载荷及对基础均匀沉降的要求；确定对采暖、采光、通风、排水、电力等的要求；随着环保理念的深

入,对减少环境污染方面也应提出要求。

④ 选定控制方式和仓库管理方式。自动化立体仓库的控制方式一般可以分为手动控制、半自动控制、遥控和全自动控制。

自动化立体仓库的选择管理方式:人工台账管理和计算机管理2种方式。

5. 自动化立体仓库的发展前景

① 目前,部队、乳业、烟草、低温食品、铁路、地铁、制造业等行业的市场需求增大。再加上早期投建的仓库或者自动化立体仓库由于技术发展和电气元器件的更新换代出现了更新改造的需求,同时,国外如泰国、印度等企业开始进口中国立体仓库,这些都给国内企业创造了机会。

② 土地资源的紧张,迫使众多的厂家寻找自动化立体仓库。自动化立体仓库的设备、外围设备及控制水平在不断提高,自动化、智能化、高效率、高精度、低损失、高管理水平的存储和存取方式更适合现代批量存储的要求。

③ 随着经济全球化进程进一步加快,流通物资和流动人员的急剧增加,提高运输效率,是交通运输业的必然选择。仅铁道部《动车组运用检修设施建设意见》中就提出到2020年高速铁路动车检查库线要建成140条,每条都需要配备自动立体化仓库3~4座。

④ 在制造业中,大企业追求规模化。短时间内,中国制造还将是中国经济发展的支柱,大规模的集中生产和全球经济萎缩及购买力的不平衡发展必然导致生产的不均衡发展,这时库存调节就成为必要。

⑤ 小企业追求实用化,盲目追求形象化的现象已经减少。

⑥ 追求数量最小化的员工。随着人力成本的不断提高,为了降低用工成本,提高企业经济效益。目前企业都千方百计减少员工的数量,而采用一个自动化仓库可以节约30%~90%的管理员工。

⑦ 大型设备的需求出现大规模的增长。在国家建设的一些大型项目上,比如对大吨位货架、堆垛机智能行车的需求明显上升。

⑧ 标准的模块式自动化仓库已引起人们的关注。这种模块式自动化仓库在硬件和软件方面比传统的根据用户要求而提供的自动化仓库有更多的现成产品,且价格较低,交货期短。

8.2.4 仓库操作——存储与提取系统

1. 存储与提取系统

① 根据操作人员与货物的运动,存取系统可分为人对货物系统和货物对人系统。

② 根据存取系统的自动化程度,可以分为手工操作系统和自动操作存取系统。

2. 仓库提取系统操作

仓库提取系统可以分为顺序提取和区域提取两种方式[5]。

(1) 顺序提取

在顺序提取中,要求操作者一次提取一个订单上的全部货物;顺序提取者在订单提取过程中可能穿越整个仓库。

(2) 区域提取

在区域提取中,分派到某一个区域的操作人员只提取他所负责区域内的订单,其行程被限制在指定区域内。

在自动化或半自动化仓库提起系统中，提取的具体程序为一个自动化或半自动化仓库设备或仓库操作人员将订单上的货物从其存储位置提取出来。从提取点或出入口开始，自动化或半自动化仓库设备依据一定顺序提取，然后将已提取订单的货物放回出入口点。为了增加订单提取系统的效率，必须确定提取顺序。这样，订单的总提取时间最少。自动仓库进货作业示意图见图 8-2，自动仓库出货作业示意图见图 8-3。

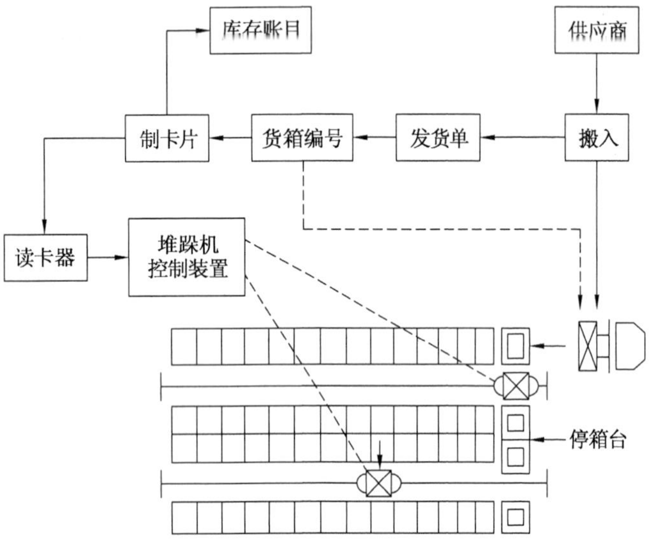

图 8-2　自动仓库进货作业示意图

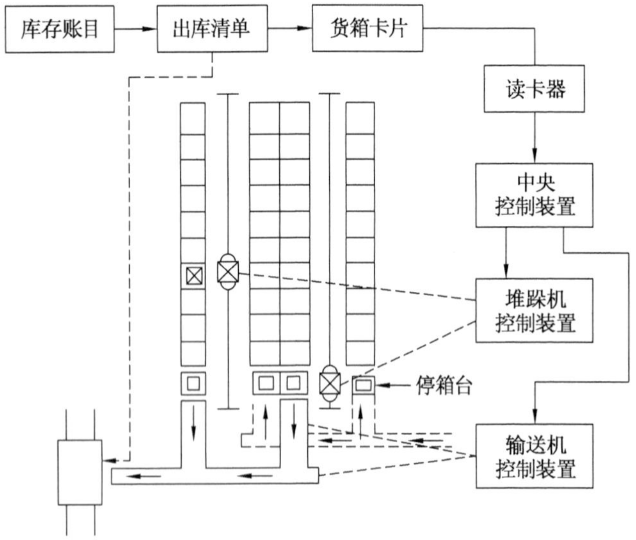

图 8-3　自动仓库出货作业示意图

8.2.5　仓储机械简介

1. 叉车

叉车是指具有各种叉具,能够对货物进行升降和移动以及装卸作业的车辆。

叉车的主要性能指标:起重量、起升高度、起升和行驶速度[6]。

2. 托盘

托盘是用于机械化装卸、搬运和堆存货物的集装单元工具。而我们常说的托盘是指用于集装、堆放、搬运和运输的,放置作为单元负荷的货物和制品的水平平台装置。

(1) 托盘的分类

托盘作为叉车的产物,种类繁多,结构各异,就常见的托盘来分类,可以分为3类:

① 平托盘。平托盘是由双层板或单层板另加底脚支撑构成,无上层装置。平托盘是众多盘托中使用频率最高的一种。

② 箱式托盘。箱式托盘是以平板托盘为底,上面有箱形装置;四壁有网眼板或普通板,顶部有盖或无盖。多用于不易包装或形状不规则的散件或散装货物,也可以用于农副产品的装载。

③ 柱式托盘。柱式托盘是以平板托盘为底,四角有支柱,横边有可移动的边轨,托盘装货时便于按照需要调整长度或高度。多用于不稳定的,需要支撑的货物。

(2) 托盘运输的特点

① 搬运或出入库场都可用机械操作,降低劳动强度,提高送运输效率;

② 以托盘为运输单位,便于点数、理货交接,减少货损货差事故;

③ 投资比较小,收效比较快;

④ 托盘的回收利用、组织工作难度较大,会浪费一部分运力 。

3. 货架

货架是指用支架、隔板或托架组成的立体储存货物的设施。

货架在现代物流活动中起着非常重要的作用,仓库实现现代化与货架的种类及功能有着直接的关系,货架的作用及功能主要有以下几个方面:

① 货架是一种架型构造物,可充分利用仓库空间,提高仓容利用率;

② 存入货架中的货物,互不挤压,物资损耗小;

③ 货架中的货物,存取方便,便于清点及计算,可做到先进先出;

④ 保证存储货物的质量。很多新型货架的结构及功能有利于实现仓库的机械化及自动化管理 。

4. 堆垛机

堆垛机是专门用来堆码或提升货物的专用起重机械。自动化立体仓库将堆垛机作为存取货物单元的核心设备。堆垛机具有以下几个特点:

① 构造轻巧、作业灵活;

② 人力推移方便;

③ 能在很窄的通道中操作;

④ 堆码或提升高度较高。

8.3 物料搬运系统分析

物料搬运是物品的短距离移动，通常是在仓库内或者是储存地和运输地之间进行的，以改变物料的存放状态（即狭义的装卸）和空间位置（即狭义的搬运）为主要目的的活动。物料搬运的目标包括：按照要求使物料在仓库附近移动；快速移动物料，减少移动的次数和距离；通过减少废弃场地来增加存货密度；通过使用有效的运作来降低成本；使用有效的物料管理系统，减少发生错误[6]。

8.3.1 物料搬运方式

物料搬运方式大致有3种：一是手动搬运方式，在仓库里，大部分用手、手推车和篮子来搬运物料，很少使用其他设备；二是机械化搬运方式，在仓库里，用电动堆高机、电动拣料车、叉车和起重机来移动较沉重的货品；三是自动化搬运方式。在仓库里所有的物料搬运都通过中心计算机进行管理。这3种方式赋予了仓库完全不同的特征。

（1）手动搬运方式

这是可以想到的最简单的，也是目前最常见的方式。物品被送到货架上或储存在仓库里，人们先找到货品，把所选用的货品从货架上拿下，然后把它们放进要运送的集装箱里，就像超市的手推车一样。当然也有辅助设施，如移动货盘的手推车、把物料运到带采摘手的传送带上，但实质上都是由人来控制运动的所有方面。到任何超市里转一圈，你就会对这种运营方式有个大致的了解，这与手动仓库十分相似。

（2）机械化搬运方式

机械化搬运方式通过机器取代了手动搬运方式的一些人力，如以下列举的机械工具：

① 前伸式电动堆高机。司机控制卡车，卡车把货物垂直举到一定的高度。这些卡车比较小、速度比较慢、设施有限，能在特定的场所里良好运行。

② 电动拣料车。与前伸式电动堆高机不同的是，它是司机与物料一起被举起，在高处进行分拣或者配送。

③ 叉车。叉车有很多类型，它是短距离移动托盘和相等负荷的标准工具。叉车可调动，极其灵活，并且适用很多工作。从另一方面讲，它需要有工作的空间，而且使用费用比较贵。

④ 输送装置。用于沿着固定的路径移动大量的货物。人们经常看到许多传动带传送物料的例子，如输送铁矿石、信件等，还有滚筒输送装置等。

⑤ 牵引机或挂有拖车的牵引机。牵引机把拖车运到指定地点，很像连接在一起的卡车、拖船或驳船。

另外还有起重机、拖链、传送装置等都是现代化机械搬运工具。机械化系统的要点是把所有的一切控制在操作员手中，实际上是由人驾驶叉车或控制拖链上的货物移动。

（3）自动化搬运方式

传统仓库即使是机械化仓库都有较高的运营成本，因此，可以考虑通过使用自动化搬运方式来降低成本，同时提高服务质量。自动化仓库按通常方式运营，包括下述几个方面：

① 可供自动化设备通过存储区。通常使用狭窄的通道来提高物料的密度，并使通过的距离最小化。

② 用来在仓库附近移动货物的设备。一般会有自动导向车，它是用在地板里的引导线来引导，还有输送装置、牵引机或其他一系列移动设备。

③ 自动拣起物料并送进仓库中的设备。包括能在狭窄的过道里到达任何地方的高速塔式起重机。

④ 在不同类型设备之间传送物料的设备。这些自动的装卸货物工具可能包括工业机器人。

⑤ 记录物料位置、控制所有移动的仓库管理系统。

自动化搬运方式会带来可观的效益，减少错误、改进存货记录、提高生产率、减少纸张工作、提高空间使用率、降低存货、更好的移动控制、支持 EDI 以及提供更好的客户服务等。

具体选择哪种设备，流量是一个至关重要的因素。流量大使用较高的自动化水平，流量小（如商店）通常是手动的，中流量仓库（如食品仓库）是机械化的，而流量大的仓库（如网络书店）是自动化的。其具体的选择如图 8-4 所示。

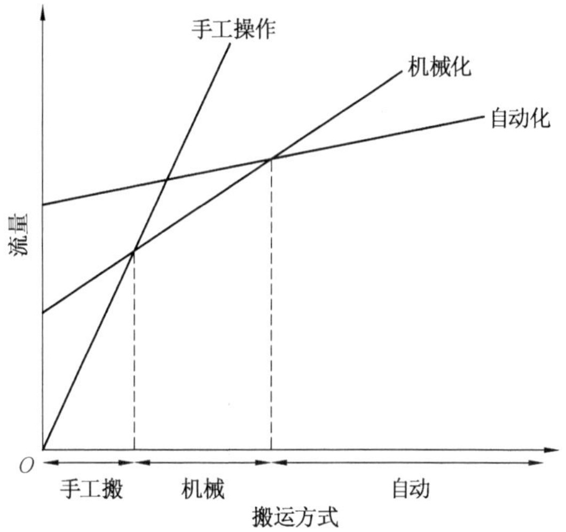

图 8-4　3 种物料搬运方式的选择

大部分组织通过使用高技术含量的系统来提高生产率，但是也有部分组织其目标是改进客户服务、降低物流成本、提高安全性、更好地控制存货以及具备更大的灵活性等。一个工厂或仓库的每项搬运活动都可以采用各种方法进行，综合各种作业所制定的各种搬运方法的组合，就形成物料搬运方案。

8.3.2　搬运方法的选择

搬运方法实际上就是用一定形式的搬运设备，与一定形式的运输单元相结合，进行一定模式的搬运活动，以形成一定搬运路线的系统[7]。

1. 搬运路线系统

搬运路线分为直接型和间接型，其中间接型又可分为渠道型和中间型两种，如图 8-5 所示。

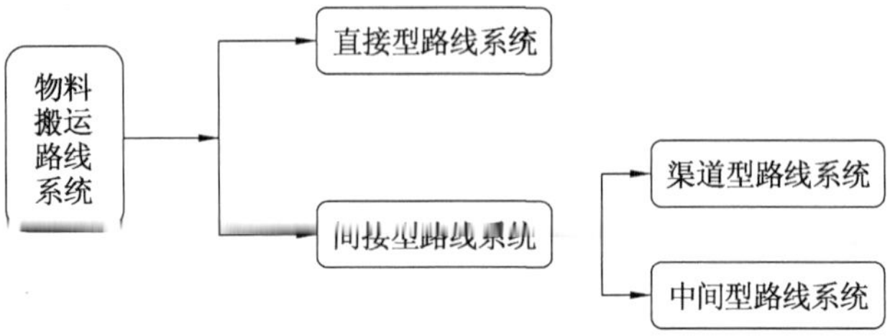

图 8-5　物料搬运路线系统的分类

(1) 直接型

各种物料从起点到终点经过的路线最短。当物流量大、距离短时，采用这种形式较经济。尤其适合于物料有一定特殊性而时间又较紧迫的情况。

(2) 渠道型

一些物料在预定路线上移动，与来自不同地点的其他物料一起运到同一个终点。当物流量为中等或少量，而距离为中等或较长时，采用这种形式较经济。尤其当线路布置不规则而货物又分散时更为有利。

(3) 中间型

各种物料从起点移动到一个分拣中心或分拨中心，然后再运往终点。当物流量小而距离中等或较近时，这种形式非常经济。尤其当厂区外形基本上方整且管理水平较高时更为有利。

这 3 种搬运路线可用图 8-6 表示。

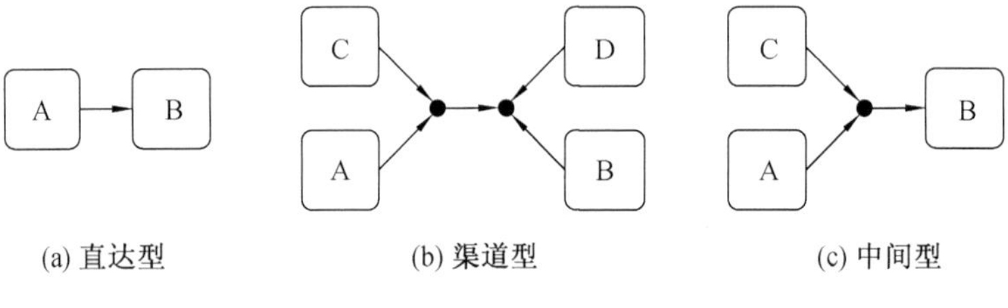

图 8-6　3 种搬运路线的模型

2. 物料搬运设备

搬运系统分析对物料搬运设备的分类采用了一个与众不同的方法，就是根据费用来进行分类。具体来说，就是把物料搬运设备分成 4 类：

① 距离短，物流量小，选择简单的搬运设备，如二轮手推车；

② 距离短，物流量大，选择复杂的搬运设备，如窄通道带夹具的叉车；

③ 距离长，物流量小，选择简单的运输设备，如机动货车；

④ 距离长，物流量大，选择复杂的运输设备，如电子控制的无人驾驶车辆。

3. 运输单元

运输单元是指物料搬运时的状态，就是搬运物料的单位。一般说来，散装搬运是最简单和最便宜的移动物料的方法。

除了散装和单件搬运外，大部分搬运活动要使用容器或托架。单件物品可以合并、聚集或分批地用桶、纸盒、箱子等组成运输单元。用托盘和托架、袋、包裹、箱子或板条箱叠装以及将物品绑扎都是单元化搬运的方式。

8.3.3　物料搬运系统分析方法

搬运系统分析（System Handling Analysis，SHA）是缪瑟提出的一种系统分析方法，适用于一切物料搬运项目，其基本内容包括物料、移动和方法，这 3 项内容是任何搬运分析的基础[8]，见图 8-7。

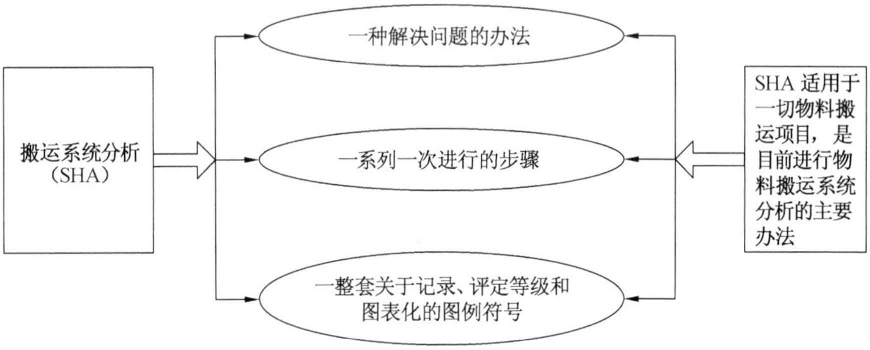

图 8-7　物料搬运系统分析方法

1．物料搬运系统的分析过程

（1）阶段构成

SHA 方法分析的阶段构成可参考图 8-8。

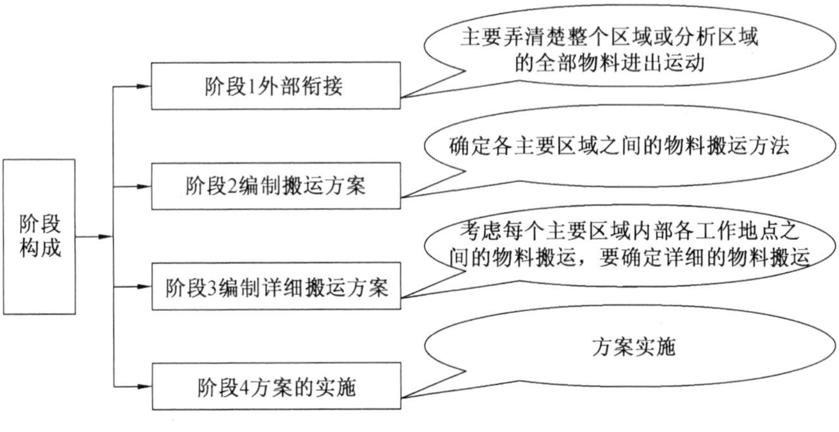

图 8-8　物料搬运系统分析的阶段构成

第一阶段：外部衔接，确定位置。搞清对象系统物料的输入、输出方式及频率等，使内外衔接能够互相协调，以利于确定设施的具体布置地点。

第二阶段：编制搬运方案。制定布置区域的基本物流模式、作业单位、部门或区域的相互关系及外形，制定区域间物料搬运方案，确定移动系统、设备型号、运输单元或容器。

第三阶段：编制详细搬运方案。确定每台机器、设备、通道、仓库或服务设计的位置，确定各工作地点之间的移动系统、设备和容器,以及对每项移动的分析,完成详细的物料搬运系统设计。

第四阶段:方案的实施应进行必要的准备工作,订购设备、完成人员培训、安排进度并安装具体搬运设施。对所规划的搬运方法完成实验工作,验证操作程序,以确保在全部安装之后能正常工作。

上述4个阶段依次交叉进行,其中二、三阶段是工业工程师的主要任务。

(2)程序模式

物料搬运方式,就是分析所要搬运的物料,分析需要进行的移动和确定经济实用的物料搬运方法。搬运系统分析的程序模式就是建立在这3项基本内容的基础上的。搬运系统分析的模式,是一个分步骤进行的程序。图8-9是物料搬运程序模式的图形表示。

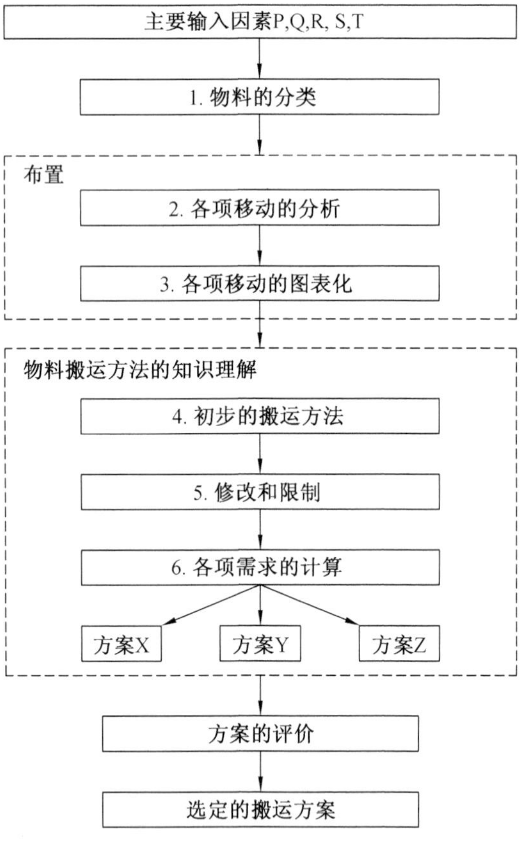

图8-9　物料搬运系统分析程序模式

8.3.4　物料与各项移动分析

设施布置决定物料搬运的起点与终点之间的距离,是选择何种搬运方法的主要因素。在分析各项移动时,需要掌握物料(物料分类)、路线(长度、起点和终点)与物流(物流量、物流条件)等资料。因此,方案的选择必须建立在物料搬运作业与具体布置相结合的基础之上。

1. 当量物流量计算及物料分类

对于搜集到的资料、数据,必须进行适当的分析和处理才能使用。系统中的物料很多,并且千差万别,需要根据其重要性进行分类,一般采用 A,B,C 分类。

分类步骤如下:① 物料的当量物流量的计算。② 绘制 $P-Q$ 图。其中 P 代表物料种类,Q 代表物流量(当量物流量)。根据每一种物料 $P_i(i=1,2,\cdots,n)$ 及其对应点 Q_i 即可画出直方图表示的 $P-Q$ 图)

2. 分析各项移动的两种方法

各项移动的两种方法见图 8-10。

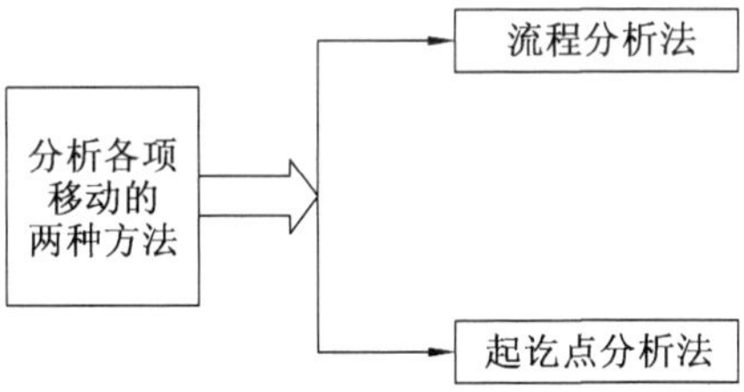

图 8-10 分析各项移动的两种方法

(1) 流程分析法

每次仅观察一类物料,并跟随其沿整个生产过程搜集资料(必要时跟随从物料库到成品库的全过程),然后编制出流程图表(或流程),当物料品种很少或是单一品种时,常采用该方法。

(2) 起讫点分析法

有两种不同的分析思路:① 在物料品种不太多时,首先通过观察每次移动的起讫点搜集资料,然后分析各条搬运路线,绘制出搬运路线表;② 若物料品种数目多,则对一个区域进行观察,搜集运进运出该区域一切物料的有关资料,编写物料运出表。

3. 搬运活动一览表

为了把所收集的资料进行汇总,达到全面了解情况的目的,编制搬运活动一览表是一种实用的方法。搬运活动一览表包括以下资料:① 列出所有路线,并排出每条路线的方向、距离和具体情况;② 列出所有的物料种类;③ 列出各项移动;④ 列出每天路线;⑤ 列出每类物料;⑥ 总的物流量和总的运输工作量填在表的右下角;⑦ 其他资料,如每项搬运的具体件数。

4. 距离与物流指示图

图表化是数据处理的一种方法,它把对各项移动的分析结果和区域布置两部分综合起来,用一些规定的特殊符号制成图表,能清楚地表示出所需要设计搬运系统的情况。因此,各项移动的图表化是 SHA 程序模式中的一个重要步骤。

(1) 距离与物流指示图

在布置图上绘制的物流图和坐标指示图是 SHA 使用的两种基本的实现各项移动的图表。

① 在平面布置图上绘制的物流图。它是画在实际的布置图上,图上标出了准确的位置,所以能够表明每条线路的距离和物流方向,可用作选择搬运方法的依据,如图 8-11 所示。

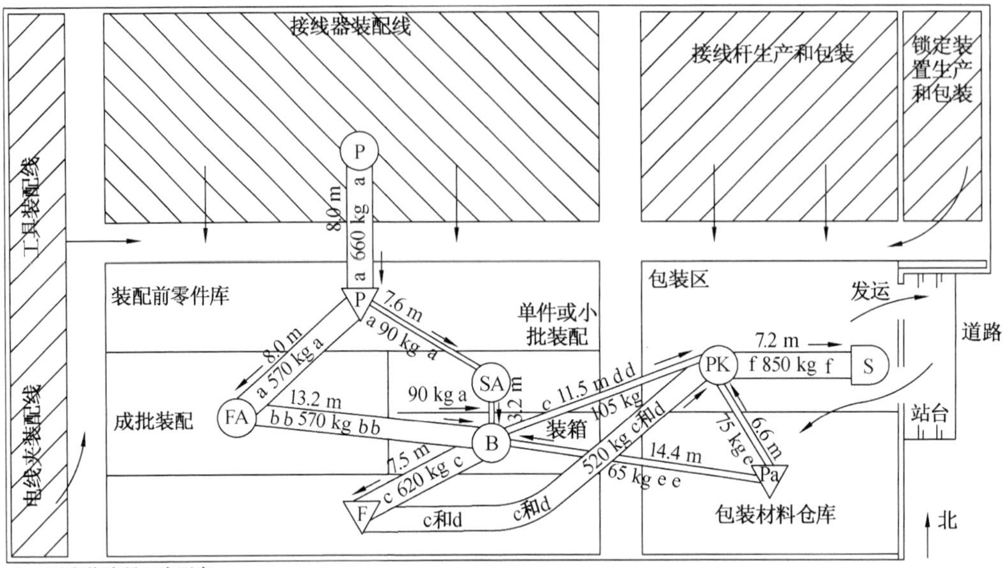

图 8-11 在布置图上绘制的物流图

② 坐标指示图。它是距离与物流量的指示图。各起讫点按照坐标位置用点或圆圈标在图上，起讫点连线以箭头表明物流流向，相应的流量和起讫点之间的距离用数字标在联线上，如图 8-12 所示。

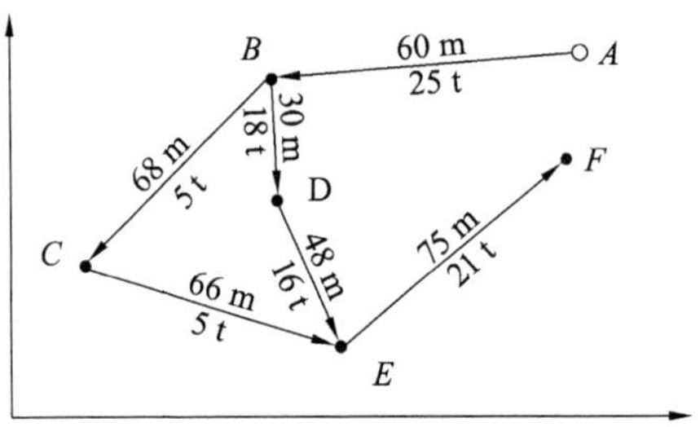

图 8-12 距离-流量坐标图

(2) 在汇总图上表示搬运方法

编制汇总表与编制搬运活动一览表一样，就是每条路线填一横行，每类物料占一竖栏。在搬运活动一览表上记载的是每类物料在每条路线上移动的“工作量”。而填汇总表只是用“搬运方法”来取代“工作量”，适用于项目的路线和物料类别较多的场合。图 8-13 表明了这种汇总表的用法。

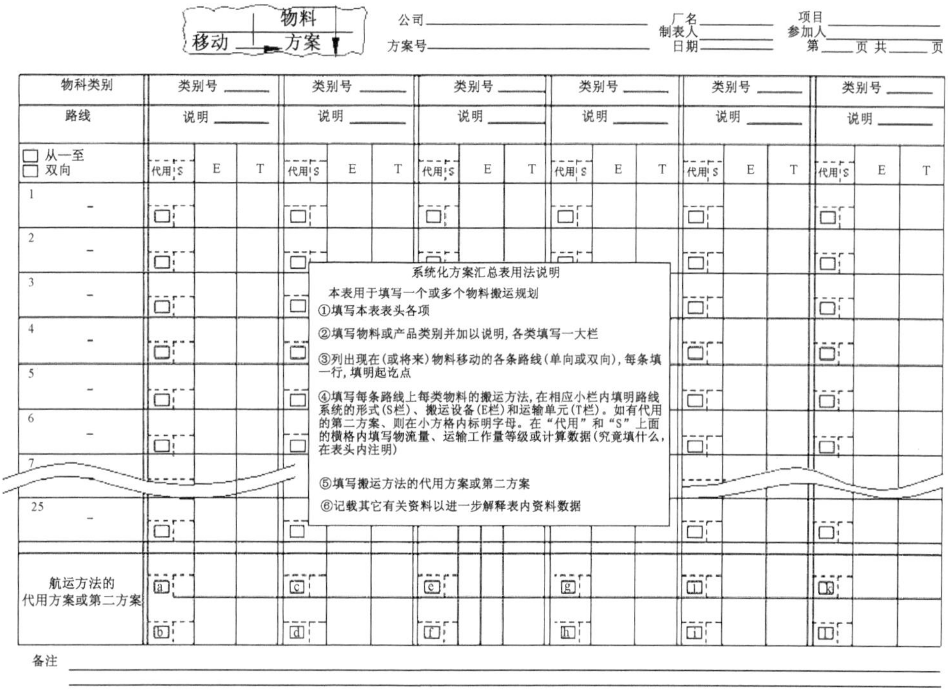

图 8-13　搬运系统方案汇总表

8.3.5　搬运方案的确定与评价

1. *初步的搬运方案*

在对物料进行分类，对布置方案中的各项搬运活动进行分析与图表化，并对各种搬运方法熟悉后，就可以初步确定具体的搬运方案。然后，对这些初步的搬运方案进行修改并计算各项需求量，把各项初步确定的搬运方法编成几个搬运方案，并设这些搬运方案为“方案 X”“方案 Y”“方案 Z”……[6]

在 SHA 中，把制定物料搬运方法叫作“系统化方案汇总”，即确定系统（指搬运的路线系统）、确定设备（装卸或运输设备）及确定运输单元（单件、单元运输件、容器、托架以及附件等）。

（1）在普通工作表格上表示搬运方法

编制搬运方案的方法之一是填写工作表格，列出每条路线上每种（或每类）物料的路线系统、搬运设备和运输单元。如果物料品种是单一的或只有很少几种，而且在各条路线上是顺次流通而无折返，那么这种表格就很实用。

另一种方法是直接在以前编制的流程图上记载建议采用的搬运方法。第三种方法是把每项建议的方法标注在以前编制的物流图上，一般说来，这种方法使人看起来更易理解。

（2）在汇总表上表示搬运方法

编制汇总表同编制搬运活动一览表一样，就是每条线填一横行，每类物料占一竖栏。在搬运活动一览表上记载的是每类物料在每条路线上移动的“工作量”。而汇总表只是用“搬运方法”代替“工作量”,适用于项目的路线和物料类别较多的场合。

(3) 考虑实际的限制条件进行修改

当有了几个初步方案后按照严谨的物料搬运观点来判断这些方案是否切实可行时,必须考虑实际的限制条件并进行一些修改。各物料搬运方案中经常涉及的一些修改和限制的内容:在前面各阶段中已确定的通过外部衔接的搬运方法;既满足目前生产需要,又能适应远期的发展和变化;与生产流程或流程设备保持一致;可以利用现有公用设施和辅助设施保证搬运计划的实现;布置或建议的初步布置方案,以及它们的面积,空间的限制条件;建筑物及其结构的特征;库存制度以及存放物料的方法和设备;投资的限制;设计进度和允许的期望;原有搬运设备和容器的数量、适应程度及其价值;影响工人安全的搬运方法。

(4) 各项需求的计算

对几个初步搬运方等进行修改以后,就开始逐一说明和计算那些被认为是最有现实意义的方案。一般要提出2~5个方案进行比较。

2. 方案的评价

方案的分析评价常用的主要有以下几种方法:成本费用或财务比较法、优缺点比较法、因素加权分析法。

(1) 费用比较或财务比较

费用是经营管理决策的主要依据。因此,每个搬运方案必须从费用的观点来评价。即对每个方案,都要明确投资和经营费用。通常需要分别计算出各个方案的投资和经营费用,然后进行分析和比较,从中确定一个最优的方案。

(2) 优缺点比较法

直接把每个方案的优点和缺点列在一张表上,对各方案的优缺点进行分析和比较,从而得到最后方案。

(3) 因素加权分析法

多方案比较时,一般说因素加权法是评价各种无形因素的最好方法,其程序主要为:

① 列出搬运方案需要考虑或包含的因素;

② 把最重要的一个因素的加权值定为10,再按相对重要性规定其余各因素的加权值;

③ 标出各比较方案的名称,每一方案占一栏;

④ 对所有方案的每个因素进行打分;

⑤ 计算各方案加权值,并比较各方案的总分。

总之,正确选定搬运方案可以根据费用对比和对无形因素的评价而定,建议应同时考虑这两方面的问题。

8.4 案例分析

8.4.1 仓储案例

现以大型电网公司仓储管理为例进行分析[9,10]。

1. 案例概况

目前我国电网公司仓储管理现状如下：

（1）仓库布局分散，利用效率不均

电网公司物资仓库地点众多，布局分散，仓库拥有总量达 2 196 个，其中物资部门管理仓库 1 560 个，其余部门管理仓库 636 个，约占仓库总数量的 29%。各专业管理部门以自身体系纵向部署仓库，地址选择、数量多少和规模大小以自身考虑为出发点，难以从整个公司角度进行统筹规划。仓库有效利用率不均，部分仓库设施设备配置良好，但仓库吞吐量不高，无物可储，资源浪费；部分仓库设施设备陈旧，但超负荷运作，仓储资源不够用。此外，仓库层级与数量较多，规模差异较大。

（2）库存物资管理分散，集中管控力度不足

公司根据物资需求计划进行采购，大部分采用供应商直接送货到现场的方式，由需求部门一次性全部领用。生产运行维护物资大部分存放于生产部门自设的一线仓库中，物资部门只在系统中进行出入库操作，而未对实物进行有效管理。造成工程项目剩余物资数量难以统计，运行维护物资一次性领用完成后，实际使用情况难以把握，各单位内部及各单位之间重复储存物料的现象普遍。物资采购虽然建立了平衡利库机制，但由于对库存物资集中管控缺乏力度，往往形成由物资需求部门直接进行采购，加大了公司物资成本。

（3）仓库现代化作业能力较低

电网公司系统仓储设施相对落后，缺乏应有的机械和设备，大部分仓库处于人工作业状态，工作效率低。各地仓库建设标准不同，仓库作业规范不同，仓储管理要求不同，缺乏统一的建设、管理标准。仓储信息管理系统建设不足，仓库未实行信息系统全覆盖。

同国外大型企业相比，我国电网公司物资集约化管理正处于起步阶段，虽然已开始从单一的招标采购向需求计划、寻源采购、合同、仓储和配送的全过程供应链管理转变，但是，“重采购、轻物流”的问题依然不同程度存在。伴随电网建设迅猛发展，电网生产运行、设备检修任务日益艰巨，应对突发事件、抢险救灾应急保障能力的要求不断提高，电网公司仓储配送管理现状已无法满足公司发展的需要，建立科学合理的仓储配送网络，构建统一、规范的管理体系，采用现代物流技术设备设施，由传统仓储管理向现代物流管理转变势在必行。仓储配送管理体系规划，要缩减管理层级，整合物流资源，规划物流网络，创新管理模式，减少仓库库存，利用信息化手段，提高仓储配送效率，建立新型仓储、配送管理体系，对内实行企业的“综合资源管理”，加强采购与合同、仓储配送业务协同，对外实行与供应商的“合作共赢”，实现整个供应链的高效运转，以不断适应深化物资集约化管理的要求，降低电网运营成本，提升企业整体竞争力。

2. 案例分析

（1）规划目标

电网的物流运作是典型的生产型物流，电网物资基本都由供应商直接配送到现场或仓库，因此，其物流整合的起点首先应该是仓库资源的整合。目前，电网公司各省、地市均有许多仓库，部分仓库只存储少量生产物资或者备品备件，造成了资源的浪费。通过整合仓库资源，进行科学合理布局，建立起仓储配送网络，由网络节点的若干仓库辐射进行物资调拨配送。

在进行网络规划时，首先要考虑以下几个问题：

① 为满足未来几年的需求，仓储配送网络中要规划设立多少个仓库；

② 在满足对于交付需求的前提下，这些仓库应该设于何处才能使总物流成本最优，每个仓库的库容应多大；

③ 每个仓库应该为哪些区域进行配送服务；

④ 对于每个仓库最优的一次配送和二次配送路径和方式是什么；

⑤ 为了整合优化仓储资源，实现更加快捷、高效的物流运作，应制定物资储备定额→物资特性分析→仓储模式确立→库址选择→管理模式建立的仓储配送网络规划的总体思路。

具体规划时要做到以下几点：

① 统筹规划按照电网发展的客观需要，从整个物资供应链角度出发，整合自有仓储、配送资源，利用供应商协议储备、动态周转物资资源，规划仓储网络布局，优化物流设施配置，有效降低电网物流成本。

② 统一管理充分发挥集团运作优势，实施物流一体化管理。统一物资合同管理、仓储管理、配送管理制度，规范仓储作业、仓库建设、配送作业以及物流设施标准，形成物流标准化管理体系，提升物资集约化管理水平。

③ 建立自有资源和供应商资源相互协同、“虚拟仓库”和“实体仓库”相互配合、物资需求与配送调度及时响应的运作机制，为工程建设、生产运行、营销服务、应急抢险等各类物资供应提供有力保障。

④ 应用快捷高效的现代物流管理方法，采用先进物流技术手段，利用统一的信息共享平台，构建横向集成和纵向贯通的物流体系，实现物流、信息流、资金流的高度集成及物流体系的高效运营。

（2）仓储管理模式设计

① 管理原则。物资仓储管理遵循“合理储备，加快周转，保质可用，永续盘存”的原则。

第一，合理储备。库存物资储备以保证电网建设，满足生产、经营需要为前提，制定储备定额，确定储备策略，控制库存总量。

第二，加快周转。合理布局仓库网络，综合平衡库存物资种类和数量，利用平衡利库，加快物资周转，提高库存物资周转效率。

第三，保质可用。库存物资应定期检查，及时组织检验，保证库存物资质量完好，随时可用。

第四，永续盘存。物资收、发、转储、退库等信息应在当日内完成信息记账，确保账、卡、物相符。

② 管理模式。将物理位置分散的仓库，通过 ERP 信息平台，实现库存资源联合共享。转变原有物资到货即办理出库领用的运作方式，库存物资随用随领，待需求部门实际领用后再办理出库手续。通过平衡利库，合理消耗库存物资，减少物料重复存储，实现对物资的集中管控。结合综合经济成本，合理调剂公司内联合储备物资，发挥行业规模优势，提高仓储管理水平。

③ 管理分工。虚拟库：大型电网公司总部和省公司通过仓储管理信息系统，建立以

信息掌控和跨地区调度为主的“虚拟仓库”，对公司库存物资进行集中管控和有效调度。

中心库：省公司可以建立实体库，由省物流服务中心负责维护与作业，省公司物资部负责调度和管理。

区域库：作为本区域物资储备和周转库所需物资的配送基地，区域库由所在地的地市物流服务分中心负责调度管理、维护和作业。区域库实行定额管理，计算合理的补货点，并及时对周转库的补货需求进行汇总，组织向需求地和周转库实施配送，保障物资供应。

转库：周转库根据所辖一线单位生产特点制定科学合理的定额标准，设立最低安全库存标准，实施定额管理。由当地物流服务分中心负责管理，地市物流分中心或仓库所属部门负责仓库作业。

④ 仓储标准化。对电网公司实行仓储标准化管理，包括管理标准化和建设标准化。科学设置仓库功能区域，通过购置或改造硬件设施，采用标准化的物流设备，改善物料存储条件，实现库存物资管理的规范化。

仓库作业规范：规范物资验收入库、在库存放、调拨出库、退库补库、库存盘点、物资报废等各项业务作业。

仓库管理要求：规范仓库库容库貌、保管保养、消防安全、信息管理等各项仓储管理标准。按照定置化要求，结合实际合理配备计量检测、装卸搬运、消防安保、运输车辆等设备设施，建立维护保养工作机制。

仓库建设标准：规范仓库建设标准，统一设计仓库外观标识和仓库内部功能分区，统一设置仓库命名和系统编码规则，统一明确仓库设备设施定置化要求。

为适应电网公司物资集约化管理需要，整合优化仓储资源，实现更加快捷、高效的物流运作，要综合考虑仓库的容量、仓库规模、应急条件和交通运输等因素，选择合适的仓库作为结点列入仓储配送网络中。

为使得仓库管理更加科学合理，仓储管理信息系统建设是仓储管理的发展方向。先进的信息系统支撑能够实现从物流决策、业务流程、客户服务的全程信息化，对物流进行科学管理。物流系统只有具备了良好的信息处理和传输系统，才能快速、准确地获取反馈信息和配送货物跟踪信息，从而大大提高物流的服务水平。强大的信息系统的支撑保证了在关键的时间点能够迅速做出正确的决策。

仓储管理系统的信息化建设将实现大型电网公司总部仓储管理系统与各省 ERP 系统库存物资信息交互式一体化平台建设的数据共享模式，结合成熟套装软件和储运管理业务的应用，建立物资储备管理信息化模块，实现各省库存物资信息及时、准确的反馈，并对其实施有效的管控，提供强大的统计分析和互动功能，为构建合理高效的物资调配提供帮助，向建立快速反应的联动机制提供技术手段，对完善应急物资储备方案提供支持。

按照建立统一物资管理体系的要求，促进物资业务信息化更好的应用，建立高级的物资仓储，实现省公司物资仓库和库存数据集中，实现总部物资部对省仓储信息的集中监控、综合分析、绩效分析和评估，提高总部的管控力度，为实现公司系统“物资一本账”管理和全网平衡利库提供数据支持。

通过对电网公司仓储管理的分析，可以看出仓储管理系统可以有效整合优化仓储资源,实现更加科学、高效的仓储运作,构建符合电网企业实际的仓储体系建设规划思路将能够更好地实施集约化管理。作为物流系统重要构成要素的仓储系统对于企业的发展有着重要影响,构建集中、统一、精益、高效的仓储管理体系,对提高物流管理水平具有重要的意义。

8.4.2 自动化仓库案例

现以烟草行业为例分析该厂的自动化仓库[11]。

1. 案例概况

烟草是我国重要的经济作物,国家有关部门对烟草业给予了高度重视。1984 年我国成立国家烟草专卖局,对烟草业实行统一领导、垂直管理,专卖专营的管理体制,国家烟草专卖局对全国烟草行业的“人、财、物,产、供、销,内、外、贸”进行集中统一管理。在烟叶生产上坚持“计划种植、优质适产、主攻质量、坚持改革、提高效益”的方针,大力推行“区域化,良种化,规范化”科学种烟措施,使我国烟草生产有了长足发展,烟草业成了国家和地方财税的重要经济来源。1995 年烟草工商税利 710 亿元,2000 年是 1 000 亿元,2010 年达 6 045 亿元,2015 年全国烟草行业实现工商税利 11 436 亿元。作为世界上最大的烟草生产国和消费国,烟草行业在中国经济发展中起着重要作用。

烟草行业是我国的传统优势行业,但鉴于烟草产品的特殊性,吸烟与健康问题受到社会广泛关注,烟草行业面临着更加严峻的挑战。目前,宏观经济发展进入新常态,经济增长放缓影响消费升级,产业转移导致人口流动,人口结构变化带来消费观念变革,控烟履约制约行业增长空间。此外,随着我国市场经济体制的不断完善和对外开放的不断扩大,烟草行业面临着更为激烈的市场竞争。在日趋严峻的市场环境下,烟草企业为了降低烟草生产和物流成本、增强竞争能力,根据自身情况,较为广泛地应用了自动化立体仓库。在卷烟生产企业中,烟丝是由烟叶经过配叶、蒸叶、去梗、加香、切丝、烘丝和发酵等工艺制成的,烟丝在卷烟机上卷成烟支。烟叶原料自动化立体仓库用于接收、分类、计量、包装、分拣、配送制成的烟丝,属于生产性自动化立体仓库。由于配叶原料适于托盘存储,因此,配叶原料自动化立体仓库结构一般采用整体式,存取形式采用单元货架式。对于具体的烟草企业而言,配叶原料自动化立体仓库的规模、控制和管理系统等会有所不同。

经过对一些大型企业的调查,了解到一些烟草行业管理手段落后,物资零散,生产管理和生产环节的联系不到位。为了达到预期的生产能力,满足生产要求,就必须准备充足的原材料和零部件,这样,库存积压就成为较大的问题。如何降低库存资金积压和充分满足生产需要,就成为大型企业亟待解决的问题。立体仓库系统是解决这一问题的最有效的手段之一具体表现在以下几个方面:

① 以立体仓库为中心的工厂物流系统能够解决生产各环节的流通问题和供求矛盾,可以使原材料供给与零部件的生产数量和生产所需的实际数量达到最佳平衡状态。

② 计算机网络系统的建立使原材料、零部件和外购件的采购、供应更及时,能够满足实际生产需要。

③ 计算机管理系统的建立能够加强宏观调控功能,使生产中各环节的生产量更能满足实际需要。

④ 成品库和半成品库的建立，能够解决市场供需的暂时不一致，充分发挥企业的生产潜力。配叶原料在立体仓库中的基本流程为：配叶原料经入库自动识别设备检测在入库码垛区停留后，通过配叶原料输送系统（如输送机、自动导引运输车（Automated Guided Vehicle，AGV 等）送至配叶原料托盘布料系统，该系统在配叶输送过程中可以动态地获取来料重量。这时，计算机管理系统根据生产任务表的每批配叶原料预计重量计算出所需空托盘数量。原料经该系统装入托盘并将托盘的条码信息读入数据库后，由 AGV 将其送到分拣系统处，分拣系统按照烟叶原料托盘的货位信息在计算机控制系统控制下进行分拣，分拣完成后再由 AGV 将其输送到卸货平台，对应的巷道堆垛机将烟叶原料托盘存入其对应的立体仓库货架货位，当立体仓库接收到烟叶原料出库指令时，由巷道堆垛机取出相应的托盘放到出库码垛区，经过读码机读取托盘条形码，判断无误后，由 AGV 直接输出；如误取，由机械手臂取出放置一边。不同的烟叶原料立体仓库其流程可能有所不同。

2. 案例分析

在进行自动化设计时要注意以下问题：

（1）物料的分类信息

自动化立体仓库不要求将工厂 100% 的货物都放在仓库内，一般情形下，要求将大部分物料存放在立体仓库内即可。关于存放量的“度”的把握，应根据实际情况区别对待。货物分类可以按照尺寸分类，也可以按照 ABC 不同类型分类。

（2）空间的物理限制

对于一个立体仓库来说，一般均存在空间的限制，这就要求设计人员充分考虑实际需要，最大限度满足客户需要。仓库的平面区域包括如下几个部分：入库暂存区、检验区、码垛区、存储区、出库暂存区、不合格品暂存区及杂物区。立体仓库内不一定要把上述的每一个分区都规划进去，根据需要增减区域。

（3）出入库能力的要求

出入库能力的要求决定了设备的功能与数量，间接地决定了投资规模。一般情形下，能力太大往往造成浪费。

（4）库容量的要求

对库容量的要求应建立在可靠的统计分析基础之上。理想的规划应保持库容量大于实际需求的 10% ~15%。

（5）控制水平的要求

一般而言自动化程度越高，投资越大。随着科技的发展，一般的选择是采用较高的自动化水平，避免短期内改造，造成重复投资和浪费等。

烟叶原料配方自动化平面仓库（Tobacco RawMaterial Blending of Automatic Storage and Retrieval System，TRMB-AS/RS）的规划：

（1）TRMB-AS/RS 的物料单元

① TRMB-AS/RS 的物料信息。TRMB-AS/RS 的物料信息包括：纸箱烟包；库存载体；托盘承载；外形尺寸（mm）L × W × H：正常外形尺寸为 1 140 × 730 × 725；最大变形寸为 1 300 × 850 × 850；净重 = 200 kg。

② TRMB-AS/RS 的托盘规格。材料：木质；外形尺寸（mm）：1 200 × 800 × 150；单重

≤45 kg;信息载体:条码;结构形式:四向进叉式(单面欧式托盘)。

③ TRMB-AS/RS 的实木托盘规格。最大外形尺寸(mm):1 300×850×1 000;单重≤300 kg。

④ TRMB-AS/RS 的空托盘组规划。空托盘数:6 个/组;最大外形尺寸(mm):1 200×800×900;单重≤270 kg。

(2) TRMB-S/RS 的整体参数与主要设备配置

① 主要设备配置。单伸单货叉巷道堆垛机 4 台;货架 1 套;夹抱合分机 2 台;AGV 系统 1 套;托盘码分机 2 套,原料入库区托盘输送系统 1 套;原料出库区托盘输送系统 1 套;烟包缓存输送系统 1 套等设备。

② 生产所需托盘数。按满足年产 80 万箱成品卷烟、烟叶消耗量 30 kg/箱来计算(经验数据,烟丝总消耗量为 37 kg/箱,其中烟叶占 30 kg/箱),则生产所需托盘数为 478 托盘/天。

③ 库容量。货架排数:8 排;货架列数:48 列;货架层数:10 层;总货位数:8×48×10=3 840 货位;存储天数:3 840/478=8 天。

(3) TRMB-AS/RS 的功能区域规划

整个物流系统分为以下几个区域:

① 原料卸货整理区:完成来料纸箱烟包的收货、卸货、暂存等功能。

② 原料入库区:完成纸箱烟包入库、外形检查、信息录入等功能。

③ 原料出库区:完成出库实托盘条码信息校验、纸箱烟包按批次出库排序、紧急补料、抽检、退库、盘库等功能。

④ 投料缓存区:完成烟包缓存、投料等功能。

⑤ 高架库区:完成纸箱烟包托盘、空托盘组的自动存取功能。

TRMB-AS/RS 的设计:

① TRMB-AS/RS 的工艺流程设计。TRMB-AS/RS 的工艺流程包括入库区流程(见图 8-14)和出库区流程(见图 8-15)两部分。

② TRMB-AS/RS 的设备设计及参数选择。货架、堆垛机、输送机、输送小车等设备是实现自动化立体仓库无人作业的主体,它们直接关系到整个仓库作业的效率。根据仓库规模、货物单元、出入库频率等选择相应设备:由出入库频率确定各设备的工作速度;由货物单元的重量确定起重、装卸和堆垛等设备的起重量;由货物单元的尺寸确定输送机的宽度和速度。

高层货架的设计原则主要从占用空间大小、容量、建设成本、设计强度等方面来考虑,主要包括:最大限度地利用现有空间;尽可能提高材料利用率,降低建设成本;在满足使用要求的前提下,采用最佳方案;货架严格按照有关标准及规范设计,保证足够的强度、刚度和稳定性;高层货架设计按现行建筑设计规范及地区有关设计标准进行抗震设防(7 级)。

巷道堆垛机:选用日本村田公司的 UL23E 型堆垛机,性能指标见表 8-4。

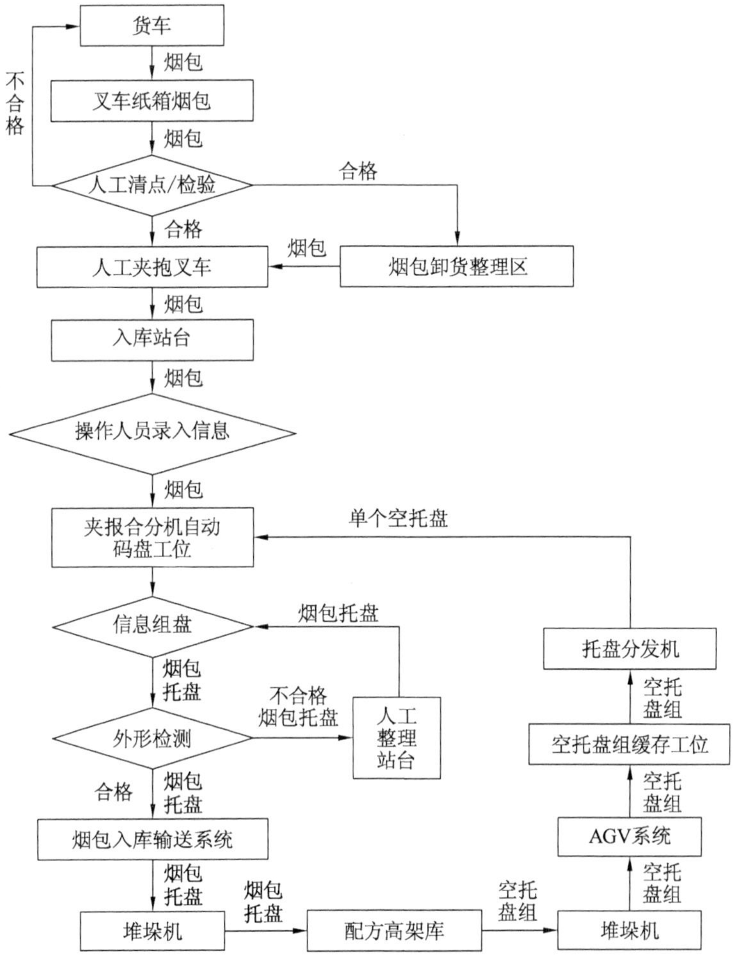

图 8-14　TRMB-AS/RS 的入库区流程图

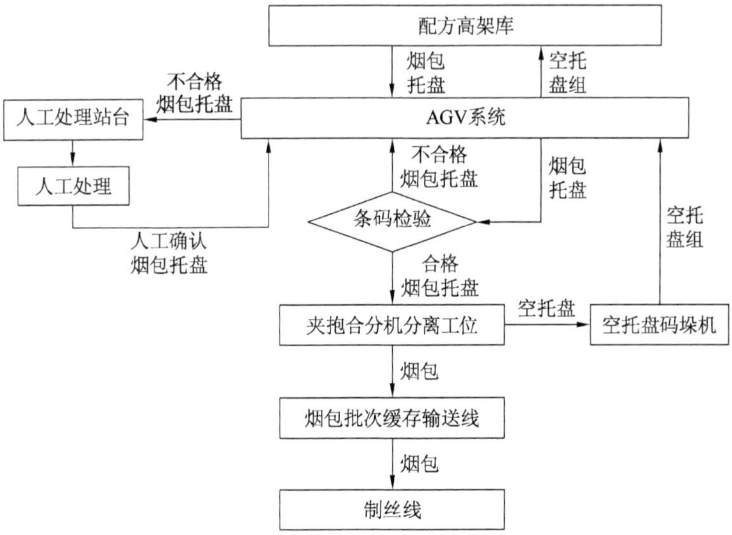

图 8-15　TRMB-ASRS 的出库区流程图

表 8-4　UL23E 型堆垛机性能指标参数

序号	指标	参数
1	型号	UL23E
2	数量/台	4
3	高度/m	14.225
4	特征	单伸双立柱型
5	定位方式	旋转编码器 + 认址片
6	载货类型	烟包实托盘 空托盘组
7	额定载荷/kg	≤300
8	水平行程/m	≤50
9	升降行程/m	≤18.0
10	最大走行速度/(m/min)	空载时≤160 满载时≤125
11	最大升降速度/(m/min)	空载时≤45 满载时≤30
12	最大伸叉速度/(m/min)	空载时≤40 满载时≤31.5
13	走行定位精度/mm	±5
14	升降定位精度/mm	±5
15	伸叉定位精度/mm	±5

AGV 系统:在自动化物流输送系统中,AGV 是一种重要而特殊的输送设备,其结构简洁,机动灵活,能实现输送目的地的任意变动,可以替代大量的普通输送设备,并可简化流程,减小占地面积,所以在物流系统中得到广泛应用。主要性能指标见表 8-5。

表 8-5　AGV 主要性能指标

序号	指标	参数
1	总行速度/(m/min)	160
2	加速度/(m/s^2)	0.5
3	输送速度/(m/min)	14
4	走行定位精度/mm	±5
5	额定载重值/kg	600
6	最大输送转向/(°)	90
7	升降周期 T/s	<15
8	供电方式	滑触线,三相五线制 380V 50Hz
9	通信方式	红外通信
10	认知方式	激光定位

托盘输送机系统：链式输送机，链式输送机采用套链式结构，即通过窄型链式输送机交错嵌套在宽型链式输送机内，从而实现了货物的连续输送，特别适用于欧式托盘的输送。

烟叶原料配方自动化立体仓库是烟草行业现代物流的一个重要组成部分，是实施烟叶精确配方、批次管理、排序投料、均匀掺对、批内质量控制、霉变剔出、紧急补料的物流起源点，TRMB-A/RS 的高效合理的运行可以加快物资流动的速度，保障生产的顺利进行，并可以实现对资源有效控制和管理，对整个烟包生产提高效率起着至关重要的作用。

本章参考文献

[1] 田源：《仓储管理》，机械工业出版社，2009 年。

[2] 徐杰，田源：《采购与仓储管理》，北京交通大学出版社，2004 年。

[3] 董维忠：《物流系统规划与设计》，电子工业出版社，2011 年。

[4] 张佺举：《物流管理》，北京大学出版社，2014 年。

[5] 张卓远，魏文波，吴满财：《仓储管理实务》，航空工业出版社，2012 年。

[6] 潘安定：《物流技术与设备》，华南理工大学出版社，2006 年。

[7] 霍红，刘莉：《物流仓储管理》，化学工业出版社，2009 年。

[8] 李亦亮，徐俊杰：《现代物流仓储管理》，安徽大学出版社，2009 年。

[9] 吴群：《物流案例分析》，北京大学出版社，2014 年。

[10] 杨砚砚：《大型电网公司物资集约化仓储配送管理体系规划研究》（学位论文），华北电力大学（北京），2011 年。

[11] 赵长友：《烟叶原料配方立体仓库优化运行与仿真研究》（学位论文），山东大学，2008 年。

第九章　物流信息系统的规划与设计

物流是指商品从供应地向目的地的实体流动过程，具体包括运输、储存、装卸、搬运、包装、流通加工、配送、信息处理等众多环节。在物流各种活动中伴随着有关知识、资料、图像、数据、文件等信息的传递，这些物流信息成为物流业务中商流、物流、资金流的载体。物流信息伴随着企业物流活动的发生而发生，贯穿于整个物流活动中，并有效控制整体物流活动。

物流信息化是指运用现代信息技术分析、控制物流信息，以管理和控制物流、商流和资金流，提高物流运作的自动化程度和物流决策的水平，达到合理配置物流资源、降低物流成本、提高物流服务水平的目的。物流信息化主要表现为物流信息收集的代码化、物流信息处理的电子化、物流信息传递的标准化和实时化、物流信息存储的数字化等一系列先进的信息技术的应用。物流信息化可用图 9-1 表示。

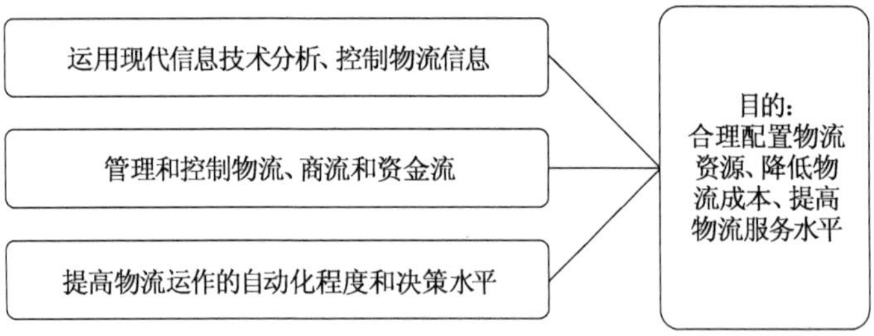

图 9-1　物流信息化

对于企业而言，物流信息化不仅是一种先进技术的应用，其影响已经从生产作业层次深化到管理变革层次。物流信息化建设对于我国企业意义重大。

首先，信息技术可以作为一种生产要素投入物流生产，替代成本日益增高的劳动力，实现自动控制，提高企业物流效率。物流产业存在规模经济、范围经济和速度经济效率，其收益水平不仅和物流规模有关，而且和物流业务功能区域的覆盖率、物流作业周转运行的速度和服务质量有关。通过引入先进信息技术可以改善以上 3 个方面，提高企业对物流活动的整合力和控制力。

其次，物流信息化促进了企业管理变革。信息技术不仅提高了组织的工作效率，同时也要求组织进行适应新技术的变革。比如组织扁平化，由于信息技术建立了快速的信息通道，使得信息在组织中的传递速度加快，组织设计也应该趋于扁平化，以降低成本，提高组织的灵活性；组织过程团队化，即按业务流程划分团队，取代以前的职能式组织结构，利用信息技术提高团队决策的科学性；服务信息化，即企业与客户的互动更多的是通过信息而不是实体流程，可以使企业实现对客户的快速响应。

第三，物流信息化改变了企业的经营模式。信息经济时代，企业间为了形成协同竞争优势，组成了一条物流服务供应链，以实现物流的高效合理化。这就要求企业不仅考虑本企业的物流管理，还要考虑如何达到整个物流供应链的最优。现代物流企业的竞争是供应链与供应链之间的竞争。可以说物流信息化已成为企业物流建设的核心和灵魂，物流信息化开发建设的水平，已成为当前和今后较长一个时期物流企业发展水平的标志。

物流信息化建设对于我国企业意义可用图 9-2 表示。

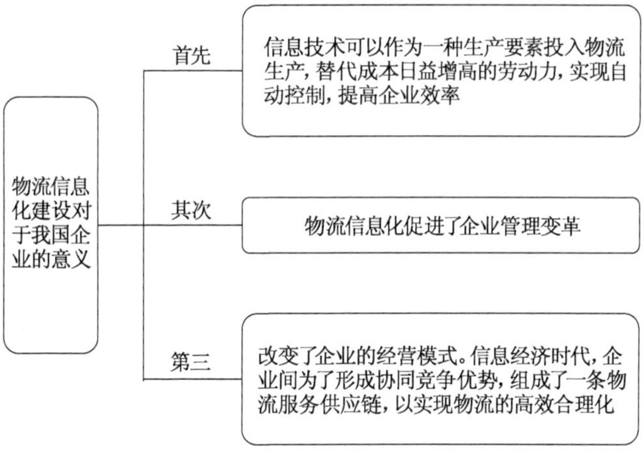

图 9-2　物流信息化建设对于我国企业意义

9.1　物流信息系统

9.1.1　物流信息系统概述

物流信息系统（Logistics Information System，LIS）是由人员、计算机硬件、软件、网络通信设备及其他办公设备组成的人机交互系统，其主要功能是进行物流信息的收集、存储、传输、加工整理、维护和输出，为物流管理者及其他组织管理人员提供战略、战术及运作决策的支持，以达到组织的战略最优，提高物流运作的效率与效益，如图 9-3 所示。也可以说，所谓物流信息系统，实际上是物流管理软件和信息网络结合的产物，小到一个具体的物流管理软件，大到利用覆盖全球的互联网将所有相关的合作伙伴、供应链成员连接在一起提供物流信息服务的系统，都叫作物流信息系统。对一个企业而言，物流信息系统不是独立存在的，而是企业信息系统的一部分，或者说是其中的子系统，即使对一个专门从事物流服务的企业也是如此。例如，一个企业的 ERP 系统，物流管理信息系统就是其中一个子系统[1]。

物流系统包括运输系统、储存保管系统、装卸搬运系统、流通加工系统、物流信息系统等方面，如图 9-4 所示。其中物流信息系统是高层次的活动，是物流系统中最重要的方面之一，涉及运作体制、标准化、电子化及自动化等方面的问题。由于现代计算机及计算机网络的广泛应用，物流信息系统的发展有了一个坚实的基础，计算机技术、网络技术及相关的关系型数据库、条码技术、EDI 等技术的应用使得物流活动中的人工、重复劳动及错误发生率减少，效率增加，信息流转加速，使物流管理发生了巨大变化[2]。

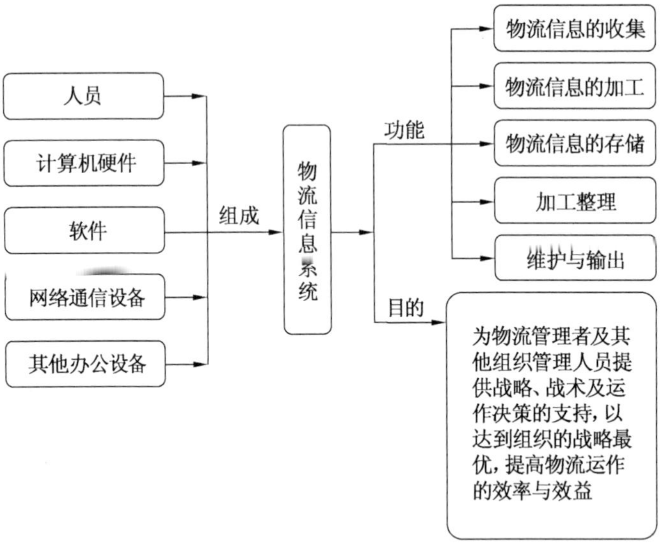

图 9-3　物流信息系统

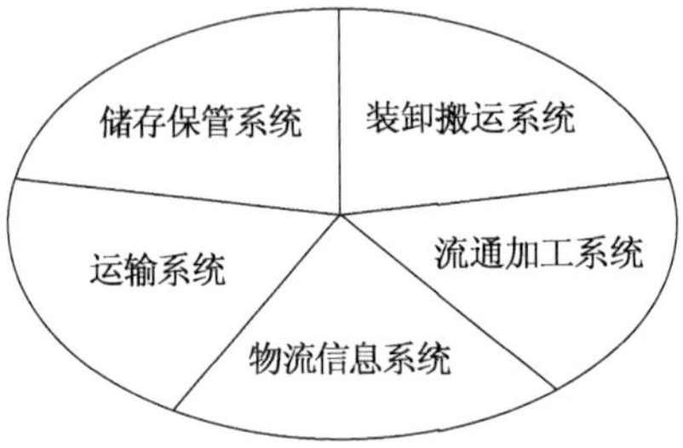

图 9-4　物流系统的组成

物流信息系统的开发过程：系统规划阶段、系统需求分析阶段、系统软件设计、系统实施阶段、系统测试阶段、系统运行和维护阶段。

物流信息系统的发展过程。随着物流供应链管理的不断发展，各种物流信息的复杂化，各企业迫切要求物流信息化，而计算机网络技术的盛行又给物流信息化提供了技术上的支持。因此，物流信息系统就在企业中扎下了根，并且为企业带来了更高的效率。企业是基于以下背景才大力开发物流信息系统的[3]。

1. 市场竞争加剧

在当今世界中，基本上都是买方市场，由消费者来选择购买哪个企业生产的产品，他们基本上有完全的决策自由。而市场上生产同一产品的企业多如牛毛，企业要想在竞争中胜出，就必须不断地推陈出新，以较低的成本迅速满足消费者时刻变化着的消费需求，而这些都需要快速反应的物流系统。要快速反应，信息反馈必须及时，这必然要求企业建立自己的物流信息系统。

2. 供应链管理的发展

现代企业间的竞争在很大程度上表现为供应链之间的竞争，而在整个供应链中，环节较多，信息相对来说就比较复杂，企业之间沟通起来就困难得多。各环节要想自由沟通，达到信息共享，建立供应链物流信息系统就势在必行。

3. 社会信息化

电子计算机技术的迅速发展，网络的广泛延伸，使整个社会进入了信息时代。企业只有融入其中，才可能有较大的发展。更何况，信息技术的发展已经为信息系统的开发打下了坚实的基础。企业作为社会的一员，物流作为一种广泛的社会服务行业，必然要建立属于物流业自己的信息系统。

9.1.2　物流信息系统的分类

按物流信息系统的功能分类，可分为事物处理信息系统、办公自动化系统、管理信息系统、决策支持系统、高层支持系统、企业间信息系统[1]。

按管理决策的层次分类，可分为物流作业管理系统、物流协调控制系统、物流决策支持系统。

按系统的应用对象分类，分为面向制造企业的物流管理信息系统，面向零售商、中间商、供应商的物流管理信息系统，面向物流企业的物流管理信息系统（3PLMIS），面向第三方物流企业的物流信息系统。

按系统采用的技术分类，分为单机系统、内部网络系统，与合作伙伴、客户互联的系统，如图9-5所示。

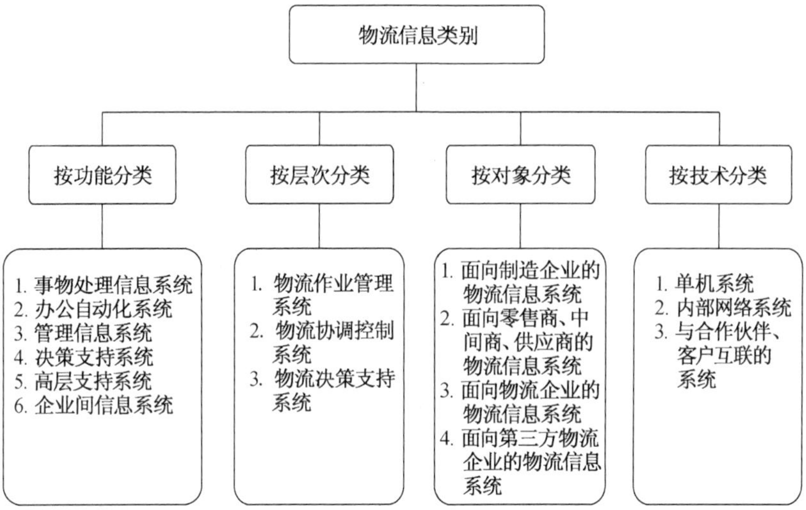

图9-5　物流信息的分类

9.1.3　物流信息系统的功能

物流信息系统是物流系统的神经中枢，它作为整个物流系统的指挥和控制系统，可以分为多种子系统或者多种基本功能[2]。通常，可以将其基本功能归纳为以下几个方面[3]：

1. 数据的收集和输入

物流数据的收集首先是将数据通过收集子系统从系统内部或者外部收集到预处理系统中，并整理成为系统要求的格式和形式，然后再通过输入子系统输入到物流信息系统中。这一过程是其他功能发挥作用的前提和基础，如果一开始收集和输入的信息不完全或不正确,在接下来的过程中得到的结果就可能与实际情况完全相反,这将会导致严重的后果。因此,在衡量一个信息系统性能时,应注意它收集数据的完善性、准确性,以及校验能力和预防、抵抗破坏的能力等。

2. 信息的存储

物流数据经过收集和输入阶段后,在其得到处理之前,必须在系统中存储下来。即使在处理之后,若信息还有利用价值,也要将其保存下来,以供以后使用。物流信息系统的存储功能就是要保证已得到的物流信息能够不丢失、不走样、不外泄、整理得当、随时可用。无论哪一种物流信息系统,在涉及信息的存储问题时,都要考虑到存储量、信息格式、存储方式、使用方式、存储时间、安全保密等问题。如果这些问题没有得到妥善的解决,信息系统是不可能投入使用的。

3. 信息的传输

物流信息在物流系统中,一定要准确、及时地传输到各个职能环节,否则信息就会失去其使用价值了。这就需要物流信息系统具有克服空间障碍的功能。物流信息系统在实际运行前,必须要充分考虑所要传递的信息种类、数量、频率、可靠性要求等因素。只有这些因素符合物流系统的实际需要时,物流信息系统才是有实际使用价值的。

4. 信息的处理

建立物流信息系统的最根本目的就是要将输入的数据加工处理成物流系统所需要的物流信息。数据和信息是有所不同的,数据是得到信息的基础,但数据往往不能直接利用,而信息是通过数据加工得到,它可以直接利用。只有得到了具有实际使用价值的物流信息,物流信息系统的功能才算得到了真正的发挥。

5. 信息的输出

信息的输出是物流信息系统的最后一项功能,也只有在实现了这个功能后,物流信息系统的任务才算完成。信息的输出必须采用便于人或计算机理解的形式,在输出形式上力求易读易懂,直观醒目。

这5项功能是物流信息系统的基本功能,缺一不可。而且,只有5个功能都得到了正常发挥,没有出错,最后得到的物流信息才具有实际使用价值,否则会造成严重的后果。

9.1.4 中国物流信息化产业现状

我国物流信息化起步于20世纪70年代中期,20世纪90年代中后期才进入迅速发展阶段。近年来随着我国经济和现代物流业的快速发展,物流信息化建设也取得显著成绩。2007年我国物流行业IT产品应用的总体市场规模达到41.8亿元,比2006年增长25.9%。2013年,受到经济大环境的影响,物流企业在信息化相关领域的投资增长率较前两年有所下降,但物流信息技术的应用更加普及,物流信息化应用效果显著。在物流信息化建设的选择上,选择外包服务的企业略多于自建信息系统的企业。

《国民经济和社会发展第十一个五年规划纲要》中第一次明确提出“大力发展现代物流业”,并特别指出物流信息化是建设重点,从宏观层面将物流信息化上升到物流业发展战略的高度。2014年6月11日,国务院常务会议讨论通过了《物流业发展中长期规划》,这是新一届中央政府面对新的经济形势,“定向调控”“精准发力”的重大决策,也是进入发展新阶段的中国物流业的重大利好消息。《物流业发展中长期规划》提出,到2020年基本建立现代物流服务体系，提升物流业标准化、信息化、智能化、集约化水平，提高经济整体运行效率和效益。这既是对原有规划的延续，又体现了新形势对物流业发展的新要求。特别是提出了“标准化、信息化、智能化、集约化”的“四化”要求，这进一步明确了物流业的发展方向和目标，将极大地促进物流信息化的快速发展。我国物流信息化将会呈现快速发展的势头。

尽管如此，与美、欧、日等国家的物流信息化情况相比，我国还存在较大差距。总体而言我国企业物流信息化存在以下问题，如图 9-6 所示。

1. 总体物流信息化程度不高，特别是中小物流企业信息化建设缓慢

我国多数企业物流信息化建设起步晚，总体信息化程度不高。我国经济运行质量不高，其中一个重要原因是现代物流运行效率不高。国际社会一般以物流成本占 GDP 的比重来衡量一个国家的物流发展水平，比重越低越先进。2015 年欧、美等发达国家这一比重约为 8.5%，中等发达国家如韩国约为 11.5%，而我国大约为 18%。

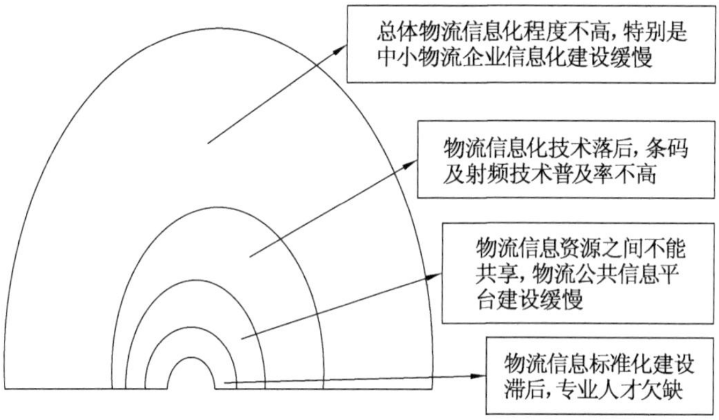

图 9-6 中国物流信息化产业现状

我国物流各个环节如运输、仓储、配送的成本以及劳动力和设备成本都远远低于发达国家，而整个物流过程的综合成本却大大高于发达国家，其主要原因，就是物流信息化程度低、信息沟通不畅，造成库存大，运力浪费。可见物流信息化程度不高不仅影响我国物流行业的发展，也制约着我国经济的发展。另外，中国物流信息化水平低与中国企业信息化水平不高有关。据世界经济论坛发布的“2015 年全球信息技术报告”显示，在全球 115 个国家和地区中，我国排名仅列第 62 位。

在我国物流行业中，中小物流企业占大多数。这些企业自身规模小，实力不强，缺少足够的资金和利润来发展物流信息技术，无法低成本、低风险地进行信息化建设。这直接导致中小物流企业物流服务内容单一，缺乏信息增值服务，低水平无效竞争制约了物流业的健康、快速发展。另外，我国物流产业缺乏整体规划，使得中小物流企业发展面临较大的市场约束。据中国百科网 2014 年发布的物流市场需求数据显示，我国多数企业的物流活动由企业内部自己组织完成，在工业企业中，36% 和 43% 的原材料物流由企业自身和供应方企业承担，由第三方物流企业承担的仅为 21%。而产品销售物流中，由物流企业承担的仅为 18%；在商业企业中，13% 的企业物流由第三方物流企业承担，企业自营和由供货方承担的物流活动分别为 76.5% 和 10.5%。产业规划的不合理已经严重阻碍了物流活动向专业化、信息化方向发展[4]。

2. 物流信息化技术落后

首先,无线射频识别(RFID)技术普及率不高。RFID 即射频识别技术是近年来发展迅速的一项信息技术,具有无线通信和动态识别、批量识别等优点,且有效弥补了二维码容易损坏,不可长期使用的弊端。但受软件基础设施更换成本高昂、行业过度分段和细分、技术环境依赖性和标签价格等因素制约,RFID 短期内难以普及推广。

其次,GIS(地理信息系统)、GPS(全球卫星定位系统)等先进技术应用十分有限。GIS 是指地理信息系统技术,可以为物流管理提供地理信息和动态信息,有利于物流配送算法的实现。而 GPS 作为全球定位的领先技术,可以全程跟踪物流配送过程,使得车辆使用方、运输公司、接货方对物流中的车货位置及运行情况等都能了如指掌,利于三方协调好商务关系,从而获得最佳的物流流程方案,取得最大的经济效益。据赛迪顾问 2014 发布的数据消息,GPS,GIS 技术服务在大型企业和大型物流企业的应用比例都在 25% 以下,中小物流企业则几乎是空白。

第三,网络技术应用不足。三网融合、新型平板显示、高性能集成电路、以云计算为代表的高端软件等新一代信息技术日益成熟。但多数企业对这些技术的使用仍处于初级阶段的获取、传递等,网络技术在整合企业内外部资源方面没有发挥其优势作用。

3. 物流信息资源之间不能共享,物流公共信息平台建设缓慢

中国仓储协会对我国物流企业信息系统进行调查的结果显示,目前我国只有 39% 的物流企业拥有物流信息系统,并且大多数的信息系统都是相互孤立和静止的,物流信息资源之间不能共享,形成了一个个信息孤岛。由于在物流信息管理方面落后,物流活动中各种单证仍然采用纸面和传统的传输方式,数据收集还停留在原始阶段,造成物流供应链中的各企业间不能充分共享信息,不能准确反应需求,并最终导致各个物流企业间缺乏协作,影响这个供应链效率。

搭建物流公共信息平台可以解决信息资源不能共享的问题。物流公共信息平台是针对整个物流行业的信息化问题,如物流信息的发布与共享,物流行业与其他相关机构的信息交换等,主要包括 3 类,即用于政府对物流监管的"物流电子政务平台"、用于网上物流商务活动的"物流电子商务平台",以及用于对特定货物的运输流转过程进行实时跟踪监控的"物流电子监控平台"。但是物流企业自行建立一个信息系统或平台,所耗费的资源和资金是巨大的,也是极不现实的。因此,中小物流企业急需有公共性的物流信息平台,以满足其低成本开展信息化的服务需求。但事实上,国内这种公共性物流信息平台的研究、规划与建设还刚刚起步,与平台建设、运营相关的法律、法规、技术标准等的制定与出台,进展都还比较缓慢[4]。

4. 物流信息标准化建设滞后

标准是物流信息化建设的基础。物流活动包括运输、仓储、包装、配送、流通加工等多个环节,需要物流信息系统把供应链上的各个环节连成一个整体,以达到系统最优。这就要求在编码、文件格式、数据接口、EDI、GPS 等相关代码方面实现标准化,以消除不同企业之间的信息沟通障碍。物流标准化建设包括物流装备的通用性标准、环境和物流安全的强制性标准、物流作业和服务行业的标准、物流信息用语标准以及从事物流方面人员资格标准等。目前在我国物流领域中还没有统一这些标准并与国际标准接轨,导致物流无效环节增加,物流效率降低,成本上升。

5. 物流信息化专业人才欠缺

国内许多物流企业是由传统的运输、仓储等企业转型过来的,原有人员学历、素质结构偏低,对先进技术接受、应用起来比较困难。而物流信息化建设急需一批既懂物流管理又掌握较高信息技术的复合型人才,他们是物流信息化建设成败的关键。一方面,目前我国物流管理和人才的培养处于较为落后的水平,没有形成适应我国现状的物流理论,物流专业人才严重缺乏;另一方面,因为行业原因,整体待遇较低,缺乏吸引力,使得很多企业招聘人才难,留住人才也难[5]。

随着现代科学技术的迅速发展和经济全球化趋势的加强,现代物流作为一种先进的组织方式和管理理念,被广泛地认为是企业降低物耗、提高劳动生产率以外的第三利润源。信息技术在现代物流活动中起着神经系统的作用,它直接代表着物流现代化的程度,能有效地对物流活动中的运输、仓储、包装、装卸、流通加工、信息处理等进行有机结合。中国的物流产业作为新兴的产业目前仍然处在起步阶段,发展水平还比较低。而现代物流是涉及社会经济生活各个方面的错综复杂的社会大系统,它涉及原材料供应商、生产制造商、批发商、零售商、运输商及消费者等,即市场流通的全过程。现代物流要完成商品的流动(商流)、信息的流动(信息流)和资金的流动(资金流)。利用信息技术可以改善国内目前物流行业的状况,朝着现代物流的方向发展[6]。

9.2 物流信息系统关键技术

9.2.1 传统物流信息系统技术

传统物流信息系统关键技术共有 5 个,分别如图 9-7 所示。

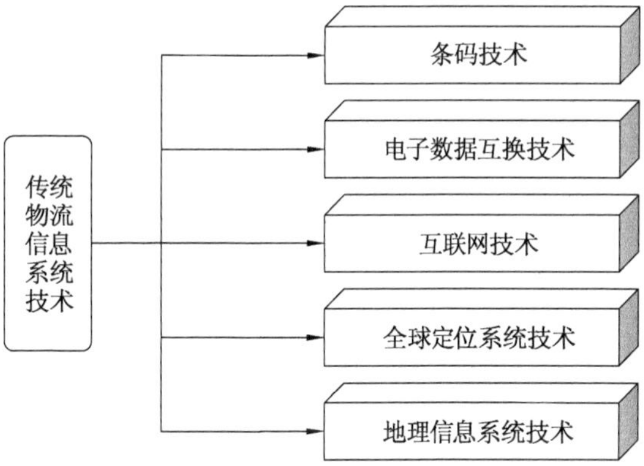

图 9-7　物流信息系统关键技术

1. 条码技术

条码技术最早产生于 20 世纪 20 年代,诞生于 Westinghouse 实验室。条码技术是实现 POS 系统、EDI、电子商务、供应链管理的技术基础,是物流管理现代化的重要技术手段。条码技术包括条码的编码技术、条码标识符号的设计、快速识别技术和计算机管理技术,它是实现计算机管理和电子数据交换不可少的前端采集技术[7]。

条码是由一组按一定编码规则排列的条、空符号,用以表示一定的字符、数字及符号组成的信息。条码系统是由条码符号设计、制作及扫描阅读组成的自动识别系统。

条码是一种数据载体,它在信息传输过程中起着重要作用,如果条码出问题,物品信息的通信将被中断。因此,必须对条码质量进行有效控制,确保条码符号在供应链上能够被正确识读,而条码检测是实现此目标的一个有效工具。

条码检测的目的就是要核查条码符号能否起到应有的作用。其主要任务:使得符号印刷者对产品进行检查,以便根据检查的结果调整和控制生产过程;预测条码的扫描识读性能。通过条码检测,我们可以对条码符号满足符号标准的程度进行评价,而这种程度和条码符号的识读性能有着紧密的联系。

条码的检验方法。条码检验在克服传统检测方法缺陷的基础上,目前已发展采用条码综合质量分级法,即"反射率曲线分析法"。综合分级方法根据扫描反射率曲线和参考译码算法进行分析、判断,把外观上的缺陷转换成缺陷(Defects)、边缘判定等参数。检验结果给出的是条码符号的等级,表明条码符号的适用场合。

条码在20世纪80年代就进入中国,在国内的应用根深蒂固,有着广大的使用人群。经历了漫长的技术提升时代,条码技术已日益完善。条码技术主要应用于物流信息管理、供应链管理(SCM)、ERP、各行业信息快速处理。

2. 电子数据交换技术

电子数据交换(Electronic Data Interchange, EDI)是指按照统一规定的一套通用标准格式,将标准的经济信息,通过通信网络传输,在贸易伙伴的电子计算机系统之间进行数据交换和自动处理。由于使用EDI能有效地减少直到最终消除贸易过程中的纸面单证,因而EDI也被俗称为"无纸交易"。它是一种利用计算机进行商务处理的新方法。EDI是将贸易、运输、保险、银行和海关等行业的信息,用一种国际公认的标准格式,通过计算机通信网络,使各有关部门、公司与企业之间进行数据交换与处理,并完成以贸易为中心的全部业务过程[8]。

EDI系统由通信模块、格式转换模式、联系模块、消息生成和处理模块等4个基本功能模块组成,如图9-8所示。

图9-8 电子数据交换技术模块组成

EDI的优点显著,有以下几点:

(1) 迅速准确

在国际、国内贸易活动中使用EDI业务,以电子文件交换取代了传统的纸面贸易文件(如订单、发货票、发票),双方使用统一的国际标准格式编制文件资料,利用电子方式将贸易资料准确迅速地由一方传递到另一方,是发达国家普遍采用的“无纸贸易手段”,也是世贸组织成员国将来必须使用和推广的标准贸易方式。EDI的使用降低了纸张的消费,根据联合国组织的一次调查,进行一次进出口贸易,双方约需交换近200份文件和表格,其纸张、行文、打印及差错可能引起的总开销等大约为货物价格的7%。据统计,美国通用汽车公司采用EDI后,每生产一辆汽车可节约成本250美元,按每年生成500万辆计算,可以产生12.5亿美元的经济效益。由于EDI的使用可以完全代替传统的纸张文件的交换,因此,有人称它为“无纸贸易”或“电子贸易”。

(2) 方便高效

采用EDI业务可以将原材料采购与生产制造、订货与库存、市场需求与销售,以及金融、保险、运输、海关等业务有机地结合起来,集先进技术与科学管理为一体,极大地提高了工作效率,为实现“金关”工程①奠定了基础。安全可靠在EDI系统中每个环节都建立了责任的概念,每个环节上信息的出入都有明确的签收、证实的要求,以便于为责任的审计、跟踪、检测提供可靠的保证。在EDI的安全保密系统中广泛应用了加密技术,以提供防止流量分析、防假冒、防否认等安全服务。

(3) 减少了许多重复劳动,提高了工作效率

如果没有EDI系统,即使是高度计算机化的公司,也需要经常将外来的资料重新输入本公司的电脑。调查表明,从一部电脑输出的资料有多达70%的数据需要再输入其他的电脑,既费时又容易出错。EDI使贸易双方能够以更迅速有效的方式进行贸易,大大简化了订货或存货的过程,使双方能及时地充分利用各自的人力和物力资源。美国DEC公司应用了EDI后,使存货期由5天缩短为3天,每笔订单费用从125美元降到32美元。通过EDI可以改善贸易双方的关系,厂商可以准确地估计日后商品的需求量,货运代理商可以简化大量的出口文书工作,商户可以提高存货的效率,大大提高他们的竞争能力。

(4) 降低成本

EDI系统规范了信息处理程序,信息传递过程中无须人工干预,在提高了信息可靠性的同时,大大降低成本。香港对EDI的效益做过统计,使用EDI可提高商业文件传送速度81%,降低文件成本44%,减少错漏造成的商业损失41%,降低文件处理成本38%。

EDI技术是电子信箱技术的自然发展,电子信箱的应用和发展大大提高了人们的办公效率,将它应用于商业事务的愿望促进了EDI技术的发展。EDI和电子信箱之间既有联系又有区别。从通信的角度来说,EDI和电子信箱是相似的,但是它们也有比较明显的区别。例如电子信箱是通过交换网络将人与人联系起来,使人和人之间可以通过交换网络快速准确地交换信息,而EDI则是通过交换网络将两个计算机系统联系起来,例如将

---

① 国家金关工程是一项重要的国家信息化重点工程,也是国家为提高对外经济贸易及相关领域的现代化管理水平和宏观调控能力,适应21世纪世界经济和国际贸易发展需要而建设的国家电子商务工程,于1993年首次提出,2001年正式启动。金关工程的一期工程包括建立金关工程网络控制中心、EDI增值业务信息交换服务中心和分中心,涉及各部门网络间的互联互通,按EDI格式改革外贸业务及其流程,实现外贸业务的EDI标准化,主要目的是推动海关报关业务的电子化,取代传统的报关方式以节省单据传送的时间和成本。2012年初,金关二期工程开始筹备,预通过顶层设计和科技创新,采用物联网、云计算等新技术,重点建设全国海关监控指挥系统、进出口企业诚信管理系统、加工和保税监管系统、海关物流监控系统等应用系统。

参考来源:百度百科·金关工程。

服装进出口公司的电脑系统与海关的电脑系统联系起来,以此简化报关手续。所以说,EDI是计算机之间通过交换网络传递商务信息。此外,电子信箱与EDI的另一大不同是,电子信箱存储和传递的信息是用户(人)之间的信息,这种信息只要人能读懂即可,不要求有一定格式(当然,使用电子信箱时最好给信件加上前面的称呼和后面的祝词,否则,对方可能会有意见了)。而EDI通信不一样,EDI通信的双方是计算机,一言以蔽之,是计算机上的软件。软件可没人那么聪明,什么格式都能看懂,软件之间的通信需要格式化信息内容,况且,EDI通信内容主要是贸易中的文件和报表,使格式化信息成为可能,这是EDI与电子邮箱的另一不同。举一个例子,电子信箱传递的是普通的信件,EDI传递的是文件、表格,但是无论传递的是何种内容的信息都要将这些待传递的内容装入信封,写上收信人地址,贴足邮票,投入邮筒。也就是说通信的过程是一样的。

EDI不是用户间的简单的数据交换系统,EDI用户需要按照国际通用的消息格式发送消息,接收方也需要按照国际统一规定的语法规则,对消息进行处理,并引起其他相关系统的EDI对它进行综合处理,整个过程都是自动完成,不需要人工的干预,减少了差错,提高了效率。例如,有一个工厂采用了EDI系统,它通过计算机通信网络接收到来自用户的一笔EDI方式的订货单,工厂的EDI系统随即检查订货单是否符合要求和工厂是否接收订货,然后向用户回送确认信息。工厂的EDI系统根据订货单的要求检查库存,如果需要则向相关的零部件和配套设备厂商发出EDI订货单;向铁路、海运、航空等部门预订车辆、舱位和集装箱;以EDI方式与保险公司和海关联系,申请保险手续和办理出口手续;向用户开EDI发票;同银行以EDI方式结算账目等。从订货、库存检查与零部件订货,办理相关手续及签发发货票等全部过程都由计算机自动完成,既快速又准确。

EDI用途广泛,主要用于以下几点:

(1) 用于金融、保险和商检

可以实现对外经贸的快速循环和可靠的支付,降低银行间转账所需的时间,增加可用资金的比例,加快资金的流动,简化手续,降低作业成本。

(2) 用于外贸、通关和报关

用于外贸业,可提高用户的竞争能力。EDI用于通关和报关,可加速货物通关,提高对外服务能力,减轻海关业务的压力,防止人为弊端,实现货物通关自动化和国际贸易的无纸化。

(3) 用于税务

税务部门可利用EDI开发电子报税系统,实现纳税申报的自动化,既方便快捷又节省人力物力。

(4) 用于制造业、运输业和仓储业

制造业利用EDI能充分理解并满足客户的需要,制订出供应计划,达到降低库存,加快资金流动的目的。运输业采用EDI能实现货运单证的电子数据传输,充分利用运输设备、仓位,为客户提供高层次和快捷的服务。对仓储业,可加速货物的提取及周转,减缓仓储空间紧张的矛盾,从而提高利用率。

基于EDI的供应链管理信息系统如图9-9所示。

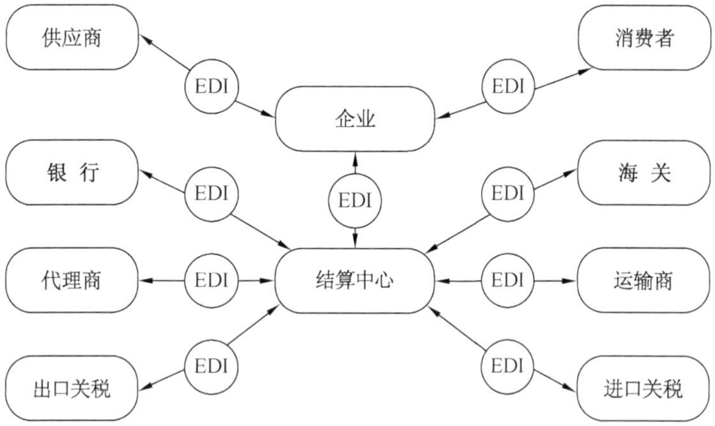

图 9-9　基于 EDI 的供应链管理信息系统

EDI 供应链管理信息系统各部分之间关系如下：

① 供应商—企业：库存信息、销售点信息、预测数据、返回采购订单信息。

② 消费者—企业：销售点信息、预测数据、返回采购订单确认、发运通知。

③ 银行—结算中心：资金流。

④ 代理商—结算中心：订货、订货确认、装运通知、运费票据、报关税、仓储和处理费用。

⑤ 出口关税—结算中心：关税、报关、港口税、运输到岸离岸、出口退税。

⑥ 海关—结算中心：港口税、运输到离岸计划、仓储和处理费用、港口费用、停泊、装运通知。

⑦ 运输商—结算中心：提单、速遣通知、仓储和处理费用、港口费用。

⑧ 进口关税—结算中心：关税、报关。

EDI 的作用如下：

① EDI 标准保证了计算机网络自动传送和计算机自动处理文件及数据得以实现。

② EDI 标准也保证了网络传输全程实现审计跟踪，这样大大提高了商业文件传送的透明度和可靠性。所谓的审计跟踪，就是报文在交换过程中，系统自动对报文的接收时间、报文大小、收件人、投递时间和收件人读取时间等均做详细的记录和存档，以便该报文发生差错或丢失时，可应要求重构和重发，在发生纠纷时提供举证服务。

③ 标准化的 EDI 格式转换保证了不同国家、不同地区、不同企业的各种商业文件（如单证、回执、载货清单、验收通知、出口许可证、原产地证等）得以无障碍电子化交换，促进了国际贸易的发展。

EDI 的工作步骤：

① 买方标明要购买的货物的名称、规格、数量、价格、时间等，这些数据被输入采购应用系统，该系统的翻译软件制作出相应的 EDI 电子订单，这份订单被电子传到卖方。

② 卖方的计算机接到订单后，EDI 软件把订单翻译成卖方的格式，同时自动生成一份表明订单已经收到的功能性回执。这份回执被电子传递到买方。

③ 卖方也许还会产生并传递一份接收订单通知给买方，表示供货的可能性。

④ 买方的计算机收到卖方的功能性回执及接收订单通知后，翻译软件将它们翻译成

买方的格式,这时订单被更新了一次。

⑤ 买方根据订单的数据,产生一份电子的“了解情况”文件,并传递到卖方。

⑥ 卖方的计算机收到了买方的“了解情况”文件,把它翻译成卖方的格式,并核查进展情况。

3. 互联网技术

互联网技术指在计算机技术的基础上开发建立的一种信息技术。互联网技术的普遍应用,是进入信息社会的标志[9]。互联网技术由以下3部分组成,如图9-10所示。

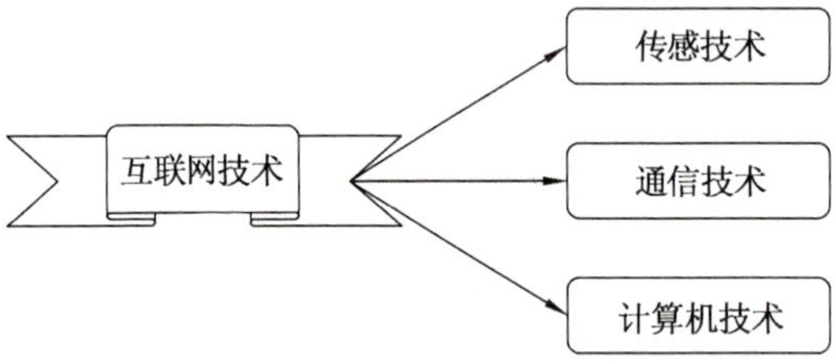

图 9-10 互联网技术的组成

① 传感技术。这是人的感觉器官的延伸与拓展,最明显的例子是条码阅读器。

② 通信技术。这是人的神经系统的延伸与拓展,承担传递信息的功能。

③ 计算机技术。这是人的大脑功能的延伸与拓展,承担对信息进行处理的功能。

互联网技术的概念范围:

第一层是硬件,主要指数据存储、处理和传输的主机和网络通信设备;

第二层是指软件,包括可用来搜集、存储、检索、分析、应用、评估信息的各种软件,它包括通常所指的ERP(企业资源计划)、CRM(客户关系管理)、SCM(供应链管理)等商用管理软件,也包括用来加强流程管理的WF(工作流)管理软件、辅助分析的DW/DM(数据仓库和数据挖掘)软件等;

第三层是指应用,即搜集、存储、检索、分析、应用、评估使用各种信息,包括应用ERP、CRM、SCM等软件直接辅助决策,也包括利用其他决策分析模型或借助DW/DM等技术手段来进一步提高分析的质量,辅助决策者作决策(强调一点,只是辅助而不是替代人决策)。

有些人理解的互联网技术把前两层合二为一,统指信息的存储、处理和传输,后者则为信息的应用;也有人把后两层合二为一,则划分为前硬后软。通常第三层还没有得到足够的重视,但事实上却是唯有当信息得到有效应用时,IT的价值才能得到充分发挥,也才真正实现了信息化的目标。信息化本身不是目标,它只是在当前时代背景下一种比较好的实现目标的手段。

C/S技术与P2P技术分别如图9-11和图9-12所示。

C/S结构的基本原则是将计算机应用任务分解成多个子任务,由多台计算机分工完成,即采用“功能分布”原则。客户端完成数据处理,数据表示以及用户接口功能;服务器端完成DBMS(数据库管理系统)的核心功能。这种客户请求服务、服务器提供服务的处理方式是一种新型的计算机应用模式。

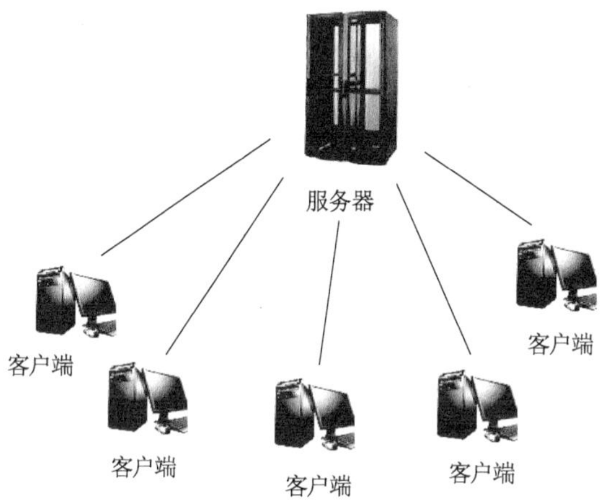

图 9-11　传统服务器-客户端方式(C/S)

Client 和 Server 常常分别处在相距很远的两台计算机上,Client 程序的任务是将用户的要求提交给 Server 程序,再将 Server 程序返回的结果以特定的形式显示给用户。Server 程序的任务是接收客户程序提出的服务请求,进行相应的处理,再将结果返回给客户程序。

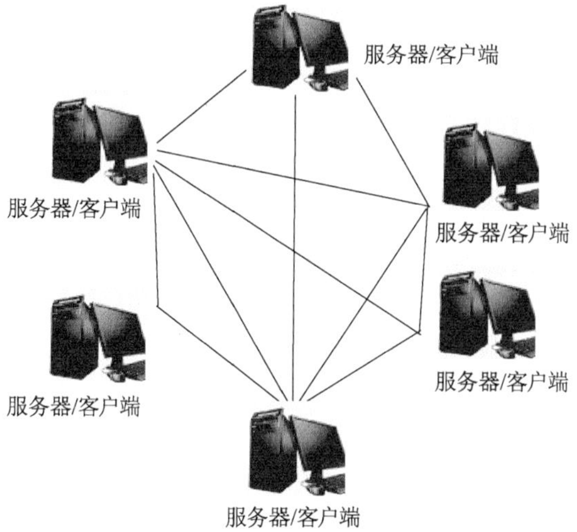

图 9-12　P2P 方式

对等计算(Peer to Peer,P2P)可以简单地定义成通过直接交换来共享计算机资源和服务,而对等计算模型应用层形成的网络通常称为对等网络。在 P2P 网络环境中,成千上万台彼此连接的计算机都处于对等的地位,整个网络一般来说不依赖专用的集中服务器。网络中的每一台计算机既能充当网络服务的请求者,又对其他计算机的请求做出响应,提供资源和服务。通常这些资源和服务包括:信息的共享和交换、计算资源(如 CPU 的共享)、存储共享(如缓存和磁盘空间的使用)等。

4. 全球定位系统技术

全球定位系统(Global Positioning System,GPS)。GPS 是 20 世纪 70 年代由美国陆海空三军联合研制的新一代空间卫星导航定位系统。其主要目的是为陆、海、空三大领域提供实时、全天候和全球性的导航服务,并用于情报收集、核爆监测和应急通信等一些军事目的,经过20余年的研究实验,耗资300亿美元,到1994年3月,全球覆盖率高达98%的24颗GPS卫星星座已布设完成[10]。

GPS定位的基本原理是根据高速运动的卫星瞬间位置作为已知的起算数据,采用空间距离后方交会的方法,确定待测点的位置。GPS主要由3个组成部分:

(1) 空间部分

GPS的空间部分是由24颗卫星组成(21颗工作卫星;3颗备用卫星),它位于距地表20 200 km的上空,均匀分布在6个轨道面上(每个轨道面4颗),轨道倾角为55°。卫星的分布使得在全球任何地方、任何时间都可观测到4颗以上的卫星,并能在卫星中预存导航信息。GPS的卫星因为大气摩擦等问题,随着时间的推移,导航精度会逐渐降低。

(2) 地面控制系统

地面控制系统由监测站(Monitor Station)、主控制站(Master Monitor Station)、地面天线(Ground Antenna)所组成,主控制站位于美国科罗拉多州春田市(Colorado Spring)。地面控制站负责收集由卫星传回的讯息,并计算卫星星历、相对距离、大气校正等数据。

(3) 用户设备部分

用户设备部分即GPS信号接收机。其主要功能是能够捕获到按一定卫星截止角所选择的待测卫星,并跟踪这些卫星的运行。当接收机捕获到跟踪的卫星信号后,就可测量出接收天线至卫星的伪距离和距离的变化率,解调出卫星轨道参数等数据。根据这些数据,接收机中的微处理计算机就可按定位解算方法进行定位计算,计算出用户所在地理位置的经纬度、高度、速度、时间等信息。接收机硬件和机内软件以及GPS数据的后处理软件包构成完整的GPS用户设备。GPS接收机的结构分为天线单元和接收单元两部分。接收机一般采用机内和机外两种直流电源。设置机内电源的目的在于更换外电源时不中断连续观测。在用机外电源时机内电池自动充电。关机后机内电池为RAM存储器供电,以防止数据丢失。目前各种类型的接收机体积越来越小,重量越来越轻,便于野外观测使用。其次则为使用者接收器,现有单频与双频两种,但由于价格因素,一般使用者所购买的多为单频接收器。

5. 地理信息系统技术

地理信息系统(Geographic Information System或Geo-Information System,GIS)有时又称为“地学信息系统”或“资源与环境信息系统”。它是一种特定的十分重要的空间信息系统,在计算机硬、软件系统支持下,它可以对整个或部分地球表层(包括大气层)空间中的有关地理分布数据进行采集、储存、管理、运算、分析、显示和描述。

地理信息系统既是管理和分析空间数据的应用工程技术,又是跨越地球科学、信息科学和空间科学的应用基础学科。其技术系统由计算机硬件、软件和相关的方法过程所组成,用以支持空间数据的采集、管理、处理、分析、建模和显示,以便解决复杂的规划和管理问题。

地理信息系统处理、管理的对象是多种地理空间实体数据及其关系,包括空间定位数据、图形数据、遥感图像数据、属性数据等,用于分析和处理在一定地理区域内分布的各种现象和过程,解决复杂的规划、决策和管理问题[10]。

通过上述的分析和定义可提出GIS的如下基本概念:

① GIS的物理外壳是计算机化的技术系统,它又由若干个相互关联的子系统构成,如数据采集子系统、数据管理子系统、数据处理和分析子系统、图像处理子系统、数据产

品输出子系统等，这些子系统的优劣、结构直接影响着 GIS 的硬件平台、功能、效率、数据处理的方式和产品输出的类型。

② GIS 的操作对象是空间数据和属性数据，即点、线、面、体这类有三维要素的地理实体。空间数据的最根本特点是每一个数据都按统一的地理坐标进行编码，实现对其定位、定性和定量的描述，这是 GIS 区别于其他类型信息系统的根本标志，也是其技术难点之所在。

③ GIS 的技术优势在于它的数据综合、模拟与分析评价能力，可以得到常规方法或普通信息系统难以得到的重要信息，实现地理空间过程演化的模拟和预测。

④ GIS 与测绘学和地理学有着密切的关系。大地测量、工程测量、矿山测量、地籍测量、航空摄影测量和遥感技术为 GIS 中的空间实体提供各种不同比例尺和精度的定位数；电子速测仪、GPS 全球定位技术、解析或数字摄影测量工作站、遥感图像处理系统等现代测绘技术的使用，可直接、快速和自动地获取空间目标的数字信息，为 GIS 提供丰富和更为实时的信息源，并促使 GIS 向更高层次发展。地理学是 GIS 的理论依托。

有的学者断言，“地理信息系统和信息地理学是地理科学第二次革命的主要工具和手段。如果说 GIS 的兴起和发展是地理科学信息革命的一把钥匙，那么，信息地理学的兴起和发展将是打开地理科学信息革命的一扇大门，必将为地理科学的发展和提高开辟一个崭新的天地”。GIS 被誉为地学的第三代语言——用数字形式来描述空间实体。

9.2.2　新兴物流信息系统技术

1. 云计算技术

云计算是一种基于互联网的崭新计算方式，通过互联网上异构、自治的服务为用户提供按需即取的计算。由于资源是在互联网上，而互联网常以一个云状图案来表示，因此可以形象地类比为云，“云”同时也是 IT 底层基础设施的一种抽象概念[4]。

云计算是一种全新的服务模式，将传统的以桌面为核心的任务处理转变为以网络为核心的任务处理，利用互联网实现自己想完成的一切处理任务，使网络成为传递服务、计算和信息的综合媒介，真正实现按需计算、网络协作，如图 9-13 所示。

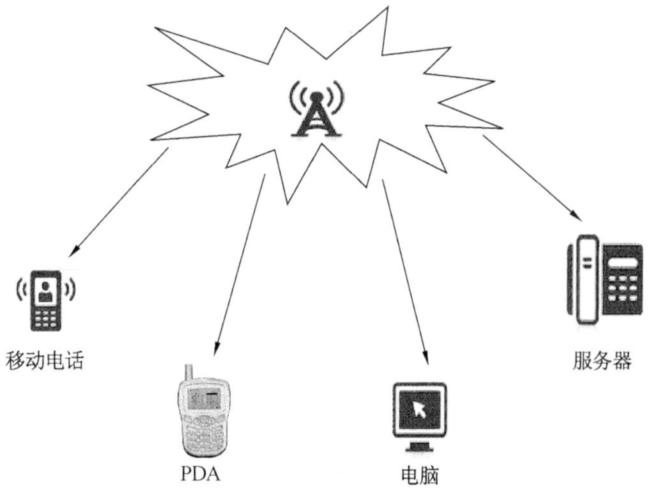

图 9-13　云计算示意图

云计算的基本原理是:利用非本地或远程的分布式或集群计算机为互联网用户提供服务(计算、存储、软硬件等服务)。云计算可以把普通的服务器或个人计算机连接起来以获得超级计算机的计算和存储功能。通过这项技术,网络服务提供者可以在数秒之内处理数以万计甚至亿计的信息,达到和“超级计算机”同样强大效能的网络服务。

公共物流信息平台存储的数据和信息异常巨大,通过云计算可以实现信息的“超级处理”向公共物流信息平台用户提供高效服务。

2. 物联网技术(Internet of Things,IOT)

随着全球一体化、工业自动化和信息化进程的不断深入,物联网悄然来临。近几年来物联网技术受到了人们的广泛关注,被称为计算机、互联网之后,世界信息产业的第三次浪潮[6]。于是从不同阶段或不同角度出发,人们对物联网就有了不同的理解和解释。

实际上,物联网的概念在 10 年前就已经被提出,美国麻省理工学院最早给出了定义。他们认为物联网就是将所有的物体通过无线射频识别、信息传感等设备与互联网连接起来的一个网络,可以实现智能化的识别和管理。另外,2005 年国际电信联盟在一份报告中也对物联网的概念进行了描述,而他们的定义同物联网最初的定义基本一致。我们将物联网定义为把各种信息传感设备,如红外感应器、全球定位系统、激光扫描器等种种装置与互联网结合起来形成一个巨大网络,其目的是让所有物品与网络连接在一起,方便识别和管理。

物联网技术为每个物品设置一个唯一的编码,这些编码信息会被 RFID,GPS,传感器等有效识别,然后通过互联网就可以实现人与物,物与物之间的信息交换与交流。这种全新的通信交流模式改变了对物品的管理、控制、查询和追溯模式,不仅提高了企业的运营效率和管理机制,而且也改变了物流行业的运作模式。

对物流企业而言,物联网大大增加了物流信息的增值服务空间,迫切需要一种有别于公共物流服务的,能提高个性化程度的物流信息增值服务来提高自身的核心竞争力。另外,随着计算机网络和无线通信技术的应用,特别是物联网的提出,为物流企业实现信息增值服务打下了坚实的基础。

对于公共物流信息平台而言,利用物联网,可以对供应链级信息进行整合,冲破供应链管理的信息“瓶颈”。通过物联网,可以对供应链中各个环节的商流、物流、资金流和信息流状况进行实时的监控,可以对企业从订单处理过程到生产过程,再经配送过程、代理过程、销售商库存过程,最后到销售过程都进行信息跟踪,从而整理出对供应链管理有用的信息,并为供应链管理服务。总之,基于物联网的公共信息平台将能够依靠物联网的网络特性和个性化的配套软件系统来实现物品流通过程中各个市场要素的全方位管理与控制,提供既满足企业所需要的信息管理和信息服务,又满足整个供应链资源优化配置的信息管理和信息服务。

9.3 物流信息系统规划

物流信息系统规划是物流系统规划的一部分,也是企业战略规划的一部分。它服务于企业的长期规划,是长期规划的手段和保证。物流信息系统规划是系统开发最重要的阶段,一旦有了好的系统规划,就可以按照数据处理系统的分析和设计持续进行工作,直到系统的建立[11]。

9.3.1　物流信息系统规划的内容、方法及步骤

1. 物流信息系统规划的内容

物流信息系统规划的具体内容[11]为：

① 物流信息系统的目标、总体结构和约束条件；

② 企业现有的物流信息系统情况和评价，包括各个计算机应用项目；

③ 企业的业务流程现状、存在的问题，流程在新信息技术支持下的重组；

④ 对影响规划的信息技术发展方向的预测；

⑤ 近期计划；

⑥ 对以上内容形成系统规划报告。

2. 物流系统规划的方法

物流信息系统规划的方法如图 9-14 所示。

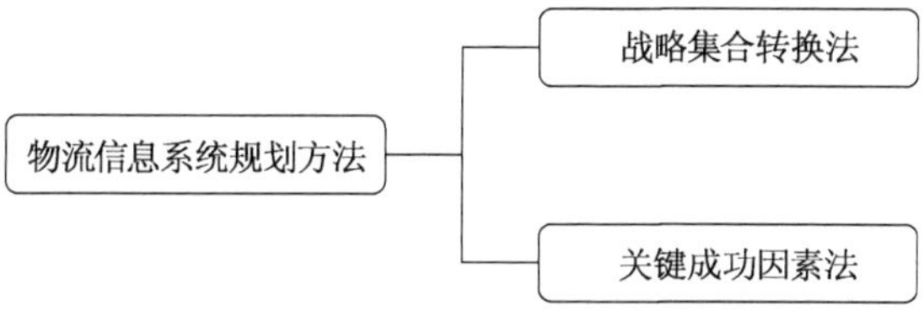

图 9-14　物流信息系统规划方法

（1）战略集合转换法

① 阐明组织的战略规划。如果企业还没有这类战略规划，就要去制定其战略。

② 将组织战略集合转化成物流信息系统战略。

（2）关键成功因素法

关键成功因素法包含以下步骤：

① 确定企业的战略目标，与高层管理者的交流，可以了解企业的发展战略。

② 识别所有成功因素，了解企业的发展战略后，再识别达成该战略的所有成功因素。可以采用逐层分解的方法找出影响战略目标的各种因素。

③ 确定关键成功因素。从所有成功因素中找出关键成功因素，找出达到战略目标需要的那些关键因素。

④ 识别每个关键成功因素的性能指标和标准。

⑤ 根据这些关键成功因素来确定信息化建设的优先级别。

3. 物流信息系统规划的步骤

物流信息系统规划的步骤如图 9-15 所示。

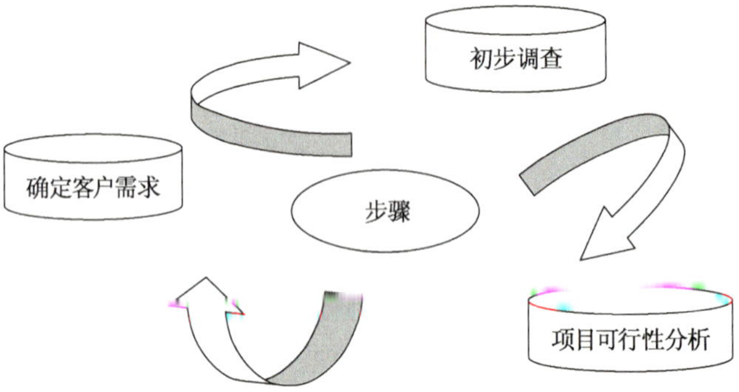

图 9-15　物流信息系统规划步骤

(1) 确定用户需求

① 项目的提出。项目书的内容包括:当前系统存在的问题与现状概述;新系统应实现的目标;可提供开发的资源;开发进度的要求。

② 用户类型。物流信息系统的用户包括两类:企业内物流信息系统和企业外物流信息系统 。

③ 明确用户需求。系统分析人员明确用户需求须确定以下内容:系统的用户是谁?现有系统的问题是什么? 严重程度如何? 系统的现状如何? 各类用户的需要是什么?明确要达到的目标? 识别用户需求的正确性和合理性。

(2) 初步调查

① 系统调查的类型。系统调查分为初步调查——详细调查——补充调查。

② 初步调查的目的。初步调查的目的依企业不同而各异。

③ 初步调查的内容。初步调查的内容主要包括:整个企业的概况,含企业经营目标、企业的规模、职工人数、产品结构、企业结构以及目前的经营管理水平等;现行信息系统的概况,含已有的计算机应用项目,功能如何等;企业与外部的关系,含企业的环境因素,和哪些外部单位之间有物质、资金或信息的来往关系。

企业的领导者、管理部门对物流信息系统的态度,支持的程度(包括人力、资料与数据),对新、老信息系统的看法以及对信息的需求;开发物流信息系统的资源:人力、资金以及开发周期等资源情况。

④ 调研方法。调研方法主要有:查阅资料法、开调查座谈会、调查表法、实地调查、取样调查法、重点调查。

(3) 项目可行性分析

可行性分析的内容:技术上的可行性、经济上的可行性和社会环境方面的可行性。

可行性文档包括主要的内容:目标名称;系统现状分析;初步方案;方案的可行性论证;方案当前存在的问题及其解决的建议、结论;项目开发初步计划、大致进度;建议;汇报文件;附加材料。

9.3.2　区域物流信息系统规划

区域物流与区域经济是紧密关联、相互依存的统一体。区域经济的发展水平、产业结构、产业布局、产业升级都影响了区域物流需求总量和水平,区域物流具有能动作用,作为区域经济的基础性产业,其发展有利于促进区域生产力的发展。区域经济一体化中的区域物流一体化,就是对现有物流基础条件实行无缝链接,形成多层次、多功能、运作快捷的综合物流体系。以区域物流一体化加快区域经济整合与协调发展,提升区域整体国际竞争力。

发达国家的经济发展证明物流一体化是区域经济一体化的动力保障系统。我国物流成本占 GDP 的比重超过 20%,工商企业的物流成本高达 30%～50%,第三方物流占物流市场份额不足 20%。分散的、低速的、质量不高的、发育不全的物流是制约区域经济发展的瓶颈。以长三角为例,长三角地区几乎每个城市都有自己的物流发展规划和若干物流基地及物流中心。这的确令人振奋,然而,在区域物流理论研究严重滞后于实践发展的今天,存在一些突出的问题。兴建物流园区,园区布局过多过密,有些规模过大,空间布局不合理,条块分割严重,而且物流园区的功能定位不明确,大多雷同,缺乏与周边地区经济的协调,不同类别的园区分布未得到合理配置,造成竞争分流,大量物流设施闲置,物流业的发展处于低水平增长的状态。这违背了政府扶持物流产业的初衷,不仅难以修成正果,而且很有可能导致新一轮的重复建设,带来很多意想不到的负面效应。当今的企业物流要求具有社会效益,要求放在城市或整个区域的经济、交通、社会和环境问题中来加以考虑。因此,有必要为企业物流系统的运营和物流战略的实施创造良好的区域物流整体环境,而这样的工作在我国才刚刚开始。因此,必须从区域一体化长期发展的战略高度来看,要有战略远见、前瞻性地做好区域物流战略的整合与规划工作。

发展区域物流,在区域物流发展的各种域范围内建设统一的物流信息网络平台,实现物流信息系统之间的信息共享、系统集成以及各类信息通道之间的互通互联。物流的信息化建设需要大量的投资,尤其是在信息技术、控制技术、智能技术本身还在不断发展的情况下,某一个独立的物流企业或个体,无法承担巨大的开发和升级费用,即便能够独立开发成功,其使用和维护成本也会相当高。因此,在数字化的初期,有必要通过政府系统规划,构筑区域物流信息平台,为企业物流信息的畅通创造良好的运行条件[12]。

1. 区域物流信息平台设计的原则[13]

(1) 先进性原则

应采用先进的系统规划与设计理念、计算机软硬件和网络技术进行设计开发,选用技术先进、成熟的产品,同时又有完善的售后服务,各系统平台尽量一致,以减少系统开发和维护的成本。

(2) 开放性原则

区域物流信息平台与众多异构的信息系统、信息平台之间产生信息交互,因此,平台必须充分考虑兼容性,以实现不同信息源的数据组织。利用系统集成的理念整合社会物流系统。

(3) 实用性原则

区域物流信息平台的功能设计应充分考虑服务对象的要求。

(4) 扩充性原则

系统规划和设计应充分考虑今后物流业的发展方向,系统应具有一定的可扩充性,当出现新的需要时,系统能够以较低的成本进行扩充。

（5）安全性原则

物流信息平台是对物流企业和社会开放的，在系统规划和设计时应充分考虑系统安全性问题，采用网络技术和严格的用户权限管理，以防止非法操作和恶意入侵造成系统灾难。

（6）可靠性原则

物流信息平台提供24小时不间断服务，在系统规划和设计时应充分考虑系统的可靠性问题，应采用备份方案或其他手段提高系统可靠性，避免由于系统崩溃而造成灾难性后果。

2. 区域物流信息平台规划的主要内容

区域物流信息平台规划的主要内容包括：

① 区域物流系统信息平台发展的战略目标；

② 区域物流系统信息平台总体功能要求；

③ 各种不同物流模式下各个不同参与者的功能与需求分析；

④ 区域物流系统信息平台的总体体系结构；

⑤ 物流信息公用平台系统分析及设计；

⑥ 物流信息平台关键技术分析；

⑦ 物流信息系统的建设规划及策略分析。

3. 区域物流系统信息平台的功能

（1）信息服务功能

信息服务是物流信息平台的基本功能，也是物流信息平台建设初期的核心功能。信息服务主要表现为对各类物流信息提供录入、组织、维护、发布、查询、交流等服务，如公共信息、企业业务交易信息、货物跟踪信息、车辆调度等信息的查询和检索等。

（2）资源整合功能

一般供应链节点企业的信息系统建设程度不同，相互之间的信息共享程度也不同，而企业之间一定程度的信息的交互对于提高整个供应链的运作效率，降低供应链总成本有着重要的作用。

（3）在线交易功能

在线交易能为供需双方提供一个虚拟的交易平台，有利于规范市场运作，整合大量闲散物流资源，并可确保B2B和B2C在Web上的安全协作。

（4）物流作业管理功能

区域物流信息平台不仅为各类物流信息提供共享的接口，而且是管理系统，可以对企业内部、外部资源进行计划与管理，并能面向企业供应链的全过程。一套成功的物流管理信息系统将促进企业管理的改革，促进其现代化。

（5）辅助决策功能

利用区域物流信息平台积累的全面、长期的数据，通过建立物流业务的数学模型，对历史数据进行分析、挖掘，可以为用户在预测、规划、方案评估等方面提供决策支持。

区域物流系统信息平台的功能可参见图9-16。

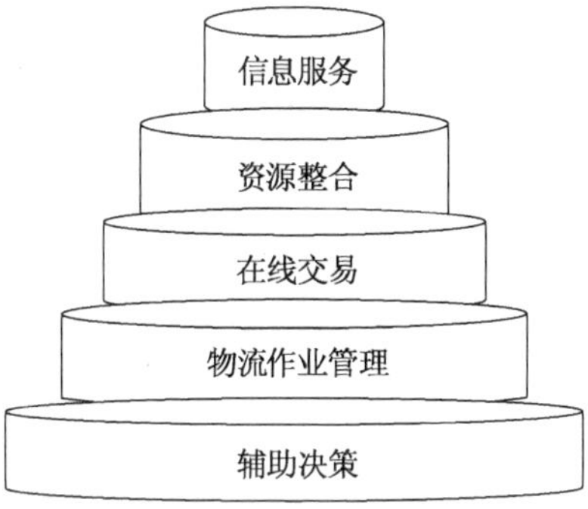

图 9-16 区域物流系统信息平台的功能

随着我国区域物流体系的建设不断发展，以物流园区为中心的区域物流运营平台基本形成，过去以“小、散”为特征的物流信息服务机构，随着物流园区的发展，逐渐转变成以物流园区为信息源核心，以区域间物流园区信息交换为单位，形成大物流信息服务格局。因此，物流信息系统规划的对象需要逐步转移到区域物流聚集区的物流信息应用上。规划的目标从“建设物流信息平台”等具体目标转移到区域物流平台间信息的合理组织。对象的转移，需求也发生变化，除需要关注企业级的信息需求外，更需要关注区域内与区域间的信息的流动与共享。因此，规划的对象将从关注“个体”信息运用向关注“节点”信息聚集源转变。规划对象的转换，一方面是适应新时期我国物流产业发展的变化；另一方面，是充分发挥规划的战略指引功能。

随着区域物流体系建设的深入，区域物流园区正在逐渐地发挥区域物流聚集功能，物流涉入企业不断进入园区，形成规模化、专业化经营，并且充分共享园区物流资源，包括物流信息资源和物流发布渠道资源。物流园区不仅是经营场所，还是信息产生源。作为物流体系，区域物流基地是由若干不同位置、不同专业分工的物流园区组成，以物流园区为规划对象的物流信息系统规划应分析不同园区间的信息共享、信息采集与输出等问题，制定区域共享物流信息发展战略。

同时，区域物流体系的建设对区域物流的运营模式产生较大的影响，吸引不同的物流涉入企业入园经营，这种集约经营的发展体现了区域物流的发展方向，因此，在物流信息规划中，需要迎合这种“指引”战略。通过物流园区的信息规划和信息组织，提升信息利用的有效性，吸引物流企业的信息建设与物流信息规划接轨，降低企业信息使用成本。物流信息规划的主要目的，一是在市场经济环境下，市场对信息资源有效配置；二是市场失灵状态下，政府对资源的引导配置；三是引导企业信息发展。围绕上述 3 个基本目标，物流信息规划在制度层面应解决区域物流信息系统战略指引，或者说是发展战略思路问题。2009 年《国家物流业调整与振兴规划》中明确提出了建设区域和行业信息平台的目标。作为国家战略的落脚点和实施方案，区域物流信息规划在建设物流信息平台中，不仅应抓住物流信息基础设施建设的发展“抓手”，而且应该从规划对象和规划发展的实际，通过规划政策与市场机制的引导作用，加强信息组织与信息技术的“软与新”环境的建设。规划环境中规划对象与规划发展阶段的分析显示了在新技术产生巨大变革的时期，规划的目标和组织管理应定位于区域系统的整合。

区域物流规划布局中，各物流园区分散布局和系统运行看似一对系统矛盾，解决的方案不应是通过行政管辖下的强制,也不应是类似“联邦制”的分权运营,而应该抓住系统运营的关键,即运营中的信息“耦合”。为此,在规划中建议通过对规划对象和信息发展阶段的变化加强物流信息这一生产要素的市场化研究和政策指引研究,通过市场规则、制度、政策或者机制安排,形成区域内物流生产和消费中信息与信息技术应用的共享与转移。以往规划中,对信息的重视并没有上升到生产要素的高度,虽然在理论上把信息作为现代物流发展的重要元素,企业或许根据运营管理对信息给予较大的重视,但在宏观上,信息仍处于生产从属地位,因此,造成了在规划中强调信息的重要性而在现实中忽视信息的实际操作性。要加强信息作为生产要素的不可或缺性作用,一方面需要在对信息价值给予估值的基础上,形成正常的与实物流动市场相关联的信息交易市场;另一方面在相关规划中要提出具体、有效的有利于信息充分流动的制度安排,如信息出让所得的税收政策、信息技术研发支持政策等,针对区域信息流动和相互交易实际,制定区域支持与培育的组合政策。正如许多物流规划中所倡导的,物流信息系统的规划是规划区域内物流信息资源全面实现共享的基本发展战略。通过对区域物流信息系统的总体战略部署,以提升区域物流竞争力为最终目标,以区域物流信息需求为基础,重点在于通过政策、市场规则安排使区域物流信息得以充分有效使用与合理流动来实现物流设施的有效利用[14]。

9.3.3 企业物流信息系统规划

在激烈的市场竞争下,物流企业面临着越来越多的不确定因素,市场瞬息万变,不同行业客户需求差异化,客户对服务要求越来越苛刻。开发新的物流客户,坚持对现有物流大客户的忠诚度,对其需求有深入的调查和了解,对其服务进行有效的跟踪,准时为客户提供个性化的优质服务都是对现今在如此激烈的竞争中得生存的物流企业提出的要求,而先进的物流信息系统无疑为这些要求的兑现提供了助力。

物流企业服务水平的提升需借助计算机信息技术来实现,先进高效的物流信息系统与信息平台是现代物流体系的重要组成部分。越来越多的跨国物流公司如 TNT、UPS、马士基物流、柏灵顿物流等加大对华的投资,以先进的物流信息网络提供优质高效的服务占据了中国的物流市场。与此相比,国内物流企业虽拥有地理优势,但存在着信息化水平落后、人工重复操纵、人力资源内耗等一系列难题[15]。

我国大型物流企业虽然都建立了比较完善的实时信息系统,内部资源也达到了一定程度的共享,但基本上都还是只对内(营业、运作、职能等部门)发挥了基本的信息协调作用。相对于外部,如上下游客户(供应链)、合作伙伴等,物流信息服务平台还没有建立起来,基本上与客户跟合作伙伴之间的信息通道还处于比较原始的状态,物流信息网络还没有全面建立起来。所以,我国的物流企业想要发展壮大,为了提高整个供需链的经营效果,为了在激烈的竞争中获得优势,并进而参与国际竞争,信息化建设迫在眉睫。大型物流企业需要结合自身的发展战略,进行物流信息系统的规划建设,内容包括以下几个方面。

1. 物流信息系统的规划

(1) 建立实时信息采集系统

由于企业各分支机构信息系统的不统一,造成企业资源无法共享、与客户联系沟通不畅、信息无法互通、治理思想无法贯彻、企业的对外形象不规范等弊端，使得大型物流企业的网络效益、规模效益无法发挥。所以大型物流企业信息化建设的第一步，是用一体化的方式，为企业建立一个信息共享的集中式信息平台，通过信息系统统一企业的规范，实时采集业务和财务数据，加强对网络的监控力度，实现透明化治理，从而形成企业的竞争优势。该统一的实时信息采集系统功能需涵盖物流企业的核心业务，如国际海运货代、国际空运货代、报关服务、内陆运输、仓储、配送、堆场、码头业务，以及为物流市场拓展服务的市场拓展治理、服务治理、报价治理、绩效治理、市场活动治理、客户协议治理等。

(2) 建立面向上下游客户的服务平台

在企业已经建立了统一的信息平台后，就需要考虑如何降低客户服务成本，提高客户服务质量，增加客户对企业的忠诚度，所以，此时需要建立一个面向上下游客户的服务平台。该平台需明确物流企业客户服务对象应包括：供给商、外部客户、内部客户、客户的客户、合作伙伴和国外代理。企业可以通过建设电子商务网站、Accounting Center、Document Center、Call Center，或利用信息系统建立虚拟客户服务中心、通过自动发送电子邮件、传真、短信等通知模式，实现企业同一的、规范的客户服务要求，为客户提供快速、准确、主动的服务。

通过建立高效的物流信息服务平台，不同业务部分之间、不同分支机构之间、与合作伙伴之间、与客户之间、与供给商之间都可以实现全面的协同工作和信息共享。协同工作带来的最直接利益是效率的提高和质量的保证。通过协同工作，与合作伙伴之间的合作关系更加稳固；与客户之间的关系不再通过简单的买卖关系或销售员的销售能力来维系，更多的是依赖优质便捷、可增值的信息服务来维系；与供给商之间则可获得最直接的、最快速的贸易信息与服务，使企业在市场竞争中处于领先的地位。

(3) 建立通用的 EDI 交换平台

为了进一步加强企业与客户的关系，更大程度地消除企业与客户的隔阂，大型物流企业在拥有客户服务平台的基础上，必须建立自己通用的 EDI 平台，以满足各种类型的客户对企业信息的需求，其中包括船运公司、海关、拖车、堆场、仓库、代理、合作伙伴等。

通过建立企业 EDI 平台，利用系统自动发送、接收 EDI 的功能，与客户、合作伙伴、供给商、政府部门实现自动的协同工作，增加了相互之间的黏性和稳定性，使企业与客户间有了私有信息通道，为自己创造价值的同时也为客户创造了价值，最大程度的发挥了企业的网络效益和整体效益。

(4) 建立数据库系统

物流企业 80% 的利润来自于 20% 的核心客户。在系统稳定运行了一定时间后，如何利用现有数据，挖掘出企业 20% 的核心客户和核心客户的业务使用情况，如何利用现有的业务和财务数据分析出企业自身的治理能力、经营状况、资金状况等情况，成为企业突破自身瓶颈的关键。

所以在这个阶段企业需要建立自己的数据仓库系统，分析企业的运行数据，从而为治理层提供各种决策支持，使治理具有更强的预见性，适时调整企业战略发展目标，发现企业的核心价值，从而保证企业良性发展。

(5) 建立 CRM 客户关系治理平台

如何将企业的市场营销、服务与技术支持连接起来，使企业能够吸引更多的潜在客户和保持现有客户就成为现阶段工作的重点。通过建立 CRM 客户关系治理平台，不论客户大小、所在地域以及业务发生的时间，客户都可以得到优质、满意的服务；企业可以减少与客户沟通的环节，加强信用管理以降低风险，同时通过对客户进行统一的信用管理，依据不同的信用等级提供不同的服务；根据物流企业发展的策略，对大客户提供特定的个性化服务，从而使物流企业的服务提升到一个新的层次，真正实现企业的价值。

（6）建立深层次的效益分析系统

物流企业向客户提供服务的目的就是为了获得利润，为此，有必要利用系统中的历史数据、正在发生的数据进行深层次的收益分析，以便找到真正的利润来源，为其提供有针对性的、更有价值的服务，从而发掘出新的利润增长点。

2．物流信息系统规划的方法

（1）企业系统规划法（Business System Planning，BSP）

企业系统规划法是由 IBM 公司于 20 世纪 70 年代提出的一种管理信息系统规划的结构化方法论。企业系统规划法可以确定未来物流信息系统的总体结构，明确系统的子系统组成和开发子系统的先后顺序，并可以对数据进行统一规划、管理和控制，明确各子系统之间的数据交换关系，保证信息的一致性。企业系统规划法的优点在于利用它能保证物流信息系统独立于企业的组织机构，使物流信息系统具有对环境变更的适应性。

企业系统规划法的总体思路是先“自上而下”识别出企业战略目标和信息系统战略目标，然后再“自下而上”设计出企业的物流信息系统架构，逐步将企业目标转为物流信息系统的目标和结构。企业系统规划法的步骤如下：

① 确定企业目标与系统目标；

② 分析企业运作的过程；

③ 管理物流数据和信息，包括物流数据的分析、处理，并构建数据库等内容；

④ 定义系统结构和功能；

⑤ 完成 BSP 研究报告，提出建议书和开发计划。

（2）关键成功因素法（Key Success Factors，KSF ）

关键成功因素法是信息系统开发规划方法之一，1970 年由哈佛大学教授 Wiuiam Zani 提出。该法通过分析找出企业成功的关键因素，然后再围绕这些关键因素来确定系统的需求，并进行规划。它的优点是能够使开发的系统具有很强的针对性，能够较快地取得效益，缺点是通常只在确定管理目标阶段最为有效。将关键成功因素法应用到物流信息系统中的步骤如下：

① 识别企业和管理信息系统（MIS）的目标；

② 识别关键成功因素

③ 识别各关键成功因素的性能指标和评价标准；

④ 识别测量性能的数据；

⑤ 建立数据字典。

（3）结果—手段分析法（Ends-Means Analysis，E/M）

该法是 1982 年由 Wetherbe 与 Davis 基于系统理论提出的一种确定组织、部门及个别管理者信息需求的方法。这种方法的出发点是企业组织及其内部的各个子系统与流程既有输入又有输出，输入就是手段，输出就是结果。采用结果—手段分析法获得信息需求的步骤如下：

① 确定组织过程产生的结果或输出，这些输出可以是产品或服务，也可以是信息；

② 分析得到这些结果的手段，这些手段包括输入和工程，最后确定与结果和手段相关的各种信息。

9.4　物流信息系统设计

9.4.1　物流信息系统分析

系统分析是物流信息系统开发的关键环节，主要任务是先进行系统综合业务初步调查和详细调查，然后根据调查中获得的原始资料，对组织内部管理状况和信息处理过程进行分析，确定用户的需求，并建立新系统的逻辑模型。系统分析中采取自顶向下结构化的方法逐层分解，将业务或数据流程弄清楚，然后提出新系统拟采用的方案。把系统分解为简单、易于表达和理解的多个层次，可以有效地控制复杂性[16]。

1. 物流信息系统的系统需求分析

(1) 需求分析的任务

确定对信息系统的综合要求；确定对系统的数据要求；导出系统的逻辑模型；修正开发计划；开发一个原型系统。

(2) 需求分析的过程

绘制关联图；创建开发原型；分析可行性；确定需求优先级；为需求建立模型；编写数据字典；应用质量功能调配。

2. 物流信息系统设计的原则分析

(1) 系统性原则

企业物流信息系统设计不能局限于某个物流系统甚至整个物流功能，必须充分考虑功能的系统性和开发过程中的完整性。所谓功能系统性，是指根据企业物流管理的实际功能需要来设计物流信息系统；而系统开发的完整性是指需要遵循相应的管理规范，如开发文档的管理规范、数据格式规范、报表文件规范等，以保证系统开发和操作的完整性和系统性。

(2) 经济性原则

物流信息系统的开发费用必须在保证质量的情况下尽量压缩，如在对物流信息系统进行设计时必须充分利用现有资源，考虑在已有业务应用系统和数据库等资源的基础上进行完善和整合，最大限度地降低成本。同时，物流信息系统投入运行后，必须保持较低的运行维护费用，减少不必要的管理费用。

(3) 可靠性原则

物流信息系统设计的可靠性原则是指开发的物流信息系统能够保证在正常的情况和非正常情况下都能可靠运行，这就要求物流信息系统能够在正常的情况下达到系统设计的预期精度要求，实现系统的精确性和稳定性，而在软、硬件环境发生故障的非正常情况下，物流信息系统也能保持一定的灵活性，针对一些紧急情况采取措施，实现部分使用和运行。

（4）实用性原则

实用性原则使开发的物流信息系统真正能够满足和贴近实际需要，提供友好的用户操作界面，从而使系统操作方便、快捷、易用，符合业务人员日常工作习惯和流程。

（5）标准化原则

在物流信息系统设计的各个环节，必须遵循有关国际、国家主流技术标准，并采纳行业通行的业务模式和业务处理方法，按照标准化、工程化的方法和技术来设计和开发系统。

3. 物流信息系统的系统调查

（1）系统初步调查

用户需求分析；现有企业的运行状况（企业的目标及任务、企业概况、外部环境、现行信息系统的状况等）；新系统开发条件。

（2）系统详细调查

组织机构及职能；系统界限和运行状态；业务流程；各种计划、单据和报表；资源情况；约束条件；存在问题。

9.4.2 物流信息系统设计

系统设计是开发物流信息系统的重要阶段，也是整个开发工作的核心。它将实现系统分析阶段所提出的逻辑模型并确定新系统的结构。

系统分析阶段是解决信息系统“干什么”的问题，而系统设计阶段则是解决信息系统“怎么干”的问题。

1. 物流信息系统设计内容

物流信息系统设计的主要工作包括：物流信息系统总体设计、代码设计和设计规范的制定、系统物理配置方案设计、数据存储设计、计算机处理过程设计等。

2. 物流信息系统设计开发的方法

（1）结构化系统开发方法（Structured Programming Method, SPM）

这是自顶向下的结构化方法、工程化的系统开发方法和生命周期方法的结合，是迄今开发方法中应用最普遍、最成熟的一种。具体地说，就是将这个信息系统的开发过程划分出若干个相对独立的阶段，如系统规划、系统分析、系统设计和系统实施等，在前3 个阶段应对系统再进行结构化的划分，从宏观整体入手，先考虑系统整体的优化，然后再考虑局部的优化问题。在系统实施阶段，应坚持自底向上逐步实施、逐渐构成整体系统。

（2）原型开发方法（Prototyping Method, PM）

原型开发方法是 20 世纪 80 年代随着计算机软件技术的发展，特别是在关系数据库系统、第四代程序生成语言和各种系统开发生成环境产生的基础之上，提出的一种从设计思想到工具、手段都全新的系统开发方法。它的工作流程是：首先用户提出开发要求，开发人员识别和归纳要求，根据识别、归纳的结果，构造出一个原型，然后同用户一道评价这个模型。若行不通，重新构造模型或修改模型直到用户满意。

（3）面向对象的开发方法（Object-Oriented Method，OOM）

面向对象开发方法是从 20 世纪 80 年代各种面向对象的程序设计方法逐步发展而来，它的基本思想主要包括以下几个方面：客观事物都是由对象组成的，对象由属性和方法组成，对象之间的联系主要是通过传递消息来实现，对象可按其属性进行分类，对象是一个被严格模块化的实体，成为封装。

（4）计算机辅助开发方法（Computer Aided Development Method，CADM）

任何一种系统开发方法中，如果自系统调查后，系统开发过程中的每步都可以在一定程度上形成对应关系的话，那么就完全可以借助于专门研制的软件工具来实现上述一个个系统的开发。这种思想决定了计算机辅助开发方法只是一种辅助的开发方法，在实际物流信息系统开发中，计算机辅助开发工具的应用必须依赖于一种具体的开发方法，如结构化开发方法、原型开发方法等。但由于计算机辅助开发方法采用了计算机来辅助开发，所以能帮助开发者方便、快捷地生成系统开发过程中各类图标、程序和说明性文档。

3. 物流信息系统的体系结构设计

两层结构、三层结构、四层/多层结构[16]分别如图 9-17 ~ 图 9-19 所示。

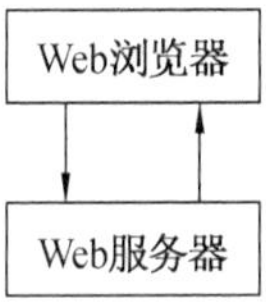

图 9-17　两层结构

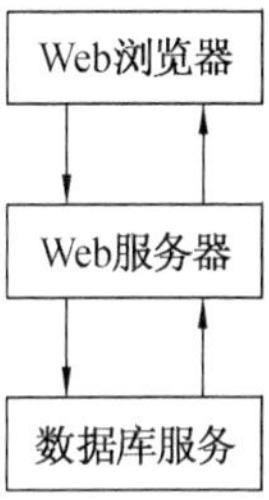

图 9-18　三层结构

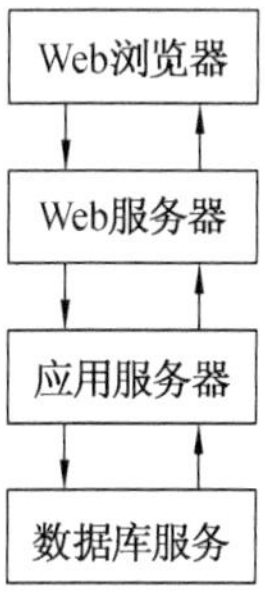

图 9-19　四层/多层结构

4. 物流信息系统数据库设计

物流信息系统数据库设计，如图 9-20 所示。

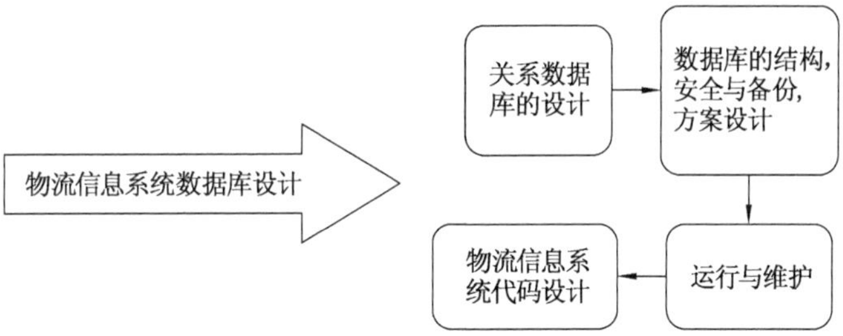

图 9-20　物流信息系统数据库设计

（1）关系数据库的设计

① 数据需求设计；

② 概念结构设计；

③ 逻辑结构设计；

④ 物流结构设计（包括库文件的组织形式、存储介质的分配、存取路径的选择等）。

（2）数据库的结构、安全与备份的方案设计

数据库的实现：建立实际的数据库结构；装入实验数据对应用程序进行测试，以确认其功能和性能是否满足设计要求，并检查其空间的占有情况；装入实际的数据及数据加载，建立实际的数据库。

其他设计:数据库的在组织设计;故障恢复方案设计;安全性考虑事务控制。

(3) 运行与维护

维护数据库的代表性和完整性;监测并改善数据库性能;增加新的功能;修改错误。

(4) 物流信息系统代码设计

代码设计的原则:选择最小值代码;设计的代码在逻辑上必须满足用户的需要,在结构上要与处理的方法相一致;代码应有逻辑性、直观性强;代码应尽量适应组织的全部功能;不适用字型相近、易于混淆的字符,以免引起误解;代码设计要等长;字母码中应避免使用元音;不能出现与程序系统中语言命令相同的代码。

代码设计的方法:顺序码、区间码。

5. 物流信息系统的输入/输出设计

(1) 输入设计

① 确定输入数据内容;

② 确定数据的输入方式;

③ 确定输入数据的记录格式;

④ 输入数据的正确性校验。

(2)输出设计

① 报表生成器设计;

② 图形方式。

6. 物流园区综合信息系统分析与设计

物流园区信息平台设计企业间物流、商流、信息流、资金流,牵涉多个物流枢纽、环节、企业、政府部门,信息的流动是跨企业、跨地区、跨行业进行的,物流信息平台必须实现大跨度的信息实时传输、远程数据访问、数据分布处理等功能。

9.5 案例分析

9.5.1 广州移动通信物流信息系统建设案例

物流系统于2008 年9 月在广东省上线,用户包括省、市、县、营业厅4 级组织的行政、工程、综合、市场、销售等多个部门,总用户超过2 400 人,月平均单据39 000 多张,全省仓库共管理各种物资25 600 多种。据省公司的 IT 服务台对应用系统登录的最新统计分析,LIS 系统和 MIS 系统(Management Information System)、合同管理系统一起,成为访问量排在前3 位的全省三大业务支撑系统。物流系统相比传统系统有了相当大的提升:实现了面向实物和实体仓库的管理,为“可见可管”奠定了基础;改变了以往实物流与价值流捆绑过紧以及 MIS 系统编码粗化带来的问题;初步实现物资账龄分析和库存预警功能,促进了物资利用率提高;实现了对仓库容积和费用的初步管理和监控;具备了自动化的流程处理功能。新 LIS 系统得到了财务、IT、工程、采购等多个省公司相关部门的认可,其中财务部门还将 LIS 系统定位为资产全生命周期管理的核心系统。出于对 LIS 实物管理功能的认可,省公司上下游部门及地市公司提出了和 LIS 系统实现进一步交互的需求,为 LIS 系统下一步发展提供了空间和机遇[17]。

根据广东移动对管理[7]精细化的要求，LIS 系统需要加强对仓库物资处理的流程的控制和审批；引入先进的仓储管理技术和工具，实现物流管控的信息化、自动化、智能化，提高各环节及整体的业务操作效率；通过对数据的抽取和分析，支持关键管理指标和关键绩效指标法（Key Performance Indicator，KPI）的实时监控和预警，提升物流业务的管理和维护水平；加强和其他环节的信息共享与交互；完善的界面能够使系统拥有更好的用户体验，增强系统的易用性。通过广东移动物流信息系统，广东移动用户不仅可以对仓库的各类物资进行管理，对物资的出入库、调拨、发放、退库、电子装箱单、MIS 账务等进行高效管理，还可以对库存物资的统计报表、预警、指标进行设定和分析等。用户通过物流信息系统，不仅可管理有价值的物资，也可以对所有零价值的物资进行有效管理，实现实物和价值的不同维度管理。另外，工程管理部门可以通过物流信息系统进行工程物资的申领、发放、调拨、退货等管理。物流信息系统的建设，为实现省公司提出的可见可管、账实相符目标打下了坚实的基础。

案例分析：

广州移动通信物流信息系统主要包括三大部分，系统分析、系统设计、系统实施。

1．系统分析

这里的分析主要是需求分析，而需求分析又分为业务流程分析和系统技术需求分析。

（1）业务流程分析

LIS 系统把重点集中在物流最基本的实物、仓储管理上，解决物流部门在实际业务运作中的难题，然后才是尽可能将物流环节中的实物流与财务中价值流联动起来，并预留长远发展空间，通过物流业务信息化支撑物流部门的日常运作。LIS 对实物的管理，包括与仓库相关的各种日常业务，有入库、出库、调拨、配送，还有仓库的管理。管理对象包括统购工程物资、配套工程物资、省购业务卡及有价卡、市购业务及市场物资、备品备件、低值易耗物资等。

LIS 系统由入库管理、出库管理、调拨管理、配送管理、仓库管理、项目管理和系统管理等模块构成。

入库管理：系统中的入库单类型包括杂项入库、三单合一入库、账户接收入库、采购单导入；其中杂项入库和账户接收入库是用户手工创建的，其他的类型是系统自动产生的，用户只能查询，不能创建。

出库管理：包括出库单查询、组织间转移出库管理、杂项出库管理、账户发放管理。只有组织间转移出库才会有配送的流程。

调拨管理：包括子库间转移和项目间转移。

配送管理：管理对象为物资从一个组织的仓库发出到接收组织的接收人签收过程中的配送。组织间转移出库后，通过配送环节，将物资从一个组织转移到另一个组织，再由接收组织签收并入库。

仓库管理：除了把纳入 MIS 系统管理的大部分工程类物资、卡类物资、业务类、低值易耗品等物资进行实物管理以外，另外，也把大量不纳入 MIS 系统管理的工程余料、杂品物资归入实物管理。在系统中做到账实相符，摆脱以往通过手工台账对实物进行管理，基本上实现仓库实物的电子台账管理。仓库管理包括以下模块：仓库与储区设置、库存能力管理和库龄管理。

项目管理:管理对象是物资和项目任务节点相关的业务过程。包括:项目发放,从仓库发放到项目任务;项目退货,从项目任务退回到仓库;在建项目物资调拨,一个项目任务调拨到另一个项目任务 3 种业务操作。

用户管理:组织、用户数据信息有两个来源,一个是从省移动统一信息 portal 同步而来,另一个是本系统新建。组织下是用户信息。同步过来的组织和用户信息不能修改,本系统新建的可修改。用户可以修改自己的个人资料,对公告进行增删查改,查看日志,并管理上传的文件。本系统划分为省和地市两种组织,省公司管理省物流与监督全省地市物流状态,市公司负责管理本市的物流管理。

按职能用户分为 3 种角色,分别是:系统管理员、库管员和账管员。这 3 种角色是省和市共有的,另外市公司又多了工程专业师和工程人员 2 种角色。

广东移动通信物流信息系统的功能模块如图 9-21 所示,包括仓储管理、项目管理、报表管理、工作流管理和系统管理,以及这些模块的子模块。

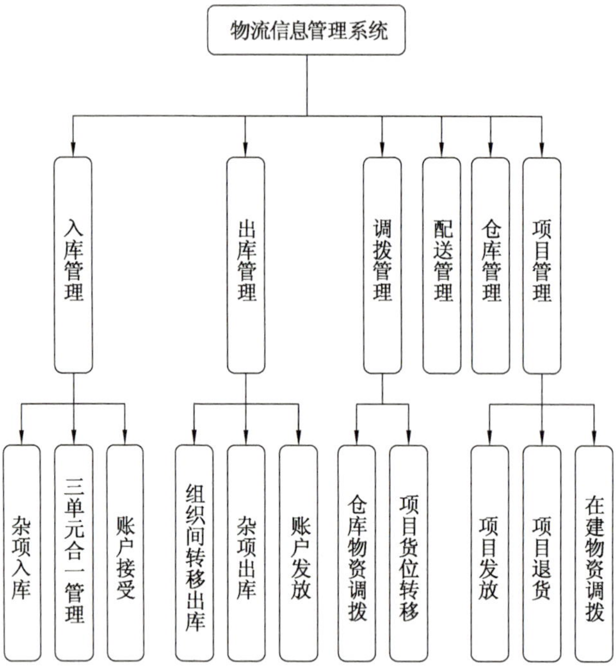

图 9-21 广东移动通信物流信息系统功能模块

(2)系统技术需求

整个系统应该满足快速响应、稳定运行、扩展功能方便的要求,为此,整个系统基于浏览器/服务器(B/S)模式,采用 MVC 架构,并结合使用 Struts, Spring, Persister 框架技术。由 Struts 来控制客户端与服务器的请求与响应的数据流,分离了页面展现、业务处理及数据访问,极大降低了各个模块之间的耦合,并具有良好的扩展性,所以说 Struts 无愧是 Struts(钢铁支架),在开发大型项目中有极大优势;Persister 实现面向对象数据访问的持久化层;Spring 实现 Struts 与持久化层的结合,并实现事务管理。

(3) 系统关键接口

MIS 接口:MIS 系统向本系统提供关于采购订单、库存、公共资源视图信息和 MIS 交互细节的说明。

统一信息平台接口:统一信息平台向本系统提供组织用户的公共信息,并在 Portal 中生成待办事项接口。

系统对外提供接口。LIS 系统对外提供接口,供其他服务器调用,这些接口包括:获取任务接口——提供项目编号、项目名称信息;获取所有仓库、储区、储位——仓库、储区、储位树形结构,可先仓库分类列出记录,再处理储区及储位的关系;综合查询库存信息显示;确认接口——出库、调拨单据确认查询;入库信息接口——入库信息查询;出库信息接口——出库信息查询。

2. 系统设计

主要是根据系统的功能模块,对上述需求进行设计,结合广东移动物流中的仓储管理、项目管理、报表管理、工作流管理和系统管理等功能进行详细介绍,采用面向对象的 UML 分析、设计方法,以及 MVC 等相关技术,设计并实现了适合广东移动业务需要的物流信息管理系统。设计过程主要是编程过程,在此不加以赘述。

3. 系统实施

在经过系统设计并调试运行后经测试便可对系统进行实施。

通过对广州移动通信物流信息管理系统的分析,可看出物流管理系统(LIS)实现了面向实物和实体仓库的管理,为“可见可管”奠定了基础;改变了以往实物流与价值流捆绑过紧及 MIS 系统编码粗化带来的问题;初步实现物资账龄的分析和库存预警功能,促进了物资利用率的提高;实现了对仓库容积和费用的初步管理和监控;具备了自动化的流程处理功能。LIS 系统得到了财务、IT、工程、采购等多个省公司相关部门的认可,其中财务部门还将 LIS 系统定位为资产全生命周期管理的核心系统。出于对 LIS 实物管理功能的认可,省公司上下游部门及地市公司提出了和 LIS 系统实现进一步交互的需求,为 LIS 系统下一步发展提供了空间和机遇。

9.5.2　农村物流信息平台的构建——以陕西省为例

基于农村物流信息平台的构建理论和实际的建设方案,利用演绎的方式应用到陕西农村物流信息平台的建设上[18]。本案例主要是针对陕西省物流信息化的发展现状,通过对陕西农村物流信息平台的构建目标、信息需求和功能需求分析,构建出适用于陕西农村物流的信息平台,为农村物流信息平台的发展提供可参考的案例。

近几年来陕西省物流业快速发展,物流信息化建设步伐加快,物流信息技术得到了推广,物流信息管理软件、移动监控平台已经开始被重视和应用,物流信息化的发展正在逐渐走向正轨。但与东部省市相比,陕西省物流信息的发展处于起步阶段,物流信息化建设相对滞后。

陕西农村物流信息平台的应用主体主要可分为五大类:

① 行业产学研管理人员,即运用物流信息提供监控管理、研究、教学服务的行业管理人员、研究人员。其中包括直接运用相关信息的省、市、县等政府管理人员,间接运用相关信息的工信厅、省市物流协会和从事该行业产学研协作的研究人员等。

② 政府管理部门平台运作、维护和管理组织。陕西农村物流信息平台需要成立各级管理部门,招聘信息部工作人员维护日常运作,主要包括综合信息中心、物流信息服务站、物流信息点的工作人员。

③ 物流信息平台所提供农、副、果、菜等产品的农户、果农、菜农等,称为"货主"。

④ 使用物流信息平台的运输企业、仓储企业、第三方物流企业、货运车辆等,简称"物流商"。

⑤ 通过物流信息平台购买本地农产品、寻找外地客户,或者通过物流信息平台求购外地产品的客户(农村区域居民或者周边县市居民),简称"收货人"。

陕西物流信息平台商务服务系统功能如下:

1. 农村电子商务子系统

农村电子商务子系统,是一个结合多种业务的综合电子商务平台,主要目的是为货主提供一个网上信息服务平台,通过先进的技术手段为用户提供多种便利服务和新型的电子商务,系统可以提供包括话费代缴、产品在线采购等业务;通过点对点方式的视频互动,实现新型的电子商务,货主可以通过互联网直接在网上与加盟点进行视频从而实现网上的货物采购,极大地方便货主。本系统通过网络平台嫁接各种服务于农村的资源,拓展农村信息服务业务、服务领域,使之成为遍布县、乡(镇)、村的三级综合物流服务网络。作为农村电子商务平台的实体终端直接扎根于农村服务于农村,真正使货主成为平台的最大受益者。所以,农村电子商务子系统主要包括产品发布、产品求购、网上直销、在线服务、商贸通等功能模块。

① 产品发布。用户可以通过互联网在线发布自己的产品,发布后的产品可以通过互联网网上查看,购货人可以通过互联网直接向货主订购产品,并与之在线讨价。

② 产品求购。购货人通过互联网查看待购的产品,并可以通过网络平台与货主人进行在线谈判。

③ 网上直销。通过点对点方式的视频新型电子商务系统,购货人可以通过网络视频方式直接查看自己想购买的产品,极大地方便货主与购货人。

④ 在线服务。提供网络在线支持服务。

⑤ 商贸通。通过类似于在线 QQ 等方式为双方提供一个在线交流的平台。

2. 货源查询子系统

货源信息为物流商、收货人提供包括货物的种类、数量、成色、货主信息、地点、运达的目的地等信息,让他们能够在第一时间知道货源的所有信息并做出及时的回应;同时还涉及信息的双向性,即农村本地也需要外地的货物,可以称之为反向需求,这样能够为车辆提供更加广泛的信息,让物流商(主要是车主)在往返过程中有更多的机会,减少车辆的空载率,提高利用率,实现资源的优化配置。

① 货物种类。具体详尽的货物名称,如苹果、大蒜之类,让客户能够很快找到自己所需的物品。

② 数量。以吨、公斤、斤、克等单位来衡量货物的重量。

③ 成色。对于货物的评价,可分优、良、一般、差。

④ 货主姓名及联系方式。

⑤ 货物所在地点,要详细到省、镇、村。

⑥ 运达目的地。县内、市内、省内、不限距离。

⑦ 图片视频展示。考虑到农民应用信息系统的实际情况,图片直观的展示,可以提高效率。

⑧ 交易达成确认订单。目的是将交易的信息反馈,进行统计分析。

3. 车源查询子系统

将农村区域的车辆分类为4类:车源、求货、专线、回程。车源是对于时间和路线等没有特殊要求的车辆而言的,这类车只要有货,一般都愿意拉;求货是对于时间要求比较紧的车辆而言的,这类车就是希望能够尽快拉到货物,要不然到了一定时间就得出发;专线是指具有固定路线或主营路线的车辆;回程表示车辆是往返的。而货主通过此模块可以查询到车辆的型号、吨位、车主的姓名及联系方式、发布时间、车辆的信誉、车辆的往来地点(流向)、车辆交易的次数、交易质量的评价、已运营里程及车辆满载等信息,大大方便查找所需的车辆。

① 联系方式:固定或移动电话。

② 车辆的交易次数。

③ 车辆或车队信誉情况,可包括优、良、一般、差。

④ 车辆交易评价:考虑的要素有交易的准时性、货物的完整性、服务时的态度等因素。

⑤ 车辆的型号。

⑥ 车辆的容载量(以吨计算)。

⑦ 车辆需求发布的时间。

⑧ 车辆的始发地、目的地,即流向。

⑨ 车辆的满载状况:满载、半载、空载。

⑩ 车辆已营运里程。

⑪ 对车辆的相关资格的认证,包括车辆型号、年限、颜色、营运证号、资格证号及企业的经营资质,可以使用"星级"服务进行评价。

4. 物联网子系统

利用先进的物流技术,主要有RFID,GPS,GIS,EDI等,逐步实现物联网技术的规划。以目前应用广泛的GPS技术为例,对区域内现有安装了GPS的车辆进行登记注册,并为其提供监控的服务内容,主要包括:

① 货主在有货运需求的时候,可以通过GPS查询一定范围内(如百公里内)所需的所有车辆,构建车辆的电子围栏,车辆将按照吨位信息自动排序,再链接到物流商(车源)基本信息库中,即可查询到车辆的基本信息,方便货主及时找到合适的车辆。

② 对于车辆可以进行全程的追踪与监控,随时掌握车辆的动态,同时对于车辆诸如总行驶里程、行驶路线等信息进行统计,便于监管。针对已安装的GPS车辆的试点服务,让用户能切身感受到GPS带来的方便与实惠,进而不断地向其他运营车辆推广GPS。同时对现有货运车辆GPS设备进行有机的整合运用,达到统管的目的。

5. 财务管理子系统

财务管理子系统相当于企业的财务管理系统,该系统可以帮助应用主体管理好应收应付款项,及时收回欠款,并有效地计划和控制资金的使用,从而使他们获得更好的经济效益。系统还可追踪往来单位的收付款情况、拖欠款情况，及时地提供客户的信用信息，提供灵活的应收应付统计分析功能。

同时，该系统也提供物流金融服务，包括网上支付、银行转账、现金直接支付等多种付款方式，方便供需方的交易，提高效率，并能够对交易额进行统计。同时，政府部门还提供信息支付宝功能，即物流商通过中介获得货源信息后，为了保证确实能够拉到货，可以将中介信息费发到政府部门指定的账号，等交易完成后，再确认交易信息，然后由政府部门将资金支付给中介单位，这样不仅维护了物流商的利益，还能够规范中介市场的信息费用，起到监管市场的作用。

6. 短信管理子系统

为客户提供一个手机短信的收发平台，系统主要提供个性发送、群组发送、收信查看、自动通知设计和查询定制功能，为客户提供一个方便的物流信息交互系统。

① 短信设置。短信号码绑定、发送对象设置。

② 短信发送。个性发短信、群发短信、接收短信、短信收发查询、短信收发统计。

③ 数据接口。事件变化通知、查询回复信息、数据交换接口。

7. 农村物流决策分析系统

信息系统的开发运营将提供一线的农村物流数据，通过对数据的分析综合，将更为准确地反映与农村物流相关的信息，比如农产品的销售情况、产品的需求情况、产品的价格趋势等，这些相关的信息可以直接指导农业生产，提高农业效益。

本章参考文献

[1] 邵举平，董绍华：《物流管理信息系统》，清华大学出版社，2009 年。

[2] 楼伯良：《物流信息系统基础》，人民交通出版社，2005 年。

[3] 陈乐：《面向物流行业的电信运营商 ICT 服务研究》（学位论文），天津大学，2009 年。

[4] 安徽省科技情报学会：《浅谈云计算及应用》，《电脑知识与技术》，2014 年第 2 期。

[5] 李钦华：《宜昌物流企业信息化建设的对策分析》，《现代经济信息》，2011 年第 1 期。

[6] 范正薇，陈帆：《国内物流业信息化进程现状分析》，《湖北函授大学学报》，2004 年第 1 期。

[7] 张和平：《浅谈条码技术的有效发展》，《城市建设理论研究（电子版）》，2013 年第 1 期。

[8] 彭丽霞：《我国冷链物流发展现状及对策研究》（学位论文），河北工程大学，2011 年。

[9] 赵振辉：《互联网技术名词和创新探析》，《中小企业管理与科技旬刊》，2013 年第 19 期。

[10] 聂耿：《数字地图水印技术》（学位论文），西安电子科技大学，2012 年。

[11] 谢如鹤，张得志，罗荣武：《物流系统规划》，中国物资出版社，2007 年。

[12] 陶进，姚冠新：《长三角区域物流一体化与区域经济一体化互动机理及规划探

讨》,《商场现代化》, 2005 年第 112 期。

[13] 谈丽萍:《区域物流信息平台建设研究》(学位论文),武汉理工大学, 2005 年。

[14] 苏斌:《“十二五”我国区域物流信息系统规划环境分析》,《综合运输》, 2011 年第 1 期。

[15] 陈喜明:《铁路集装箱全程物流服务信息系统关键技术的研究》,北京交通大学, 2008 年。

[16] 王萩兰,谢颖:《物流信息技术》,北京交通大学出版社,2007 年。

[17] 唐光超:《广州移动通信物流信息管理系统的设计与实现》(学位论文),电子科技大学,2011 年。

[18] 李超:《基于联接键理论的农村物流信息平台构建研究》(学位论文),长安大学,2013 年。